泥足巨人

—苏德战争前夕的苏联军队—

[美] 戴维·M.格兰茨 著

孙渤 译

台海出版社

STUMBLING COLOSSUS: RED ARMY ON THE EVE OF WORLD WAR by DAVID M. GLANTZ
Copyright: © This edition arranged with UNIVERSITY PRESS OF KANSAS through Big Apple Agency, Inc., Labuan, Malaysia.
Simplified Chinese edition copyright:
2018 ChongQing Zven Culture communication Co., Ltd
All rights reserved.

版贸核渝字（2017）第089号

图书在版编目（CIP）数据

泥足巨人：苏德战争前夕的苏联军队 / （美）戴维·格兰茨著；孙渤译. -- 北京：台海出版社，2018.7
书名原文: Stumbling Colossus:The Red Army on the Eve of World War
ISBN 978-7-5168-1983-8

Ⅰ.①泥… Ⅱ.①戴… ②孙… Ⅲ.①苏联红军－第二次世界大战－史料 Ⅳ.①E512.9

中国版本图书馆CIP数据核字(2018)第156982号

泥足巨人：苏德战争前夕的苏联军队

著　　者：[美] 戴维·M.格兰茨	译　　者：孙　渤

责任编辑：俞滟荣	策划制作：指文文化
视觉设计：胡小琴	责任印制：蔡　旭

出版发行：台海出版社

地　　址：北京市东城区景山东街20号	邮政编码：100009

电　　话：010－64041652（发行，邮购）
传　　真：010－84045799（总编室）
网　　址：www.taimeng.org.cn/thcbs/default.htm
E－mail：thcbs@126.com

经　　销：全国各地新华书店
印　　刷：重庆共创印务有限公司
本书如有破损、缺页、装订错误，请与本社联系调换

开　　本：787mm×1092mm	1/16	
字　　数：430千	印　　张：27.5	
版　　次：2018年8月第1版	印　　次：2018年8月第1次印刷	
书　　号：ISBN 978-7-5168-1983-8		

定　　价：99.80元

序
以史为鉴，加强国防和军队现代化建设

第二次世界大战是在帝国主义制度处于全面危机期间，在西方资产阶级民主制国家实行绥靖政策的国际环境中，由日本军国主义和德意法西斯国家为争夺世界霸权而分别在东方和西方发动演变而成的。第二次世界大战是人类历史上空前规模的一场现代化战争，也是世界现代史上最重大的历史事件，其交战激烈之程度、持续时间之长、伤亡人数之多、经验之丰富、教训之深刻，是以往历次战争无法比拟的。它给人类数千年的文明带来了空前的浩劫。但是，中、苏、美、英等世界反法西斯国家和人民经过协力奋战和流血牺牲，最终赢得了战争的胜利与和平，并极大地推动了人类社会的发展，对世界军事史和人类历史的进程产生了广泛而深刻的影响。甚至可以说，世界反法西斯战争的胜利，是20世纪人类社会从战争走向和平、从动乱走向发展的历史转折点，从此结束了动乱与战争的旧时代，开启了和平与发展的新时代。

第二次世界大战是法西斯与反法西斯两大集团的全面对抗，它涉及军事以及军事所依赖的经济、政治、外交、意识形态和情报、心理等各个领域。中、苏、美、英等反法西斯国家和人民在反侵略战争中，充分发扬同仇敌忾、保卫祖国的民族精神，最大限度地运用了军事、政治、经济、外交、文化、情报等多种战争手段；成功地进行了战争经济；积累了丰富的军事斗争和外交斗争等诸多方面的经验。这些用无数鲜血、生命和汗水换来的，几乎无所不包的精神财富，迄今对世人仍具有启迪作用。特别是军事科学，不同于其他科学，在和平时期很难得到实战的检验，因此，从大量的史实和活生生的战例中正确总结以往的战争经验和教训，就显得尤为宝贵。

　　尽管今天科学技术比昔日有了飞速的发展和进步，高科技、新材料已在军事和国防领域广泛应用，但是，昔日掌握和使用新技术、新装备进行现代化战争的基本经验和教训并没有过时。它对于我们以史为鉴，结合本国实际和未来战争发展趋势及其特点，进一步加强国防和军队现代化建设，仍具有不可替代的重要借鉴作用。从某种意义上说，内涵丰富的第二次世界大战史，是世界军事历史研究中的一个"永恒的课题"。

　　正因为如此，半个多世纪以来，世界各国对第二次世界大战史的研究经久不衰，已先后出版了数万种第二次世界大战史著作，其中包括长达十几卷的专著和上百卷的系列丛书，研究成果可谓汗牛充栋。在这些著作中，有许多无论是在观点上，还是在史料上，都是值得我们重视和参考的。但是，也要注意到其中有些著作，或者由于作者立场观点不同，或者由于作者受客观条件和认识水平的限制，或者由于作者掌握第一手史料不多，以至于不能从宏观上客观地把握第二次世界大战的全局，存在着这样或那样的片面性，极大地损害了著作的科学性。甚至有的著作公然篡改历史，贬低甚至歪曲苏德战场和中国战场在第二次世界大战中的地位和作用。尤其值得警惕的是，在第二次世界大战史学界中，还出现了一个新的修正学派，即翻案派；出现了一种历史虚无主义的思潮。他们宣称，"第二次世界大战是希特勒与斯大林共同发动的"，甚至说是"苏军先发制人酿成的"，还说什么"中国抗日战争没有必要"，"第二次世界大战已失去时效"等，并提出要清算"德黑兰、雅尔塔、波茨坦"三次国际会议的"罪过"，甚至有的提出"希特勒进行的是防御性战争"，公开为二战的罪魁祸首希特勒开脱罪责，鼓吹"现在到了从希特勒阴影中走出来的时候了"。在日本学术界，也出现了拓殖大学讲师田中正明之流推卸战争责任，肯定"大东亚战争"，否定日本侵略罪行和东京审判的修正学派。我国也曾一度出现否定"狼牙山五壮士"和东北抗日联军英烈及其抗战业绩的历史虚无主义思潮。

　　对于国内外第二次世界大战史研究中不实事求是的现象，特别是歪曲战争性质，扭曲抗战英烈形象，为军国主义和法西斯主义翻案的逆流，第二次世界大战史学界绝不能置之不理。坚持历史唯物主义和辩证唯物主义的立场、观点和方法，回击新修正学派和历史虚无主义者对包括中国抗日战争、苏联（俄罗斯）卫国战争在内的第二次世界大战史的歪曲和攻击，以正视听，是每一个正直、富有良知的历史研究工作者和公民应尽的义不容辞的责任。

众所周知，苏德战场是第二次世界大战的主战场，苏联卫国战争是世界反法西斯战争的主战场。77年前的1941年6月22日凌晨，德国法西斯背信弃义地撕毁墨迹未干的《苏德互不侵犯条约》，以重兵对苏联发动了不宣而战的突然袭击。约一个小时后，德国驻苏大使冯·舒伦堡才向苏联外交人民委员莫洛托夫递交了宣战书。从此苏联开始了第二次世界大战史上具有伟大意义的长达四年之久的卫国战争，并最终取得了胜利。苏德战争堪称第二次世界大战最重要的篇章。这场战争包括三大阶段：第一阶段，德军发动战略进攻，苏军严重受挫，被迫实施退却和战略防御（1941年6月至1942年11月）；第二阶段，苏军转入战略反攻，德军转入全面防御，战争发生根本转折（1942年11月至1943年12月）；第三阶段，苏军全面展开战略进攻，德军节节败退，法西斯国家彻底覆灭（1943年12月至1945年5月）。

由此可见，法西斯德国是侵略者，它所进行的战争是不义之战，虽能逞凶于一时，但其最终失败是必然的。而苏联被迫进行的卫国战争是正义的战争，最终必将获胜。但这场胜利确实来之不易。特别是苏德战争初期（1941年6月至12月），在德军的突然袭击面前，苏军严重失利。德军以重兵从北起巴伦支海、南至黑海的3000多公里长的战线上向苏联发动了突袭，堪称"闪击战"。在战争的第一天，苏军就损失1200架飞机，德军突入苏联境内50—60公里；在战争的第七天，德军"北方"集团军群就歼灭苏军15个师，德军"中央"集团军群也合围了苏军西方面军主力，仅俘虏苏军即多达30万人；战争打了三个星期，在苏联境内，德军在西北方向向前推进了450—600公里，在西南方向向前推进了300—350公里，举世震惊。苏德战争初期苏军为何败得如此惨重？后来又是如何转败为胜的？随着二战档案资料的逐渐解密，长期被掩盖的历史真相也渐渐浮出水面。

美国陆军退役上校、著名苏德战争研究专家戴维·M.格兰茨撰写的苏联卫国战争"三部曲"就是这批二战史著的重要组成部分。其第一部曲，是格兰茨上校退休后于1998年在美国出版的一部二战史专著：《泥足巨人：苏德战争前夕的苏联军队》，现已由孙渤译成中文，即将由中国台海出版社出版发行。

第二部曲专著,即《巨人重生:苏德战争中的苏联军队》,2005年在美国出版,现正被译成中文,准备在中国出版发行。第三部曲,即格兰茨正在撰写中的专著,阐述对法西斯德军进行战略进攻时期的苏联军队(1944—1945年)。这三部专著大体勾勒出了苏联军队在苏德战争前后的发展演变史。

我仅通过对堪称"信、达、雅"的中译书稿的阅读,了解了格兰茨关于苏军发展史的"三部曲"首部专著:《泥足巨人:苏德战争前夕的苏联军队》,应该说,该书稿给我留下了深刻印象。该书稿利用业已公开的苏联档案文献和其他珍贵资料,基本上再现了苏德战争爆发时苏联军队的真实面貌。这是一部为世界二战史学界所关注并给予高度评价的,关于苏联红军在1941年夏秋季之前发展历程的专著。书稿不仅详细分析了苏德战争爆发前后苏联的战略思想、战略规划、诸军兵种的战备状态和战前情报工作,而且还向前追溯到20世纪30年代苏联战略学说和国防与军队建设一波三折的演变过程,向后延伸至1941年夏秋季苏联的战争动员,从诸多方面论述了:苏德战争是怎样爆发的?谁是侵略者,谁是自卫者?苏军为什么在战争初期严重失利,而又能于1941年年底力挽狂澜,从挫折中奋起,开启了苏联卫国战争的崭新局面?作者通过翔实的第一手史料,以时间顺序为脉络,令人信服地阐述了产生这一奇特现象的内在因素与外部原因,论述兼顾必然性与偶然性,偶然性中亦有必然性的阴影。总体而言,这是一部比较严谨的、不可多得的阐述苏德战争爆发前后苏军真实面貌和苏德战争初期苏军严重失利原因的二战史专著,值得一读。值得注意的是,本书作者毕竟长期供职于美军,且成书于冷战结束后不久,尽管作者力求以所谓的中性立场和角度写史和分析问题,并且对苏联人民和红军进行正面阐述和分析,但书稿中仍不免有些许冷战思维的痕迹和个别有失偏颇的观点,请读者注意鉴别。

广大读者十分关注和疑惑不解的是,苏德战争初期苏军为什么败得那么惨,德军得以长驱直入?作者的主要观点是什么?作者观点散见于书稿之中,我通过通读书稿,将作者的主要观点归纳如下,愿与读者分享。作者认为,苏德战争初期,苏军严重失利的主要原因有四个:

第一,是时间判断失误。斯大林认为,战争可以推迟到1942年。这一错误判断对苏军初期失利产生了决定性的影响。因这一重大失误,致使苏联国民经济转入战时轨道过迟，准备不足；致使苏军大规模改编改组计划落空，战斗力下降；致使军队的集中、展开和通信指挥系统的建立过迟，没有做好防突袭的准备。

第二，是对德军主要突击方向的错误判断。斯大林认为，德军未来的主要突击方向将在西南。斯大林把立足点放在打一场长期的大规模战争上，而西南地区拥有持久战所需要的粮食和煤炭等重要资源。然而，希特勒的想法则与斯大林相反，希特勒决定以"闪击战""向莫斯科总方向进攻"，一旦在西方向的首次突击成功，苏军必将集中主力保卫莫斯科，从而置乌克兰的苏军于不利的地位。由于苏联将西南作为重点防区部署了大批部队，在战争初期，不得不将大部队西调，这样的话，它们不是在与德军作战，而是在忙于运动，匆忙地变更部署，必将大大地削弱其战斗力，从而丧失了歼灭德军的良机。事实证明，斯大林又失算了。

第三，对现代战争理论与作战特点认识不足。苏联对现代战争中机械化兵团的作战能力与快速性及其使用方法等特点缺乏足够认识，忽视对机械化部队的建设，结果在战争初期，苏军拥有的机械化部队与德军相比差距甚大，此种状况给苏军的防御带来了极大的困难。与此同时，苏联对未来战争的模式缺乏科学预见，而是受苏芬战争经验、御敌于国门之外等因素的影响，在部队训练和大规模军事演习中把进攻作为主要训练内容，而其他作战方式，诸如诸军兵种协同作战、接合部的保障及抗击坦克集群突击的问题等在训练中均未受到重视。作战计划始终把以强大的反击将战斗行动迅速推进到敌领土上去视为主导思想，根本没有考虑在敌人大规模进攻下的防御以及必要的退却。军队的部署、物资技术器材的储备点、机场设置等，均从便于部队反击出发，缺乏必要的纵深，导致在战争初期损失惨重。此外，苏军未曾料到德军会投入重兵实施首次突击，而是认为先在边界交战，然后才投入主力作战，造成用于一线作战的兵力过于分散，延误了战机。结果，德军长驱直入，18天内即向苏联纵深推进了300—600公里。

第四，肃反扩大化是导致苏军初期失利的重要因素。"大清洗"使国家和军队的战争准备受到严重损害。大批党政要员被处决，大批红军高级指挥员惨遭迫害，使苏军损失大量具有一定军事理论素养和一定实际指挥经验的军官。更为严重的是，肃反扩大化给军队将士的心理造成无可挽回的影响，人人谨小慎微，怕负责任。特别是在判断德军入侵、其主要突击方向和未来作战特点等重大的原则问题上，没人敢与斯大林坦述直言，致使造成了重大失误和无可挽回的后果：战争初期苏军严重失利。

反观德军，在苏德战争初期，德军获胜并得以长驱直入的主要原因是：战争动员中，军事经济实力雄厚是德军获胜的重要因素。由于德军是侵略一方，很早就开始了扩军备战，将国家的组织体制和生产体制纳入战争轨道。欧战初期，德国在取得对欧洲国家的胜利之后，更是通过领土的扩张、人口的增加，对被占领国的原料、战略物资、武器装备、运输器材等各种资源上的掠夺，来发展壮大自己的实力。经过历次作战，到侵苏战争开始时，德军的实力不仅未受多大损失，反而因屡屡获胜，部队士气旺盛，战斗经验丰富，战斗力日益增强。此外，侵苏战争开始时，战略态势对德国也十分有利。此前，德国为侵苏做准备，加强与意大利和日本的勾结，以政治、经济、军事手段诱逼与苏为邻的东欧国家参加反苏战争，进一步扩大了反苏集团。至1941年6月，德国占领希腊等巴尔干国家，最后完成了对苏联西部的包围。德国在北欧、西欧国家的胜利以及英国退守英伦三岛，又消除了其东进的后顾之忧。这样，德国成功地完成了对苏联的战略大包围。至1941年6月，苏联处于周边环境不安定之中，随时有被封锁的可能。另外，德军战法得当，大胆摒弃传统的作战方式，采用崭新的"闪击战"战法，充分运用坦克、飞机、自行火炮、装甲输送车等武器提供的强大威力，大大地提高了部队的进攻速度和突击力，达成了战略突袭和迅速击败对手的预期目的。在首轮攻击中，德军即在三个主要突击方向上集中主要兵力，形成相当于苏军数倍的优势兵力，为夺取初期胜利奠定了基础。作战中，德军采取密集使用快速兵团等战法，迅速夺得制空权，快速突破苏军防御，并在一定程度上破坏了苏联的战争动员与兵力的展开。

综合苏德战争初期交战双方正反两方面的利弊得失，我们可以得出如下主要经验教训：

第一，准确判断敌人进攻时间和主要突击方向，适时转入战时状态，对取得战争初期胜利具有决定性的意义。

第二，作战方法必须与军事技术的发展相适应。苏联因循第一次世界大战的经验，对德国在欧战初期的战争新特点未给予足够的重视，结果在德军的强大攻击下严重失利，教训深刻。相反，德国根据本国的国际国内环境和武器装备发展等新情况，创造并发展了战略战术，成功运用"闪击战"，首战重创苏军，夺取了战略主动权。

第三，军事训练必须与战争的实际需要相符合。实战表明，德军训练从实际出发，军事素养好，且有作战经验；而苏军忽视了战略防御问题的研究与训练，军事训练脱离实际，且保守守旧，带来极大危害，酿成战争初期严重失利的恶果。现代战争，由于军事技术的发展，突然性、破坏性增长，对军人素质特别是指挥员的素质提出了新的更高要求。作为军人，务必掌握现代战争发展的规律和现代战争的特点，使自身的政治素养、军事素养、身体素质和心理素质等诸多方面更加适应和符合战争的实际需要，以确保应对自如，立于不败之地。

第四，外交上的合纵连横对谋取有利的战略态势具有重要意义。苏德战争前夕，苏联在外交上的一系列举措恶化了与邻国的关系，将其推到德国一边，致使苏联在国际战略态势中处于十分不利的局面。相反，德国在外交方面则合纵连横，完成了对苏联的包围圈。

前事不忘后事之师，他山之石可以攻玉。在习近平时代中国特色社会主义思想指导下，我国的国防和军队建设正站在一个新的历史起点上。2017年10月18日，中共中央总书记、国家主席、中央军委主席习近平在中国共产党第十九次全国代表大会上的报告中深刻指出："面对国家安全环境的深刻变化，面对强国强军的时代要求，必须全面贯彻新时代党的强军思想，贯彻新形势下军事战略方针，建设强大的现代化陆军、海军、空军、火箭军和战略支援部队，打造坚强有效的战区联合作战指挥机构，构建中国特色现代作战体系，担当起党和人民赋予的新时代使命任务。"并按完成时限向全军官兵明确提出了奋斗目标："适应世界新军事革命发展趋势和国家安全要求，确保到二〇二〇年基本实现机械化，信息化建设取得重大进展，战略能力有大的提升。同国家现代化进程相一致，全面推进军事理论现代化、军队组织形态现代化、军事人员现代化、武器装备现代化，力争到二〇三五年基本实现现代化，到本世纪中叶把人民军队全面建成世界一流军队。"

由此可见，以习近平同志为核心的中共中央对人民军队的厚爱和殷切期望。"我们的军队是人民军队，我们的国防是全民国防。"我们一定要牢记习主席的嘱托，在各自的岗位上扎实工作，以各自的出色业绩，为实现中华民族复兴的中国梦和确保和平与发展的强军梦而不懈奋斗！一旦党召唤，一旦国家需要，切实做到"召之即来，来之能战，战之能胜！"

彭训厚

2018年5月15日

本序言作者是山东单县人。北京大学毕业，在总参谋部工作十余载，继在中国人民解放军军事科学院任研究员至退休。曾任中国第二次世界大战史研究会秘书长。主要从事军事历史研究。主要研究成果有《毛泽东军事思想宝库》《第二次世界大战史》《第二次世界大战史教程》《解读第二次世界大战》《历史的告诫——第二次世界大战的终结与总结》等。

译 者 序

本书是美国陆军退役上校、著名苏德战争研究专家戴维·M.格兰茨（DAVID M. GLANTZ）退休后于1998年出版的第一部独著作品，是关于苏联红军1941年夏秋季之前发展历程的专著，问世后即引起史学界的广泛关注和高度评价。

本书利用当时已公开的苏联档案文献和其他资料，选取1941年6月22日前夜为关键节点，详细分析苏联红军的指挥人员、普通战士、战略规划、各军兵种的战备状态和战前情报工作，还原了苏德战争爆发时苏联军队的真实面貌。另外，本书还向前追溯20世纪30年代苏联战略学说和国防计划的演变过程，向后涵盖1941年夏秋季苏联的动员，全面论述苏联为什么在战争初期会一败涂地，在1941年年底又能力挽狂澜。论述过程兼顾必然性和偶然性、外来和内在原因，并以时间顺序为脉络，内容丰富翔实，令人信服。

苏德战争爆发前，苏联正在从一个落后的农业国家转变为现代化的工业国家，这个过程是军队实现现代化的基础。本书认为苏联在苏德战争前夕的实际工业化水平并不能满足军队现代化的要求，导致当时的苏联红军虽然规模庞大，结构复杂，却存在严重缺陷，是徒具其表的"泥足巨人"。同时，本书高度评价斯韦钦的消耗战略，认为这一战略更符合苏联的自身特点和当时的国际环境。然而，苏联实际采取的不是斯韦钦的战略思想，而是御敌于国门之外的速决进攻战略，进而在20世纪30年代中期提出大纵深战役理论，但是这种理论又在1937年以后实际上被放弃，具体表现为1939年解散坦克军，1940年解散空军的特种使命集团军。苏联虽然从1940年开始改革军队和更新装备，但是仍在苏德战争初期一败涂地，直到1941年年底才扭转局势。以上过程一波三折，其中苏联方面的经验教训可谓仁者见仁，智者见智，本书从军事学术角度所做的总结，有助于读者了解这段历史，并有一定的借鉴意义。

本书的四个附录和参考文献目录同样不可错过，尤其是作者在本书的参考文献目录部分，别出心裁地回顾并点评了西方苏德战争史学和相关史料文献在战后的发展过程，有助于我国读者了解西方的这段"历史的历史"。

作者在本书中提到："只有经过四年史无前例的战争，经历惨重的失败和战前红军的涅槃，红军才能重获新生并夺取最后胜利。红军战士和整支军队是怎样完成这次蜕变的，依然有待详细探讨。"于是，他进一步为本书构思了两个续篇，分别对应苏联红军的发展期和成熟期。2005年在美国出版的《巨人重生：苏德战争中的苏联军队1941—1943》详细论述红军1941—1943年的发展史，中文版的翻译工作也已提上日程。论述1944—1945年阶段的第三部目前尚未问世，我们拭目以待。

值得注意的是，本书作者毕竟长期供职美国陆军，并且参加过越南战争，本书创作和出版的时间也在冷战结束后不久，虽然作者尽量在中立的角度分析问题，并且对苏联人民和红军战士进行了正面分析，但是书中难免体现出一些冷战思维和偏颇，他的论述也局限于纯军事角度，而未提及世界反法西斯战争的正义性，并把苏联人民反侵略战争的正义性简单归结于苏联的宣传，请读者注意鉴别。

本书的翻译工作从2017年7月开始，经过九个半月的艰苦努力，至今终于完成。第一次接触书籍翻译，便遇到如此杰作，我深感荣幸。这可能也是一种缘分——"苏联在苏德战争初期失败的原因是什么？"是我在24年前曾准备过的一道考试题。万事开头难，可能每位译者第一次动手翻译的时候都会感觉如履薄冰，而本书对我来说更不容易，书中内容涵盖甚广又偏重于理论，既要尽量忠实展示原著的面貌，又要兼顾可读性和严谨性，其中出现的大量苏联军事术语和名词，甚至标点符号，都需一一核实和推敲方才落笔。即便如此，译文中仍然会有不妥之处，敬请读者指正。

本书涉及的人物、地名、机构、代号和专用术语较多，这给翻译工作带来很大难度。作者除大量引用苏联文献原文之外，在叙述和议论过程也大量使用苏联术语和名词，因此，本书中译本以《苏联军事百科全书中译本》（战士出版社1983年版）为主要依据。另有以下几点，需要特殊说明和强调：

1. 作者姓氏"GLANTZ"的标准发音应是"格兰斯"（美[glæns]），因"格兰茨"的译法已在国内约定俗成，本书只能照顾多数读者的习惯，译为格兰茨。

2. 书中专有名词均按照苏联习惯进行翻译，如使用华沙战役（1920年），而不使用原文直译的维斯杜拉河战役。另外，称苏德战场为"东线"是英语作品和读者的习惯，作者不得不也使用这个词，但常在前面冠以"德国的"以示区别，译文除在表达德国观点时继续使用"德国东线"字样以外，其他各处均改为"苏德战场"等中性称呼。

3. 当时苏联的各人民委员部和总参谋部，下设中央局（本书未出现）、总局（Glavnoe upravlenie）和直属的局（upravlenie），总局下设局或直属的处，各军区司令部当中也有各军兵种的局。在《苏联军事百科全书》中译本的不同词条当中，有的译为总局和局，有的译为总部和部，本书译文采用前一种译法。这样可以避免在称呼红军总参谋部某总局时，出现上下两级"总部"，同时，这一译法也有助于认清分属不同上级的总局和局之间的级别关系。各总局和局的领导译为"局长"，统称时用"首长"（nachal'nika），不使用容易引发混乱的"主任"一词。同时，苏联红军政治宣传总局、军械总局等均是隶属国防人民委员部的总局，与我国情况不同，故不按我国常用称呼为总×部。

4. 除总参谋部外，苏联在1943年以前不使用"军官"一词，到1943年7月以后，军衔在陆军少尉到上校之间的指挥人员和参谋人员、海军少尉以上的指挥人员和参谋人员才开始被称为军官，这时也在军内立法文件中停用"指挥人员"一词，但在其他文件和文献中仍继续使用。1967年《苏联普遍义务兵役法》颁布以后，所有军官、将军和元帅才都被称为军官。所以中译本沿用苏联当时的称呼，用"指挥人员"和"参谋人员"来代替英语的"officer"一词。同样，1918年工农红军成立后，称列兵为"红军战士"，1946年7月才使用"士兵"一词。

5. 作者在本书沿用苏军术语，称方面军和集团军为"军团"，军、师、旅称为"兵团"，团和独立营、连、独立飞行大队称为"部队"，营以下和飞行大队称为"分队"。这种含义的"部队"与中文日常使用的广义"部队"不同，为避免混淆，译文在叙述过程中不使用广义"部队"，仅根据《苏联军事百科全书》的译法，在国土防空部队、内务人民委员部下属的内卫部队和押送警卫部队等名词中使用。

6. 苏德战争期间，苏联的最高战略指挥机关先后用过3个名称：7月10日前为"Glavnogo Komandovaniya"，通常译作统帅部；7月10日到8月8日前为"Verkhovnogo Komandovaniya"，即总统帅部；8月8日到战争结束为"Verkhovnogo Glavnokomandovaniya"，即最高统帅部。本书英语原文未做区分，译文根据实际时间使用相应名称。

本书的翻译得到了许多帮助：首先要感谢本书的执行编辑王轩，他的支持、帮助和鼓励贯穿在整个翻译过程当中，同时要特别感谢小小冰人和赵玮两位译者前辈的指点，原战艺论坛（Chinesewwii）Stuka等诸位仁兄在翻译过程中的不吝赐教，以及我的家人在此期间给予的理解和支持。出版之际，承蒙彭训厚老师作序，深感荣幸。

孙渤

2018年4月17日

前　言

　　五十多年前[①]的1941年6月22日，德国军队对苏联发动了毁灭性的突然袭击。这次进攻战役的代号是"巴巴罗萨行动"，意图彻底而全面地摧毁红军和苏联。1939和1940年接连对波兰和法国取得惊人的胜利后，德国成为欧洲大陆的主宰，德军统帅部里的大多数人相信这次的胜利同样唾手可得。"巴巴罗萨"行动的进程也几乎证实了他们的预料。对苏闪电战开始后的几个星期里，德军的装甲先头部队越过第聂伯河，挺进俄罗斯本土；沿波罗的海海岸冲向列宁格勒；深入乌克兰，逼近基辅，将整支红军抛在自己身后的修罗场中。红军数个防御集团军陷入合围、损失殆尽，数十万红军战士或是战死，或是被关进了德军的战俘营，红军的战略预备队被快速挺进、势不可挡的德军装甲纵队逐次消灭。苏军一再试图制止德军的铁流，力挽狂澜，却总是徒劳无功。直到5个月后的1941年12月，苏联才实现这一目标，但这时，德军的纵队已经推进到列宁格勒和罗斯托夫的郊外，亦兵临莫斯科城下。

　　这场空前暴力而残忍的战争还要在腥风血雨中持续四年之久。东线的战争是一场"文化"之间的战争，是名副其实的灭绝战。在这场彻底的毁灭性战争中，苏联被迫动员自己的全部力量来抗衡整个日耳曼民族。双方的人员损失都大得骇人听闻，苏联在战争中的总伤亡达数千万，包括至少2900万名军人，而平民的伤亡更比这个可怕的数字只多不少。波罗的海沿岸各国、白俄罗斯、乌克兰、高加索山区和俄罗斯本土广大地区的经济遭到严重破坏。双方军队的

[①] 译注：原书出版于1998年。

进退拉锯也使得欧洲满目疮痍，自17世纪的三十年战争以来可谓绝无仅有。

战争给苏联每一个家庭都留下了痛苦的烙印，不计其数的丈夫、父亲、兄弟、儿子战死沙场。与其他更文明的战争不同，在这场无限恐怖的战争里，无数母亲、妻子、女儿也同样感受到战争的残酷，并和她们的男性亲属们一起献出自己的生命。这场战争在俄罗斯人的民族精神中留下的创伤，需要几代人的时间才会愈合，它经常化身为一句被人反复提及的口号："勿忘一人，勿忘一事。"

与他们的苏联前辈一样，当代俄罗斯人也无法忘记这场战争，并依然称之为"伟大卫国战争"。然而与前辈们不同的是，他们如今可以更坦率地问："这场战争为什么会发生？""战争初期的失败为何如此惨重？"在过去五十年里，各类宣传生动地将德国描绘成一个邪恶、掠夺成性、武装到牙齿的政权，利用其残酷和背信弃义，才在"巴巴罗萨"行动中取得对苏作战的最初胜利。宣传强调苏联对防御战备的热切关注，虽然承认在战争前夕和战争初期曾有过一些挫折，但坚称进步政策可以从根本上动员全国的力量，实现最后的（也是必然的）胜利。

过去，虽然上述两个关键问题有更完整的答案，但一直被人为地掩盖起来。成千上万依然健在的老兵们即使知道得更多，也都小心地闭口不谈。许多健在的高级指挥员撰写回忆录时也三缄其口。

现在，长期被掩盖的历史真相正在浮出水面。历史学家现在能够为俄罗斯人解答这两个关于1941年的、困扰他们已久的问题了。然而多少有点讽刺的是，正当档案馆的大门慢慢打开，更多的真相即将被揭露的时候，俄罗斯人和这场战争中的其他一些受害者却受到某些新学说的蛊惑，这些新学说的影响更具有破坏性。现在，除了原来那些为苏联辩护的作品以外，又出现一种新学说，把引发战争的责任完全归咎于斯大林和苏联。

总而言之，这种新学说明确指责苏联曾策划在1941年7月对德国发动"先发制人的战争"。其发表不仅是要抹黑苏联，更重要的是，还为德国的侵略行为做辩护，推卸德国发动这场人类浩劫的责任。可想而知，这样的观点已经蛊惑了许多德国历史学家。更可怕的是，越来越多的俄罗斯历史改良派也已欣然接受这种学说，仿佛只有把引发人类一切苦难的责任都归咎于斯大林和苏联，才能彻底净化俄罗斯的民族精神。

这种新学说确实很令人感兴趣、具有轰动性，也符合大众的口味，可是任何一位负责任的历史学家，都必须提出自己的根本问题："这种新学说究竟有几分真实性？"支持"先发制人的战争"这种学说的人，大多认定红军在1941年很强大，也已做好战争准备。这个假设是他们解读斯大林从批准计划到战争爆发前各种政治、外交和军事行为的基础。本书充分运用苏德双方的档案证据来质疑这个关键假设，根据这些证据，本书发现这个假设毫无事实根据。

戴维·M.格兰茨

LIST OF ABBREVIATIONS 缩略语表

缩写	英语	汉语
A	Army	集团军
AAABn	Antiaircraft artillery battalion	高射炮兵营
AAD	Assault aviation division	强击航空兵师
AAR	Assault aviation regiment	强击航空兵团
ABn	Artillery battalion	炮兵营
AbnB	Airborne brigade	空降兵旅
AbnC	Airborne Corps	空降兵军
AR	Aviation regiment（miscellaneous）	航空兵团（按机种分类）
ATB	Antitank brigade	反坦克炮兵旅
B	Brigade	旅
BAC	Bomber aviation corps	轰炸航空兵军
BAD	Bomber aviation division	轰炸航空兵师
BAR	Bomber aviation regiment	轰炸航空兵团
BF	Briansk Front	布良斯克方面军
CAR	Corps artillery regiment	军属炮兵团
CASqdn	Artillery correction squadron	校射侦察航空兵大队
CavGp	Cavalry group	骑兵集群
CC	Cavalry corps	骑兵军
CD	Cavahy division	骑兵师
CF	Central Front	中央方面军
DBA	Long-range bomber aviation	远程轰炸航空兵
EngBn	Engineer battalion	工程兵营
EngR	Engineer regment	工程兵团
FAD	Fighter aviation division	歼击航空兵师
FAD,PVO	Fighter aviation division, air defense	防空歼击航空兵师
FAR	Fighter aviation regiment	歼击航空兵团

续表

缩写	英语	汉语
FAR,PVO	Fighter aviation regiment, air defense	防空歼击航空兵团
FR	Fortified region	筑垒地域
GAR	Gun artillery regiment	加农炮兵团
GAU	Main Artillery Directorate	炮兵总局
Gds	Guards	近卫
GKO	State Defense Committee	国防委员会
Gp	Group	集群
GrenRB	Grenadier rifle brigade	掷弹兵旅①
GRU	Main Intelligence Directorate	情报总局
GULag	Main Administration of Corrective-Labor Camps	劳动改造营管理总局
HAR	Howitzer artillery regiment	榴弹炮兵团
HGABty	Heavy gun artillery battery	重型加农炮兵连
HPHAR	High-powered howitzer artillery regiment	大威力榴弹炮兵团
KF	Kalinin Front	加里宁方面军
LIB	Light infantry brigade	轻步兵旅
LR	Long-range	远程
MAB	Mixed aviation brigade	混成航空兵旅
MAD	Mixed aviation division	混成航空兵师
MAR	Mixed aviation regiment	混成航空兵团
MBn	Mortar battalion	迫击炮兵营
MC	Mechanized Corps	机械化军
MD	Mechanized division	机械化师②

① 译注：苏军1941年冬季临时组建的1个步兵旅，由于枪支不足，一开始只能装备手榴弹，而且由于旅长季莫菲耶夫上校在沙皇军队的掷弹兵团服役过，故称"掷弹兵旅"。详见《梅列茨科夫元帅战争回忆录》季赫温战役有关章节。
② 译注：苏德战争期间，苏联没有机械化师，"MD"应该是摩托化师（Motorized division）的缩写，这种师1939年11月组建，1940年起编入机械化军，属于汽车装甲坦克兵的编成，与摩托化步兵师不同。

续表

缩写	英语	汉语
MilRD	Militia rifle division	民兵步兵师
MotArmB	Motorized armored bridge	摩托化装甲旅
MotEngBn	Motorized engineer battalion	摩托化工程兵营
MPVO	Local Antiaircraft Defense	地方防空部队①
MRB	Motorized rifle brigade	摩托化步兵旅
MRD	Motorized rifle division	摩托化步兵师
MRR	Motorized rifle regiment	摩托化步兵团
MtCD	Mountain cavalry division	山地骑兵师
MtRD	Mountain rifle division	山地步兵师
MVO	Moscow Military District	莫斯科军区
MvrAbnB	Maneuver airborne brigade	空降兵旅
NCMD	North Caucasus Military District	北高加索军区
NF	Northern Front	北方面军
NIB	Naval infantry brigade	海军陆战旅②
NKO	The People's Commissariat of Defense (NKO)	国防人民委员部
NRB	Naval rifle brigade	海军步兵旅③
NWF	Northwestern Front	西北方面军
OKH	High Command of Armies Oberkommando der Heeres	德国陆军总司令部
OMD	Odessa Military District	敖德萨军区
PBR	Pontoon-bridge battalion	舟桥营④

---

① 译注：内卫部队的一支部队。

② 译注：Brigada morskoi pekhoty 指苏军在海军编制内，以多个海军独立营合编而成的旅，没有或者很少的旅直属单位，着海军制服，多用于保卫海军基地的战斗和战役。苏德战争爆发前，已于1940年在波罗的海舰队组建了1个这样的旅。

③ 译注：Brigada morskoi strelkovy 指苏军在1941年9月到1942年4月之间，利用海军军人编组的37个步兵旅，采用标准的陆军步兵旅编制和装备，在陆军编成内参加战斗。实际由于服装短缺，仍有不少战士依旧着海军制服参加战斗。

④ 译注：此处缩写与全称不对应，缩写"PBR"应为舟桥团，苏德战争爆发时，苏联的舟桥营正在陆续改编为舟桥团。

续表

缩写	英语	汉语
PV	Border forces	边防军
PVOB	Antiaircraft defense brigade	防空旅
PVOC	Antiaircraft defense corps	防空军
PVOD	Antiaircraft defense division	防空师
RAB	regions of aviation basing	航空兵驻扎区
RAR	Reconnaissance aviation regiment	侦察航空兵团
RAT	Mobile radio station	移动式电台
RB	Rifle brigade	步兵旅
RC	Rifle corps	步兵军
RD	Rifle division	步兵师
ReeR	Reconnaissance regiment	侦察团
Res. AB	Reserve aviation brigade	预备队航空兵旅
RF	Reserve Front	预备队方面军
RGK	Reserve of the High Command	统帅部预备队
RGKA	Reserve of the High Command Artillery	统帅部预备队炮兵
RVGK	Reserve of the Supreme High Command	最高统帅部预备队
SA	Shock army	突击集团军
SBn	Sapper battalion	工兵营
SepA	Separate army	独立集团军
SepMRB	Separate motorized rifle brigade	独立摩托化步兵旅
SepRB	Separate rifle brigade	独立步兵旅
SepTBn	Separate tank battalion	独立坦克营
SF	Southern Front	南方面军
SPASn	Special-power artillery battalion	特别威力炮兵营
SR	Sapper regiment	工兵团
StuRB	Student rifle brigade	军校学员步兵旅

续表

缩写	英语	汉语
SV	Ground force	陆军
SwF	Southwest Front	西南方面军
TB	Tank brigade	坦克旅
TBn	Tank battalion	坦克营
TcF	Transcaucasian Front	外高加索方面军
TD	Tank division	坦克师
TR	Tank regiment	坦克团
VNOS	Air Defense Warning System	对空情报系统
VV	Internal Forces	内卫部队
VVS	Air forces	红军空军

目　录

序：以史为鉴，加强国防和军队现代化建设...............i

译者序 ix

前言 xiii

导言 1

第一章 红军概况 9

　　规模与配置 11

　　军队的实际组建和动员 15

　　数据表 19

第二章 指挥与控制、指挥人员 29

　　指挥人员流失的主要影响与后果 30

　　指挥干部和培训 35

　　主要指挥员和参谋人员 43

　　数据表 58

第三章 红军战士 63

　　公式化形象 66

　　资料来源 69

　　官方形象的演变 71

　　正在出现的人文层面 79

第四章 战略展开计划和动员 91

    战争前夕的国防计划和战略展开计划 99

    制订动员计划 107

    1941 年 6 月 22 日之前的动员和战略展开 112

    数据表 116

第五章 地面作战兵种的作战准备 125

    陆军 126

    数据表 169

第六章 作战支援兵种和后勤的作战准备 189

    炮兵 189

    工程兵 193

    通信兵 195

    防空部队 198

    边防军和内卫部队 204

    后勤 205

    数据表 209

第七章 空军 221

    结构、装备、指挥与控制 224

    人员和部队的训练及战术 226

    战争准备 229

    实际战备水平 232

    数据表 241

第八章 大本营和战略预备队 247

    首批预备队（1941年6月—7月15日） 247

    后续预备队（1941 年 7 月 15 日至 8 月） 257

　　机械化预备队 264

　　支援兵种和勤务部门 266

　　数据表 269

第九章 战争前夕的红军情报工作 287

　　战争警告 288

　　"巴巴罗萨"的前夜 306

　　对苏联1941年6月情报工作的评价 310

结论 319

附录 A　苏联红军的作战序列，

　　　　1941 年 6 月 22 日至 8 月 1 日 323

附录 B　苏联红军 1941 年国防计划 335

附录 C　对手的观点：

　　　　德国情报机关在战争前夕的评估 369

附录 D　苏德战场军队的实力对比，

　　　　1941 年 6 月 22 日 373

参考文献点评与选定目录 379

译者后记 407

MAP 地图目录

1.1 苏联西部的作战军队，1941 年 6 月 ·················· 12

1.2 苏联的动员进度，1941 年 6 月到 12 月 ················ 17

4.1 沙波什尼科夫的计划，1938 年 11 月版，方案 1 ········· 95

4.2 沙波什尼科夫的计划，1938 年 11 月版，方案 2 ········· 96

4.3 1940 年 7 月的战略计划 ···························· 100

4.4 1940 年 10 月的战略计划 ·························· 104

5.1 机械化军的配置图，1941 年 6 月 22 日 ··············· 136

5.2 苏联西部边境的筑垒地域，1941 年 6 月 ·············· 168

ILLUSTRATIONS 插图目录

苏联元帅 S.K. 铁木辛哥，国防人民委员 ················· 48

苏联元帅 B.M. 沙波什尼科夫，副国防人民委员 ··········· 48

G.K. 朱可夫大将，总参谋长 ··························· 48

N.F. 瓦图京中将，第一副总参谋长 ····················· 48

G.K. 马兰金中将，总参谋部作战局局长 ················· 49

A.M. 华西列夫斯基少将，总参谋部作战局副局长 ········· 49

M.P. 基尔波诺斯上将，基辅特别军区司令员 ············· 49

A.I. 安东诺夫少将，基辅特别军区副参谋长 ·············· 49

M.F. 卢金中将，基辅特别军区第 16 集团军司令员 ········· 50

F.I. 库兹涅佐夫上将，波罗的海沿岸特别军区司令员 ······ 50

D.G. 巴甫洛夫大将，西部特别军区司令员 ··············· 50

P.P. 索边尼科夫中将，波罗的海沿岸特别军区第 8 集团军司令员 ··· 51

V.I. 莫罗佐夫中将，波罗的海沿岸特别军区第 11 集团军司令员 ··· 51

N.E. 别尔扎林少将，波罗的海沿岸特别军区第 27 集团军司令员 ··· 51

V.I. 库兹涅佐夫中将，西部特别军区第 3 集团军司令员 ···· 51

A.A. 科罗布科夫中将，西部特别军区第 4 集团军司令员 ··· 52

K.D. 戈卢别夫中将，西部特别军区第 10 集团军司令员 ····· 52

P.A. 库罗奇金中将，奥廖尔军区司令员兼第 20 集团军司令员 ·················· 52

I.N. 穆济琴科中将，基辅特别军区第 6 集团军司令员 ·················· 52

P.A. 罗斯米斯特罗夫少将，波罗的海沿岸特别军区机械化第 3 军参谋长（左）
和旅级政委 N.V. 沙塔洛夫，波罗的海沿岸特别军区坦克第 2 师政治委员（右） ········· 53

M.E. 卡图科夫上校，基辅特别军区机械化第 9 军坦克第 20 师师长 ·················· 53

S.I. 波格丹诺夫上校，西部特别军区机械化第 14 军坦克第 30 师师长 ·················· 53

演习中的红军战士 ··················· 74

苏联元帅 S.M. 布琼尼视察波罗的海沿岸特别军区某部 ··················· 75

刚动员入伍的新军人 ··················· 76

西部特别军区第 4 集团军步兵第 28 军步兵第 6 师步兵第 16 团列队待阅 ·············· 77

战前动员的海报 ··················· 78

一架苏联 TB-3 轰炸机 ··················· 137

20 世纪 30 年代后期一次演习中的苏联坦克 ··················· 137

飞越红场的苏联轰炸机群 ··················· 138

苏联元帅 S.K. 铁木辛哥和基辅特别军区司令员 G.K. 朱可夫大将共同视察基辅特别
军区在 1940 年进行的演习 ··················· 138

苏联元帅 S.K. 铁木辛哥和列宁格勒军区司令员 K.A. 梅列茨科夫大将共同视察列宁
格勒军区在 1940 年进行的演习 ··················· 139

苏联元帅 S.K. 铁木辛哥视察西部特别军区在 1940 年进行的演习时，向部队讲话 ··· 139

苏联 T-26 轻型坦克 ··················· 234

苏联 T-28 中型坦克 ··················· 234

苏联 T-35 重型坦克 ··················· 234

苏联 BT-7 坦克 ··················· 235

苏联 T-34 中型坦克 ··················· 235

苏联 KV 重型坦克 ··················· 235

苏联 76 毫米师属加农炮 ··················· 236

苏联 122 毫米榴弹炮 ··················· 236

苏联 152 毫米加农榴弹炮 ··················· 236

红场上的红军

导　言

　　第二次世界大战结束至今的半个多世纪里，历史学家和公众都一致认为，这场战争是不可一世的"德意志第三帝国"元首，阿道夫·希特勒邪恶的地缘政治主张的产物。很多书籍都记载着德国的政治和军事权力在整个20世纪30年代的演变过程：从希特勒通过民主选举成为魏玛共和国的政治领袖，看似正当地获取政权；到这个不幸的共和国转变成极度军国主义的第三帝国；再到希特勒的第三帝国势不可挡地成为欧洲的主宰，也许还试图在政治和军事上统治全世界，并因此将欧洲和全世界送进了这场人类历史上空前可怕的战争。

　　一直以来，历史学家普遍认为，希特勒贪得无厌的征服欲源自他的德国称霸欧洲之梦。西方国家的一代政治领导人又用实际行动鼓舞了这种征服欲。这些人对上次世界大战的可怕记忆、扭曲的愧疚和负罪感，驱使他们用极其危险的绥靖政策来迎合德国的野心。希特勒就像被纵容的校园恶霸一样，将绥靖理解为软弱，反而变本加厉，加快自己夺取欧洲霸权的步伐。20世纪30年代的各次危机，每次都以西方梦想的破灭和德国肆无忌惮的胜利告终，并在1939年9月达到顶点，演化为战争。在不到两年的时间里，战火就蔓延到整个欧洲，到1941年夏季，德国各集团军已经深入到苏联腹地。

　　第一次世界大战结束后，由谁来承担发动战争的责任是有争议的，但就第二次世界大战而言，这个问题没有争议。同盟国在战争胜利后组织了一套完善的法律程序，即纽伦堡审判，指控希特勒及其政权对"侵略战争"的发动负有直接责任。这一责任不仅涵盖从1939年8月算起的整场战争，还追溯到整个20世纪30年代德国的各种非法行为。最后，同盟国用希特勒自己的言辞和文字证实了这些指控和他本人的罪状。

长期以来，西方历史学家一致认为西方领导人在希特勒走向战争的过程中扮演的是被动的同谋，苏联则由于寻求与其意识形态上的死敌达成和解，在这个戏剧性事件中扮演着一个一贯见利忘义的阴险角色。因此，从威廉·L.兰格和S.埃弗雷特·格里森开始，大多数西方历史学家都认为，斯大林在1939年8月谈判并签署《苏德互不侵犯条约》，实际上是开给了希特勒一张"空头支票"。虽然历史学家解释斯大林这样做的原因时常有不同意见，但是他们都同样强调这个条约本质上的趋利性和危险性。战争结束后的近五十年里，苏联当局和历史学家们一直否认他们曾与希特勒签订过一个双方瓜分东欧的秘密协议，戈尔巴乔夫在20世纪80年代终于承认了这一史实，苏联编写的历史也变得与西方观点完全相同。

然而，这一切尘埃落定后，不管哪一位历史学家，审视后来发生的战争时，都无一例外地把引发这场浩劫的责任归咎于希特勒。他们认定是希特勒肆无忌惮的野心引发了德国的一连串侵略行径：从入侵波兰，到进攻苏联，再到向美国宣战，以及由此引发的所有恐怖经历。世界公众乐于接受这一判断，因为战后的几代人之所以努力阐明这场可怕战争的根源，就是为将其根除，进而创造崭新而持久的和平。

1990年出版的一本小册子，挑战了关于战争责任的历史公断，严重地撼动了令人满意的既成定论。此外，这本新书还意味着要把第二次世界大战的责任问题，变得像第一次世界大战的同一问题那样具有争议和潜在的破坏性。简而言之，这本书接受了希特勒的宣传部长约瑟夫·戈培尔1941年6月所做的辩解，即德国入侵苏联是在进行一场预防性的战争。另外，这本书还认定，因为斯大林企图在1941年夏季先发制人地进攻德国，所以要与希特勒同样负担挑起发动苏德战争的责任。而实际上，书中声称斯大林操纵了希特勒，从而把绝大部分战争责任归咎于斯大林，这就是在直接挑战整个纽伦堡审判的合法性和结论。这本新书宣称，《苏德互不侵犯条约》让斯大林在外交上腾出一只"闲着的手"，他随即开始策划自己对德国的入侵，进而入侵西方各国。

这一论点不符合事实。即使指控能成立，这种操纵也并不能保证他所得的空闲会一直持续到1941年夏季。1939年夏季，斯大林在蒙古—伪满洲国边境与日本的冲突几乎达到宣战的程度，德国和日本则是《反共产国际协定》的盟友。然而，德国驻莫斯科大使弗里德里希·维尔纳·冯·舒伦堡伯爵8月15日却告诉V. M. 莫洛托夫：德国将试图敦促日本改变政策，改善其与苏联的关系，这实际上是承认德国并不打算支持日本。虽然条约使斯大林在东欧获得了自己的势力范围，在远东也腾出了一只"手"，但是这只"手"的活动空间极其有限，还完全取决于德国将来在欧洲的行动。希特勒后来在1940年5月和6月征服了西欧的大部分地区，这就从根本上改变了整个战略态势。希特勒新一轮侵略行动使德国称霸欧洲，也让斯大林用互不侵犯条约来约束德国的企图完全落空，并不可避免地使斯大林在远东那只"闲着的手"不得空闲。从那时起，直到此后苏德战争中的很长一段时间，斯大林都在担心自己东翼的安全。1940年到1941年6月，斯大林紧紧地抓住自己在条约中的既得利益毫不让步，并坚定地准备迎击德国不可避免的进攻；与此同时，希特勒也在1940年夏季开始策划这样的进攻，并打算在英国被迫求和后付诸实施。

这本赤裸裸的历史修正主义图书最早于1988年在法国出版，1990年在英国出版，由苏联前陆军少校的维克托·列尊撰写。他的笔名是维克托·苏沃洛夫，显然是在模仿昔日俄罗斯帝国的伟大军事领袖。列尊为这本书起了个冷冰冰的名字：《破冰船》（Ledokol）。[1]这不是列尊的第一本书：这位前苏军少校到西方以后，写过一系列讲述苏联军队的书籍，其中第一本名为《解放者们》，记述了自己的部分军旅生涯；他还创作过一系列关于当代苏联军队和苏联情报机关"内幕"的书籍。在这些早期作品中，列尊笔下的苏联军队时而威风凛凛，时而笨拙无能，完全取决于不同的书和写书的不同时间。除了哗众取宠、投西方读者所好以外，这些冷战书籍引起的反响不一，不过都没产生什么持久的影响。

然而，《破冰船》及其后于1994年出版的续作《M日》（Den'–M）引发了轩然大波。[2]鉴于这两本书的内容，这样的反应或许可以理解，印刷在《破冰船》一书护封上的文字，赤裸裸地表达着列尊肆无忌惮的新主张：

是谁发动了第二次世界大战？这个问题已经被问过无数次。如果说这是一个方程式，那么虽然里面有多个变量，但得出的解总是唯一的：阿道夫·希特勒。

德国坦然接受了战争责任，她对此的开明态度，这与苏联多年来一直低调却明白的宣传声明形成鲜明对比。对苏联来说，这场战争过去是，现在仍然是"伟大祖国的战争"，是共产主义战胜法西斯主义的胜利；不仅是在苏联版图上的胜利，还是在欧洲的胜利。自那时起，欧洲大陆就一直处于分裂状态。

一位历史学家——逃离苏联的维克托·苏沃洛夫——首次揭露苏联对引发这场战争所应负的责任，要比此前公认的大得多，也用心险恶得多。他认为斯大林像希特勒一样，都一心想统治全世界，可斯大林却能把希特勒当作一块垫脚石，也就是"破冰船"，来确保苏联能够参加战争，并赢得最后的胜利，这场战争唯一的目的就是：向全世界输出并实现共产主义。这位苏联的大独裁者会不惜一切代价来实现这个目标，多年来一直为此处心积虑。

苏沃洛夫的书是对公认历史的直接挑战，也是常令人伤心的挑战。它的成就是迫使我们所有人都要从根本上转变自己的观念：这场人类历史上最有破坏性的战争源于何处，原因何在。

就这样，列尊复活了此前一直含糊不清，也常被忽视的观点，这种观点只在一些德国小团体（多数是右翼分子和民族主义者）中流传过，认为斯大林和他亲信要对战争的爆发直接负责。列尊声称："从20世纪20年代起，既没有花费多少资源，又没有做出什么努力，实际上也没有用多长时间，斯大林就恢复了德国军国主义的攻击能力……为什么呢？为了便于向欧洲其他国家宣战。"根据列尊的说法，斯大林实际上是在支持和利用德国军国主义，并把德国后来的军事行动当作"革命的破冰船"。此外，列尊认为斯大林准备在1941年夏进攻德国，是基于这样一种设想："获得战争胜利的将是最后参战的一方，而非最先参战的一方。"

在《破冰船》一书中，列尊使用自己的个人记忆，并从许多苏联的公开资料来源里，断章取义地找出一些资料来证明自己的论点。他声称自己20多年前作为苏军大尉和少校，曾经接触过一些秘密档案材料；这样即使将来有人想用同样材料反驳他的论点，他也只需声明这些档案中最有争议性的信息后来都被删改了，就可以从根本上杜绝这种争论的可能。不过人们至少可以正当地质疑：作为一个低级军官，他当初是怎样接触到这些材料的？即便他当年确实接触过，那么在这么多年来收集到的如此大量的资料中，他又是怎样回忆起这些细枝末节的？

列尊在他的陈述中，从苏联出版的回忆录和战后研究作品当中摘录出大批关于战争爆发时情形的、复杂的可靠事实，再把它们编织成一个充满密谋的可疑骗局。他虽然在论述斯大林1940年6月以前的战略意图时，为自己找到的证据还算充分，但更偏激地解读斯大林的1941年作战计划时，所能提供的证据就很少。尽管有众多其他说法，但他断定斯大林计划在1941年夏季（特别是7月6日）发动进攻，而且为获得胜利，斯大林特地动员并展开了庞大的战略第二梯队，其中包括壮观的内务人民委员部"黑衫军"和几个准备实施突破的集团军（比如第16和第19集团军）；斯大林还蓄意拆除已有的防御工事，以方便即将发起的进攻；还有，是A. M. 华西列夫斯基将军（而不是G. K. 朱可夫将军）策划并被指派执行斯大林这个狡猾的计划。列尊在《M日》一书中使用同样的历史学方法，又对《破冰船》中这些惊人的论点展开进一步论述。

虽然列尊具有争议性和爆炸性的论点对英美历史学界的影响微乎其微，但在德国和苏联却引起轩然大波。有充分根据地修正历史是合理的，也是必要的；但构想拙劣、没有充分根据地修正历史能够产生深远影响，并最终造成破坏。就像第一次世界大战结束后的情况一样，这种做法可以撕开旧的伤疤，平添不必要或是毫无理由的新伤口。在最极端的情况下，它可以重新点燃旧日的猜疑和仇恨，蚕食和平的基础。往最轻里说，它也可以改变人们回顾过去时的和谐与理性。

列尊作品所产生的破坏性影响已经波及欧洲大陆，特别是德国和俄罗斯的历史学界。已经有著名的德国历史学家接受了他的论点，随后在人际间和法律方面引发的争论，把德国历史学界和各个传统悠久的历史学机构分裂成不同阵营。俄罗斯也为列尊的历史修正提供了肥沃的土壤。部分历史学家惯于接受任何反官方观点的论点，不论其是否成立。简而言之，对过去的不满，甚至是仇恨，驱使他们习惯于相信并传播最极端指控。此外，在列尊支持者的鼓吹下，传统的俄罗斯主流历史学界也开始分化，有些人已经出于不同的动机，不同程度地接受了列尊的一些观点。用这样的形式和动机来修正历史，破坏性会如此之大，所以我们必须对这种做法进行检验，或者，如果有必要就予以质疑。这就是本书的目的。

列尊的论点组织严密，单个事实或许能令人信服，可他对苏联1941年意图的整体论述却令人难以置信，原因如下：首先，他区别对待不同材料，事先就武断地认为苏联的保密档案材料不真实、不可靠，他的部分或全部论据都来自大量公开的回忆录和研究；其次，列尊摘录自回忆录的材料基本内容（比如时间、地点和事件）大致准确，但往往加上自己的主观演绎，并断章取义，找出他想要的语句，巧妙地用来支撑自己的论点；最后，也是最重要的一点，有三种不同来源的权威资料正在质疑列尊论点的可信度：最新解密的大量苏联保密文献和战争研究（原来全部是秘密或绝密级）、德国的档案材料，以及其他足以证明1941年红军状态岌岌可危的材料，最后这种资料可以表明，以苏联红军在1941年的状态，试图主动发起任何进攻行动都近于疯狂。

过去几年里，苏联的报告、命令和计划被大量解密，最近也出版了几本涉及苏联1940—1941年战略计划的书，这些资料都清楚无误地表明1940年6月法国沦陷以后，苏联人紧锣密鼓地大搞防御，以应对纳粹德国进攻的威胁，越来越多的人相信这一进攻不可避免（并有可能会成功）。苏联在1941年年初"战争迫在眉睫"的状态下发布一个公告，进行大规模秘密军事动员，该动员到6月22日只完成了一小部分。刊登在总参谋部的《军事思想》（Voennaia mysl'）杂志和其他苏联军事期刊上的各种文章，详细论述德国日益明显的威胁和各种各样的防御话题，生动地体现了苏联人背水一战的绝境。苏联各方面军、集团军、军和师在战争爆发前后的作战文书也不能为列尊的论点提供任何直接证据，反而可以从中得出相反的结论。

德国的档案同样不支持列尊的论点，这些档案可以进一步印证红军极其糟糕的战备状态，尽管德国人严重低估了对手的动员潜力，并最终会为此付出代价。根据苏德双方的秘密档案材料，列尊口中苏联强大的战略第二梯队，包括第16和第19集团军及其所属的各机械化军，真正实力远非看上去那么强大；这些材料也记录了这些军队此后在8月到10月间的作战表现，足以证明它们只是外强中干。苏联战略第二梯队中的各机械化军几乎没有现代化的中型和重型坦克，其作战表现可以以第5和第7机械化军为例，这两个军7月在列佩利附近投入战斗并很快损失殆尽。而位于西部边境地区的各机械化军拥有一些现代化坦克，表现就要好一些。

事实上，红军1941年以前在波兰和芬兰，以及1941年中的糟糕表现，更是从反面说明列尊的论点不可信。红军在过去四年里损失了大部分指挥干部，此时又正在扩充军队和更换装备，这两项工作还因管理不善进行得比较混乱，以这样的状态在1941年夏季主动发起大规模进攻行动明显不合时宜。1941年1月，在莫斯科进行了秘密的首长司令部图上演习，这次演习的进程和结果把事实摆在斯大林面前。于是到1941年5月，朱可夫忧心忡忡地向斯大林提议，对正在集结的德国人发起先发制人的进攻，斯大林拒绝了该提议，理由很充分。

最后，正如本书将明确指出的那样，在军事技术角度上也有令人信服的理由，能够说明为什么苏联在1941年夏季没有做好战争准备。一支已经完成动员，并且经历过战争的军队只需要变更部署就可发动战争（如1941年的德国和日本军队），一支需要大规模征兵才能组成的军队却截然不同，它需要先进行动员和展开才可以发动战争。大量最近解密的档案材料、保密的旧研究作品与公开的新作都可以证明这一点。1941年的苏联军队和参战前的美军无疑都属于上述的后一种军队。红军受到现实条件的阻碍和苏联天然"农民后方"的制约，军队主力的扩充、重组和更新装备的过程又引发了前所未有的动荡，这些都使得红军在1941年无力发动大规模战争。红军可以参加，也确实参加过一些"小型战争"，比如1939和1940年在芬兰、哈拉哈河和比萨拉比亚，但在这些冲突中差强人意的表现，也只能证实它无力发动更大规模的战争。因此，和参战前的美国一样，苏联也注定只能"悄悄爬入战争"。红军总参谋长B. M.沙波什尼科夫元帅指出：动员就是通往战争的门槛，一旦你跨过它，就要承担起发动侵略战争的责任。希特勒1939年9月在欧洲、日本1937年在中国都是这样做的。苏联1941年动员了几个集团军，这是一种谨慎的行为，不是全面动员，其意图也不是要发动大规模的侵略战争。

从苏德战争爆发时的那些戏剧性事件里推导出惊人的修正主义概念相对容易，这些事件的戏剧性和感染力也让这种主张恶名远扬，并为其生存提供了肥沃的土壤。因此，想要反驳这种主张不那么容易，当然也没什么戏剧性可言，尤其是在它被一小撮人热烈欢迎的时候。不过至少需要对这种主张进行严密的审查，最后分析它，再如果历史需要的话，就驳斥它。

学者们已经在外交和军事领域做过许多工作，验证列尊的论点是否正确。1995年1月到2月，俄罗斯联邦科学院世界历史研究所和特拉维夫大学卡明斯俄罗斯与东欧研究中心，在莫斯科共同主办一个关于该主题的研讨会。来自美国、欧洲、俄罗斯和以色列的35位学者，就列尊的命题和一系列相关的主题发表了论文，会议文集现正准备出版。后来，俄罗斯历史学家们就同一主题编写了很多论文、文章和研究文集，在各种俄罗斯期刊上广泛发表，由20世纪俄罗斯社会研究人员协会创作并出版的研究文集是其中的典范。[3]

几年前，美国陆军的外国军事研究办公室，赞助过一场德国参战军人参加的研讨会，会议主题是苏德战争的初期阶段。这次研讨会当中，既有对战争爆发时相关情况的学术分析，又组织前德国陆军成员讲述自己对战争初期作战特点的个人观点。一本名为《东线初期的战争，1941年6月22日—8月》的文集，已将这次座谈会的成果整理出版。[4]这种深度调研，与越来越少的战争亲历者的见闻、大批其他历史学家在同一领域的不懈努力综合在一起，必将会更真实、更决定性地披露1941年春夏两季的真实情况。同时，苏联的档案还将被陆续解密。不幸的是，如今我们想要采访这段战争的亲历者时，时间已经过去很久，健在者越来越少了。不过，只要条件有利，就会有越来越多的机会来收集和利用那些亲历者的书信和回忆录。

本书将在使用苏德双方档案材料的基础上，通过客观地研究红军1941年夏季的战备状态，继续对苏德战争爆发时的情形进行必要的剖析。

注释

1. 维克托·苏沃洛夫，《破冰船：谁发动了第二次世界大战？》（伦敦：哈米什—汉密尔顿出版社，1990年）。俄语版书名是《Ledokol》，由托马斯·B.比蒂译为英语。

2. 维克托·苏沃洛夫，《M日》（Den'-M，莫斯科："一切为你"出版社，1994年）。

3. G. A. 博尔迪乌戈娃、V. A. 涅韦任（合著），《斯大林曾准备向希特勒首先发动进攻吗？》（Gotovil li Stalin nastupatel'nuiu voinu protiv Gitlera？莫斯科：AIRO-XX出版社，1995年）。

4. 戴维·M. 格兰茨主编，《东线战争的初期：1941年6月22日到8月》（伦敦：弗兰克·卡斯出版社，1993年）。

第一章
红军概况

　　1935年以后，欧洲政治局势的威胁与日俱增。1939年，欧洲战争全面爆发。在这样的大背景下，苏联的武装力量要做好战争准备。苏联的政治和军事领导人谨慎地进行改革，大规模扩充和平时期的军队，力求提高军队的战斗力。总参谋部针对不断变化的外来威胁精心变更作战计划，并根据最新版计划改进红军的兵员生成和动员体制。1937年到1939年，苏联军队的兵员配备体制从传统的地方民兵—民兵制转变为正规军—基干制[1]，以增加军队的总兵力，提高军队在和平时期的战备水平，这也有利于军队在必要时转入战时状态。1939年9月1日颁布的《普遍义务兵役法》，为这个新体制实现上述目标提供了所需的人力资源。上述这些措施使和平时期红军的总兵力从1938年1月1日的150万人增加到1941年6月的500余万人，为实现"悄悄爬入战争"创造了条件；也使苏联的动员体制在和平时期就为红军储备足够的干部，可供战时组建500多个各种师使用。

　　1937年到1939年欧洲的各次危机期间，苏联人多次演练了自己的动员体制。总参谋部运用从中得出的经验教训，在1940年全年和1941年的6月22日之前，通过多次分析地缘政治格局的变化、举行高级别战略规划会议和战略战役规模的首长司令部图上演习，完善了自己的动员计划和国防计划。修订后的计

---

　　① 译注：《苏联军事百科全书》中的说法是：从1935年到1939年，由地方民兵与基干的混合制改为基干制。作者对1939年前旧体制的表述，参见本书第3章。

划估算（主要来自德国和日本的）潜在威胁的规模和配置，并针对这些威胁相应地调整了苏联在和平时期与动员后的军队实力水平。

苏联领导人在为一场全面战争打造自己武装力量的同时，还利用在波兰、蒙古、芬兰和罗马尼亚的一系列局部冲突，检验了红军的战备状态。结果在大多数情况下，红军没能通过这些考试，他们在战场上的失败令人尴尬，军队的战备水平明显不够，这就给战略规划者的工作带来了新的紧迫感。他们要在红军被迫投入欧洲的全面战争以前加速进行改革、重组和装备更换。正当此后的"铁木辛哥改革"方兴未艾之时，战争就在1941年6月22日爆发了。

1941年4月到6月间，由于情报显示德国的威胁与日俱增，苏联政府宣布部分进入"特别危险的军事时期"，并安排军队秘密实施战略展开，加快"悄悄爬入战争"的步伐。这实际上是预防性的动员进程第一阶段，整个动员过程将在战争开始以后加速进行，并一直持续到1942年年初。这个第一阶段始于4月下旬，外贝加尔和远东地区的军队向西开进，后来在5月初，乌拉尔和西伯利亚两个军区的少数军队也向西开进。与此同时，国防人民委员部（NKO）于4月份批准扩大后的战时步兵师编制（14483人），并下令按这个编制补齐99个步兵师的人员和装备。尽管如此，6月22日前，其中仅21个师在人数上达到了要求。[1]5月13日，国防人民委员部发布命令，要求在7月上旬以前，动员并组建一支规模为7个集团军（共67个师）①的战略预备队，沿德维纳河—第聂伯河一线展开。这支战略预备队包括：从5月开始，分别由外贝加尔、北高加索、伏尔加河沿岸和乌拉尔各军区西调的第16、第19、第21和第22集团军；还有6月22日刚开始展开的，由莫斯科、奥廖尔、西伯利亚、阿尔汉格尔斯克各军区和远东方面军抽调的一些兵团组建的第20、第24和第28集团军。

6月初，国防人民委员部以"大规模作战演习"的名义，按照《国防计划》征召了793500人，用来补充约100个现役的师和筑垒地域。到6月22日前，第19集团军的9个师已经完成向前展开，第16、第21和第22集团军的19个师仍在向各自的预定展开地域开进。苏联动员计划（MP-41）全面实施后，

---

① 译注：本节文字表述与表1.2不同，表1.2中列出的是6个集团军又4个军，但未列入第28集团军及其下属的步兵第30和第33军、摩托化第69师。

预计将（在30天内）使军队的总兵力达到344个师，共785万人，其中650万人会被配置在苏联西部。[2] 不过在这些动员起来的师中，有相当一部分尚未满员，只能在战争初期继续完成后续动员工作。事实上，MP-41在1941年6月22日前使苏联军队的总人数达到482.69万人，其中西部各军区有290.1万人，编组为171个师①，这是苏联最初投入的作战军队。[3]

　　1941年6月22日以前，苏联政府已经为"特别危险的军事时期"完成了许多必要的准备工作，但并非全部。长期的战备项目仍在继续，局部动员正加速进行，军队正转为战时编制，战略和战役军团也在集中和展开。虽然这些措施需要落实到前方的各军区，但斯大林担心德国将其理解为挑衅，于是严格限制在战役和战术层面上采取类似措施。[4] 由于战争爆发时，动员仍在进行，这就向我们提出三个重要问题："当时军队的规模有多大？"；"这支军队的实际作战能力如何？"鉴于这样的作战能力，"苏联打算怎样运用它？"现在可以回答前两个问题，而它们的答案可以顺理成章地推解第三个问题。

规模与配置

　　1941年夏季，苏联的武装力量由工农红军（RKKA）、工农海军舰队（RKVMF）、边防军（PV）和内务人民委员部内卫部队（VV）②组成。总兵力为570万人。红军由陆军（SV）、空军（VVS）和国土防空部队（PVO strany）三部分组成。

　　1941年6月22日，红军的陆军共有：4个方面军、27个集团军、29个机械化军、62个步兵军、4个骑兵军、5个空降兵军、303个师、57个筑垒地域和5个独立步兵旅；由10个反坦克旅、94个军属炮兵团、75个统帅部预备队（RGK）炮兵团和34个工程兵团提供支援，总兵力近500万人（见附录A）。[5] 上述303个师包括：198个步兵师、61个坦克师、31个摩托化师和13个骑兵师。位于苏联西部的作战军队编组为三个方面军（西北方面军、西方面军和西南方

---

　　① 译注：实际上是170个师又2个旅，折合171个师。作者下文也会提到这2个旅。
　　② 译注：本书中出现的"内卫部队"均为广义概念，是内务人民委员部下属的政治保安部队的总称。此外，狭义的"内卫部队"特指内务人民委员部作战部队，1942年改名为内卫部队。

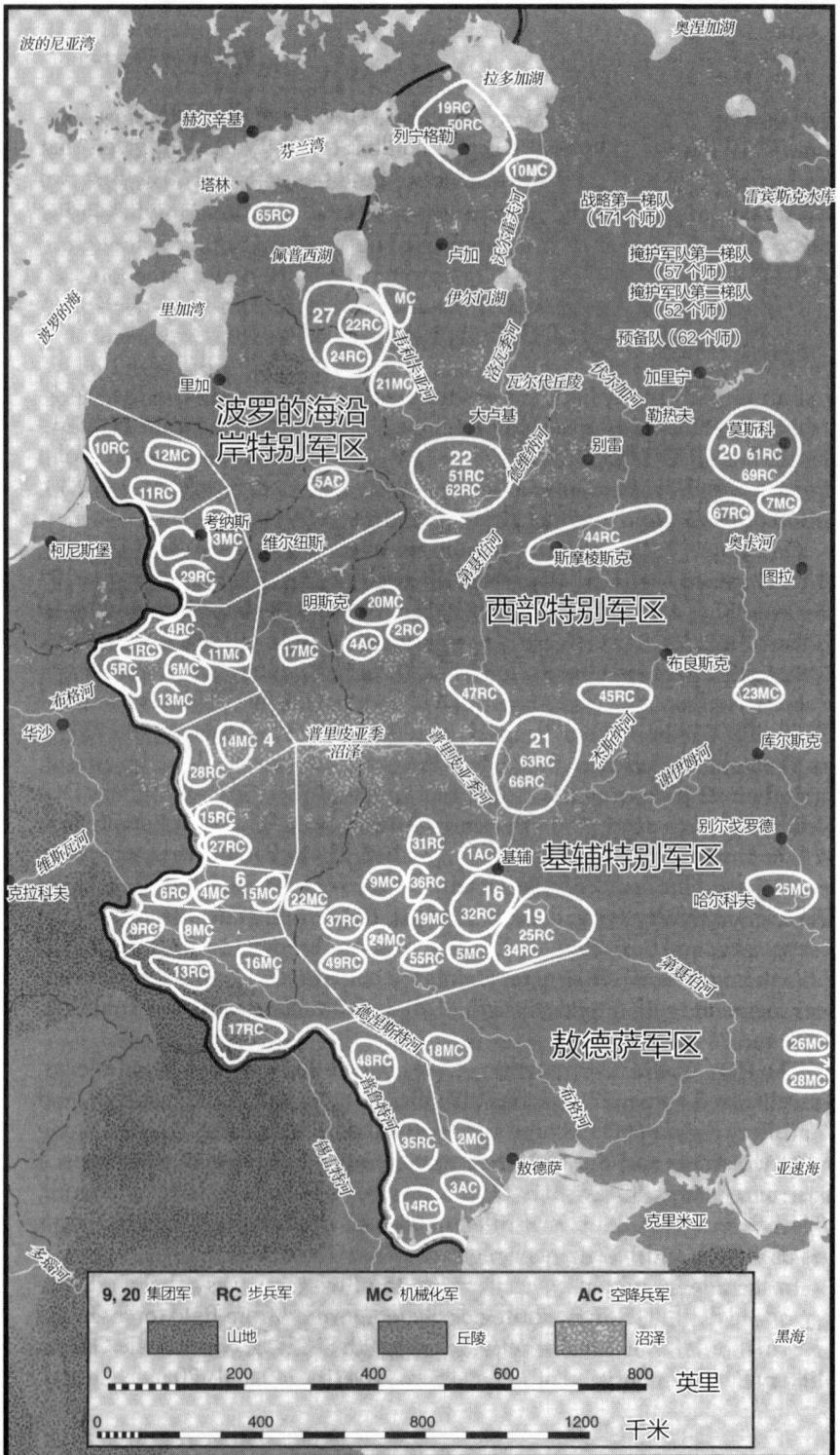

地图 1.1 苏联西部的作战军队，1941 年 6 月

面军），6月22日分别由波罗的海沿岸、西部和基辅三个特别军区组建而成；一个独立集团军（独立第9集团军）和6月24日由列宁格勒军区组建的第四个方面军（北方面军）。这些作战军队（deiistvuiushchie armii）共有：15个集团军、20个机械化军、32个步兵军、3个骑兵军、3个空降兵军、163个师（97个步兵师、40个坦克师、20个摩托化师[1]和6个骑兵师）、41个筑垒地域、2个独立步兵旅、10个反坦克旅、87个炮兵团（52个军属炮兵团和35个统帅部预备队炮兵团）、18个工程兵团，总兵力约290万人（见表1.1、地图1.1）。

统帅部（大本营）预备队由6个集团军、14个步兵军、5个机械化军、57个师（42个步兵师、10个坦克师和5个摩托化师）和17个炮兵团（13个军属炮兵团和4个统帅部预备队炮兵团）组成（见表1.2）。[6] 其他军区和远东方面军另有6个集团军、16个步兵军、4个机械化军、83个师（59个步兵师、7个骑兵师、11个坦克师和6个摩托化师）、16个筑垒地域、3个独立步兵旅、65个炮兵团（29个军属炮兵团和36个统帅部预备队炮兵团）和16个工程兵团（见表1.3）。

红军按照战前的规划，沿战略纵深方向呈梯次配置。战略第一梯队包括西部各（边境）军区的作战军队，以及敖德萨军区的独立第9集团军，共计171个师（104个步兵师、40个坦克师、20个摩托化师和7个骑兵师），分布在巴伦支海到黑海的4500公里[2]战线上。这些作战军队中，以56个师和2个旅组成边境军区各掩护集团军的第一梯队；52个师组成这些集团军的第二梯队，分布在后方50至100公里处，62个师作为各边境军区的预备队，分布在距国界100至400公里处。筑垒地域分布在1941年国界、后方1939年前的苏—波国界，以及基辅等大城市的接近地。

战略第二梯队由统帅部预备队的6个集团军共57个师组成，到6月22日，刚开始沿德维纳河—第聂伯河一线进行展开。最后，战略预备队包括其他军区和远东方面军现有和正在动员的全体军队。

---

① 译注：本书中有多处"摩托化师"被误写为"机械化师"，翻译过程中已经订正，下文不再一一注明。
② 译注：朱可夫在回忆录里不同意这种说法："从巴伦支海到黑海全长4500公里，是把5个边境军区的陆地边境线和全部海岸线都计算在内的，而所有的海岸线都只是由海岸防御和海军负责掩护。从塔林到列宁格勒的芬兰湾海岸上根本就没有军队。所以我们170个师（又2个旅）实际上只占领3375公里防线，而不是4500公里。"

红军的空军负责为作战军队、各军区和未参战方面军的所有地面兵种提供支援。空军由远程轰炸航空兵（DBA）、方面军航空兵、集团军航空兵和军属航空兵组成（见表1.4）。远程轰炸航空兵作为战略资源，由空军的军种首长直接指挥①；方面军航空兵隶属于各军区或方面军司令员；集团军航空兵隶属于集团军司令员；军属航空兵（voiskovaia aviatsiia）隶属于军长。远程轰炸航空兵共有5个轰炸航空兵军，每军各下辖2个轰炸航空兵师，此外还有3个独立轰炸航空兵师。方面军和集团军航空兵共有61个混成、歼击或轰炸航空兵师。其中，31个师配置在作战军队，30个师配置在各军区和未参战方面军。此外，空军还有种类繁多的独立航空兵团或旅，通常用来支援较偏远的军队，包括7个侦察航空兵团、5个混成航空兵旅、2个混成航空兵团、2个歼击航空兵团、1个轰炸航空兵团、7个校射侦察航空兵团。[7]

1941年6月22日，苏联红军的作战飞机共有19533架（见表1.5和1.6），另有1445架飞机由海军指挥。红军的上述飞机中，有2311架属于远程轰炸航空兵，13288架属于各军区的空军，其余的3934架飞机在各飞行学校和训练设施中使用。国防人民委员部优先为西部各军区分配了航空兵力，这些军区的航空兵占到全部航空兵兵团总数的61%、飞机总数的53%、空军总人数的45%。这些军区共有飞机7133架，分布如下：列宁格勒军区1270架、波罗的海沿岸特别军区1211架、西部特别军区1789架、基辅特别军区1913架、敖德萨军区950架。[8]其他各军区共有飞机6155架。

红军空军的一部分兵力用于防空（PVO）作战，共有40个歼击航空兵团，编制飞机总数应有2520架，实际数量不到1500架。按航空兵的不同类型，西部各军区的飞机分布情况见表1.6。

边防军是一支总兵力为16.5万人的边境警卫力量，负责协助红军保卫苏联国界，主要分布在从巴伦支海到黑海的西部边境和远东地区。这些主要装备轻武器的国土安全部队被划分成8个边防区（okrug），依次由49个边防总队、10个独立边防大队（komendatura）、7个护卫舰艇总队、8所区级初级指挥员学

---

① 译注：苏联1941年6月29日才设置空军司令员一职，由副国防人民委员兼任。

校，以及专业保障部队和分队组成①。

内务人民委员部（NKVD）的特别兵团和部队负责保卫主要政府设施、铁路线、工业中心和场所。铁路治安部队共有62100人，编为9个NKVD师和5个旅②，负责保卫1697个目标。驻扎在西部各军区的NKVD作战部队共有11个团，分布在各内地军区的有F. E. 捷尔任斯基师和7个团又3个独立营。此外，为保障城市、居民点和经济目标的地方防空，内务人民委员部1940年10月组建了一支特殊的NKVD防空部队。到1941年6月时，新成立的地方防空（MPVO）总局共辖有3个防化工程兵团（在莫斯科、列宁格勒和巴库）和4个防化工程兵营。其余的地方防空部队正在组建，共计有1个师和5个旅，编制人数29900人，用于保卫145个目标。9

最后，内务人民委员部还有一支负责押送战俘和看守战俘营的部队。这支押送部队③还与另一支国内保安部队一起，负责维持苏联境内各个劳改营的运作，这些劳改营因其缩写"古拉格"（GULag，即劳动改造营管理总局）而闻名于世。1941年6月，这支押送部队共有38311人，共编组为2个师和7个旅。在6月22日，内务人民委员部内卫部队总人数为171900人④。10

军队的实际组建和动员

德国1941年6月22日的入侵明显打断了苏联武装力量的动员进程，并在此后长期形成干扰。尽管如此，国防人民委员部还是按计划实施动员。德国的军事行动虽然严重阻碍各边境军区的动员，但可能加快了总动员的进程。1941年7月1日前，苏联新征召的兵员总数已额外增加530万人，随后动员起来集团军、军和师的数量直线上升。11 新成立的国防委员会（GKO）7月10日前完成新增56个师的动员，并用这些师补充现有各个集团军，充实西方面军和南方面

---

① 译注：边防军还有自己的空军，有1个歼击航空兵团和6个歼击航空兵大队，总人数为3020人，作者未计入。另外，在作者的较新作品中，苏联在战争开始时共有17个边防区（《苏联军事百科全书·军队建设卷》中为18个）、96个边防总队、18个独立边防大队、6个护卫舰艇总队。分布在苏联西部边境的，共有8个边防区、47个边防总队、9个独立边防大队、6个护卫舰艇总队。

② 译注：1941年6月的总数应为13个师和18个旅，其中西部各军区有7个师和2个旅。

③ 译注：押送部队有自己的单独总局，不属于GULag。

④ 译注：作者的新作中，这一数字为212200人。

军的第13和第18集团军，完成第28集团军的后续组建工作，并开始着手组建一批新的预备队集团军，其中包括新建的第31集团军（见表1.7）。第28和31集团军替换已调入各参战方面军的预备队集团军，与原来的第24集团军一起组成新的大本营预备队。与此同时，德国军队在比亚韦斯托克和明斯克附近的战斗中，摧毁了苏联的第3、第10集团军及第4集团军大部。[12]

截止8月1日，新动员的师数已增至144个，其中包括8个100系列番号的坦克师，这些师主要由配置在各内地军区的机械化军的坦克师改编而成。这一波动员重建了第3集团军，新建第29、第30、第32、第33、第34、第35、第36、第43、第44、第45、第46、第47集团军。第3集团军加入新组建的中央方面军，第29、第30集团军（与原有的第28集团军）调派给西方面军。大本营用第32、第33、第34、第43集团军（与原有的第24、31集团军一起），新组建一个预备队方面军①。第35集团军一开始也隶属于预备队方面军，后来转隶远东方面军。在外贝加尔军区组建第36集团军，在外高加索军区组建第44、第45、第46、第47四个集团军。同时，被严重削弱的第4集团军在红军的作战序列里消失了。

尽管红军在8月1日之前的战争中损失约46个师，但此时总实力还是达到401个师。随后在8月间，大本营又组建第37、第38、第40、第42、第48、第49、第50、第51、第52、第55集团军，全部分配给各参战的方面军。

这样，苏联的动员体制于7月10日前，在苏联的军队结构中新增4个集团军，计56个师；在8月1日前，共增加17个集团军，计144个师（见地图1.2）。再加上8月里新组建的9个集团军，红军在9月1日的总实力已达到50个集团军，计450个师（356个步兵师、31个坦克师、5个摩托化师、58个骑兵师）、7个步兵旅和37个筑垒地域。整个8月和9月，大本营开始逐步取消步兵军的指挥机关，解散尚未被德军摧毁的机械化军，并用它们的余部另行组建一些100系列番号的坦克师和独立坦克旅。这些新建的坦克师大多昙花一现，截至10月份，

---

① 译注：1941年7月14日苏联组建后备方面军，下辖第24、第28、第29、第30、第31、第32集团军，7月25日撤销；7月30日又将各预备队集团军合编成预备队方面军，下辖第24、第31、第32、第33、第34、第43集团军。原文此处虽略去了后备方面军存在的短暂过程，但后文出现了先后两个方面军的说法，故特此注明。

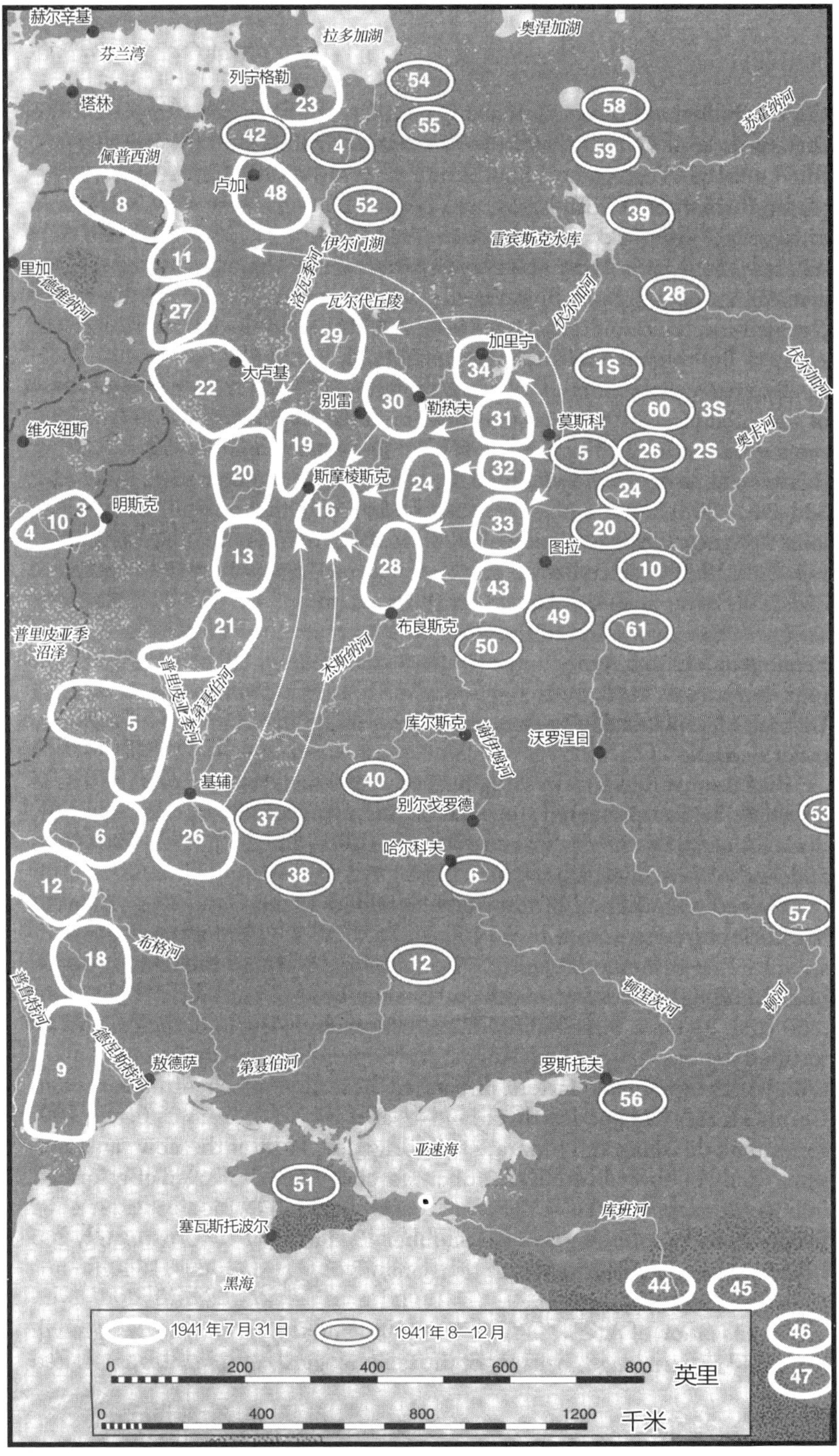

地图 1.2 苏联的动员进度，1941 年 6 月到 12 月

多数要么在战斗中损失殆尽，要么被改编成规模更小的独立坦克旅。与此同时，后续的动员进入白热化状态，到1941年12月31日前，共计组建约285个步兵师、12个重建的坦克师、88个骑兵师、174个步兵旅和93个坦克旅。

空军各兵团、部队的动员和实力增长滞后于陆军，主要是因为技术上的复杂性，航空兵要进行足够的作战训练和装备训练才能胜任作战任务；也是因为苏联的空军在战争的最初几天和几周里遭受严重损失。苏联人配置空军兵团时，多少重蹈了他们在汽车装甲坦克兵方面的覆辙。战争初期的严重损失、糟糕的人员训练、指挥与控制上的大量困难，迫使苏联缩减空军的动员规模，延缓了空军实力的增长（见表1.8）。

1941年12月，苏联组建5个航空兵集群，每个群下辖4—5个不同类型的团，这些团也包含在表1.8的数字中。这个表中未计入远程轰炸航空兵（DBA）的各军和师。6月22日，远程轰炸航空兵共有4个军驻扎在西部各军区，1个军在远东，每个军各下辖2个轰炸航空兵师；此外远程轰炸航空兵还有2个独立歼击航空兵师和1个轰炸航空兵师[①]。这些军的指挥机关在1942年8月被解散，同年10月1日以后，远程轰炸航空兵[②]中还有7个远程轰炸航空兵师。

内务人民委员部的军队也进行了动员。由于1941年动员计划要求扩充西部各军区的作战军队，位于波罗的海沿岸、西部[③]和基辅三个特别军区的各团被改编成3个摩托化步兵师（第21、第22、第23）；同时，内务人民委员部新征召的4.15万人中，有1.6万人被集中派往各边境军区。除了执行动员计划的上述部分之外，在战争初期，各内地军区NKVD内卫部队的主要任务是组建和补充大量NKVD兵团，并从7月底开始，为许多新建的红军步兵师提供骨干。[13]

6月22日原有的陆军，再加上12月31日以前新动员的，红军在战争的前6个月里总计投入约483个步兵师、73个坦克师、31个摩托化师和101个骑兵师，共688个师。如果将两个（步兵或坦克）旅折算成一个师，列入合计的话，在

---

① 译注：1941年6月，苏联的独立远程轰炸航空兵师共有3个，番号为第18、26和30师；DBA中的歼击航空兵师并非独立师，而是每个军各有一个，即5个，其中4个还在组建；DBA另外还有一个独立远程轰炸航空兵团。

② 译注：1942年3月，远程轰炸航空兵已改称远程作战航空兵（ADD），脱离空军建制，直属于最高统帅部大本营。

③ 译注：此处"西部特别军区"应为"列宁格勒军区"；摩托化第21步兵师属于北方面军，是由列宁格勒军区的摩托化第13、14、35团组成的。在西部特别军区只有一个团（第4团），未参加改编。

这个数字之上还要再加上133个师，总计821个师级规模的兵团。在这些师中，有447个师在8月1日以前已经投入作战。不过，必须要记住，苏联这些新动员的师，实力大致只有经验丰富的德国师的一半。

就像这支军队从纸面上看很壮观一样，简单的数字并不能代表全部，而且会误导人。这支红军虽体量巨大，但真正实力必须以其战备状态加以权衡。能显示红军1941年6月22日战备状态的一个重要指标，是这支军队在战争开始后6个月内的损失数字。这个数字至少相当于229个师级兵团，即147个步兵师、40个坦克师、11个机械化师、10个骑兵师，以及21个步兵旅和坦克旅（见表1.9）[1]。

数据表

表 1.1：苏联西部的作战军队，1941 年 6 月 22 日

方面军	集团军	步兵军	机械化军	骑兵军	空降兵军	筑垒地域
北方面军	第7、第14、第23集团军	第19、第42、第50军	第1、第10军			第21、第22、第23、第25、第26、第27、第28、第29筑垒地域
西北方面军	第8、第11、第27集团军	第10、第11、第16、第22、第24、第29、第65军	第3、第12军		第5军	第41、第42、第44、第45、第46、第48筑垒地域
西方面军	第3、第4、第10、第13集团军（仅司令部）	第1、第2、第4、第5、第21、第28、第44、第47军	第6、第11、第13、第14、第17、第20军	第6军	第4军	第58、第61、第62、第63、第64、第65、第66、第68筑垒地域
西南方面军	第5、第6、第12、第26集团军	第6、第8、第13、第15、第17、第27、第31、第36、第37、第49、第55军	第4、第8、第9、第15、第16、第19、第22、第24军	第5军	第1军	第1、第2、第3、第4、第5、第6、第7、第8、第10、第11、第12、第13、第15、第17筑垒地域
	独立第9集团军	第14、第35、第48军	第2、第18军	第2军		第80、第81、第82、第84、第86筑垒地域

[1] 译注：作者在这里把旅各当成1个师级兵团来计算，与全文和表1.9中，计算兵力时两个旅折算成一个师的做法不同。

表 1.2：大本营预备队，1941 年 6 月 22 日

集团军	步兵军	机械化军
第16集团军	第32军	第5军
第19集团军	第25、第34军	第26军
第20集团军	第61、第69军	第7军
第21集团军	第63、第66军	第25军
第22集团军	第51、第62军	
第24集团军	第52、第53军	
	第20、第45、第67军	第21军

表 1.3：各内地军区和非参战方面军，1941 年 6 月 22 日

军区	集团军	步兵军	机械化军	骑兵军	空降兵军	筑垒地域
莫斯科军区		第41军				
伏尔加河沿岸军区						
奥廖尔军区		第30、第33军	第23军			
乌拉尔军区						
西伯利亚军区						
哈尔科夫军区	第18集团军（仅司令部）				第2军	
北高加索军区		第64军				
敖德萨军区		第7、第9军			第3军	第83筑垒地域
外高加索军区		第3、第23、第40军	第28军			第51、第52筑垒地域
中亚军区		第58军	第27军	第4军		
阿尔汉格尔斯克军区						
外贝加尔军区	第17集团军	第12军				外贝加尔筑垒地域
远东方面军军区	第1、第2、第15、第25集团军	第18、第26、第59、特别军	第30军			第101、第102、第103、第104、第105、第106、第107、第108、第109、第110、第111、乌斯季–布列亚斯克筑垒地域

表 1.4：红军的航空兵，1941 年 6 月 22 日

单位	航空兵	防空部队
作战军队		
北方面军		
第7集团军	混成航空兵第55师	
第14集团军	混成航空兵第1师、校射侦察航空兵第42大队[①]	
第23集团军	混成航空兵第5师、轰炸航空兵第41师、校射侦察航空兵第15、第19大队	
方面军直属	混成航空兵第2师、歼击航空兵第39师、侦察航空兵第311团、校射侦察航空兵第103大队	防空歼击航空兵第3、第54师
西北方面军	混成航空兵第4、第6、第7、第8、第57师，侦察航空兵第312团	防空歼击航空兵第21团
西方面军	歼击航空兵第43师，轰炸航空兵第12、第13师，混成航空兵第9、第10、第11师，侦察航空兵第313、第314团，组建中的歼击航空兵第59、第60师	防空歼击航空兵第184团
西南方面军	歼击航空兵第44、第64师、轰炸航空兵第19、第62师、混成航空兵第14、第15、第16、第17、第63师、侦察航空兵第315、第316团	防空歼击航空兵第36师
独立第9集团军	混成航空兵第20、第21、第45师，侦察航空兵第317团，组建中的歼击航空兵第65、第66师	防空歼击航空兵第131团
远程轰炸航空兵	轰炸航空兵第1军（第40、第51师）、第2军（第35、第48师）、第3军（第42、第52师）、第4军（第22、第50师）、歼击航空兵第56、第61师、轰炸航空兵第18师	
军区		
莫斯科	歼击航空兵第24师、混成航空兵第23、第46师、组建中的混成航空兵第77师和歼击航空兵第78师	
伏尔加河沿岸	组建中的轰炸航空兵第58师	
奥廖尔	歼击航空兵第47、第67师、轰炸航空兵第68师、侦察航空兵第1旅（辖2个团）	
乌拉尔		
西伯利亚	轰炸航空兵第30师	
哈尔科夫	歼击航空兵第75、第76师、轰炸航空兵第49师	
北高加索	歼击航空兵第73师、轰炸航空兵第74师	
敖德萨		

---

① 译注：苏联的航空兵大队相当于西方的空军中队。

22

续表

单位	航空兵	防空部队
外高加索	混成航空兵第25、第72师、轰炸航空兵第26师（远程）、防空歼击航空兵第27、第71团、歼击航空兵第68团、侦察航空兵第320团、校射侦察航空兵第3、第23大队	
中亚	混成航空兵第4旅（歼击航空兵第116团、轰炸航空兵第34团）	
阿尔汉格尔斯克	混成航空兵第1旅	
外贝加尔	歼击航空兵第38师、远程轰炸航空兵第30师、混成航空兵第28、第37师、防空歼击航空兵第9团、混成航空兵第2旅、歼击航空兵第51团、混成航空兵第64团、侦察航空兵第318团	
远东	轰炸航空兵第5军（第33、第53师）、歼击航空兵第29师、混成航空兵第5旅、混成航空兵第71旅、防空歼击航空兵第18团、侦察航空兵第168团	
第1集团军	混成航空兵第32、第34师、组建中的歼击航空兵第79师	
第2集团军	歼击航空兵第31师、侦察航空兵第319团	
第15集团军	混成航空兵第69师、校射侦察航空兵第18大队	
第25集团军	混成航空兵第70师、校射侦察航空兵第39、第59大队	

※ 资料来源：《苏联军队的作战编成，第一卷（1941年6月—12月）》，第7—14页。

表1.5：苏联武装力量航空兵实力，1941年6月22日

军队	飞机（架）
各军区合计	13288
西部各军区	7133
其他军区	6155
远程轰炸航空兵	2311
飞行学校和训练单位	3934
红军共计	19533
苏联红海军	1445
苏联武装力量总计	20978（16502可用，13211待战）

※ 资料来源：《苏联军队空军部队和兵团的作战与番号手册1941—1945》（*Spravochnik boevogo i chislennogo sostava chastei i soedinenii Vozdushnykh sil SA 1941—1945 gg*），国防部中央档案馆（TsAMO），档案962号，第5—10页。引自 N.M. 拉马尼切夫未出版的作品原稿。资料同见《伟大卫国战争初期：结论和教训》，第57—59页。

表 1.6：苏联西部的空中力量编成与实力，1941 年 6 月 22 日[1]

航空兵分类	飞机数量				
	轰炸机	强击机	歼击机	侦察机	合计
西部各军区的空军	2212	317	4226	378	7133
统帅部直属远程轰炸航空兵	1339	0	0	0	1339
西部红军空军合计	3551	317	4226	378	8472（7133可用）
北方、波罗的海和黑海舰队航空兵	217	120	763	345	1445
苏联西部空中力量总计	3768	437	4989	723	9917（8727待战）
各机种所占比例（%）	38	4.4	50.3	7.3	100

※ 资料来源：《苏联军队空军部队和兵团的作战与番号手册 1941—1945》，第5—10 页。

表 1.7：1941 年 7 月 10 日—9 月 1 日动员的集团军

集团军	下属单位
1941年7月10日前	
第13集团军	步兵第45军（步兵第148、第187师）、步兵第20军（步兵第132、第137、第160师）、步兵第61军（步兵第53、第110、第172师）、空降兵第4军（空降兵第7、第8旅）、机械化第20军（坦克第26、第38师、摩托化第210师）、步兵第20师
第18集团军	步兵第17军（山地步兵第96师、步兵第164、第189师）、步兵第55军（步兵第130、第169师）、山地步兵第60师、骑兵第30师、坦克第39师、第10、第11号筑垒地域
第28集团军	步兵第30军（步兵第89、第120、第149师）、步兵第33军（步兵第145、第217、第222师）、机械化第27军（坦克第9、第23师、摩托化第221师）
第31集团军	步兵第244、第246、第247、第249师
1941年7月10日至8月1日	
第3集团军	步兵第66军（步兵第75、第232师）、空降兵第214旅、第7号筑垒地域
第29集团军	步兵第243、第252师、内务人民委员部摩托化步兵第1团、骑兵第50、第53师

---

　① 译注：表中可用飞机与待战飞机总数原文如此，但陆海军合计的可用飞机数量理应多于待战飞机数量，表中西部红军空军可用飞机总数7133+各舰队飞机总数1445，总和也只有8578架，少于待战飞机总数8727架。

24

续表

集团军	下属单位
第30集团军	步兵第242、第250、第251师
第32集团军	步兵第220师、民兵步兵第2、第7、第8、第13、第18师
第33集团军	民兵步兵第1、第5、第9、第17、第21师
第34集团军	步兵第245、第257、第259、第262师，骑兵第25、第54师
第35集团军	最初在预备队方面军时：步兵第194、第220、第248师； 调往远东方面军后：步兵35、第66、第78师，第109号筑垒地域
第36集团军	步兵65、第93、第94、第114师，坦克第61师，摩托化第82师，第31、第32号筑垒地域
第43集团军	步兵第53、第217、第222师，坦克第105师
第44集团军	山地步兵第20、第77师，骑兵第17师
第45集团军	步兵第31、第156师，山地步兵第138师，山地骑兵第1师，第55号筑垒地域
第46集团军	步兵第4师，山地步兵第9、第47师，第51号筑垒地域
第47集团军	步兵第236师，山地步兵第63、第76师
1941年8月1日至9月1日	
第37集团军 （西南方面军）	步兵第27、第64军（仅有指挥机关），山地步兵第28师，步兵第87、第124、第146、第147、第165、第171、第175、第206、第228、第284、第285师，第1号筑垒地域
第38集团军 （西南方面军）	步兵第97、第116、第196、第212、第297、第300、第304师
第40集团军 （西南方面军）	步兵第135、第293师，坦克第10师，空降兵第2军
第42集团军 （列宁格勒方面军）	近卫民兵步兵第2、第3师，"赤卫队城"筑垒地域
第48集团军 （列宁格勒方面军）	步兵第128、第131师，坦克第21师，近卫步兵第1旅
第49集团军 （预备队方面军）	步兵第194、第220、第284师，民兵步兵第4师
第50集团军 （布良斯克方面军）	步兵第217、第258、第260、第278、第279、第290、第299师
独立第51集团军 （克里米亚）	步兵第9军（步兵第106、第156师），步兵第271、第276师，克里米亚民兵步兵第1、第2、第3、第4师，骑兵集群（骑兵第40、第42、第48师）
第55集团军 （列宁格勒方面军）	步兵第70、第90、第168、第237师，民兵步兵第1、第4师，近卫民兵步兵第3师的1个团，"斯卢茨克—科尔平斯克"筑垒地域

表 1.8：苏联空军动员进度，1941 年 6 月 22 日至 12 月 31 日（不计远程轰炸航空兵）

单位	6月22日	7月10日	8月1日	9月1日	12月1日	12月31日
歼击航空兵师	19	11	9	10	15	12
轰炸航空兵师	11	20	16	18	20	17
混成航空兵师	31	26	33	40	49	57
强击航空兵师[①]	0	0	0	0	1	1
师数合计	61	57	58	68	84	87
歼击航空兵团	5	8	12	25	47	84
轰炸航空兵团	1	5	7	11	33	125
混成航空兵团	2	1	1	1	2	1
侦察航空兵团	7	6	6	6	4	4
强击航空兵团	0	0	2	3	11	29
航空兵团						6
团数合计	15	20	28	46	97	249
混成航空兵旅	5	5	5	3	1	1
旅数合计	5	5	5	3	1	1

※ 资料来源：《苏联军队的作战编成，第一卷（1941 年 6 月—12 月）》，第 7—14 页。

表 1.9：红军的实力与损失，1941 年 6 月 22 日至 12 月 31 日

日期	实力		累积损失	
	人员（万）	师（个）	人员（万）	师（个）
1941年6月22日	537.3	303		
1941年8月31日	688.9	450	250（估计）	80（估计）
1941年12月31日	800（估计）	592	430.8094	229

※ 资料来源：1941 年 9 月的实力，见马列主义研究院中央党务档案馆 TsPA, UML, f.644, op.1, g.9, 1. 第 50 页。1942 年 3 月的类似统计数字为，作战军队的总兵力 4663687 人，非作战军队 4934105 人（不含医院收容人数）。师的个数来自《苏联军队的作战编成，第一卷（1941 年 6 月—12 月）》。
＊ 两个旅折算为一个师。

---

① 译注：原文误写为强击航空兵团。

注释

1. 《伟大卫国战争初期：结论和教训》（*Nachal' nyl period Velikoi Otechestvennoi voiny: Vyvody i uroki*，莫斯科：伏罗希洛夫总参军事学院，1989年），第43页。密级"仅供军内使用"。有关1937到1941年红军扩编和战前军队结构重组的公开报告，见I. Kh. 巴格拉米扬，《战争史和军事艺术史》（*Istoriia voin i voennogo iskusstva*，莫斯科：军事出版社，1970年）；同时见V. A. 安菲洛夫，《闪电战的失败》（Proval Blitskriga，莫斯科：科学出版社，1974年）。

2. 《伟大卫国战争初期：结论和教训》，第39—43页。

3. 同上第97页；同时见G. F. 克里沃舍耶夫，《前夕》（*Nakanune*）《军事历史杂志》，第6期，（1991年6月刊），第42页。M. I. 梅列秋霍夫在《1941年6月22日》（*22 iiunia 1941 g*），登载在《苏联历史》杂志（*Istoriia SSSR*）第3期（1991年3月刊），第18页，称苏联武装力量在6月22日时总人数为537.3万人。克里沃舍耶夫在其最新的书籍《解密的秘密档案》（*Grif sekretnosti sniat*，莫斯科：军事出版社，1993年）中，称红军和红海军的总人数为4826907人，另有74945人由国防人民委员部直接管理。

4. 苏联在战前战备状态的说明，见罗伯特·萨武什金，《在通往悲剧的路上：纪念伟大卫国战争开始50周年》，《斯拉夫军事研究杂志》第4期，第2册（1991年6月刊），第240—242页。

5. 《苏联军队的作战编成，第一卷（1941年6月—12月）》（*Boevoi sostav Sovetskoi armii, chast' 1（iun'-dekabr' 1941 goda*，莫斯科：伏罗希洛夫总参军事学院，1963年），第7—14页。总参谋部军事科学局编写，秘密级，现已解密。苏联战时的方面军大致相当于西方的集团军群。

6. 在和平时期，这些预备队由统帅部控制，即由主要政治领袖（斯大林）、国防人民委员部和总参谋部控制。在战时，将由主要军政首脑共同组建统帅部大本营，负责组织实施整体战略控制、组建战略预备队，并将这些预备队调配给作战军队使用。

7. 《伟大卫国战争初期：结论和教训》，第58页。

8. 同上，第64页。

9. 《社会主义和平建设时期的内卫部队，1922—1941》（*Vnutrennie voiska v gody mirnogo sotsialisticheskogo stroitel' stva,1922-1941*，莫斯科：法律专题文学出版社，1977年），第507—508页。

10. N. 拉马尼切夫，《红军1940—1941：神话与事实》，第106页。书名为暂定名，该书手稿正在进行翻译，准备出版。书中尤为详尽地描述了苏联普通战士的状况，并有力阐明了战前一段时间里红军发展的大环境。

11. 530万人这一数字，包含了战前动员征召的人数。根据克里沃舍耶夫，《前夕》，第43页，苏联在战争的前八个月里共征召了超过1000万人，其中300多万人被立即派往前线。在《解密的秘密档案》，第139页，克里沃舍耶夫称苏联在整个战争期间动员的总人数为2957.49万人（含多次入伍的情况）。动员程序的细节，见《伟大卫国战争初期：结论和教训》，第29—44页和A.G. 哈尔科夫，《伟大卫国战争前夕各边境军区的战备和动员准备》（*Boevaia i mobilizatsion gotovnost' prigranichnykh voennykh okrugov nakanune Velikoi Otechevstvennoi voiny*，莫斯科：伏罗希洛夫总参军事学院，1985年），秘密级，现已解密。

12. 红军军队结构的逐月增减，见《苏联军队的作战编成，第一卷（1941年6月—12月）》。

13. 举例来说，有：《内务人民委员部摩托化步兵第22师1941年6月22日到7月12日期间在波罗的海沿岸地区的作战行动叙述》（*Iz opisaniia boevykh deistvii 22 motostrelkovoi divizii voisk NKVD v Pribaltike s 22 iiunia po 12 iiulia 1941 g.*），收录在《伟大卫国战争中的内卫部队1941—1945：文献与材料》（*Vnutrennie voiska v Velikoi Otechestvennoi voine 1941–1945 gg: Dokumenty i materialy*，莫斯科：法律专题文学出版社，1975年），第37—42页。这本书篇幅较长，简述了许多内务人民委员部兵团和部队的作战行动，全面而详尽地阐明了内卫部队的战时结构。

第二章
指挥与控制、指挥人员

苏联的战略指挥与控制体系能够满足和平时期的需求，但根本无法满足战争的要求。[1]大本营、统帅部，以及由首长司令部和通信中心组成的其他战略体系，和平时期都不存在。战争前夕，由以下三个机关负责实施局部动员、确保军队战备、实施军队的战略展开：S. K. 铁木辛哥元帅领导下的国防人民委员部（NKO）在斯大林和联共（布）政治局的密切监督下，贯彻执行整体国防方针，批准或驳回具体的军队战备措施；G. K. 朱可夫大将领导下的总参谋部负责起草正式的动员、展开和国防计划，并在国防人民委员部批准这些计划以后牵头实施；最后，各军区军事委员会负责维持自己军区军队的战备状态，并在得到国防人民委员部明确的命令后，实施总参谋部的各项计划。

战争前夕，国防人民委员部在总参谋部和各军区司令员的配合下，正在进行一场内容广泛而复杂的军事改革。总参谋部正积极对动员计划和国防计划做同样复杂的修改。当时斯大林为苏联制订的军事方针在战争与和平之间摇摆，导致这两个机关要在极其复杂的环境下开展工作。斯大林在1940和1941年间的政治引导，常出现政策上的自我矛盾和政治上的急剧转向，甚至可能无法预判这些政策最终会导致怎样的安全局势，这些都严重影响国防人民委员部和总参谋部的工作。事实上，这些政策上的改变也给军事改革的进程造成了明显的停滞和混乱，并在许多方面令改革并未取得应有的效果。

这种停滞在西部各边境军区表现得最为明显。这些军区的司令员及其领导下的军事委员会要直接负责维持军区军队的战备状态，落实改革方案的各个方面，实施最新版的国防计划和动员计划，还要确保苏联国界的安全。这些指挥人员总是尽职尽责地履行自己肩负的多重责任，而最高层表现出来的混乱和捉摸不定，却让他们更加难以完成自己的任务。1941年，由于麾下军队沿苏联国界占据的阵地相对暴露，这些司令员明显察觉到外来的威胁与日俱增，他们也充分认识到完成改革、提高战备水平、实施必要防御计划的紧迫性。他们完全清楚己方军队的作战能力，也同样清楚未来敌人的能力，于是想方设法在高层强加的限制下履行自己的使命。

虽然苏联1941年春季正在进行局部动员，但是动员计划执行不力，破绽百出。决定如何动员的国防计划也同样有缺陷。另外，最高层军事指挥人员的频繁更换，不仅拖延了计划的最终定稿，还降低了战略领导的整体水平。

无论是在组织结构上，还是在人员培训和战备水平上，战役军团的指挥与控制机关（即未来战时的方面军和集团军）为战争做的准备工作都不充分。从1937年起，军队内部的调整严重扰动了指挥人员，指挥岗位上的多数人既没有受过充分的培训，又没有足够经验来有效履行自己的岗位职责。原来只适于担任团长和营长的人，现在却被安排指挥方面军、集团军和军。各级参谋人员中也出现同样情况，拉低了工作效率。

最后，在战争前夕，因动员计划和国防计划在不断修改，多数兵团都没有收到完整的最新版计划。军区参谋部受到上级的限制，既没有彻底分析当时的军事形势，也没有建立起必要的指挥与控制机关。他们没能进行适当的情报收集和分析，没有建立必要的指挥通信网，也没有把不同军兵种的人员组合成一个有效战斗集体。以致战争爆发时，指挥机关不得不在欧洲最有经验的军队面前即兴发挥，结果肯定是灾难性的。

指挥人员流失的主要影响与后果

1935年9月22日，苏联人民委员会在苏联武装力量中重新引入军衔制，同年12月30日又颁布海军军衔。各级军衔为苏联元帅、集团军级（一级和二级）、军级、师级、旅级，以下直到中尉。当年11月，V. K. 布柳赫尔、S. M. 布琼尼、K. E. 伏罗希洛夫、A. I. 叶戈洛夫和M. N. 图哈切夫斯基晋升为苏联元帅；I. P. 别洛夫、S. S. 加米涅夫、I. P. 乌博列维奇、B. M. 沙波什尼科夫和I. E. 亚基尔被授予一级集团军级军衔。1936年以前，红军共有16位集团军级（5位一级、11位二级）、62位军级、201位师级、474位旅级、1713位上校、5501位少校、14369位大尉、26082位上尉和58582位中尉。[2]

　　在这些人中，所有高级、上级指挥人员和大多数中级指挥人员[①]都是有战斗经验的老兵，他们中有不少人是各自领域里杰出的军事理论家，是他们策划了红军中的知识革命，并使之成为欧洲规模最大，并且迟早会成为技术上最先进的武装力量之一。

　　1937年以前，红军队伍内部曾进行过一些肃清"旧思维"的行动。1918年红军成立后，队伍里来自旧沙皇军队的"军事专家"人数很多，他们作为不可缺的酵母，向红军传授了成功运作军队的经验。整个20世纪20年代和30年代的初期，围绕这些旧军官是否应该出现在红军这样一支革命的"先锋队"里，曾展开过很激烈的争论。陆海军人民委员L.D.托洛茨基离开苏联领导层后，"军事专家"们失去了保护伞，在军队中肃清"旧思维"的行动随即开始。从20世纪20年代中期到30年代中期，47000名指挥员被强制退伍，他们中多数曾在沙皇军队中服役过；另有3000多人被"镇压"[3]。

　　1937年6月1日，一份声明出现在几家报纸上的"纪事"部分：工农红军政治局局长、苏联第一副国防人民委员Ia.B.加马尔尼克"因与反苏分子有不正当关系，并显然害怕罪行败露，于5月31日自杀身亡"[4]。10天后，苏联检察院6月11日发布公告称：

　　对苏联元帅M.N.图哈切夫斯基、一级集团军级I.E.亚基尔和I.P.乌博列维奇、二级集团军级A.I.科尔克、军级V.M.普里马科夫、V.K.普特纳、B.M.费尔德曼、R.P.埃德曼的案件调查已告结束，并移交法院审理。上述人员已先后被内务人民委员部的机关逮捕，并被控违背军事职责（誓言）、背叛祖国、出卖苏联人民和背叛工农红军。由苏联最高法院组织的特设法庭于同日进行了不公开庭审，所有被告都被判剥夺军衔，依最高刑罚，处以死刑[②]。[5]

---

　　① 译注：1943年7月以前，苏联指挥人员有高级（旅级以上）、上级（少校至上校）、中级（少尉至大尉）和初级（军士）之分。

　　② 译注：加尔马尼克在1955年，图哈切夫斯基等人在1957年均被平反。

美国驻莫斯科陆军武官菲利普·R. 费蒙维尔中校在报告中证实：

1937年6月11日的苏联新闻公告，宣布有八位重要红军将领已被逮捕，他们因与外国政府的间谍保持联系而被控叛国。虽然关于秘密调查的传闻已经在莫斯科流传了几个星期，但这一公告仍出人意料。公告中虽未提及与被告接触的间谍来自哪个国家，但从社论和一些确凿的证据来看，被告被控的叛国行为显然与德国秘密警察有关……

在6月11日的秘密庭审中，整个案件似乎已经结案。6月11日晚11时45分，广播电台宣布所有被告已认罪，并被判处剥夺一切军衔，执行枪决。今天上午，即6月12日的苏联新闻公告重复了这条消息。虽然没有任何公告提到上述判决已生效，但这些被告无疑已被处决。[6]

费蒙维尔中校后来在6月17日的一份报告中，简要地总结了这一事件的潜在效果。他在这份报告的序言中写道："最近处决八位红军前高级指挥员，以及第九位的自杀，表明苏联军队的内部正在发生一场危机，这次危机可能会比十月革命以来的任何动乱都要严重。"[7]

1937年6月及其之后出现的人事调整，造成指挥系统的极大混乱，也对计划制订和军队的战备水平产生重大影响。1938年至1941年主管空军的副国防人民委员Ia. I. 阿尔克斯尼斯二级集团军级、A.D. 洛克季奥诺夫上将、P.V. 雷恰戈夫中将被先后逮捕。被逮捕或开除的人员名单里有两位副国防人民委员（图哈切夫斯基和叶戈罗夫）、红军训练、防空、情报、空军、炮兵、通信、动员、教育和医疗各局（或总局）的局长，16位军区司令员的全部，各军区副司令员、助理司令员、参谋长、军兵种首长中的90%，军长和师长的80%，团长、副团长和团参谋长的91%。总计有5位苏联元帅中的3位、4位一级集团军级中的2位、12位二级集团军级的全部、67位军级中的60位、199位师级中的136位、397位旅级中的221位。[8]

苏联人试图通过缩短军校教程和提升指挥人员来弥补损失。比如：伏罗希洛夫总参学院的1937届学员不得不提前毕业，填补指挥和参谋岗位的空缺。1937年3月1日到1938年3月1日，红军共提升39090名指挥人员的职务，其中包括12位军区司令员、35位军长、116位师长和旅长、490位团长和大队长。在这次大规模升职以后，团长的平均年龄是29到33岁，师长是35到38岁，军长和集团军司令员是40到43岁。[9] 同时，晋升更高级军衔的速度也明显加快。从1937年3月1日到1938年3月1日，共晋升1位一级集团军级、5位二级集团军级、30位军级、71位师级、257位旅级、1346位上校和5220位少校。另一方面，显然是因为芬兰战争，1939年2月9日到1940年4月4日，又有20名军级晋升为二级集团军级。1940年5月7日，国防人民委员部授予S.K. 铁木辛哥、G.I. 库利克和B.M. 沙波什尼科夫苏联元帅军衔。[10] 不过除了这些新任的元帅以外，其他的新指挥员中只有少数人有实战经验。

有些指挥员奇迹般幸免于难，不过随即又投身到苏德战争当中。1937年8月17日，列宁格勒军区司令员K.K. 罗科索夫斯基被捕，大概是因为他与布柳赫尔元帅过从甚密。一开始他被控蓄意破坏和削弱战备，后来又被指控为波兰和日本的情报机关工作。虽然后来的庭审证明这些指控显然很荒谬，但罗科索夫斯基还是在内务人民委员部的拘留所里关押了三年，直到1940年3月22日获释。国防人民委员部随即任命罗科索夫斯基为骑兵第5军军长，1941年改任新组建的机械化第9军军长。未来的大将A. V. 戈尔巴托夫、军长L.G. 彼得罗夫斯基和另外一些人，也与罗科索夫斯基有同样的好运。

即使是1941年战争开始后，逮捕工作仍在进行。梅列茨科夫将军的著名传奇故事就能说明问题。K.A. 梅列茨科夫是一位参加过西班牙内战的老兵，曾担任过多个军区的参谋长，1940年秋季出任红军总参谋长。他在1941年7月被捕，原因是他与西方面军司令员D.G. 巴甫洛夫大将过从甚密，后者此时已名誉扫地并被枪决。不过梅列茨科夫要幸运得多，在内务人民委员部的拘留所里被粗暴地关押几个月以后，命运女神也向他微笑了，他不仅像罗科索夫斯基一样幸免于难，还在1941年9月恢复工作并重返前线。战争胜利时，梅列茨科夫仍然健在，1945年以前，他就已成为拥有苏联元帅军衔的方面军司令员。

大量指挥人员的调动对红军士气和战备的影响是毁灭性的。相对公正的外国观察家们在他们的评价中直言不讳，后来发生的事实也将证明这些评价准确无误。美国驻莫斯科陆军武官费蒙维尔写道："……红军似乎被突如其来的事件惊呆了。士气受到严重打击……红军可能需要一次全面的兵员替换，才能把士气恢复到之前的高涨程度。"[11]

有确切的指标可以证明，红军的士气已经降到危险水平。根据红军的统计数据，1937年第二季度，指战员的自杀率和事故率急剧上升，自杀率与上一年同比涨幅为：列宁格勒军区26.9%、白俄罗斯军区40%、基辅军区50%、红旗远东特别集团军90.9%、黑海舰队133%、哈尔科夫军区150%、太平洋舰队200%。事故率的涨幅与此类似。[12] 另外，在1938年，酗酒行为已经成为红军中的一个严重问题，以至于当年12月，国防人民委员部为此单独发布命令《打击工农红军中的酗酒行为》。这一命令要求各团召集全体指挥人员和政工人员开会，"强有力地"控诉酗酒带来的危害，将酗酒行为和酗酒者本人作为不可接受的可耻现象予以谴责。[13]

一位美国驻里加武官援引拉脱维亚的情报评估，称："苏联军队的作战效能受最近调查和审判的影响是如此严重，以至于苏联政府意识到自己不宜卷入战争，并将为此做出无限的让步，避免在此时发生重大战争。"[14] 拉脱维亚人的判断是正确的，苏联人会不惜一切代价避免同一个大国（如德国）发生战争，不过这并不会妨碍苏联对波兰和芬兰这样的小国采取行动，并与日本发生局部冲突。所以拉脱维亚人没有料到，苏联人会在1940年对付他们。然而正如他们相信、随后的苏芬战争也将证明的那样，红军的战斗力确实受到了削弱。

苏联军队的状态显然也鼓舞了德国人对苏联采取军事行动。一份苏联的历史评论说："希特勒的军队欣喜若狂。德国陆军总参谋长冯·贝克将军评估1938年夏季的军事形势时，说已经不需要再把俄国军队看成一支武装力量，血腥的镇压耗尽了它的士气，并把它变成一台迟钝的军事机器。"[15] 此后红军在波兰和芬兰的表现，丝毫没有消除德国人心中的这种印象。

毫无疑问，斯大林认识到红军所遭受的损失，并相应采取了某些弥补措施。1940年8月12日，苏联最高苏维埃主席团发布《关于加强红军和海军一长制》的命令。该命令废除了1937年5月开始实施的政治委员制，委托"指挥员和首长全权负责所属分队、部队和兵团的全面生活和活动，包括政治工作、政治教育和纪律状态"[16]。然而必须注意的是，为防止指挥员在特定情况下畏缩不前、行为失常，各级指挥机关依然保留了政治副指挥员的职务。

不过，红军从此失去了自己最有创造力的军事思想家和最有经验的职业军人，也失去了创造性、主动性和灵活性，更失去了激发指战员战斗热情的传统。此后出现在芬兰战场上的红军死气沉沉、行为僵化，以致伤亡惨重。1941年夏季在苏联西部，会以同样的方式再现同样的结果。只有德国人的狂妄、自己国家失败的耻辱和民族面临毁灭的威胁，才终将会重新点燃红军的战斗热情，在此之前，他们还要承受巨大的损失和痛苦。

指挥干部和培训

指挥人员流失和红军1937—1941年间的全面扩充，给红军的作战训练体制造成巨大压力。不仅必须替换原来那些数以万计、经验丰富的指战员，全体干部还必须做好准备，指挥、控制和运作一支规模增大了不止一倍的军队。很多新战士只在预备役或地方民兵部队服役期间接受过初级训练。一位美国驻赫尔辛基武官在1939年12月发出一份报告，根据苏芬战争的经验，这样总结西方人对红军新战士的印象：

很难分析俄国军队目前的士气。士兵们几乎都是农民或普通工人，习惯于物资匮乏的生活，这种生活足以令其他任何白人都无法忍受。他们被不断灌输宣传，让他们坚信自己现在做出的一些牺牲，是为了使共产主义最终在全世界取得胜利。因为他们的头脑简单得难以置信，再加上完全不了解俄国以外的情况，所以他们中的很多人实际上是以近乎宗教狂热般的热忱，相信自己是在参加一场十字军圣战，来把自己的兄弟从邪恶的剥削者那里解放出来……

芬兰统帅部的报告称，迄今为止，他们遇到的俄国军队可以明显地分成两类。其中一半以上的部队素质低劣，军服和装备简陋，缺乏训练。我认为这些是最近动员来的、名义上受训过的预备役部队，上述报告也证实了先前收到的，苏联军队在外蒙古与日军作战的报告。另一方面，还有某些俄国的团，据称训练有素、装备齐全。他们被当作精锐，执行比较重要的攻击任务，或是担负主攻。据称他们在战斗中举止得当，进攻勇敢而巧妙，表现出相当高的战术水平，并以其灵活机动打得芬兰人措手不及。[17]

一位当代俄罗斯学者进行了一项极富洞察力的研究，特别提到指战员中普遍存在的训练缺陷："在局部动员中刚入伍的新军人，绝大多数只是在地方民兵部队里接受过军事训练，没有扎实的专业技能。由于指挥干部队伍缺乏经验，又为节省开支，把普通战士战斗训练的间隔拖得很长，战斗和战役训练的效果受到严重影响。形象地说，就是：没有人教，没有人学，什么也教不了。"[18] 在正常情况下，这样大规模地扩充军队就已经是一项艰巨的任务了。而这时，国际局势的恶化，德国军队卓越的作战表现，红军在战争中的黯淡表现，都让这项任务变得更加艰巨。

1939到1941年6月中旬，红军陆军的师从98个增加到303个，全体武装力量的总人数从160万增加到530万人。1937年撤换了6.9万名指挥人员，1938年的10个月里又有10万人被重新安排职务，1939年，这一数字达到246626人，占指挥人员总数的68%。[19] 出现了许多这样的情况：原来的营长升任师长，班长成为团长。在联共（布）中央委员会举行的苏芬战争总结会上①，国防人民委员伏罗希洛夫指出："许多高级指挥员不能胜任自己的职务，总军事委员会的指挥机关不得不撤换许多高级指挥员和参谋长。"[20]

1940年3月20日，指挥人员管理局局长E.A. 夏坚科②向国防人民委员部提交一份详尽的长篇报告，生动地概括了红军的干部问题。他这样评价1938年的状况：

红军从1932年开始扩充，速度不断加快，到1939年以前，红军的规模差不多已增大了四倍。而培训机构的能力依然停留在原有水平，这就使经正规培训的军队干部数量相对不足。于是我们不得不动用预备役人员，他们中的：

a. 31%是此前在军队里受训过一年的预备役少尉；

b. 24.3%是在平民学校接受过平民军事教育③的少尉，他们的全部课程包括360小时的理论学习和两次为期各两个月、到红军军营进行的军训（4个月、共768小时），他们完全没有任何实际指挥经验；

---

① 译注：即1940年4月联共（布）中央委员会与工农红军总军事委员会的联席会议。
② 译注：工农红军指挥人员管理局局长，夏坚科还兼任副国防人民委员。
③ 译注："平民军事教育"是美国的制度，苏联官方用语是"征集前训练"，大致相当于我国的学生军训。

c. 13.2%是学习过预备役课程的少尉，这种课程为期两个月，由中级指挥人员执教，共384小时；

d. 还有4.5%的指挥员国内战争期间在军校里接受过短期课程。

综上所述，这些预备役人员中有73%是只经过短期培训的少尉，没有经过系统的再教育。

现在看来，在军校里的学习时间被可耻地浪费了，只有66%的时间被真正用来学习和开展各种必要的活动，剩余的时间（每年127天）都因没有安排而浪费，或者用在了临时事务、休假和公共节假日上……学员们没有进行必要的野外演习和训练。因此，我们必须承认，干部，特别是步兵干部的培训，是极其不力的……同样的情况也出现在军队对中级指挥人员的培训中。

在这6年里（1932—1938年），共从预备役抽调29966名少尉，另有19147名少尉是经过一期集训而被提干的［战士］。这两项6年以来总计是49113人，这个数字与同期从军校毕业的学员总人数大致相当。不过这些措施既不能在数量上，更不能在质量上，满足迅速增长的军队需求。

这样就给指挥人员队伍造成了很大的缺口，1938年1月1日，缺额已达到39100人，是编制所需指挥人员数量的34.4%。1938年的新增编制又需要33900人，还另外需要20000人来替换那些被开除出工农红军的人，这样总计缺口为9.3万人。因此，可以明显看出，1938年军队共缺少大约10万名指挥人员。

这样大规模使用只经过短期训练的预备役人员，既完全无法满足军队技术装备改造提出的、日益增长的需求，又导致军队指挥干部的素质急剧下降，后一点又不可避免地对战士和中下级指挥人员的训练造成不良影响，步兵尤为如此。"[21]

具体叙述红军面临的问题之后，夏坚科回顾了军事培训机构的毕业记录，然后坦率地指出指挥人员大规模流失的负面影响："在［1928到1938年］这十年里，共有6.2万人（因死亡、伤病、出庭受审及其他原因）离开军队，还有5670人调职或转入空军。共有67670名指挥人员离开陆军。因此可以得出结论，军校的毕业人数仅能弥补这一实际损失，不能为军队和预备役的扩充提供任何形式的干部储备。"[22]

夏坚科强调，步兵指挥员的短缺特别令人不安。他指出，步兵军校每年毕业的人数实际上在下降，而军队的需求却在急剧上升，并且还会加速。此外，"如果再考虑到1937—1938年有35000人离开工农红军，其中还有5000名政工人员，步兵的状况就更加严重"[23]。

夏坚科认为，预备役的状况甚至更加危险，因为一旦需要进行动员，就可能会受到这种状况的扰乱：

预备役指挥人员的情况更加严重，哪怕只进行局部动员，步兵［预备役指挥人员］也不够用。同时，在哈桑［湖］、哈拉哈河、西白俄罗斯和西乌克兰、芬兰前线的作战经验表明，预备役指挥员的素质很差。此外，在上述占总数73%的预备役指挥员中，有14.5%只接受过短期训练，甚至还有占总数23%的步兵［指挥员］已年满40岁，后者中的预备役军人已不能再担任战斗部队的排长或连长。

至于预备役人员，他们完全没能，至今也没有弥补战争第一年[①]的损失，更不能满足战争中新组建兵团的需求。

总之，由于受训过的干部数量不足，红军在1938年已陷入一种极其困难的处境，军队缺少9.3万名干部，预备役缺少30万到35万名。"[24]

夏坚科随即提出了一系列具体措施，用1939、1940和1941三年的时间来挽回局面。他提出的三年计划将为红军及预备役提供数量充足的称职干部，但1942年以前尚无法实现。

1939年5月5日，夏坚科向国防人民委员部提交的另一份报告，详细叙述了他领导下的指挥人员管理局1939年度完成的工作。在报告开头，他先总结红军这一年度发生的重大变化：

在本报告所述期间，尤其是在去年8月到9月，我军新建了相当数量的军团和兵团，计：4个方面军领率机关、2个军区领率机关、8个集团军、19个步

[①]译注：这里的战争指苏芬战争，第一年即1939年。报告提交的时间距离苏芬战争结束刚刚一周。

兵军、111个步兵师（共下辖333个步兵团、222个炮兵团和555个独立营）、16个坦克旅、12个预备役步兵旅、42所军事学校、52个指挥员提高班、85个预备役团、137个不隶属于军或师的独立营、345个后送医院和若干后勤设施（前方仓库、车间、医疗车、医疗分队等）。

要完成这些工作，就需要117188名指挥干部，即在1939年1月1日的干部总数基础上，再增加40.8%。

为配齐这些新军团和兵团的人员，同时填补东部、西部和西北部野战部队的空缺，需要任命和调动大批指挥人员，总数达246626人，占编制员额的68.8%。[25]

为满足这一需求，军校每年的毕业人数已增加到101147人（1937年度为13995人，1938年度为57000人）。虽然人员短缺仍然存在，但是系统的效率已经提高。与这些数字形成对比是，1937年有18658名指挥人员被强制退伍（其中4474人被捕），1938年有16362人（5032人被捕），1939年又有1878人（73人被捕）。[26]夏坚科的结论是："您［伏罗希洛夫］分配给红军指挥人员管理局的1939年度任务，整体上已基本完成。"[27]他声称，干部培训和补充野战部队的1939年度计划已经胜利完成，该局准备实施1940年度计划。然而从这样的数据可以明显看出，红军在1941年不可能完成作战准备，同时，速成训练班培养出来的指挥人员，也无法保证能达到应有的水平。

一年后，即将离职的国防人民委员和他的继任者共同签署一份文件，可以证明夏坚科的观点过于乐观。这是1940年5月8日，前任国防人民委员K.E.伏罗希洛夫离职前，向继任的S.K.铁木辛哥提交的一份《接收记录》（akt o prieme）。这份《记录》是一份正规的程序文件，详细说明红军（武装力量）被移交给铁木辛哥时的状态。虽然伏罗希洛夫在《记录》上签了字，但这份文件显然是他的批评者所写，表达的是继任人民委员的意见。这份《记录》以标题为"作战准备"的严厉批评为开端：

1. 国防人民委员部交接时没有可以使用的国防计划，不管是整体还是局部的作战计划，都没有制订出来，仍然空缺。

　　总参谋部没有收到国界掩护状况的任何信息，也不知道各军区、集团军和方面军军事委员会关于该问题的决定。

　　2. 高级指挥人员和参谋人员的作战训练方针仅存在于相关的计划和训令中。从1938年起，国防人民委员部和总参谋部本身都没有在高级指挥人员和参谋人员中开展过这项工作，军区的作战训练也几乎失去控制。国防人民委员部也没有考虑过，如何解决在现代战争中使用军队作战的有关问题。

　　3. 未来战争的战区准备在各方面都很薄弱，因此：

　　a. 军用通信勤务（VOSO）达不到应有的灵活性［和机动性］，不能利用现有的铁路附属设施，保障军队调动时的通信……

　　b. 交通干线建设进展缓慢，多个机关各自为政……

　　c. 通信人民委员部（NKS）负责的通信建设进度落后，国防人民委员部1940年在这方面毫无作为，所用建筑材料是总参谋部和通信局①的代表负责运送的。[28]

　　《记录》的下文多次指责伏罗希洛夫领导下的国防人民委员部工作不力。它批评各边境军区的机场网络"极其薄弱"，没有"以工程兵的角度，制订一个清楚而明确的战区准备计划"，没有发出训令执行1940年度建设筑垒地域的计划，没有准备必要的战场地图来保障战役的实施。

　　对红军的组织结构、动员计划制订、指挥干部状况等方面的批评甚至更加严厉。《记录》认为："人民委员部未能确切了解红军的真正实力"，"由于红军相关管理总局的失误，人员统计的工作一直被格外地忽视，"军队的人员构成不明，剔除不称职人员的计划仍在制订。[29]《记录》指出，近期制订的更换干部和组建军队的计划都不完善，且执行不力。

　　动员计划本身也制订得不合理，因此"只要发生战争和军队的重大调动，就会违反动员计划"。《记录》指出动员计划中的许多不足之处，并得出结论：国防人民委员部未能"重新发布军队动员工作的教令"，现有的教令已

---

　　① 译注：通信局是国防人民委员部下属局，运送建材不属于其正常工作。

经过时。[30] 针对夏坚科有关构建红军干部队伍的乐观报告，《记录》声明：
"军队的指挥人员相当短缺，缺额已达到1941年①5月1日编制人数的21%，步
兵的缺额尤其严重。"[31] 此外，《记录》预计，每年新增的指挥人员人数，不
能为红军的扩充提供必要的储备；并在下文中证实了对指挥人员素质的怀疑：
"指挥人员的训练水平低，连排两级的水平尤其低，他们中多达68%的人只接
受过为少尉举办的六个月短期培训。"继续批评体制中存在的其他问题以后，
《记录》总结说："没有任何计划规定，在战时军队全面动员的情况下如何训
练和补充指挥人员的储备。"[32]

《记录》随后列举军队训练中存在的一系列问题，驳斥了夏坚科训练已
改进的说法。《记录》指出："中、初级指挥人员的训练水平很低""针对各
种作战和侦察的战术训练薄弱""野战训练不符合要求""军队在作战中的协
同动作极差""伪装……射击指挥……以及进攻筑垒地域、跨越障碍、强渡河
流的战术都是错的。"[33] 最后，《记录》还详细列举了各军兵种和后勤中存在
的许多缺点。

虽然这份《记录》写于1940年，新上任的国防人民委员铁木辛哥随后又
制订了一个彻底的改革计划，旨在根除上述问题，但该文件中列举的红军许多
缺点，尤其是红军干部队伍的实力、状态、训练水平的缺点，准确地预示着红
军将会在1941年6月面对什么样的困难。

伏罗希洛夫和铁木辛哥联名签署这份报告之后，以及"铁木辛哥改革"
的过程中，国防人民委员部试图改善红军的教育和训练体制。在最高一层，它
继续努力加强伏罗希洛夫总参军事学院的教学。国防人民委员部1938到1940年
间增办的一系列高级指挥员短期培训班，仅在1939年和1940年两年就培训了
400名毕业生。此外，国防人民委员部还在1941年2月25日下令扩建茹科夫斯基
空军工程学院，在列宁格勒创办莫扎伊斯基军事工程学院②，并组建一所新的
防空军事学校③。到1941年5月，军事学院的总数已达18所，初级军事学校也

---

① 译注：按照《苏联历史档案汇编》第17卷第317页，应为1940年。
② 译注：这个名称在1955年启用，1941年3月成立时名为列宁格勒空军学院。
③ 译注：1941年5月在伏龙芝军事学院防空系基础上组建的红军高级防空学校，20世纪40年代后期两度改名，1968年定名
为戈沃罗夫防空军事无线电工程学院。

有上百所。各军事学院的教职员编制总数从1937年的9189人增长到1940年的20315人。[34]

1937年到1940年，军事教育和培训机构从49所上升到114所，年度毕业生人数从36085人增长到169620人。[35] 尽管受训过的指挥人员数量增加，加速升职也填补了离职人员的空岗，但也许正是这些措施，导致有实战经验的指挥人员只是少数，多数人对自己的新岗位还很生疏。因此在1941年，指挥人员总数的5.8%只具备国内战争的经验（其价值值得怀疑），只有29%的人有1938年到1940年参加实战的经验。表2.1可见1941年6月各级指挥员的指挥经验。

根据这些军事指挥员的经验统计，一份当代俄罗斯历史评论文章做出这样的结论：

战前，为准备各个级别、各种专业的军事干部做过大量工作。因此，大量指挥人员经过合理的专业培训，且忠于党和社会主义祖国。其中涌现出多位杰出的军事领袖和指挥员，在战争中为自己赢得胜利的不朽荣耀。与此同时，大规模人事调整削弱了指挥人员的队伍，明显影响了武装力量的作战能力，这是战争初期失败的原因之一。整个战争期间也能感觉到这一点。[36]

1938和1939年，红军干部和战士的训练计划只是表面文章，此后就紧锣密鼓地展开了，这很大程度上是由于苏联军队在苏芬战争中表现惨淡。国际威胁的日益增长和红军的相应扩充，也让这项任务变得更加紧迫。铁木辛哥的计划雄心勃勃，也经过深思熟虑，但同样开始得太晚。人力和技术资源本来就不足以支持这个计划，红军1940到1941年开展的一系列行动又造成了混乱，先是占领波兰、波罗的海沿岸诸国和罗马尼亚的领土，1941年春季又进行局部动员，破坏了训练和各种规模演习的连贯性。

结果就是，指挥员们不熟悉自己的下属，也不懂现代战术和战役学；参谋人员数量不足，也不习惯作为团队的一员开展工作；各兵团和部队没能打造成协调一体的作战力量；各兵种也没能学会协同作战。战士和战斗保障人员不能熟练掌握新列装的技术装备（坦克、飞机和火炮），也没学会在部分建立起来的新型作战系统和战斗保障系统中发挥作用。让这些问题更复杂的是，因为各级指挥员都充满了红军传统的进攻精神，所以他们很少想到会有必要进行防御作战。付出巨大的代价和牺牲之后，他们才能学会怎样实施防御。总之，按照一位评论家的严厉批评："苏联虽然意识到会不可避免地与世界帝国主义发生一场军事冲突，并正在用大量武装斗争的基本手段装备军队，却对建立必要的指挥干部储备不以为意，相反，他们专注于调整队伍，这不仅造成指挥干部短缺，还影响了队伍的独立性和主动性。"[37]

主要指挥员和参谋人员

　　1941年6月，红军有许多指挥员和参谋人员完全称职，他们也将会在战争中展示自己的才华与忠诚。另有一些人，比如A. A. 弗拉索夫，则因心存不满，一有机会就会向苏维埃政权反戈一击。但在1941年6月，所有人都处在同一种状态，有同样宿命性的决心：不惜一切代价活下去。

　　1941年，红军指挥干部队伍中还有一定数量有才华、或许只一部分有经验的参谋人员和称职的作战指挥员骨干幸存下来，这些人经受住了战争初期惨败的考验，后来率领红军走向胜利。重要的是要记住，每一个获得胜利荣誉的人背后，都有许多同样有才华的人牺牲了；也有许多钻营拍马的人（或是不称职的指挥员）让胜利来得更艰难，也让红军付出了更大的牺牲。大部分称职的指挥员在铁木辛哥的改革期间借机脱颖而出。

　　苏联军队等级的最顶层是苏联元帅谢苗·康斯坦丁诺维奇·铁木辛哥，他1940年5月8日接替K. E. 伏罗希洛夫担任国防人民委员。铁木辛哥因在棘手的苏芬战争中表现突出而获得该职务（同时获得"苏联英雄"称号）。他1940年2月组织的进攻战役迫使芬兰退出战争，多少挽回些红军摇摇欲坠的声誉。作为一名昔日的骑兵和斯大林在国内战争期间的好友，铁木辛哥在战争前夕接受了重新振兴红军的艰巨任务。他试图推行用自己名字命名的改革，却经常受到大批人员离职导致的工作瘫痪、国际局势的巨大变化，以及斯大林对他个人态度变化所带来的干扰。

　　当时在铁木辛哥领导下工作的总参谋长G. K. 朱可夫后来为铁木辛哥辩护，称他是久经考验的战争指挥员，性情坚韧，意志坚强，精通战役战术法则。朱可夫说："他远比伏罗希洛夫更胜任国防委员这一职务，他在短时间内就使军队的状态开始迅速改善。"[38] 朱可夫还说铁木辛哥从未曲意奉承过斯大林。尽管在铁木辛哥的主持之下，在1941年，以及1942年5月的哈尔科夫战役接连惨败，他还是幸存了下来，战争结束时，因对国家的贡献获得胜利勋章。

副国防人民委员鲍里斯·米哈伊洛维奇·沙波什尼科夫是铁木辛哥的助手之一。他是旧沙皇军队中的一名军官，以其理论水平和独立见解而著称。沙波什尼科夫是国内战争之后新型红军的缔造者之一，1920年华沙战役失败前，曾因对战况做出不同判断，与指挥战役的图哈切夫斯基发生过严重冲突。这些，再加上他作为一位"一流的军事指挥员……无与伦比的博学、业务技能熟练、才智过人"的声望，以及对骑兵的热爱，使他依然可以留在军队里，1937年春升任红军总参谋长，并在这个职务上一直工作，中间只有短暂的中断，直到1940年8月改任副国防人民委员。沙波什尼科夫1930年被接纳加入联共（布），并于1939年在联共（布）第十八次代表大会上当选为中央候补委员。[39] 沙波什尼科夫的著作《军队的大脑》（Mozg armii）促成红军在1935年组建总参谋部。沙波什尼科夫虽然在意识形态上不持立场，也经常不认同斯大林的国防战略（包括苏联战前的国防计划），但依然得到重用，这可能是因为斯大林并不讨厌这位博学的参谋人员，并且实际上尊重他没有威胁性的直言不讳。沙波什尼科夫与斯大林保持着一种特殊的关系：他是少数几位斯大林只用本名和父名来尊称的人之一。

沙波什尼科夫1941年7月重新出任红军总参谋长，此后一直到1942年5月因健康原因离职，他主导了对总参谋部的改组，使之能够引导战争走向胜利。战争期间，他证明自己对斯大林具有温和的影响力，虽然对1941年9月基辅战役的惨败也负有一定责任，但是他的影响最终让斯大林尊重总参谋部对战时措施的领导权。

红军1941年6月时的总参谋长是格奥尔基·康斯坦丁诺维奇·朱可夫大将，他经历过第一次世界大战和国内战争，是位经验丰富的骑兵指挥员，1939年8月哈拉哈河战役对日作战的英雄，曾任基辅特别军区司令员（瓦图京当时任他的参谋长）。朱可夫1937年以后开始平步青云，尽管他曾在被"镇压"的乌博列维奇和叶戈洛夫手下任职过，还很尊重他们。朱可夫在1940年6月担任基辅特别军区司令员，1941年1月在莫斯科进行的首长司令部图上演习中担任重要角色，他凭借出色的表现和娴熟的指挥技巧，在这次演习的最后几天接替了K.A.梅列茨科夫总参谋长的职位①。此后，在沙波什尼科夫的细心指导下，朱可夫与他的副手瓦图京、G. K. 马兰金和作战局第一副局长A. M. 华西列夫斯基一起，制订出更有条理的国防计划和动员计划。朱可夫与斯大林打交道时，总是尽可能地据理力争，他也就是这样说服斯大林在战争前夕实施秘密的局部动员。朱可夫显然曾主张采取更积极的措施，但被斯大林拒绝了。

朱可夫是一位精力充沛而固执的指挥员。他以顽强的决心来对待战争。他的意志力使苏联红军经受住战争初期的考验，并取得最后的胜利。像美国的格兰特将军一样，他了解现代战争的可怕本质，并已在心理上接受这样的战争。他要求下属必须绝对服从命令，他善于发现人才，并会保护关键的下属，曾为此多次当面顶撞过斯大林。在他指挥的战役里少有策略可言，他只是娴熟地把红军当成大棒，大棒本身就能体现它全部的作战效果。他的性格完全符合苏德战场的战争特点，而且斯大林知道这一点。正因如此，他、斯大林和红军都赢得了胜利，尽管代价不菲。

朱可夫的第一副职是N.F.瓦图京中将。他是总参军事学院提前毕业的1937届学员之一，曾任基辅特别军区参谋长和总参谋部作战局局长。尽管瓦图京被同时代的人形容是典型的参谋人员，可他一直渴望着当指挥员。瓦图京积极策划了1939年9月对波兰的入侵，以及1940年6月从罗马尼亚手中获取比萨拉比亚。由于表现突出，瓦图京被调到总参谋部，在这里，他在朱可夫、铁木辛哥和沙波什尼科夫的指导下，参与制订国防计划和动员计划，并修订了红军的多项条令。战争爆发后，斯大林不顾瓦图京的反对，几次把他派到有威胁的关键地段做自己的个人代表。

朱可夫形容瓦图京是"一个极为勤奋、战略思维广阔的人"。瓦图京如愿以偿地担任方面军司令员以后，华西列夫斯基注意到他在指挥合同战役时的高超技巧。瓦图京1944年春受伤去世前，已被公认为红军中最有才能、最英勇无畏的野战指挥员之一。

---

① 译注：严格来说，这次演习结束后的总讲评中，朱可夫只是被宣布任命，此后半个月他回到基辅交接工作，1月31日才回到莫斯科，2月1日正式就任。于是出现了1月和2月两种说法，这一时间对后文提到多人的任职时间有影响，故特此说明。

　　总参谋部的作战局局长是一位总参军事学院1938届毕业生，格尔曼·卡皮托诺维奇·马兰金中将，他是一位训练有素的参谋人员，曾担任步兵各级部队的参谋长，1930—1935年任红旗远东独立集团军特别步兵军参谋长，1938年从总参军事学院毕业后，他留校任教至1939年，同年调任朱可夫的基辅特别军区副参谋长（瓦图京的副职），他参与策划了1939年在波兰和1940年在比萨拉比亚的军事行动。此后，马兰金于1941年2月跟随朱可夫调到总参谋部，他在这里与瓦图京和华西列夫斯基一起制订了红军战前的多项计划。战争开始后，铁木辛哥选择他担任西方向参谋长。后来，马兰金在莫斯科战役的防御阶段一度担任朱可夫的参谋长。

　　要了解马兰金这位有才干的专业参谋人员，最好的方法就是阅读现存的他编写的作战报告，那是他在1941年艰苦的作战中，担任西方向和西方面军参谋长时的作品。未来的总参谋长S.M.什捷缅科描述马兰金是"一个非常平和、有礼貌的人，格外谦虚和亲切。他工作很专心，也很投入，能够完成最艰巨的任务。他严格守时、对形势分析深入而透彻，使他在总参谋部内赢得了广泛的赞誉。他后来也是我们顶级的军事科学家之一，也是总参军事学院的优秀领导人"[40]。尽管马兰金有这样优秀品质，还是没能帮助他在战争中建立不朽的功勋[1]。

　　马兰金在总参谋部作战局的副职是亚历山大·米哈伊洛维奇·华西列夫斯基。他也许是红军在这场战争中涌现出的业务最熟练的军事干部。尽管出身于步兵，不能享受"骑兵派系"的特殊优待，华西列夫斯基还是凭借自身的优点脱颖而出。他1937年从总参军事学院提前毕业以后，就进入总参谋部工作，也在战争前几个月里参与制订了国防计划和动员计划。华西列夫斯基实际上是沙波什尼科夫在总参谋部最钟爱的下属，也是他的指定接班人，这使华西列夫斯基得以在短短四年里就从上校晋升到上将。华西列夫斯基平和的性格和敏捷的才智，常常可以平衡朱可夫纯粹力量型的做法和粗鲁的态度，在整个战争期间，这两人组成一个珠联璧合的团队，是大本营最可靠的难题解决专家、统帅

---

　　① 译注：马兰金在莫斯科战役期间是西方面军副参谋长兼作战处处长，当时西方面军参谋长是索科洛夫斯基。他1941年11月—1943年12月在总参谋部军事学院任教，后一直担任集团军参谋长。

部代表和司令员。[41] 苏德战争结束后，华西列夫斯基被提升为战区级别的司令员，策划并实施在中国东北的对日作战。在参谋人员中，华西列夫斯基、瓦图京和他们的"门徒"A. I. 安东诺夫，为打败纳粹德国所做的贡献最多。

与瓦图京、马兰金、华西列夫斯基在战争开始时就任职关键的参谋岗位不同，未来的总参谋部领导人阿历克谢·因诺肯季耶维奇·安东诺夫这时只是个不引人注目的小角色。安东诺夫是参加过第一次世界大战和国内战争的老兵，他相对默默无闻，20世纪30年代早期参加几次伏龙芝军事学院的培训班时才崭露头角，并被评价为"一位优秀的作战参谋人员"[42]。1935年举行的基辅大演习期间，他在哈尔科夫军区作战处处长职务上的卓越表现得到国防人民委员伏罗希洛夫的表扬，并被安排去总参军事学院深造，他也是提前毕业的1937届学员。安东诺夫毕业后短暂地担任莫斯科军区的参谋长，在斯大林的爱将布琼尼手下工作，不久就被调到伏龙芝军事学院去替换那些离职的教员。

安东诺夫1940年6月（和华西列夫斯基等很多人一起）晋升为少将，1941年1月干部大调动时，安东诺夫接替马兰金担任基辅特别军区的副参谋长，并在这个岗位上迎来了战争的开始。此后，他经历1941年和1942年5月哈尔科夫战役等几次惨败，1942年12月，华西列夫斯基把他调到总参谋部担任作战局局长，他在这里的杰出工作将为自己赢得不朽的声望，并获得所有同事和认识他的人的广泛赞誉。

战争初期的不利局面严峻考验着苏联战前的几位军区司令员，他们大多没能经受住考验，沦为命运的牺牲品。米哈伊尔·彼得罗维奇·基尔波诺斯上将在苏芬战争期间还是步兵第70师师长，1941年1月时已被任命为基辅特别军区司令员。基尔波诺斯是参加过第一次世界大战的老兵，在国内战争期间突击克里米亚的战役中，任著名的步兵第51师参谋长，1923年进入总参军事学院学习，1934年到1939年任喀山步兵学校校长。参加过远东的哈桑湖、哈拉哈河战役①和苏芬战争后，基尔波诺斯历任步兵军军长、列宁格勒军区司令员，1941年2月正式接任基辅特别军区司令员，并在这一职务上迎来了战争的开始。[43]

---

① 译注：基尔波诺斯在1923年以前并未担任过师参谋长，而是在总参军事学院毕业后，到喀山步兵学校任职之前，担任过步兵师参谋长。又及，《苏联军事百科全书·人物志》中，并未提到他参加过哈桑湖和哈拉哈河战役。

苏联元帅 S.K. 铁木辛哥，国防人民委员

苏联元帅 B.M. 沙波什尼科夫，副国防人民委员

G.K. 朱可夫大将，总参谋长

N.F. 瓦图京中将，第一副总参谋长

G.K. 马兰金中将，总参谋部作战局局长

A.M. 华西列夫斯基少将，总参谋部作战局副局长

M.P. 基尔波诺斯上将，基辅特别军区司令员

D.G. 巴甫洛夫大将，西部特别军区司令员

M.F. 卢金中将，基辅特别军区第16集团军司令员

F.I. 库兹涅佐夫上将，波罗的海沿岸特别军区司令员[①]

A.I. 安东诺夫少将，基辅特别军区副参谋长

————————

① 译注：本书所登照片的图注系1941年6月22日的军衔及职务，但照片的拍摄时间不一，因此部分照片中的服装和军衔与图注有差异。

P.P. 索边尼科夫中将[1]，波罗的海沿岸特别军区第 8 集团军司令员

V.I. 莫罗佐夫中将，波罗的海沿岸特别军区第 11 集团军司令员

N.E. 别尔扎林少将，波罗的海沿岸特别军区第 27 集团军司令员

V.I. 库兹涅佐夫中将，西部特别军区第 3 集团军司令员

①译注：应为少将。

52

A. A. 科罗布科夫中将，西部特别军区第 4 集团
军司令员

K. D. 戈卢别夫中将，西部特别军区第 10 集团军
司令员

P. A. 库罗奇金中将，奥廖尔军区司令员兼第 20
集团军司令员

I. N. 穆济琴科中将，基辅特别军区第 6 集团军
司令员

P. A. 罗斯米斯特罗夫少将，波罗的海沿岸特别军区机械化第 3 军参谋长（左）和旅级政委 N. V. 沙塔洛夫，波罗的海沿岸特别军区坦克第 2 师政治委员（右）

M. E. 卡图科夫上校，基辅特别军区机械化第 9 军坦克第 20 师师长

S. I. 波格丹诺夫上校，西部特别军区机械化第 14 军坦克第 30 师师长

朱可夫在他的回忆录中这样称赞基尔波诺斯："我很高兴基辅特别军区被委托给这样一位能干的指挥员来领导。当然，他也像其他许多指挥员一样，还缺乏必要的知识和经验来领导这样一个大的边境军区，不过，丰富的工作经验、勤奋以及与生俱来的机智可以使他成为一位一流的军区司令员。"[44] 基尔波诺斯没有辜负朱可夫的期望。战争爆发前，他多次向统帅部据理力争，要求提高战备等级（多数是白费力气）。战争开始后，他的下属军队也常在战斗中表现得比其他方面军更好，尽管这不能改变大局。基尔波诺斯1941年9月与他的方面军大部一起，在基辅战役中被合围并牺牲了，没有得到他应有的声望。

西部特别军区司令员德米特里·格里戈里耶维奇·巴甫洛夫大将是基尔波诺斯的同僚之一。他同样是参加过第一次世界大战和国内战争的老兵（做过战俘）。巴甫洛夫曾是骑兵指挥员，1928年进入伏龙芝学院学习，并于1931年进入军事技术学院速成班，他在那里获得"积极与托洛茨基分子做斗争"的评语。[45] 毕业后，巴甫洛夫指挥红军首批机械化兵团之一——机械化第4旅，他1937年调任红军装甲坦克局局长，并在这时获得一个言过其实的绰号："苏联的古德里安"。西班牙内战期间，巴甫洛夫被派往西班牙试验坦克兵的作战使用，回国时，他对现代作战中坦克的实际效果有了更清醒的认识，这种观点也是苏联1939年年底解散机械化军团的原因之一。1940年，巴甫洛夫担任西部特别军区的司令员，后来参加1941年1月在莫斯科举行的首长司令部演习，表现得差强人意。

战争开始后不久，巴甫洛夫就失去了对局势的控制，或许那种局势根本没人能控制得住。于是他被控叛国、撤去职务，并被执行枪决。

战争前夕，费多尔·伊西多罗维奇·库兹涅佐夫上将是第三大边境军区的司令员。他是第一次世界大战和国内战争期间的步兵指挥员，1926年进入伏龙芝学院学习，他的作战技能和潜力在那里得到认可。毕业后，他在莫斯科步兵学校和伏龙芝军事学院任教，1938年7月起担任白俄罗斯特别军区副司令员，1939年协助策划入侵波兰东部。同年晚些时候，他在苏芬战争中指挥一个步兵军。库兹涅佐夫在1940年的经历是苏军指挥干部队伍变动的一个典型例子：他先是短期出任总参军事学院院长，然后改任北高加索军区司令员，当年晚些时候最终又担任波罗的海沿岸特别军区司令员。

库兹涅佐夫在1941年2月晋升为上将军衔，他也因试图提高军区军队的战备等级而与统帅部徒劳地争辩。战争前夕，他自作主张采取措施来改善军区的防御。虽然库兹涅佐夫的军队在1941年6月到7月一败涂地，他自己也被降职为集团军司令员，但是他经受住了考验，后来担任过方面军副司令员和总参军事学院院长。[46]

在1941年，担任红军的集团军司令员不仅费力不讨好，还常有生命危险。从战后依然健在的集团军司令员中举出两个例子就足以说明问题。1941年6月22日，米哈伊尔·费多罗维奇·卢金中将指挥着苏联大本营预备队中的第16集团军，该集团军于1940年6月在远东组建，1941年4月—5月西调，成为首批战略预备队的一员。卢金的职业生涯，不论是在战争之前的准备还是战斗中的厄运，都是许多集团军司令员的代表。他在第一次世界大战期间是位军士，国内战争期间任步兵团团长、旅长，20世纪20年代初先后担任步兵第7师和第99师副师长，1926年进入伏龙芝军事学院学习，毕业后任步兵第23师师长、莫斯科卫戍司令。卢金在1937年以后逐渐升职，历任西伯利亚军区的副参谋长、参谋长，并在1939年成为该军区副司令员。

1940年6月，卢金受命组建并指挥第16集团军，1941年4月开始率部向西开进。最初被配置在基辅特别军区后方，战争开始后，卢金的集团军向北调动，投入斯摩棱斯克以西的激烈战斗。现存卢金所做的报告，可以生动反映他那个集团军艰苦卓绝的战斗，直到他们最后在斯摩棱斯克陷入合围并损失殆尽。卢金本人虽幸运地未与他的集团军同归于尽，但后来在维亚济马同样艰苦的战役中，卢金负重伤被俘。虽然一度被苏联官方误认为是主动投降，但是卢金经受住了德国战俘营的考验，并在战后赢得全体战时同志和整个民族的尊重。[47]朱可夫高度评价卢金和他的集团军保卫斯摩棱斯克时的英勇表现，认为他们为最终在莫斯科击败德军做出了贡献。

在充当预备队的第20集团军，帕维尔·阿历克谢耶维奇·库罗奇金中将情况与卢金类似，他1917年参加过攻打冬宫，是国内战争期间西方面军的老战士、骑兵指挥员。库罗奇金后来进入伏龙芝学院学习，研究生班毕业后留校任教。不久任骑兵旅旅长和骑兵师师长。苏芬战争期间，他是步兵第28军军长，1941年毕业于总参军事学院。库罗奇金毕业之初担任过外贝加尔军区司令员，后来在战争爆发前几天改任奥廖尔军区司令员。用他自己的话说，他是"在行进间投入战争"[48]。库罗奇金收到战争爆发的消息时，正在从赤塔赶往奥廖尔新司令部的路上。在莫斯科停留时，总参谋部命令他在奥廖尔军区军队的基础上组建第20集团军，并"进行防御作战，以掩护西方面军的一个决定性方向"[49]。

库罗奇金一周内完成上述任务，他新建的集团军①现在是在一位陌生司令员的手下准备进行首次作战。这个集团军在斯摩棱斯克以西，沿第聂伯河一线展开，准备迎击德国两个装甲集群的先头部队。虽然库罗奇金的集团军在此后的战斗中表现英勇，但在斯摩棱斯克的合围圈里折损大半。库罗奇金陆续又担任过集团军司令员和方面军司令员，在战后年代，他创作了许多有关武装力量构成和军事理论的著作，是一位有才华的作家。

以上举两个例子，说明战争带来的震惊和残酷需要多么惊人的力量才能适应，这是方面军和集团军的司令员都要经历的。其中有很多人牺牲，也有些人死里逃生，并在此后的战争中成长为更高级的指挥员。在更低级的指挥员中，这样的情况也很普遍，只是牺牲的人数更多。许多未来最优秀的集团军司令员和军长，正是从这些较低级的指挥员队伍里涌现出来的。例如，帕维尔·阿历克谢耶维奇·罗特米斯特罗夫，在国内战争期间是一名骑兵指挥员，20世纪30年代担任过一些低级职务，战争开始时是波罗的海沿岸特别军区的机械化第3军参谋长。他后来在莫斯科战役期间任坦克旅旅长，斯大林格勒战役中任坦克军军长，在此后的战争中任近卫坦克第5集团军司令员，战争结束时，是苏军装甲坦克和机械化兵副司令员。米哈伊尔·叶菲莫维奇·卡图科夫从战争开始时的坦克第20师上校师长，晋升到近卫坦克第1集团军司令员。谢苗·伊里奇·波格丹诺夫，同样从战争开始时的坦克第30师上校师长，晋升为近卫坦克第2集团军司令员。类似的情况在军队的各军兵种都屡见不鲜。经受住战争初期血腥考验的幸存者把握机会脱颖而出，并取得战争胜利。这是铁木辛哥的功劳，是他的改革、他与其他人一起对较低级指挥员的保护，让这些人

---

① 译注：第20集团军的首任司令员是列梅佐夫中将，库罗奇金7月接任。

和红军能够经受住考验，赢得战争的最后胜利。

　　然而，在每一个胜利缔造者的对面，也同样有一个不称职的指挥员，这些人的地位和影响力有时还会给能干的人制造麻烦，干扰他们获得胜利。不过最大的麻烦来自某些手握监察大权却人品不端、行为不当的人员，只有最坚强的指挥员才敢顶撞他们，而且要冒很大风险。这里举一个例子就可以。

　　列夫·扎哈罗维奇·梅赫利斯1944年晋升为上将军衔，他在国内战争期间是红军中的党务活动家，并在这时结识斯大林。梅赫利斯1930年毕业于红色教授学院，1937到1940年以一级集团军级政委军衔任红军政治总局局长[①]，1940年任苏联国家监察人民委员部人民委员，并很快成为副国防人民委员。战争期间，虽然梅赫利斯曾在1942年作为最高统帅部大本营派驻克里米亚方面军的代表，因未能组织好防御而被撤销各种职务，不过他继续作为监察员骚扰着各级司令员们。

　　即使到了战后，也很少有指挥员胆敢批评梅赫利斯，只有朱可夫说过几句这样的话，什捷缅科后来写道：

　　　他上送的报告常常通过我转呈，看过报告后，在我心中留下一种酸苦的印象。他的报告把事情描绘得像夜一样漆黑一团。他利用手中掌握的巨大权力，撤换了几十个指挥干部，把他带的人换上去。他要求枪毙师长维诺拉多夫，因为后者失去了对师［苏芬战争中第9集团军］的指挥。后来，我不止一次和梅赫利斯接触，最后我坚信，这是个爱采取极端措施的人。"[50]

　　什捷缅科敢于如此直率地写出梅赫利斯这次和其他几次使用的小伎俩，这样的事实可以折射出苏联指挥员们是如何厌恶像梅赫利斯这样心术不正的人。

　　然而还有一种人，由于对现状心存不满，因而一有机会就会背叛国家，因此如今人们也只会记得其中很少几个。这些人中，最主要的是安德烈·安德烈耶维奇·弗拉索夫。他是第一次世界大战和国内战争期间的老骑兵，这时的

---

① 译注：应为红军政治局局长，该局于1940年6月改为红军政治宣传总局，1941年7月改为红军政治总局。

军队生涯与他的同志们基本类似。他在1930年主动加入联共（布），在铁木辛哥指挥的基辅特别军区任职，1938年到1939年到中国担任蒋介石的军事顾问。1939年年底，他回到基辅特别军区指挥步兵第99师，彻底整顿了该师臭名昭著的不良着装陋习，并因此受到表彰。凭借这样的出色表现，他被任命为新组建的机械化第4军军长，并在战争的最初几周里指挥这个强大的兵团。

弗拉索夫率领他的军突出合围圈①以后，又在基辅战役中率领自己指挥的第37集团军成功突围。在保卫莫斯科的战役期间，弗拉索夫担任第20集团军司令员。由于表现突出，大本营晋升他为中将军衔，并在1942年3月派他去列宁格勒地区，拯救刚刚陷入合围的突击第2集团军。接下来的事情对苏联而言是个灾难，弗拉索夫被派去解救的集团军全军覆没，他自己也进了德国的战俘营，并在那里发起俄罗斯解放运动。[51]

就这样，在战争前夕，称职和无能的人并肩共事，曾经的受害者和加害者彼此容忍，而所有这些人，不管他们有没有作战经验，都要与改革刚到中途的红军一起，面临战争的严峻考验。

数据表

表 2.1：1941 年 6 月红军指挥员的指挥资历

指挥级别	在任时间					
	少于3个月	3到6个月	6到12个月	1到2年	2到3年	3年以上
军区	3	4	5	3	2	0
集团军	10	3	5	1	1	0
军	19	28	26	11	5	6
步兵师	59	10	51	65	10	3
坦克师	0	59	2	0	0	0
摩托化师	0	22	9	0	0	0
团	50	12	40	47	14	9

※ 资料来源：N. 拉马尼切夫，《红军 1940—1941》，第 192—193 页，引自苏联国防部中央档案馆 TsAMO, f.32, op.15823, d.547, l. 第 444 页。参见 F.B. 科玛尔《战争前夕的军事干部》，载《军事历史杂志》第 2 期（1990 年 2 月），第 27—28 页。

---

① 译注：指乌曼战役（1941年）。

注释

1. 指挥与控制的细节见《伟大卫国战争的初期》（*Nachal' nyi period, Velikoi Otechestverroi voiny*，莫斯科：伏罗希洛夫总参军事学院，1989年），第90—91页。

2. O.F. 苏韦尼罗夫，《一场全军的悲剧》（*Vsermeiskaia tragediia*），刊登在《军事历史杂志》第3期（1989年3月刊），第39页。

3. 细节见《苏联共产党中央委员会新闻》（*Izvestiia TsK KPSS*）第4期（1989年4月刊），第43页。该杂志是在戈尔巴乔夫在任苏共第一书记期间创办的，只在1988到1991年间发行，1991年苏联解体后停刊，是戈尔巴乔夫公开历史档案的工具。至今尚未有哪个俄罗斯出版物能够与这一杂志有同样的坦率和历史价值。

4. 苏韦尼罗夫，《一场全军的悲剧》，第40页。

5. 同上。

6. 《对红军指挥员们的审判》，《苏联（作战—陆军）》，G-2报告[①] No.866-6320（华盛顿特区：国防部军事情报处1937年6月12日），秘密级。相关美国武官报告的全文，见戴维·M.格兰茨《对苏联的观察：20世纪30年代美国驻东欧陆军武官的报告》，登载在《军事历史杂志》第55期第2册（1991年4月刊），第153—184页。

7. 《叛国审判，红军》，《苏联（作战—陆军）》，G-2报告 No.875-6320（华盛顿特区：国防部军事情报处1937年6月17日），秘密级。

8. 苏韦尼罗夫，《一场全军的悲剧》，第41页。

9. 同上，第45页。

10. 同上，第42页。

11. 《叛国审判，红军》，《苏联（作战—陆军）》，G-2报告No.875-6320。

12. 苏韦尼罗夫，《一场全军的悲剧》，第43页。

13. 同上，第45页。

14. 《红军被开除的军官人数》，《苏联（作战—陆军）》，G-2报告 No.6300（华盛顿特区：国防部军事情报处1938年8月10日）。

15. 苏韦尼罗夫，《一场全军的悲剧》，第44页。

16. 同上，第46页。

17. 《军事形势评估》，G-2报告 No.10（华盛顿特区：国防部军事情报处，1940年1月31日），秘密级。

18. N. 拉马尼切夫，《红军1940—1941：神话与事实》，未出版的手稿，第199页。

19. 同上，第179页，引自档案RGVA（*Rossiiskii gosuaarstvennyi voennyi arkhiv*，俄罗斯国家军事档案），f.31983, op.3, d.152, 1.152、f.4, op.14, d.2371, 1.37和f.33987, op.3, d.1280, 1.37。

---

① 译注：G-2指美国陆军主管情报的副参谋长办公室。

20. 同上，第180页，引自档案RGVA, f.4, op.19, d.91, 1.15。

21. 《关于工农红军指挥人员及其补充与积累》（*O nakopleii nachal'stvuiushchego sostava i popolnenii im Raboche-Krest'ianskoi Krasnoi Armii*），刊登在《苏联共产党中央委员会新闻》第1期（1990年1月刊），第177—178页。

22. 同上，第178页。

23. 同上，第179页。

24. 同上。

25. 《苏联国防人民委员部工农红军指挥人员管理局局长E.A.夏坚科，1940年5月5日所做的1939年年度工作总结》（*O rabote za 1939 god: Iz otcheta nachal'nika Upravleniia po nachal'stvuiushchenmu sostavu RKKA Narkomata Oborony SSSR E.A. Shchadenko, 5 maia 1940 g.*），刊登在《苏联共产党中央委员会新闻》第1期（1990年1月刊），第186页。

26. 同上，第188—189页。夏坚科提供了因各种原因退役的人数，同时也包括了每年免于被告的人数。

27. 同上，第191页。

28. 《S.K. 铁木辛哥同志从K.E. 伏罗希洛夫同志处接收苏联国防人民委员部的接收记录》（*Akt o Prieme Narkomata Oborony Soiuza SSR tov. Timoshenko S.K.ot tov.Voroshiloba K.E.*）刊登在《苏联共产党中央委员会新闻》第1期（1990年1月刊），第193页。

29. 同上，第198页。

30. 同上。

31. 同上。

32. 同上，第199页。

33. 同上。

34. 更多的细节，见拉马尼切夫，《红军1940—1941：神话与事实》，第182页。各军事学院和军校的工作与毕业生人数，详见F. B. 科玛尔，《战争前夕的军事干部》（*Voennye kadry nakanune voiny*），刊登在《军事历史杂志》第2期（1990年2月刊），第21—28页。

35. 科玛尔，《战争前夕的军事干部》，第22页。

36. 同上，第28页。

37. 拉马尼切夫，《红军1940-1941：神话与事实》，第224—225页。

38. V. 安菲洛夫，《谢苗·康斯坦丁诺维奇·铁木辛哥》，收录在H. 舒克曼主编《斯大林的将军们》（伦敦：韦登菲尔德和尼科尔森，1993年），第253页。

39. B.M. 沙波什尼科夫，《回忆录与军事科学著作》（*Vospominaniia i voenno-nuachnye trudy*，莫斯科：军事出版社，1974年），第16页。引自书中的序言部分，作者是A.M. 华西列夫斯基和M.V. 扎哈罗夫。

40. S.M. 什捷缅科，《战争年代的总参谋部1941—1945，第一卷》（莫斯科：进步出版社，1985年），第210页。

41. 这样的个人简介很多，如G. 朱克斯，《亚历山大·米哈伊洛维奇·华西列夫斯基》收录在《斯大林的将军们》，第275—285页。

42. R. 沃夫，《阿历克谢·因诺肯季耶维奇·安东诺夫》，收录在《斯大林的将军们》，第14页。

43. I. 瓦库罗夫，《M. P. 基尔波诺斯上将》（General-polkovnik M.P.Kirponos），刊登在《军事历史杂志》第1期（1977年1月刊），第125—128页。

44. G. K. 朱可夫，《回忆与思考》第1卷（莫斯科：进步出版社，1985年），第225页。

45.《德米特里·格里戈里耶维奇·巴甫洛夫》，刊登在《军事历史杂志》第2期（1990年2月刊），第54页。

46.《F. I. 库兹涅佐夫上将》，刊登在《军事历史杂志》第9期（1968年9月刊），第124—126页。

47.《米哈伊尔·费多罗维奇·卢金》，刊登在《军事历史杂志》第8期（1989年8月刊），第44—45页。

48. P.A. 库罗奇金，《军中生涯70年》（70 let v armeiskom stroiu），刊登在《军事历史杂志》第2期（1988年2月刊），第36页。

49. 同上。

50. 什捷缅科，《战争年代的总参谋部1941—1945，第一卷》，第24—25页。

51. C. 安德烈耶夫，《安德烈·安德烈耶维奇·弗拉索夫》，收录在《斯大林的将军们》，第301—311页。

第三章
红军战士

在叙述第二次世界大战苏德战场的大部分作品里，人文层面基本是一片空白，其程度在战争史上可谓空前绝后。鉴于这场战争前所未有的残酷及其造成的双方巨大人员伤亡，这种状况实在令人啼笑皆非。尽管德国方面的情况稍好，但苏联军人的状况确实很少有人提及。苏联的大量战争受害者中，有将军、其他指挥人员、普通战士和平民，死亡、伤残和遭受心理创伤的总人数达到几千万。然而在长达40年多的时间里，人们无法以任何方式讨论损失的话题，于是也难怪在这场战争中，看不到人的具体面貌。总之，近年来，人们才能正当地讨论损失的话题。即便是现在，围绕损失总数的讨论也仍然在激烈进行着，尽管这个数字大得几乎不可思议。不过这种讨论也仅仅是一笔带过了苏联军人的整体命运。作为个体的他或者她，至今还没有自己的面貌和个性。

这样的事实，在某种程度上可以反映苏联国家和军队的特点。一方面是苏联人过度强调集体主义，要求个人无条件服从集体利益，直至牺牲个人生命。另一方面，战争年代要求军队的各级人员都要无条件服从命令，而且必须表现完美，几乎不允许失败。在这样的环境下，从将军到普通战士，整支军队都承受着同样的压力。不难理解，将军和更低级的指挥员可以将自己承受的大部分压力转移给下级。正如一位当代俄罗斯的观察家所指出的，绝大多数的将军都把人看作系统中的"齿轮"，"……指挥作战就像流行歌曲里唱的那样：'伤亡挡不住我们。'N.G. 拉先科大将后来写道，'的确，尽管有种种借口，但战争中的死亡人数还是很多。我们见识过多位军事首长和司令员，他们为夺取胜利不惜一切代价'"[1]。

苏联将军P.G. 格里戈连科在自己的回忆录中赞同这种观点。他于20世纪30年代早期成为红军指挥员，在第二次世界大战期间表现优异。格里戈连科严厉批评苏联红军在哈拉哈河战役中的表现，在这场发生于1939年8月和9月的战役中，朱可夫领导下的红军击败了一支占领蒙古争议领土的日本军队。虽然当时和现在苏联（俄罗斯）的官方战史都赞赏朱可夫和红军的表现，但格里戈连科却对此持保留态度，他指出了红军内在的缺陷和指挥员漠视普通战士命运的态度。"我们蒙受巨大损失，主要是因为我们的司令员缺乏经验。此外，朱可夫并不在乎我们受到了多少的损失……他是一个冷酷无情、睚眦必报的人，整个战争期间，我都担心自己可能不得不再次在他手下任职。"[2] 格里戈连科概括地说："一个由前线司令部[①]和第1集团军级集群［朱可夫所部］的参谋组成的大型作战专家组，研究了哈拉哈河战役。他们的报告揭露出普通战士和指挥员在作战准备中的不足，并整理成书发行。书中有对作战行动的详细叙述和深入分析。朱可夫虽没有受到直接批评，但也没有得到施特恩［朱可夫的上级］的表扬，不过任何读过这本书的人，都会得出自己的结论。"[3]

按照格里戈连科的说法，红军总参谋部"满怀热情地批准了"这份报告，但朱可夫成为总参谋长以后，"一见到它，就把它封存到了档案馆里"。[4] 更能说明问题的是，格里戈连科补充说："这样，各级指挥员就无法见到这本书，也无从了解到它通过对一次小规模军事冲突的研究，已经揭露出各级指战员在作战准备方面存在的基本缺陷。因此，第二次世界大战中，我们又在同样的缺陷上重蹈覆辙。"[5]

杰出的苏联军事历史学家A. M. 萨姆索诺夫，支持了拉先科和格里戈连科的严厉批评，并补充说：

总的来说，最高统帅部大本营以不可原谅的轻率态度来对待人员损失。否则就无法解释，为什么多次固执地要求我们不计任何代价，正面猛攻那些在战略上无关紧要的地点，而不是包围它们……显然，斯大林相信我们的人力资

---

① 译注：是朱可夫的上级，施特恩的指挥部。

源是取之不尽用之不竭的。情况完全不是这样。到1942年和1943年，我们不得不分别征召17岁和刚刚年满15岁的年轻人上前线……我们从乌拉尔和西伯利亚的企业中，抽调了几十万预备役人员，其中有许多人是绝无仅有的专家，而我们就直接给他们套上一身军大衣。[6]

前线战士也冒着很大风险，记录高级指挥员对待战争伤亡时常有的冷酷无情。A. K. 科诺年科中校当时担任P. A. 别洛夫将军麾下著名的近卫骑兵第1军的情报处长，他生动却带着伤感讲述骑兵军1942年1月到6月间突袭德军后方时自己的经历："就因为方面军司令员［朱可夫］想要夺取维亚济马，我们牺牲了多少人！"此外，他还说："虽然骑兵军已经完成了自己的任务，但是G. K. 朱可夫还是因未能夺取维亚济马而一再责备P. A. 别洛夫。在他的电报中，他不断地表现出一种愤怒、残忍、冷酷、无情，还有对几千人及其需要和生存的完全轻视。"[7]

另一位战后的分析家这样坦率地评论将军的个人风格：

对文献、出版物和回忆录的分析表明，有相当多的高级指挥员，包括著名的G. K. 朱可夫、I. S. 科涅夫、N. F. 瓦图京、F.I.戈利科夫、A. I.叶廖缅科、G. I. 库利克、S. M. 布琼尼、K. E. 伏罗希洛夫、S. K. 铁木辛哥、R. Ia. 马利诺夫斯基、V. D. 索科洛夫斯基、V. I. 崔可夫，和其他一些更低级的指挥员，都认为战士们只是"炮灰"，总是在作战中遭受最大的损失。另一方面，K. K. 罗科索夫斯基、A. A. 格列奇科、A. V. 戈尔巴托夫、E. I. 彼得罗夫、I. D. 切尔尼亚霍夫斯基，以及其他一些人，就能以最少的伤亡，达到所需的专业水平。不幸的是，后者是少数。因此，V. 阿斯特费耶夫是对的，他的话是："我们简直是不懂该怎样战斗，直到我们打赢了战争，也没学会怎样战斗。我们只是抛洒自己的鲜血，用我们的身体把敌人撞了回去。"[8]

虽然阿斯特费耶夫的苦涩判断，显然只能片面反映他和整个社会对于忽视和遗忘牺牲人员的失望，但是他的话语无疑能折射出战争初期的事实和残酷。其他的官方消息来源，也解释了为什么无法确定牺牲者的大致人数。来自

（俄罗斯联邦国防部中央档案馆下属的）苏联陆军军士和士兵不可归队的损失登记处的一位现任官员，这样解释战争中统计伤亡时不近人情的做法：

从战争的最初几天开始，附带着各种名单的报告就纷至沓来，有事故损失、战斗中失踪、死亡等清单，也有各野战部队、兵团、军团和其他机关的服役人员名单。与此同时，还有后方各军区医疗部门报来的，因受伤、疾病和其他原因死亡的服役人员损失名单。

应该补充说明的是，前线的复杂军事形势并不总是允许进行全面的损失统计。通常只是通过文件［akt］统计人数，而不是统计人名。因此，从1942年起，他们已经开始根据亲属的声明登记服役人员［的损失］。"[9]

苏联人统计战争伤亡时的混乱和无情，无助于人们发现无名战士的真实身份：

要记住，至今仍有数以百万计的战士们未被安葬，而且在战后，重新掩埋公共墓地时的统计工作也非常马虎。埋葬现场被挖开时，通常只统计埋在最上层的尸体。此外，各级指挥机关也都低估了损失人数……国防人民委员部（NKO）1942年3月15日发布第138号命令，废除广为人知的战士［身份识别］牌，尽管这个身份牌远非人人都有。到1942年4月12日，NKO不再使用姓名来登记伤亡。因此，带有姓名的统计人数只占苏联军队总死亡人数的三分之一。这就使得数以百万计的死者和生还者，都被用一个暗示性的标志注销——"在战斗中失踪"[10]。

战争过程的混乱与惨痛，导致苏联军人过去是（如今在很大程度上仍是）这场战争的一个模糊不清的侧面。很自然地，这种模糊不清导致并且助长了公式化形象的发展和持续。

公式化形象

受种种因素影响，我们自然不可避免地要从苏联对手的笔下了解这个话题。就像德国人的回忆录在战后的历史编纂中占据主导地位一样，这些回忆录也是第一批为西方人描绘苏联无名战士形象的作品。由于意识形态差异、民族立场不同，以及战争遗留下的仇恨和冷战思维，这种形象自然不会是正面的。

首屈一指的德国回忆录作者F.W. 冯·梅伦廷将军，将红军战士描述为"认真评估俄国军事力量必不可少的依据"，也为西方读者提供了红军战士最全面、影响也最久的形象①。虽然梅伦廷在自己的作品中声称："在西方文化圈里，可以说没有人能够真正了解生长在欧洲版图以外的这些'亚洲人'的性格和精神"，但是他却竭尽全力想做一个全面的心理分析：

很难猜出俄国人下一步会干什么！他们常会从一个极端走向另一个极端。可以根据经验轻而易举地判断出其他任何一个国家的士兵将会做些什么，但俄国人总是例外。俄国人的性格与众不同，而且复杂多变，就像他那幅员辽阔却又杂乱无章的国家一样。他们的耐心和韧性超乎想象，无比英勇顽强，但有时也会变成一个可耻的胆小鬼……俄国人是不可捉摸的，今天他可能根本不在乎自己的翼侧是否受到威胁，明天他可能又因害怕翼侧暴露而瑟瑟发抖……出现这种情况，也许是因为俄国人并不是有清醒意识的士兵，也不会独立思考，总是成为自己情绪的牺牲品，而这种情绪是西方人无法了解的。他们在本质上属于原始人类，生性骁勇，又被特定的情感和本能所支配。他们的个性很容易淹没在群体当中，他们的忍耐力则来自几个世纪的苦难和贫穷……

俄国士兵的一个特点是完全蔑视生死，这是西方人难以理解的。俄国人跨过几百位自己同志的尸体时完全无动于衷；同样漠不关心地埋葬死去的同胞们；面对自己的死亡时也全无惧色。对他们来说，生命没有什么特殊的价值，是一件可以随便扔掉的东西。

俄国士兵以同样冷漠的态度忍受寒冷、炎热和饥渴之苦。多大的困难都不会影响他们的精神。他们没有一点真正意义上的宗教或道德的稳定性，时而表现出野蛮的残忍，时而表现出纯朴的仁慈。作为暴徒团伙的一员时，他们会

---

① 译注：该书的中译本《坦克战》，经过德语—英语—俄语—中文的翻译过程，语意和语气有所过滤。翻译这一段文字时，译者尽量保持了英语的原意。请读者在阅读时，尤其注意其中的种族主义色彩和浓浓的敌意。

充满仇恨、残忍无比；独自行动时却会表现出亲切和慷慨。具有这些特点的俄国人，多半是他们国家亚洲部分的俄罗斯人、蒙古人、土库曼人、乌兹别克人以及乌拉尔山以西的斯拉夫人。

俄国士兵疼爱着自己"娇小的俄罗斯母亲"，并可以为此而战，即便他并不关心政治……

俄国士兵不受季节或环境的影响，在任何地点和条件下都是好兵。他们是指挥官手中的可靠工具，指挥官可以毫不犹豫地让他们经受欧洲人无法想象的痛苦……

对一个俄军的司令部来说，给养只是个次要问题，因为他们的士兵几乎不用依赖军队的食物供给……原来亲近自然的生活经历，造就了他与大地融为一体的适应能力……俄国士兵是伪装、挖掘和土工作业的高手。在极短的时间里，他就可以挖个坑躲起来，或是巧妙利用地形地物，差不多从地面上消失，因为你几乎找不到他的阵地……

俄国人的优良军事素质，在某种程度上被反应迟钝、思想僵化和懒惰的天性所抵销……在队伍里，群居的本能是如此之强烈，以至于没有人敢离开"团伙"单独作战。俄军士兵和低级指挥官本能地意识到，一旦自己单独行动，就完全不知所措。根据这样的群居本性，不仅可以找到他惊慌的根源，还可以找到非凡的英雄主义壮举和自我牺牲行为的根源。[11]

冯·梅伦廷笔下的综合写照，涉及的是其他人所忽视的领域，因而长期未受质疑。后来的若干年里，甚至又有许多其他的回忆录作者用自己的回忆和感想进一步做出补充。这种形象是如此根深蒂固，以至于到20世纪80年代中期，仍然有一位作者这样写：

站在一个普通士兵的角度来看，经过大约两年半的近距离战斗，我们已经分得清［苏联的不同民族］。我们清楚地知道，对面的这个连里，是不是我们所谓的"鞑靼人"明显占多数。鞑靼人不是伊斯兰教徒，却眼睛细长，这与一般的俄罗斯人不一样。真的，我们能看明白。我们一样可以俘虏他们，又有什么区别呢？在许多方面，这些人甚至会更顽强，更冷酷无情。他们根本没有一点西方式的道德。他们会向所有人开枪，甚至是伤员，我们也同样这么干，因为我们知道鞑靼人在生命的最后一刻仍会开火，或是扔个手榴弹，而平板脸的俄国人也许只会流泪或哭喊。[12]

与所有的公式化形象一样，上面这些描述也都真假参半，掺杂着个人的回忆和偏见。有时候，对手确实会欣然看到，红军战士的表现果真如其所料。然而也有些时候，红军战士却会突破这种成见，让对手困惑不已，并常常会给对手带来意外和永恒的遗憾。

与此同时，苏联作品却既不提及战时损失的具体数字，又不描绘战士的性格、经历或命运，只是描绘他们个人或集体在战斗中视死如归、英勇牺牲，塑造着自己笔下的公式化形象。面对着训练有素、武装到牙齿、迄今仍是不可战胜的大批纳粹德国军队，这是一种无比英勇的战士形象。由于自己对社会主义理想的献身精神，战士们经常奋不顾身地挡住大群德国坦克的前进道路，给他们的敌人造成了难以置信的损失；他们扑倒在手榴弹上，拯救自己的同志；他们用自己的身体挡住敌人碉堡的射击孔；他们迎着致命的机枪弹雨发起正面冲锋；他们驾驶着自己的战机，向敌机发起空中撞击。不管是工农出身的普通战士还是苏联英雄，也不管是共青团员还是共产党员，所有人都肩并肩地紧密团结在一起，面对着常常占有压倒性优势的敌人，尽管困难重重，他们往往还能占据上风。

资料来源

时至今日，在战争结束40多年以后[①]，历史学家才刚刚开始还原战时红军战士的真实面貌。这仍然是一个缓慢而痛苦的过程，部分原因是俄罗斯当局迟迟不愿重启旧伤，部分原因是缺乏有效的资料来源。有趣的是，虽然官方出于本能的压制，阻止人们发掘利用所有材料，但重现红军中人性面貌的原始材料确实存在。有数量惊人的普通战士和指挥员，不顾明确的禁令和可能给自己带

---

① 译注：原文如此，大概是这段文字的真正写作时间较早。

来的麻烦，战时仍然继续写日记并保存了下来。还有许多人把自己的经历做了笔记，或者写下公然反抗命运的信件。现在这些材料刚开始出现，将来无疑还会出现更多。和这些材料一样，现有回忆录的未经删改版本也正慢慢出现，它可以揭露关于战争中人文因素的更多真相，尤其是更高指挥级别的真相。

尽管这些新材料正在出现，但目前最大的空白还是关于普通战士的集体和个人的来源、性格和命运，因为他们既没有时间和机会，也没有必要把自己的经历写到纸上。我们在这方面不得不仰仗于他们的上级所写的文字，或者是普通战士在战后允许的情况下写的回忆录。值得庆幸的是，现在已经有这样的回忆录材料出版发行，然而不幸的是，能够创作这种作品的人正在与时间赛跑，时日有限。

现在有许多官方文献，可以揭示出一些普通战士的来源、性格和命运，不过这些文献都还没有被充分利用起来。它们可以被分成两大类：苏联保密的研究作品和德国的档案材料。在前者的一些现有例子里，本质上都带有说教的色彩，这符合苏联人进行军事分析的主观意图。上级让作者编写这些作品，只是为更好地了解过去，以便军队将来可以表现得更好。保存在这些作品里的叙述，都像是在做外科手术一样，记录着战争各个阶段里红军战士的素质和状态，以此检查国家的动员、展开和作战能力。简而言之，这些作品的目的不是要感叹过去，而是要为未来服务。

另外，在各个军事人员管理局的档案里有大量文件，充分调查并记录着征召人员的来源（主要是社会成分）、能力和总体命运。正在慢慢打开的苏联档案已经开始讲述1941年红军战士的故事，今后还将继续。俄罗斯国家档案馆和国防人民委员部下属关于人事管理的各个局（例如：红军指挥干部总局、编制和人员配备总局），可能保存着关于红军战士和指挥员所有问题的答案。一些西方和俄罗斯的历史学家，包括罗格·里斯和 A. A. 马斯洛夫，刚刚开始发掘利用这种极有价值的材料。一旦他们的工作能够证明，他们揭露出来的真相对国家有益而不是制造威胁，将来甚至可能还有更多的材料可供查阅。

第二类文献中有数量巨大的德国档案材料，基本上也未被利用起来。苏德战争时期的德国情报机关——东线外军处（Fremde Heere Ost）收集、记录、分类、维护和研究过苏联的人力数据，以更好地了解苏联继续进行战争的能力。大部分的材料以卡片文件的形式，概括了红军具体部队的人员构成。这些数据内容广泛，其中很多是通过审问战俘和检视苏联阵亡者尸体搜集的，只要彻底分析这些材料，就能从中得到关于红军战士的来源、训练和士气等方面的可靠社会数据。

这种材料的主要问题在于，德国人只是在1942年中期以后才认真收集这种数据。当时，东线外军处在著名的负责人莱因哈特·格伦中校的领导下进行重组，重新焕发了活力。而有关1941年红军战士的记录总体上就没有那么全面，大多数德国情报评估的依据不过是红军在波兰和苏芬战争中的表现。再者，在1942年到来以前，1941年红军的许多人都已经阵亡（或被俘），这占到红军"41级"战士中的三分之二。

官方形象的演变

我们可以把目前手中零碎的材料，当成一幅块数很多的马赛克拼图，拼出"巴巴罗萨"行动期间红军战士的来源、个人素质和资历。官方记录和文件一贯形容红军战士出身于工人或农民。总体来说这是对的，因为事实上，苏联并没有中间或上层阶级（或者说根本就没有阶级）。不过，不同出身、种族背景，有时是不同宗教的人之间，实际上存在着一个非官方的阶级体系。各作战军兵种的主体是斯拉夫人，特别是在西部各边境军区。而在东部地区，比如高加索、中亚、西伯利亚和远东各军区，军队中各兵团的指挥职务通常仍由斯拉夫人担任（也有一些明显的例外），但队伍里会有更高比例的非斯拉夫人。来自某些群体（阶级、少数民族和宗教团体）的战士，他们的忠诚度值得怀疑，会被安排到非作战军兵种服役（比如铁道兵和劳动部队），其他人则根本不能服役。

忠诚、教育程度、思想上的热情和智力也决定着军人的分配。例如，像空降兵旅这样的精锐兵团和内务人民委员部内卫部队，党／团员占的比例就高于其他军兵种。炮兵、反坦克炮兵、汽车装甲坦克兵和空军的部队都吸引了最聪明和最能干的战士。边防军和内务人民委员部的其他部队，显然不可避免地在思想上，要比其他作战兵种的战士更有献身精神。一般来说，正规军人要比原来的地方民兵，或者大批只受过部分训练的预备役人员，更符合这些要求。

20世纪80年代末，著名军事学院士A. G. 哈尔科夫为伏罗希洛夫总参军事学院编写过一份官方评价，内容是1941年6月西部各边境军区军队的作战准备。这份评价是戈尔巴乔夫的公开性政策的产物，文中提到一些关于红军征召人员质量的事实，很令人感兴趣。哈尔科夫这样叙述动员这些征召人员的过程和他们的反应：

战前的几年里，为登记年轻的补充兵员加入红军队伍做了大量工作。筹备期间，所有的军区都举行过区（raion）一级的会谈和会议，并组织征集对象集会。在采取上述措施的过程中，对有关登记工作的疑问、征召人员所肩负的使命、他们为完成自己的使命所需的训练，都进行了仔细研究，举行了讲演和关于国际形势的会议。征集对象的政治思想中表现出极高的政治热情，渴望在红军队伍服役。许多人向登记委员会提交申请，自愿提前服役。[13]

哈尔科夫指出：补充兵员中"党团员和来自工农阶层的人数不断增加"，并引用以下档案数据来证明他的说法：[14]

军区	征召人员总数	联共（布）党员	共青团员	工人
列宁格勒军区	79985	182	22886	43278
西部特别军区	61235	87	21015	16730
基辅特别军区	145720	197	48860	31671

这些补充兵员随后会分散安排到现有的各部队和兵团去（例如，每个团分一个连）。然后，他们要接受一个明显的阶段性训练项目，包括青训项目（3个月）和团里的学校（10个月）。这个项目完成之后，有些人会被任命为少尉，不过多数人只是普通战士。

这样的安排看上去很好，不过哈尔科夫自己也承认，"在西部各军区，补充兵员的训练水平非常低"：

首要原因是，有些人加入红军服役之前，没有接受过任何形式的征集前训练，此外，还有许多人是半文盲或需要接受医学治疗。于是，根据基辅特别军区司令员提交的一份报告，1941年征集的补充兵员中，有下列几种人不能达到为苏联军队服役的要求：

	总人数	西部区①
文盲	19042	18167
半文盲	79118	65494
各种病号	10782	6951
总计	108934	90612

为解决这个问题，他们把年轻的补充兵员派到了其他军区。于是，在中亚军区接收的14411名新补充兵员当中，有50%来自西部和基辅特别军区，剩下的人来自其他军区。1940年秋，共有15838人从西部各军区派遣到了外贝加尔军区。[15]

事实也不能充分说明红军完全是一支工农的武装。虽然上级要求红军在扩充和改革期间针对这个问题加强政治教育，但是官方资料只是勉强地承认问题的存在。在一份比较有批评性的资料里提到：

事实上，战前几年，有大量的年轻红军战士和预备役军人来自西乌克兰部地区、摩尔达维亚、前波罗的海沿岸各资产阶级共和国，这对西部各军区的军队训练水平造成了显著影响。这种情况需要全体政治机关、各级军队政治部门和首长（军政一长制的首长）额外留意这几类服役人员。在他们当中开展党政工作时，要尤其考虑到这些服役人员已在资本主义条件下生活相当长的时间，因而对我们的苏维埃生活仍只是一知半解。"[16]

作者声称，通过党政干部的强化再教育，克服了这些问题，达到了预期的目标：

① 译注：西部区应是基辅特别军区内的一个区，可能位于1939年9月以后并入苏联的新领土，即下文提到的西乌克兰和摩尔达维亚。

演习中的红军战士

苏联元帅 S. M. 布琼尼视察波罗的海沿岸特别军区某部

刚动员入伍的新军人

西部特别军区第 4 集团军步兵第 28 军步兵第 6 师步兵第 16 团列队待阅

战前动员的海报

西部各边境军区的军人们，团结在联共（布）和苏维埃政府的周围，无私地拥护他们的社会主义祖国，"准备履行他们的神圣职责，来证明自己对苏联人民的热爱和忠诚"。

各军区的军事委员会向国防人民委员部报告说，绝大多数战士在政治上是健康的，他们对各种类型的作战训练和政治培训表现出极大兴趣，并能遵守纪律、训练有素。[17]

与其他官方报告相比，这样描述1941年红军战士的性格、能力和士气，已经是尽可能地坦率并带有批判性。然而，这些描述只适用于少数人，除了暗示这些困扰红军队伍的恼人问题之外，对于复原红军战士的整体面貌帮助有限。

正在出现的人文层面

幸运的是，新的材料目前正在出现，可以填补人文层面的空白。这些材料表明，红军战士实际上与那种公式化的形象相去甚远。同时，因为在他身上可以折射出整个社会的复杂性，所以他的形象也要比官方资料描绘更加丰富多彩。首先，也是最重要的一点，他会有多种不同的面貌。他可以是一个刚离开国营或集体农庄的农民；也可以是一个从新兴工业基地里走出的工人。他可以是一名共青团员；在少数情况下，也可以是布尔什维克党员。他可以是一个有献身精神和共产主义理想的人；也可以是一个不满意现状的农民，试图通过服役换个地方，将来可以在苏联某个不断扩大的城市中谋求一席之地。尽管很多情况下，他会是俄罗斯人、白俄罗斯人或乌克兰人；但他也可能是苏联境内无数其他民族的一员，甚至可能是随着自己的居住地一起，在1939年以后加入苏联的拉脱维亚人、立陶宛人、爱沙尼亚人或罗马尼亚人；不过，与1942年及以后的战争年份不同，这时的他来自亚洲的可能性还比较小。他还可能是个孤儿或者受国家监护的人。简而言之，他代表着苏联辽阔国土上的多样化人口，带着满腔热情，或是被动，乃至不情愿的情绪，为她服役。他的奉献精神、思想意识、诚意和民族热情，归根到底都不重要，因为他是一名红军战士。此外，在六个月之内，他有超过60%的概率会死去或被俘。

俄罗斯最近出版了一本分析战争初期的书，这本书的写作目的是要准确地还原1941年和1942年各次战役的面貌，可以间接帮助我们了解战士们当时的状况。描述战前的纷乱时期里苏联飞行员生活的同时，这本书还大胆承认了一个新揭露出来的事实：“工农红军的部队组织结构不断变化、参加局部战争和武装冲突、开展动员和复员工作、指挥干部的不稳定，都对军队的作战准备造成了负面影响。”[18] 作者认为，在这些不利条件的影响下，军队内部的纪律、法规和秩序已全面涣散：“因此，1941年1月1日前，仅特殊原因导致缺勤的人数（不算开小差和无故缺勤的），已经高达14058人，其中因事故死亡和重伤缺勤的达到10048人。在许多部队里，特殊原因导致缺勤的人数过多，已影响到正常工作的开展。”[19]

为解决这个长期存在的问题，根据斯大林的建议，各级军队指挥机关都采取了严厉措施，力求根除这种涣散。举例来说，1940年12月22日，空军总局发布国防人民委员部第0362号命令，企图重整日渐涣散的纪律。该命令适用于所有服役未满4年的空军飞行员和地勤人员，要求把他们的驻地“转移到一个类似于兵营的场所，行使自己在服役期内应有的权利，履行应尽的义务”[20]。结果就是，“36953名空军干部（约占总数的40%）被送到兵营里”。更重要的是，这个命令要求军人的家庭成员从航空兵驻地搬出去：“在短时间内，就有8049个家庭被赶出丈夫或妻子的实际出生地。”[21]此后不久，空军总局局长P.V. 雷恰戈夫以某种玩世不恭的方式谈到这项命令的重要性：“年轻的飞行员和技师们背负沉重的家庭负担，一旦他的部队出现调动，就会丧失任何机动性。再者，被一个大家庭所拖累的飞行员，会丧失战斗准备和勇敢精神，并在生理上过早衰老。国防人民委员部的命令［第0362号］消除了这方面的现有缺陷，创造了正常的工作条件，也有助于空军［VVS］的健康成长……”“没用多久，”作者继续写道：“在空军中采取的这种不人道的干部政策，就造成明显的后果。”[22] 由于当时面临干部短缺，不久就需要学员们从训练学校提前毕业。而国防人民委员部这条格外严厉的命令，只会遭到学员—干部们的强烈反对：“第0362号命令对航空兵部队的作战训练造成负面影响。航空兵部队移驻到兵营以后，飞行事故的数量增加，同时也出现萎靡不振、懒怠和纪律松弛等现象，飞行员对营养和生活条件表示不满。随着作战训练水平的降低，事故和坠机的次数显著增加。”[23] 尽管这道命令只波及干部队伍，但命令本身以及人们对它的反应，还是能够反映红军1940年和1941年面临的一系列士气问题。

　　红军的大规模扩充造成的其他困难，也对战士的士气产生了不利影响。当时出现粮食和草料的短缺，导致"素食日"的引入，以降低供应量，积累必要的战时粮食储备。在粮食不足的同时，红军部队里的食品后勤保障力量也不够，缺少训练有素的厨师与野战厨房。和其他领域的情况一样，粮食的供给状况直到1942年夏才开始好转。[24] 红军的服装供应也出现同样的问题。

　　一大批当代乃至更早的作品，都列举过红军缺乏训练的表现，主要提到的是干部，涉及战士较少。虽然列举出的事实如此，但大多数作品的研究焦点，对准的却是战士的个人战斗力及其所属部队的集体战斗力。[25] 它们通常没有切中要害，对准战士的出身、他的个人品质等基本问题，以及最重要的一项：他对待国家和军队的态度。

　　罗格·R. 里斯正在进行一项新的研究将填补这一空白。里斯合理地宣称："要了解红军1941年6月失败的原因，就必须把军队看成一个单独的小社会，只是从产生它的大社会中切下的一个小片。"里斯仔细检查了"普通战士和指挥干部的社会构成，以及各种影响军队生活的因素，如社会流动性、教育、士气和纪律、党员榜样、军队外部的社会和政治因素等等"[26]。他的结论主要以苏联的档案材料为依据，为还原红军战士的人性面貌迈出重要一步。

　　里斯的结论是什么呢？首先，他同意许多苏联批评者的意见，他强调，导致红军1941年战败的最重要原因，是它在和平时期的迅速扩充。而经济的迅速发展，让红军干部管理军队变得更困难，令形势进一步恶化：

　　苏联经济的变化影响着武装力量的组织，进而影响着人力政策。苏联的工业化……为红军的扩充创造了必要条件……但军队20世纪30年代早期的扩充结果，令人喜忧参半。它导致纪律的涣散和指挥人员的短缺。军队要不断壮大，就不断需要更多指挥人员，一旦它无法得到所需的人数，干部和战士的比例就会降低。因此，尝试过用较少的首长来指挥更多的人，但没有成功。军队突击提拔的各级首长在社会经验和教育程度上，又都不足以胜任自己的岗位，于是军队不得不采用传统的专制做法［如第0362号命令］来领导战士。更严重的是，许多征召人员受到各种社会因素的影响，非常不愿意入伍服役。简而言之，军队在扩充过程中，与平民社会同样容易受到社会混乱的影响，这种混乱在平民社会里显而易见，特点是劳动纪律差、离职率高，称职、训练有素的管理人员短缺。[27]

传统说法认为，大规模指挥人员流失是红军后来不幸遭遇的主要原因，而且常被认为是唯一原因，里斯并不认同这种说法，不过他依然承认这一事件确实使形势更加恶化。事实上，里斯的观点在某种程度上同许多批评家一致，他同样认为红军1941年6月表现不佳，是因为"组织上有缺陷，训练也不够"[28]。然而，与那些批评家不同的是，他认为这些问题是"系统性的"，也就是说，这些问题源于红军战士天然的特点。

那么，战士们到底是什么样的人呢？一开始，在1939年以前，官方政策一直在强调，尽可能地多吸收工人和非农民加入（各边境军区和城市地区的）正规军，而把农民尽可能安排到（农村地区和各内地军区的）地方自卫队。采用这种办法的目的，是通过征集更多的识字工人，提高战士的教育水平，并确保他们思想状态上更可靠。另一方面，"富农、前贵族和中产阶级分子，既不会被征集，也不接受其自愿入伍。为保证军队中没有这种'阶级敌人'，征兵委员会要审查（尽管往往很粗略）征集对象的社会背景，淘汰不良分子"[29]。20世纪30年代中期以后，由于军队扩充的压力越来越大，在征集时遵守这些标准变得越来越难。于是，征集的年龄范围放宽了，免服兵役的人数减少了，也允许更多的少数民族人员入伍。迫于同样的压力，到1941年，不讲俄语的少数民族已经在军队的整体结构中随处可见。虽然在1941年的红军里，非斯拉夫人只占13.7%，比起第一次世界大战时沙皇军队的25%还差很远，但是苏联当局并不欢迎这种令人不放心的现实，显然只是迫于红军扩充压力的无奈之举。[30]最重要的是，到20世纪30年代后期，红军为了扩充，已经不得不放弃原来的人员配备标准，从"农民后方"吸收了几百万名战士。

德国入侵前夕，红军在多数情况下没有做好战争准备……军队本来是个社会团体，现在却四分五裂，有些裂痕是军队自己造成的，有些则不是。缺少训练的指挥员领导着毫无斗志的下属。军队已经开始更换装备，却因方式不当打乱了正常的训练和保养。工农红军的持续扩充，严重地破坏了主要部队的凝聚力和优良传统。最后，因为政府没有明确规定武装力量在西部新获得领土上的任务，所以在这些军队里，上至各级领导，下至普通战士，都以为和平时期常见的散漫、懈怠和效率低下，仍然可以大行其道。"[31]

在里斯看来，出现这种情况的首要原因是红军"快速而不连贯的扩充"，而且扩充后的军队规模和现代化水平，与当时社会的实际能力不吻合："苏联的社会主体是落后的农村，农民的价值观也占据着主导地位。因此，苏联在很大程度上无法创建一支大规模的现代化军队，这种军队需要的是城市居民的技能和价值观。"[32]

总之，正如A. A. 斯韦钦预见性地指出的那样，"农民后方"对国家发动战争能力的影响，不仅仅体现在经济领域，还体现在社会层面。里斯总结说：

红军1941年6月出现的问题是人的问题……武装力量的规模已超出了当时社会的承受能力，社会的主体依然是农民，无法（在大部分使用志愿者的基础上）为领导和管理一支大规模现代化军队提供必要的干部。苏联社会的大多数成员都不愿服任何形式的兵役，这点与沙皇社会没有什么不同。[33] 不同的是，苏联试图用不恰当的社会和经济政策，加速工业化和城市化，却打乱了社会发展的正常模式，于是与政府的本意背道而驰，在潜在的征召人员当中，积累起一定程度的不满情绪。这些政策阻碍了国家利用必要的价值观来凝聚人们的向心力，而这些价值观，如服从和自律，都是一支稳定的军队所必需的。

只有通过四年史无前例的战争，经历过战争的惨痛和战前红军的涅槃，红军才能重获新生，夺取最后的胜利。红军战士和整支军队是怎样完成这次蜕变的，依然有待详细探讨。

里斯对红军社会性质的描述和评价，是迄今为止最令人信服的。不过，虽然他的论点很有说服力，却并非不可动摇。支持这一论点的档案证据仍不充分，而且这种不幸的现状很可能将会一直持续下去。另外，还有必要仔细核对正在出现的大量其他材料。

这些材料包括：被作者小心地隐藏了多年，数以千计的日记、信件、战士们的战时个人回忆录和追忆，那些数以百计、仍然被封存在俄罗斯国家档案馆里的档案，以及其他关于红军指挥干部和普通战士的人事档案。

在这些材料中，最值得注意的有两大类：首次出版的"新型"回忆录和描写红军战士军中生活的半虚构作品。这些新兴流派的代表作有：持不同政见的彼得罗·格里戈连科将军和俄罗斯联邦的美国和加拿大研究所所长，格奥尔基·阿尔巴托夫的个人回忆录，还有俄罗斯讽刺作家弗拉基米尔·沃伊诺维奇的小说。

在1982年出版后的许多年里，格里戈连科的独创性回忆录一直是讲述红军生活和红军指战员面貌的独一无二的个人作品。虽然他主要谈论的是各级指挥人员，但仍能从整体上证实里斯的独创观点。格里戈连科讲述自己早年在哈尔科夫技术学院受训的经历时，提到学院极其糟糕的条件和学员们良莠不齐的素质。"学院的一年级学员中，有超过一半的人，"他说："都是放宽条件的特招生，他们中的大多数人都没有受过多少教育，也不习惯做脑力劳动。"[34]格里戈连科随后生动地描绘整个20世纪30年代动荡的十年里，红军中的生活和作战准备，并以大规模人事调整对苏联指挥干部队伍的灾难性影响作为这十年的结尾：

我亲眼见证了远东指挥干部队伍毁灭的后果……自从大规模的逮捕行动结束以来，已经过去两年，军队指挥的金字塔还没有恢复。许多职位仍然空缺，因为没有人够资格担任。营长们基本上都刚从军校毕业不到一年。部分营长只接受过少尉课程的培训，指挥经验也仅限于指挥过一个排或一个连几个月。怎么会有人认为这样的空缺是可以填补的呢？"[35]

格里戈连科还描绘了战争开始后，苏联在远东动员的各师同样令人震惊的战备状态：

为代替那些被调往西部的师……［我们］要在原地用补充人员各组建一个师……没有人，没有武器，没有运输工具，实际上，什么都没有……阿帕纳先科［远东方面军司令员］动员了55岁以下的所有男性，包括所有公路和铁路沿线的集中营里的那些人。他甚至从马加丹［一个臭名昭著的集中营］招募来一些人手，包括指挥员。于是，他解决了兵员的问题……的确，这样的补充人员根本不适于作战。

就这样，组建起第二波的师，来代替所有被调走的师。到最后，我们新组建的师居然比原来多出来两三个。组建工作完成后，总参谋部终于不再"一言不发"。所有的师都获得批准，也拿到自己的番号。突然间，莫斯科对这些新组建的师产生如此之大的信心，以至于又从第二波师里调四个去西部前线。[36]

格奥尔基·阿尔巴托夫的父亲是联共（布）的一位要职人员，工人出身，20世纪30年代中期在外贸人民委员部担任党内职务。虽然战前因为种种原因失去原有职务，但他仍是一名较低级的行政官员。战争爆发时格奥尔基还是一名学生，在战争的浪潮中被卷入红军服役，成为一名普通的战士。阿尔巴托夫后来战斗了三年，直到1944年夏季因患肺结核退伍[①]。

阿尔巴托夫用军队里的一个传统笑话，概括自己对军队生活的描述，在他看来，这个笑话准确捕捉到一个人在军队里服役的处境和如何定义个人的勇气。当被问到："当兵的，你怕德国人吗？"回答是："不怕。"然而，当被问到："那你怕谁呢？"战士总是会回答："我的中士。"阿尔巴托夫谙熟军队里的规则，知道一个人平日里的满足感，完全取决于中士"一份额外定量的面包或麦糊、一副新绑腿，如果你确实运气很好的话，会有一双新靴子……最后，"阿巴托夫总结说："'中士'对你的态度，在我们这样的社会里，可能意味着你能否活下去。"[37]

阿尔巴托夫在喀秋莎［多管火箭炮］部队服役，他承认这样的生活"比步兵要相对轻松一些"，他后来被提拔为干部，参加过莫斯科战役、后来在斯摩棱斯克地区的作战和强渡第聂伯河解放乌克兰。评价自己的服役生涯和军队的整体状态时，他对自己所描述的"可怕的、经常是不合理的损失"感到遗

[①]译注：阿尔巴托夫1941年毕业于莫斯科第1炮兵学校，参加过1941年红场阅兵，退役前为近卫迫击炮第17团参谋长。

憾，也讲述了战后年代里，他个人观点的转变过程：

　　当然，有时我回想起自己在战争中的经历，就会带着留恋回想起自己的职责、战斗中的同志情谊，还有那些只要你一息尚存，就能用来战斗的知识。但是我的经历，也褪去了那种多年来一直萦绕在我们心头的超级浪漫的色彩。我自己找到大量的机会，来证实阴暗面的存在：专横的管理、上级对下级的羞辱、恃强凌弱、平庸而没有才华的人窃据高位、任人唯亲。我还了解到我军的各次战役是怎样运作的；我们犯了多少错误，付出多大代价！[38]

　　阿尔巴托夫的回忆录，为描绘红军战士生活的作品提供了必要的背景，在这种作品中，最深刻、最准确的也许是弗拉基米尔·沃伊诺维奇的小说《大兵伊万·琼金的生活与非凡冒险》。小说里的中士、政委、指挥系统中的各级指挥员、普通市民，和最重要的红军战士们，都栩栩如生。沃伊诺维奇先是承认："战争爆发的消息，让大家都始料未及，因为压根没人想过会打仗。"然后他在下文这样塑造自己笔下红军战士的永恒形象："琼金没有马上去搞清楚发生了什么事，因为他坐在厕所里，并不急于离开。琼金从来没有把自己的时间，分配给过什么崇高的目标，时间只是为活着，为让他可以注视着生命的流逝，而无须得出任何结论：简单地吃、喝、睡、响应本能的召唤，不仅在那些警卫和驻防的制度规定的时刻，还在这些需求来临的时候。"[39]

　　虽然这段描述所反映出来的永恒事实，可以适用于大多数军队里的很多普通士兵，但是这一段和书中的后续描述，却特别适用于战前红军战士的主流状态。沃伊诺维奇在一个最简单的故事里，混合了讽刺、尖刻的反话和令人开心的闹剧，体现出无数普通红军战士简单朴实的生活，而这个故事是以一场极其复杂的人类悲剧作为令人伤感的背景，于是构成了一张无与伦比的拼图。里斯的结论似乎又一次得到证实。

　　现在还另外出现一些红军战士的零星回忆，能让这个新出现的形象更丰满。在一次讨论红军战役的专题研讨会上，老战士L.塔拉苏克讲述了自己对军队生活的印象。虽然他在1943年才入伍，但是他的叙述与自己的前任们一脉相承。他承认"虽然我们受过良好的训练，但是大部分是精神上的"，他这样

讲述刚入伍时无一例外都要接受的所谓"消毒仪式":

那是我第一次对军队生活的现实感到震惊。我们需要脱下自己的便服,然后进入特殊的房间进行消毒。要记住这是战争时期,每件衣服或每双鞋对我们的家庭来说都非常宝贵。因此,我们被告知,在消毒结束以后,我们可以把它们打包寄回自己家,以便家人能拿去卖或将就着穿。淋浴结束后,我们被领到一个房间,里面有一些制服,然后被带到一个院子里,那里有些——很难形容的东西——垃圾被堆在一起。我们被告知去找回自己的物品,打包,然后寄回家去。但那里边根本没有任何东西是我们的。我们连的军士们早把它们都拿到当地的集市上卖掉了。[42]

塔拉苏克还指出,民族间的仇恨是怎样折磨着红军的队伍:

接下来最让我印象深刻的,是人与人之间难以置信的敌意。我不是指军士与普通战士的关系,而是指战士之间的关系。你要知道,我们这个团驻扎在中亚的费尔干纳(乌兹别克共和国)。因此大约有一半的战士是当地人和少数民族,剩下的是乌克兰人和俄罗斯人。人与人之间有一种可怕的敌意,会引发打架斗殴或者一些非常不好的事,比如"跳个狐步舞":那是你把一些纸条塞到一个正睡觉的人的脚趾头缝里,然后把它们点着——这只是个恶作剧。[43]

就这样,虽然现在已经开始着手描述红军战士的生存状况,还原他们的真实面貌,但是前面还有许多工作要做。现在这些对红军战士及其生活的一鳞半爪的认识,只是有助于填补当前档案研究的空白。只有档案完全开放并被充分利用、数以千计的个人回忆录重见天日以后,这个空白才会被真正填补。在此期间,我们只能满足于这些只言片语。

最后,虽然这样的描述看上去很普通,在某种意义上说,可以适用于很多军队,但是通过描述的适用范围和持续时间,似乎可以把红军同其他国家的军队区别开来。更重要的是,新出现的形象,决不会贬低红军战士在争取最后胜利时,所做出的牺牲、经历的痛苦和磨难。

注释

1. V. E. 科罗利，《胜利的代价：神话与事实》，《斯拉夫军事研究杂志》第9期第2册（1996年6月），第422页。

2. 彼得罗·G. 格里戈连科，《回忆录》（纽约：诺顿出版社，1982年），第109—110页。

3. 同上，第110页。

4. 同上。

5. 同上。

6. A. 萨姆索诺夫，《这个贪得无厌的怪物——战争》（*Eto nenasytnoe chudovishche – voina*），《文学报汇编：文学报增刊》（*LG Dos' e Prilozhenie k Literaturnoi gazete*）（1990年6月），第19页。

7. F. D. 斯维尔德洛夫，《从一场著名的袭击战还能知道什么：未能出版的回忆录选集》，《斯拉夫军事研究杂志》第9期第1册（1996年3月），第861—871页。引用文字，摘自科诺年科的日记。

8. V. E. 科罗利，《胜利的代价：神话与事实》，第422—423页。

9. S. A. 伊利延科夫，《关于苏联武装力量在战时的永久性损失登记，1941—1945》，《斯拉夫军事研究杂志》第9期第2册（1996年6月），第441页。

10. V. E.科罗利，《胜利的代价：神话与事实》，第423页。

11. F. W. 冯·梅伦廷，《坦克战》（诺曼：俄克拉荷马大学出版社，1956年），第292—296页。

12. 戴维·M. 格兰茨（主编），《1984年战争艺术研讨会（从顿河到第聂伯河：苏军进攻战役1942年12月—1943年8月）会议记录的副本》（宾夕法尼亚州卡莱尔：美国陆军军事学院地面作战中心，1984年），第431页。

13. A.G.哈尔科夫，《伟大卫国战争前夕各边境军区的作战准备和动员准备分析》（*Boevaia i mobilizatsionnaia gotovnost' prigranichnykh voennykh okrugov nakanune Velikoi Otechevstvennoi voiny*，莫斯科：伏罗希洛夫总参军事学院，1985年），第53页。

14. 同上。

15. 同上，第54—55页。

16. A.G. 哈尔科夫，《伟大卫国战争前夕西部各边境军区军队的作战准备分析》（莫斯科：伏罗希洛夫总参军事学院，1985年），第47—48页。

17. 同上，第50页。

18. A. A. 沃尔科夫，《关键性的序幕：伟大卫国战争中第一批战役中未完成的方面军进攻战役》（*Kriticheskii prolog: Nezavershennye frontovye nastupatel' nye operatsii pervykh kampanii Velikoi Otechestvennoi voiny*，莫斯科：航空出版社，1992年），第43—44页。

19. 同上，第44页。

20. 同上。

21. 同上。

22. 同上。

23. 同上，第44—45页。

24. N. 拉马尼切夫，《红军 1940—1941：神话与事实 》，未出版的手稿，第153页。

25. 关于这一点的细节，在上述文献的第173—225页。

26. 罗格·R. 里斯，《斯大林的顽强战士：红军的社会史，1925—1941 》，（劳伦斯：堪萨斯大学出版社，1996年 ）。

27. 同上，第5页。

28. 同上，第9页。

29. 同上，第12页。

30. 同上，第15页。

31. 同上，第187页。

32. 同上，第203页。

33. 同上，第207页。

34. 格里戈连科，《 回忆录 》，第34页。

35. 同上，第111页。

36. 同上，第133页。

37. 同上，第23页。

38. 同上，第24、30页。

39. 弗拉基米尔·沃伊诺维奇，《 大兵伊万·琼金的生活与非凡冒险 》，理查德·劳里译为英语，（纽约：法勒、施特劳斯和吉鲁出版社，1977年 ），第125页。

第四章
战略展开计划和动员

　　苏联在20世纪30年代制订的军事计划，特别是1935年之后的版本，反映着两个令他们担忧的基本现实。第一个现实是苏联清醒认识到自己的战略处境，特别是苏联的辽阔国土带来的弱点，以及苏联的经济、技术和社会的发展水平，不但在整体上与西方相比，而且在个体上与德国相比都处于劣势。杰出的军事理论家A. A. 斯韦钦等人，在20世纪20年代通过研究俄国历史上的对外冲突，尤其是与德国的冲突，仔细思考过这个问题。斯韦钦1927年出版自己的鸿篇巨著《战略》①，最早阐述了一种战争艺术的新理论。他认为，政治和经济方面的战争准备，是任何国家军事战略必不可少的基础。[1] 考虑到苏联诞生不久却拥有广袤的领土，通信系统和工业基础不发达，技术实力也相对落后，斯韦钦确信，为在未来的任何重大军事冲突中取得胜利，必须引进国外技术，同时"准备让国家的后方为前方服务"。苏联20世纪20年代所面临的严峻现实，促使斯韦钦强调在前方和后方都实施平战结合的必要性，并倡导一种可以正确对待，并能充分利用苏联天然优势和弱点的消耗战略。

　　简而言之，斯韦钦认为，像国内战争刚结束不久的苏联这样一个社会和经济都很落后的国家，工业基础薄弱，通信手段稀少又不可靠，人口主体为农民，拥有的是一个斯韦钦等人所谓的"农民后方"。"农民后方"这个词，既适用于苏联当时的效率、似有似无的社会凝聚力、公众的士气，又适用于苏联

---

① 译注：斯韦钦的这本书1927年出版的是修订后的第二版，第一版在1926年，也有一说在1923年。

落后的经济基础设施和技术基础。按照斯韦钦的观点，从物质和精神两方面考虑，拥有"农民后方"的苏联都不能维持一场同任何一个更先进的西欧列强的战争，除非为此制订出一套特殊的办法。具体来说，斯韦钦认为，苏联在和平时期必须实现前后方的统一，在和平时期就制定好合理的军事动员计划（其中含有很大成分的经济内容），并在战争中进行消耗战而非歼灭战。虽然这样无法快速取得胜利，但是坚持消耗战略也会避免对抗一台更熟练的军事机器时，开战之初就发生惨败，同时，还可以充分利用苏联的广袤领土、壮观的人力和自然资源。

斯韦钦的战略设想，受到国内战争的主要领导人、战后理论家M. N. 图哈切夫斯基等人直接而有力的挑战。他们主张采取一种更有进取心的歼灭战略，认定一旦"实现国民经济的军事化，就可以为进行现代的机械化战争提供手段"。图哈切夫斯基的理论似乎更符合20世纪20年代苏联的理想，因而占了上风，而斯韦钦和他的著作，都消失在20世纪30年代纷乱的斗争中，无人知晓，直到第二次世界大战结束40多年以后，才被人重新发现[①]。具有讽刺意味的是，虽然图哈切夫斯基的理念取得胜利，但是他自己也在1937年殒命。结果1941年战争来临的时候，苏联的国家战略设想既不是斯韦钦的，也不是图哈切夫斯基的。战略思想的真空，随后将使军队和国家都付出可怕的代价。

整个20世纪30年代后期，斯韦钦所说的这个现实一直困扰着苏联当时的军事规划者。这些规划者在波兰和苏芬战争期间遇到的困难只强调了一点：尽管图哈切夫斯基的战略可以赢得战争的胜利，但在胜利道路上必不可少的后方动员，不管在过去还是在将来，都并非易事。这个严峻的现实，比任何具体的战前动员计划都更能说明，苏联正在准备的下一场战争将会是什么样子。

第二个令人不安的现实是，苏联政治领导人和规划者越来越清醒地认识到，出于政治、意识形态和军事等方面的考虑，"法西斯德国迟早会进攻苏联"，要么单独行动，要么伙同日本帝国一起。[2] 1935年以后，欧洲政治形势

---

① 译注：有说法认为，苏联最早提出消耗战略的不是斯韦钦，而是伏龙芝。伏龙芝在1924年前后的《未来战争中的前线与后方》一文中论述了消耗战略。伏龙芝去世后，斯韦钦的理论失去了最有力的支持者。后来斯韦钦作为原沙皇军队的少将，一度被诬告参加反革命保皇组织，后被平反，1938年7月在莫斯科去世。

急转直下，一系列危机接踵而至，于是苏联的军事规划者被迫调整自己对威胁的估计、苏联的战略姿态和动员计划，以应对更有威胁的新现实。1938年9月的捷克危机就是这样一个例子。危机期间，苏联试图与英、法合作，向捷克提供反抗德国侵略的政治和军事保证。除采取外交措施以外，苏联政府还实施局部动员、展开自己的军队，声援捷克斯洛伐克、英国和法国，反对德国的行径。[3]

虽然苏联的这些动作是白费力气，《慕尼黑协定》决定了捷克国家的命运，但是苏联的战略展开演习还是很有意义。演习证明苏联的动员计划和展开计划不够完善，动员后军队的指挥与控制也不成熟。鉴于事情发生时军队的具体状况，出现这样的问题并不令人意外。这些表现促使苏联政府采取相应的纠正措施，对全套计划的重新制订给予一定关注。

虽然军队当时在扩充，参谋人员的人事变动也很多，但是1938年11月，红军总参谋长Б. М. 沙波什尼科夫就已制订好新的战略展开计划，并得到总军事委员会的批准。新计划"考虑到谁是最可能的敌人、他们的武装力量和可能的作战计划，以及红军在西线和东线的基本战略配置"[4]。虽然总参谋部并未得到敌方实际计划的书面证据，但是他们对威胁的预测看上去很符合实际。计划认为德国和意大利是最可能、也最危险的敌人，还可能得到日本的支援。尽管计划认为德国迟早会对苏联发动战争，但它判断德国当时尚不具备发动这种进攻的实际能力，政治环境也没有为德国提供必要的条件。

沙波什尼科夫的计划设想苏联将面临一场两线战争，西线的敌人是德国、意大利、波兰，可能还有罗马尼亚、芬兰、波罗的海各国，东线的敌人是日本（见地图4.1和4.2）。设想敌方的总兵力有194—210个步兵师、4个摩托化师和15个骑兵师，共装备有13077门火炮、7980辆坦克和5775架飞机。这些军队中的半数以上威胁着苏联的西部边境。苏联预计德国和波兰会利用一次危机事件，共同占领立陶宛。[5]

和更早版本的计划一样，沙波什尼科夫和总参谋部优先考虑的是苏联西部，并准备在那里集中苏联军队的主力。普里皮亚季沼泽位于战线的中央，这给参谋人员出了一个难题：敌人将在沼泽的南边还是北边发动主要进攻？沙波什尼科夫对这个问题未置可否，只是就此分别设置了两种方案。[6] 在两种方案中，参谋人员都认为德国只要向列宁格勒发动任何形式的进攻，就会得到芬兰和波罗的海各国军队的帮助。

针对上述预期威胁，总参谋部计划首先集中军队于西线、后在东线，依次击败敌人。这意味着苏联军队主力迎击西线之敌的主要进攻时，东线的防御只能依靠掩护军队，同样，在西线之敌的辅助进攻方向上（普里皮亚季沼泽的另一侧），也只依靠掩护军队进行防御。总参谋部采取的这种战略，需要使用几个装备精良的掩护集团军驻守一些最有威胁的边境地段，并沿国界全线建设筑垒地域。苏联人设想这些军队可以抵挡入侵之敌的第一梯队，而动员后的军队"主力"将发起"决定性的"反攻，击退敌军主力。

沙波什尼科夫的1938年计划，在某些方面还带有第一次世界大战之前那些计划的特征，仍然设想敌对行动开始前，苏联有时间进行全面的动员，并设想现有的掩护军队和筑垒地域足以应付敌人初步（秘密的战前）动员后的全部兵力。虽然苏联人确实预见到将会沿着三个"战略方向［轴心］"作战，其中最重要的方向是西部方向，但是他们并没有明确在战时组建具体数量的方面军，这表明该计划还不成熟。

1939年的国际危机和苏联的应对措施，让总参谋部的工作变得更复杂，同时也彰显出苏联的国防计划、动员计划和战略展开计划都有缺陷。8月的波兰危机期间，总参谋部首先考虑的是与西方列强进行战略合作，然后随着《苏德互不侵犯条约》的签订，苏联进行局部动员后进入波兰东部。后续动员中出现的问题比比皆是，苏联军队的作战表现也很糟糕。总参谋部为这次作战组建了两个方面军司令部（白俄罗斯和乌克兰），各下辖几个集团军和精心编组的战役快速集群。尽管这时的指挥结构比一年前捷克危机期间更加复杂，但实际动员师的数量还是大致相等。由于各种各样的指挥与控制、后勤等问题，甚至还有士气问题，苏联军队在这次作战中只能算蒙混过关。[7]另外，苏联进入波兰东部之后，他们现行的所有国防计划和动员计划也过时了。

苏联国界向西移入原波兰领土，给战略规划者带来两个新难题。第一个难题是，因为苏联的铁路轨距与中欧各国不同，特别是与波兰的轨距不一样，所以运往新边境地区的全部材料、设备和物资，都要在旧国界处转运站的铁轨上重新装载，才能运送给位于新边境处的驻军。这个过程肯定会拖延任何动员

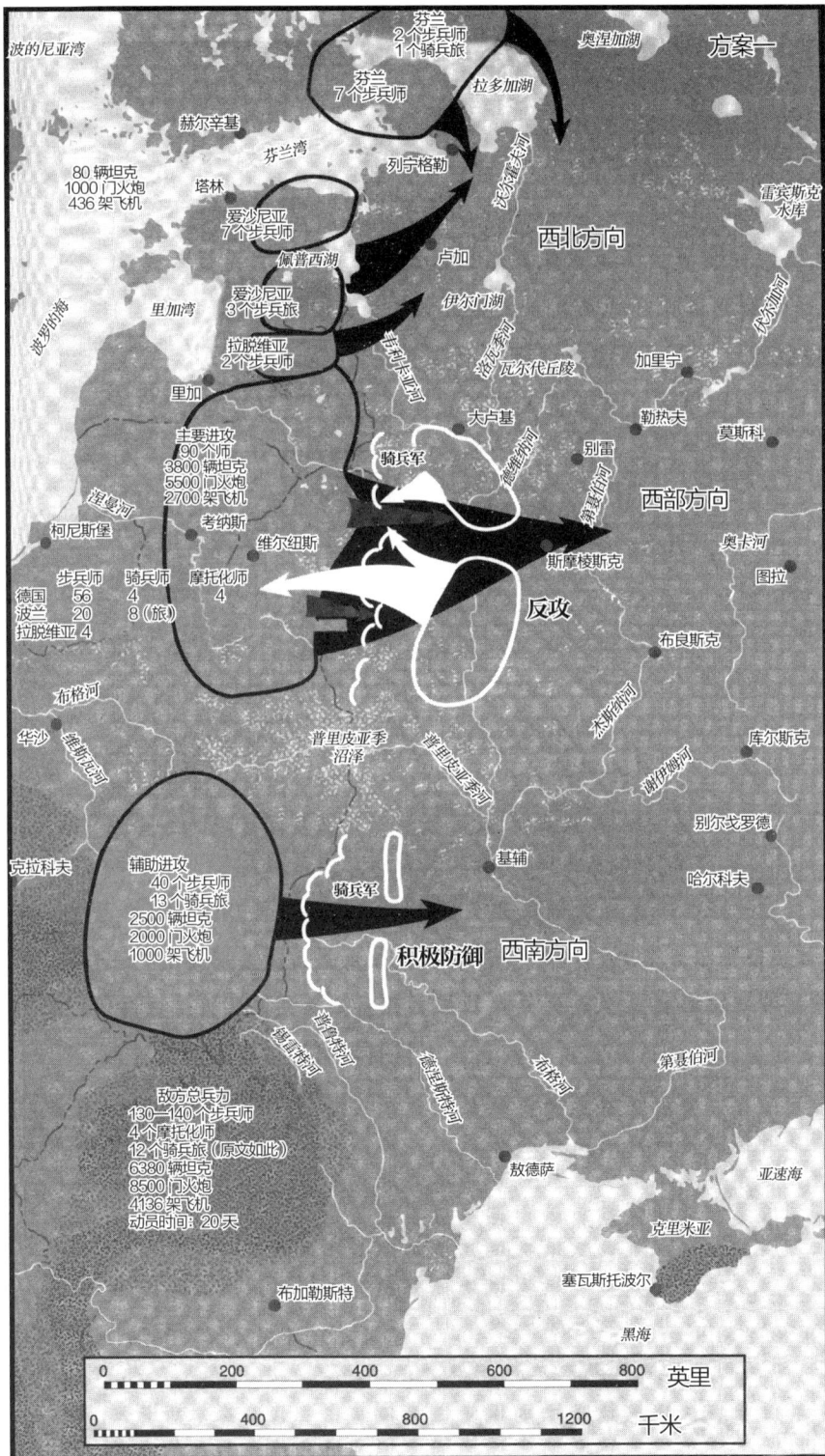

地图 4.1 沙波什尼科夫的计划，1938 年 11 月版，方案 1

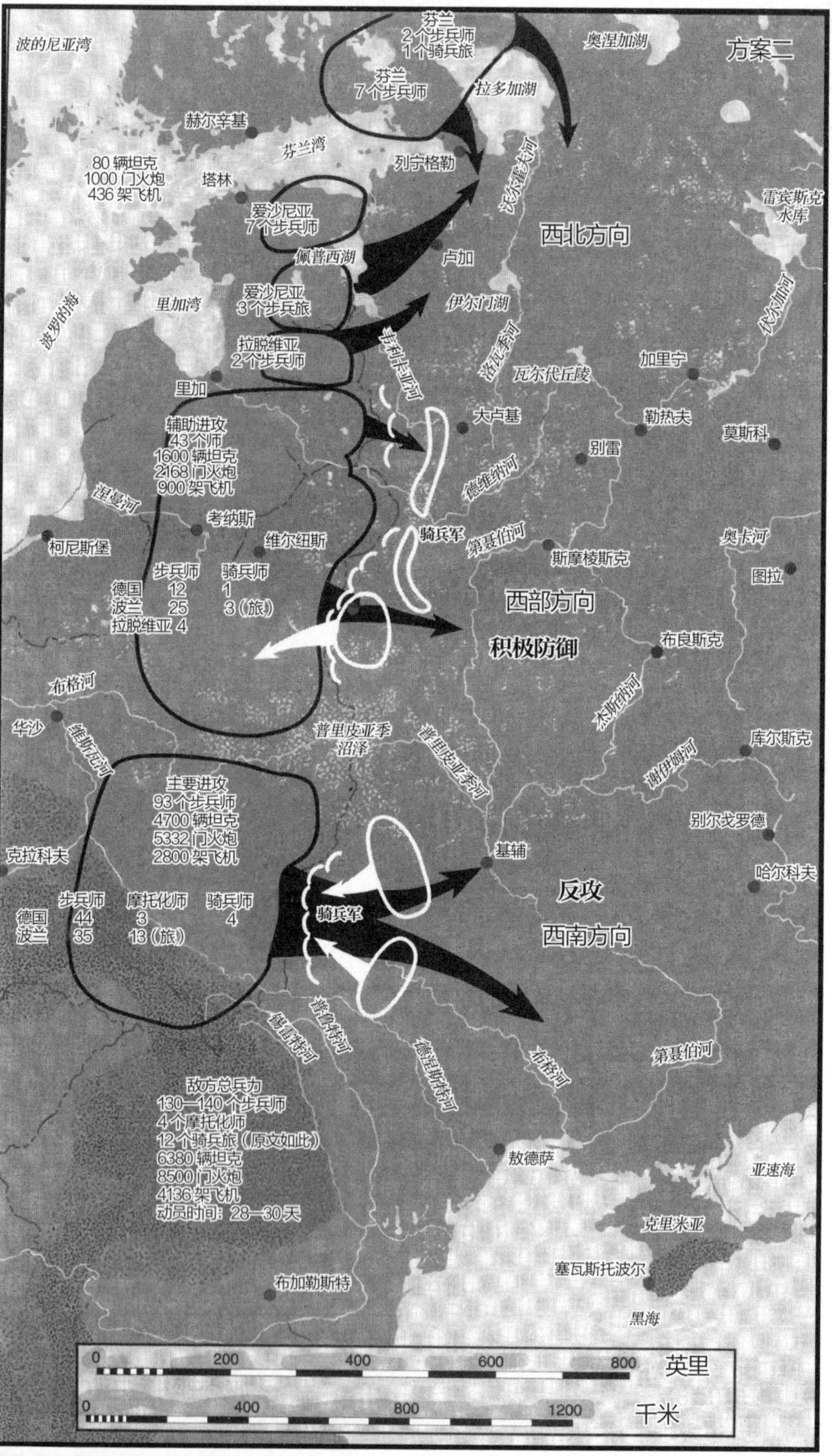

地图 4.2 沙波什尼科夫的计划，1938 年 11 月版，方案 2

计划。为解决这个问题，苏联当局计划在新边境地区兴建一批仓库。然而，且不说这些仓库的建设进度太慢，只要敌人在地面快速推进或是进行纵深空袭，这些新的仓库本身和旧国界上的转运站就会成为很容易攻击的目标。

苏联国界西移提出的第二个难题是，怎样处理沿旧国界分布的旧筑垒地域。显然，这些防御工事只有沿着新国界分布，才能按照苏联人的设想发挥应有的作用，这将是一项既耗时间又费资金的大工程。随之而来的又是一个新问题：新、旧两条防御体系是否同时都要派兵驻守。由于资源不足，尽管苏联人优先沿着新国界建设新筑垒地域，但到1941年6月时，新旧两批筑垒地域还是都没有充分准备，也没有全部驻守。[8]

策划苏芬战争时的教训和苏联军队后来作战时的惨淡表现，越发让他们感到尴尬和警醒。沙波什尼科夫领导下的总参谋部实事求是地研究了国际背景，制订出针对芬兰的第一版作战计划，他们得出的结论是，完成任务"远非易事"，需要"几个月激烈而艰难的战争"[9]。斯大林认为这过高估计了芬兰的军队实力，就没有采纳该计划，而是命令列宁格勒军区司令员 K. A. 梅列茨科夫制订一份新计划。梅利茨科夫的计划"实际上脱离了现实条件"，却获得斯大林的批准，这个计划预言芬兰人注定会失败，认为只要在战争初期沿多个方向发起强大的进攻，就会迫使芬兰人分散自己的兵力，被苏联人分割消灭。当然，在战争初期发生的事实恰恰相反。

要想有足够的兵力来实施如此大规模的作战，就不得不进行广泛的局部动员，而此前占领波兰东部刚刚造成计划的混乱，于是这次局部动员也陷入混乱，并进一步破坏了现行的各项战略计划。因此，苏联人除了要从列宁格勒军区动员第7集团军以外，还不得不从波罗的海沿岸军区调来第8和第9两个集团军①，并在北极地区展开第14集团军。另外，为在战争开始前和第一阶段的惨败之后，调集战备状态良好的军队，总参谋部还不得不从其他军区抽调了一些师到苏芬边境。[10]后来战事的发展清楚表明：

---

　①译注：原文如此，苏芬战争期间并没有波罗的海沿岸军区，该军区成立于1940年7月11日，苏芬战争结束于1940年3月13日。苏联的第8集团军是列宁格勒军区组建的，第9集团军的官方简史没有提到苏芬战争期间的经历，但其下属步兵44师和163师来自乌克兰。

　　红军没有做好战争准备，尤其在进攻方面……在所有方向上，首先是在卡累利阿半岛方向，我们的军队都没能完成自己的战斗任务……从乌克兰和白俄罗斯调到列宁格勒军区的各兵团处境特别困难，其中很多人没有在北方的恶劣天气条件下作战所需的军服和装备。在其他方面也出现了许多重大缺陷，特别是后方勤务的运作。从战争的最初几天开始，军队的再补给就已中断。长达几公里的交通堵塞使公路运输陷于停顿。军队严重缺少的不仅是弹药和燃料，还包括食物……

　　但主要问题是，军队的指挥干部素质在1937年和1938年被严重削弱，他们在作战中表现出犹豫不决和消极被动。大多数仓促提拔起来的中、初级指挥员，还不习惯在战斗中控制自己的兵力。许多指挥员都不能熟练地组织协同动作，不会正确地解决侦察、伪装、工程兵和作战的物资保障等问题，也不会利用技术手段实施通信。所有这些不但让我们蒙受失败和严重损失，还让训练有素的芬兰军队在一片自己熟悉的战场上，只投入较少军队便击退我们的进攻，并在战争最初的几个月守住了一条宽广的战线。[11]

　　经过大范围更换指挥员、大规模增兵、额外的动员和全新准备，损害已解除，苏联人在战争的第二阶段终于获胜。

　　苏联在波兰东部和芬兰的惨淡表现，让伏罗希洛夫丢掉了国防人民委员的职务，由铁木辛哥继任。这样的表现也迫使苏联人全盘重新审视国防计划、动员计划和军队的作战准备。并非巧合的是，这也鼓励了德国策划侵略苏联。苏联1939年9月在波兰东部、1939—1940年之交的冬季在芬兰、1940年6月在比萨拉比亚的各项军事行动，在很大程度上改变了苏联的国界，让现有各项战略计划变得形同虚设。与此同时，苏联军队的表现，特别是与德国人之前在波兰和之后在西线作比较后，无可辩驳地指出红军的改革势在必行。斯大林责成铁木辛哥实施这些改革，并且调整各项战略计划，以适应新的战略现实。

　　伏罗希洛夫和铁木辛哥1940年5月8日联名签署的《记录》（akt），明确指出这个问题。在关于"作战准备"的章节中说："国防人民委员部交接时，没有可以使用的国防计划，不管是整体，还是局部的作战计划，都没有制订出来，仍然空缺。总参谋部没有收到国界掩护状况的任何信息，也不知道各军区、集团军和方面军军事委员会关于该问题的决定。"[12] 虽然铁木辛哥随后详细列举出总参谋部和国防人民委员部各项计划的缺陷，但是很显然，他像那些同意并共同签署该文件的政界人物（有A. A. 日丹诺夫、G. M. 马林科夫和N. A. 沃兹涅先斯基）一样，都指责这是伏罗希洛夫而非沙波什尼科夫的过错。他们理解以前是外部和内部条件让沙波什尼科夫没能制订出有效的计划，现在允许他继续开展自己的重要工作。

铁木辛哥全面实施自己新改革计划的同时（他的第一个措施是下令组建9个新型的机械化军），一个新的规划团队也组建起来，其中包括作战局局长N. F. 瓦图京、他的副手G. F. 马兰金和A. M. 华西列夫斯基，他们在沙波什尼科夫的指导下开始自己的规划工作。[13]

战争前夕的国防计划和战略展开计划

1940年春季，德国征服西欧和北欧，给总参谋部的规划工作增添了一种紧迫感。欧洲战争令人不安的走向、苏联的军事行动以及随之而来的苏联领土扩张、红军内部的不稳定因素，让当时所有的计划都已失去实际效力。新规划团队全力以赴，到7月便拿出自己的工作成果。当月下旬，沙波什尼科夫批准了主要由华西列夫斯基起草的新版战略展开计划。像旧版计划一样，这个计划的设想仍是德国在意大利、芬兰、罗马尼亚，可能也有匈牙利的支持下，对苏联西部发动进攻，日本同时进攻苏联的远东地区。华西列夫斯基的计划估计敌方的总兵力为270个步兵师，得到11750辆坦克、22000门火炮、16400架飞机的支援，敌军主力将投入到关键的苏联西部。[14]

7月版的计划设想敌人的主要突击方向将由波兰东部的桑河以北发起，指向维尔纽斯—明斯克和布列斯特—巴拉诺维奇两个方向（见地图4.3）。在可能性较小的情况下，德国和波兰[①]的军队会将主攻方向选在波兰南部的卢布林地区，经乌克兰指向基辅。计划在结论部分指出："对德国来说，政治上最有利可图的路线，也是实际最可能采取的路线，是上述其第一种作战方案，即在

---

① 译注：原文如此。

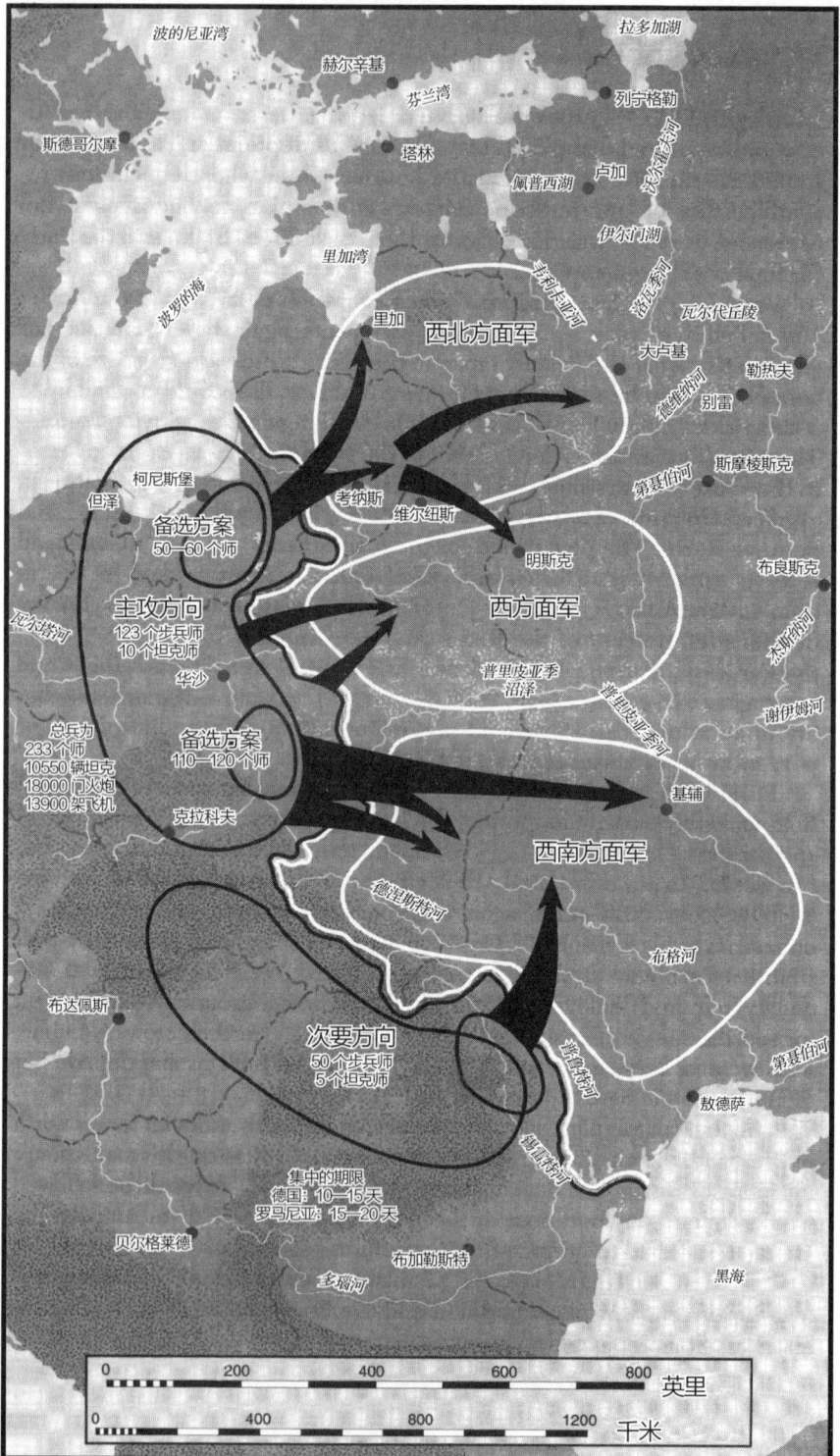

波的尼亚湾

拉多加湖

赫尔辛基

芬兰湾

列宁格勒

斯德哥尔摩

塔林

佩普西湖

卢加

伊尔门湖

里加湾

瓦尔代丘陵

波罗的海

洛瓦季河

里加

西北方面军

大卢基

勒热夫

柯尼斯堡

德维纳河

别雷

但泽

备选方案
50—60 个师

考纳斯

维尔纽斯

第聂伯河

斯摩棱斯克

布良斯克

主攻方向
123 个步兵师
10 个坦克师

明斯克

西方面军

尼尔格河

华沙

杰斯纳河

谢伊姆河

总兵力
233 个师
10550 辆坦克
18000 门火炮
13900 架飞机

备选方案
110—120 个师

普里皮亚季
沼泽

基辅

克拉科夫

西南方面军

德涅斯特河

布格河

布达佩斯

第聂伯河

次要方向
50 个步兵师
5 个坦克师

普鲁特河

敖德萨

集中的期限
德国：10—15天
罗马尼亚：15—20天

贝尔格莱德

布加勒斯特

多瑙河

黑海

0	200	400	600	800

英里

0	400	800	1200

千米

地图 4.3 1940 年 7 月的战略计划

桑河以北展开德国陆军的主力。"[15]

　　根据这项计划，总参谋部预计将在苏联西部组建并展开三个方面军：西北和西方面军共同掩护指向莫斯科的主要战略方向和指向列宁格勒的次要方向，西南方面军负责掩护普里皮亚季沼泽以南的战略方向。他们还计划在远东组建外贝加尔和远东方面军，以应对日本的威胁。新计划的唯一明显缺点是兵力集中在莫斯科方向，于是列宁格勒和基辅方向就相对薄弱。很快，这将成为斯大林和总参谋部争论的焦点。

　　1940年8月，K.A.梅列茨科夫担任总参谋长以后，总参谋部根据8月16日总军事委员会的决议，重新评估沙波什尼科夫的7月计划，研究的课题是《关于1940年和1941年苏联武装力量在东西两线的战略展开主要依据的设想》。[16]

　　华西列夫斯基再次负责编写这份文件，他在9月中旬完成了这项工作。9月18日，华西列夫斯基呈交最终版本的《设想》，他在这份文件中坚持原来的立场，所得结论与此前沙波什尼科夫的计划内容很相似，他把这份文件提交给铁木辛哥和梅列茨科夫批准，铁木辛哥随后将其转呈给斯大林和联共（布）中央最终审批。

　　华西列夫斯基在《设想》中重申，苏联必须准备进行一场两线战争，在西线对抗德国及其盟国，同时在东线对抗日本。该计划增加了敌方的预计总兵力，估计德国及其盟国将会对苏联动用共243个师、10000辆坦克和15000架飞机。[17] 因此，该计划把苏联武装力量的主力配置在西线（共189个师又2个旅，占兵团总数的61%），在战时编组成为4个方面军（北、西北、西和西南）。同时要求保持5个集团军（共51个师）作为统帅部预备队，全部准备用于西线作战。这样，总参谋部计划在西线配置240个红军师（占红军师总数的80%），远东地区配置33个师，外高加索和中亚配置30个师，白海地区配置1个师。[18] 同时，该计划还为西线调配方面军航空兵和远程轰炸航空兵飞机总数的60%，其他的16%在远东和外贝加尔，24%在外高加索和中亚。

　　此外，该计划还假定"双方在敌对行动开始时都只能动用部分军队，而红军和敌军的主力都需要至少两星期才能完成展开"。无论如何，红军都要"对德国法西斯的军队发动强有力的回击［反攻］，并将战争转移到他们的领土上去"。[19]《构想》再次提出苏联军队在西线的两种战略展开方案。第一号

（也是次要的）方案是把主要战略集团配置在布列斯特以南，其任务是击退敌人的进攻，并向卢布林—克拉科夫—布雷斯劳方向发起强有力的反攻，切断德国与巴尔干各国的联系，并夺取德国的经济基地。

计划的第二号（主要的）方案[①]，是将苏联军队的主力配置在布列斯特以北，任务是击退敌人的进攻，并进攻位于东普鲁士的主要敌军集团。最终具体采用哪一个方案，取决于战争开始时的具体情况。这意味着总参谋部必须在和平时期就把两种方案都充分准备好。

10月5日，铁木辛哥和梅列茨科夫，把这份《构想》和相应的国防计划提交给斯大林和苏联政治领导层批准。斯大林却不同意其中的内容：

> 我不完全理解总参谋部坚持把我们的军队集中在西方面军的想法。他们说，希特勒将会让自己军队的进攻主力沿最短的路线前往莫斯科。但我认为，对德国人来说，最重要的是乌克兰的粮食和顿巴斯的煤炭。希特勒现在既然已在巴尔干地区站稳脚跟，他就更有可能从西南方向发起主攻。我要求总参谋部再重新考虑一下，并在10天之内提交一份新计划。[20]

几乎可以肯定，斯大林曾在国内战争期间到乌克兰担任过军事委员会委员，他对希特勒的地缘政治和经济观点也很熟悉，像朱可夫这样的"南方人"[②]也对他的战略思想有一定的影响，这些都影响了他的决定，于是他拒绝批准铁木辛哥和华西列夫斯基的提案。无论如何，他还是给了总参谋部10天时间来制订一份重点考虑南方的计划。

10月14日，铁木辛哥向斯大林呈报修改后的计划，与此前的版本不同，新版计划直接断言苏联西部将是战争的主战场，并且要集中"西线军队的主力于西南方面军"，尤其在布列斯特以南地区（见地图4.4）。[21] 在审批过程中，斯大林和铁木辛哥决定在更大程度上加强西南方面军的军队编组。虽然在

---

① 译注：原文此处仍是"第一"，下文明确提到这是第二号方案。

② 译注：朱可夫实际上是莫斯科附近的卡卢加省人，主要服役经历也并未偏重南方，只是此时正担任基辅特别军区的司令员，所以文中加了引号。

普里皮亚季以北配置更多军队的第二号方案没有被断然拒绝，却也"没有得到特别的支持"。结果就是，"进行了一次全面的重新定位和重新评估，把我军的基本力量从（沙波什尼科夫提议的）西北方向转移到西南方向"[22]。

战争爆发前，这样的战略评估和计划再没有出现根本性的改变，最主要的原因是斯大林赞同其中的观点。此外，大多数主要军事领导人都来自所谓的"南方流派"。正如D. 沃尔科戈诺夫创作斯大林的传记时所说：

　　总参谋部的高级职位上……现在都是一些从基辅特别军区"提拔"起来的人：S. K. 铁木辛哥是国防人民委员，G. K. 朱可夫在1941年2月成为总参谋长，N. F. 瓦图京是朱可夫的第一副手，S. K. 库兹涅佐夫是总参谋部政治处处长。这些长期参与基辅特别军区作战事务的人，自然或多或少地认为西南方向是最重要的。他们熟悉斯大林的观点……基辅特别军区军事委员会所持的观点是："我们必须认为敌军将会联合对［我们］负责的防区发动主要突击。"普尔卡耶夫担任基辅特别军区参谋长后不久，即在他编写的一份有关1940年军队展开的文件里直接宣称，德国军队发起的最猛烈进攻必然针对西南方向。[23]

　　总参谋部随后开始根据10月的决定，制订国防计划、动员计划和战略展开计划。1940年12月到1941年1月，总参谋部在莫斯科举行了一场研讨会和首长司令部图上演习，探讨现代战争将会怎样进行，同时检验国防计划中的各种方案。无论是研讨会还是图上演习，在解决问题的同时，却又提出了同样多的新问题，而且不出所料地指出了国防计划的缺点。这次图上演习的结果是，朱可夫接替梅列茨科夫担任总参谋长。[24] 1941年2月1日，副总参谋长瓦图京中将起草了一份《制订作战计划的计划》，总参谋长朱可夫大将稍作修改后批准了这份计划。按照这份"计划的计划"，所有的计划制订工作都要在1941年5月1日以前完成。然而，实际情况并非如此。

　　苏联武装力量在持续而快速地扩充，预计中的外来威胁也不断变化，这让制订计划的过程变得更加复杂，"总参谋部要不断地把各种变化引入自己关于战略集中和展开的计算。直到1941年6月13日到14日，瓦图京将军才汇总起各军区的最新信息，包括军队的编成，以及他们在西线发生战争时将如何展

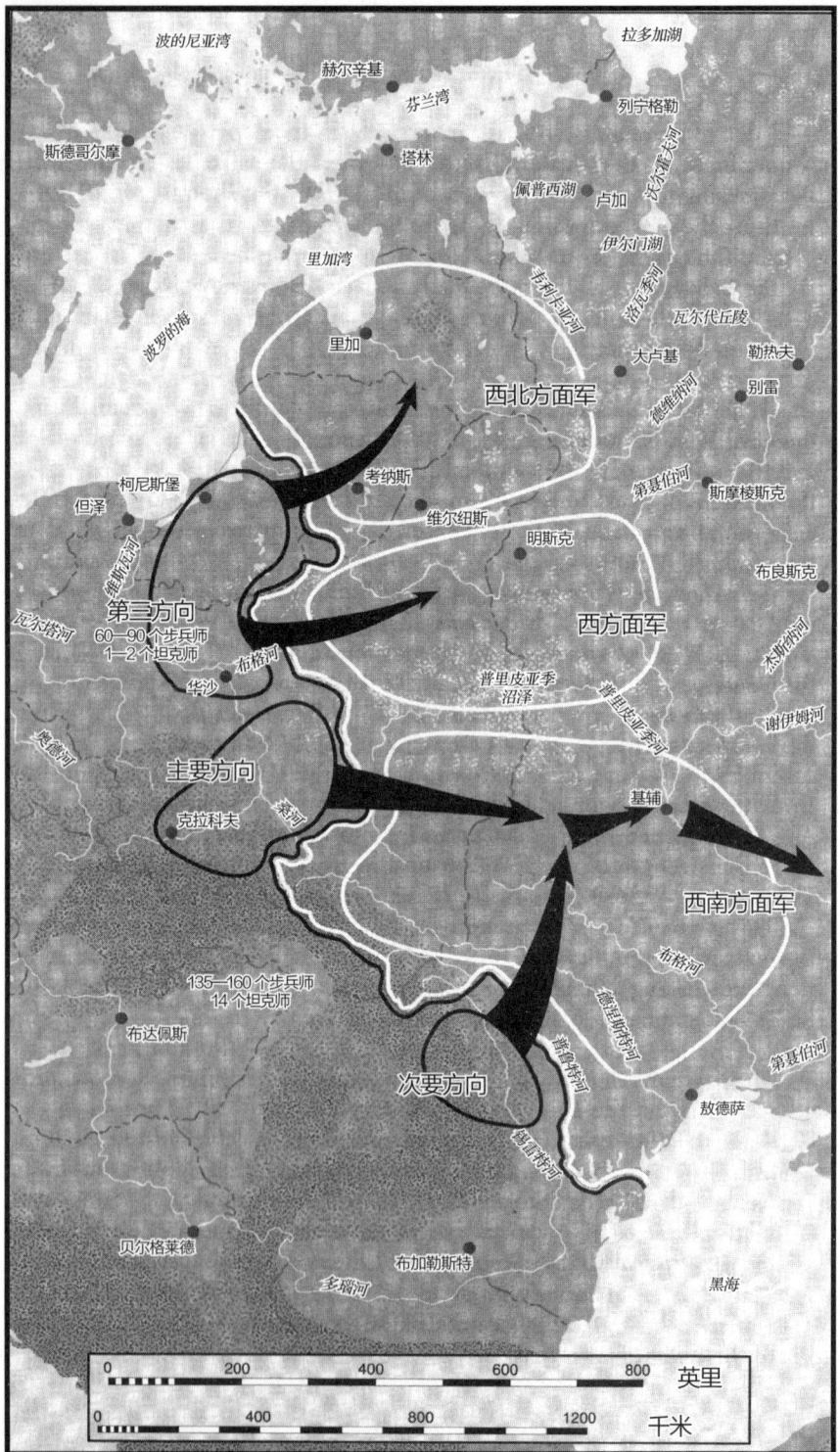

波的尼亚湾　　　　　　　拉多加湖

赫尔辛基　　　　　　　　列宁格勒

斯德哥尔摩　　　芬兰湾

　　　　　　塔林

里加湾　　　　　佩普西湖　　卢加

波罗的海　　里加　　　　　伊尔门湖

　　　　　　　　　　　　瓦尔代丘陵

　　　　　　　　　西北方面军　大卢基　勒热夫

　　　　　　　　考纳斯　　　　　　别雷

柯尼斯堡　　　　维尔纽斯

但泽　　　　　　　　明斯克　　第聂伯河　斯摩棱斯克

维斯瓦河　　　　　　　　　　　　　　布良斯克

瓦尔塔河　　第三方向　　　　西方面军

　　　　　60—90 个步兵师　　　　　杰斯纳河

　　　　　1—2 个坦克师　　　　　　谢伊姆河

奥德河　　　　布格河　　　普里皮亚季沼泽

　　　　　　　华沙　　　　　　　　普里皮亚季河

　　　　　　　主要方向　　　　　　　基辅

　　　　　克拉科夫　维河

　　　　　　　　　　　　　　　西南方面军

135—160 个步兵师　　　　　　布格河

14 个坦克师

布达佩斯　　　　　　　　　　德涅斯特河

　　　　　　　次要方向　　　　　　敖德萨

　　　　　　　　　　　普鲁特河　　第聂伯河

贝尔格莱德　　　　　　喀尔巴阡河

　　　多瑙河　布加勒斯特　　　　黑海

0		200		400		600		800	英里

0		400		800		1200	千米

地图 4.4　1940 年 10 月的战略计划

开"[25]。在紧张局势加剧的整个时期里，总参谋部无疑编写过许多应急计划的草案，军区司令员们也会提出类似的建议。虽然这种文件大多仍然埋没在俄罗斯的档案堆里，但是其中一份引人注目的提案已经浮出水面，也确实吸引了公众的注意，提案是朱可夫在5月15日提出的，建议苏联先发制人，攻击正在波兰东部集结的德国军队。提案的部分内容已公开[①]并被彻底分析；它脱离了苏联的实际动员能力和军队的战备水平，也没有直接证据表明斯大林曾经见过它。（朱可夫的提案细节在本书第8章。）根据斯大林1941年的已知行为来分析，即便他见到过这份提案，也肯定没有批准。[26]

战略展开计划最重要的内容是苏联国界的掩护（防御）计划。这是西部各边境军区所负责的工作，每个军区各自编写自己的《国界掩护计划》。例如，西部特别军区1940年12月31日向总参谋部上交了自己的计划，基辅特别军区1941年2月7日才完成。然而，国内和国际局势的不断变化，又总是要求他们修改这些计划。于是，直到1941年5月上旬，总参谋部才制定出一个比较完善的计划——《1941年国界掩护计划》，并把它和国防人民委员部的训令一起发给五个西部边境军区（有关训令内容和计划全文，以其中一个军区为例，参阅附录B）[27]。训令要求各军区1941年5月25日前上交新的防御计划和防空（PVO）计划。训令还为各军区指定一些具体的防御地区，并指派具体的军队和装备实施防御，明确与海军和友邻的协同措施，以及其他有关问题。[28] 各军区应当按这些要求，在6月10日至20日向总参谋部提交自己的计划。由于在1941年4月已经开始局部动员，这项工作变得更加复杂，未能按时完成。

战略展开计划和国界掩护计划在不少方面都有缺陷。最重要的一点是，虽然能在仓促之间制订出这些计划的参谋人员都很有能力，但是负责执行计划的普通干部队伍却相当混乱。更糟糕的是，国际局势不稳定，苏联1940年秋季又对邻国的事务进行军事介入（如1940年7月在比萨拉比亚[②]和1940年秋季在波罗的海诸国），加剧了国际局势的紧张，更进一步打乱了总参谋部的规划。

战略展开计划自身的基础，就是一个苏联人关于展开时间的错误设想。

---

① 译注：相关档案现已全部公开，有关介绍见译者后记。
② 译注：原文此处误写为白俄罗斯。

总参谋部以为，德国国防军需要10至15天时间进行动员和展开，因此苏联人有足够时间充分展开自己的掩护集团军。他们没有考虑过德国军队可能在和平时期就能展开足够兵力发动进攻。他们也没料到德国人会利用自己西线的军事局势来掩盖向东线集中兵力。

与两次世界大战之间长期流行的观点一样，总参谋部未能考虑到敌人在进行常规动员之前，就动用军队主力发动突然袭击的可能性。他们觉得诸掩护集团军完全有能力阻止敌人的进攻，与此同时，苏联可以动员和展开自己的军队主力实施反攻。更重要的是，总参谋部未能给掩护集团军和大部分常设预备队配备足够的人员装备，导致他们无法完成自己的关键任务。

此外，直到6月22日，尽管有大量的情报警告，斯大林还是坚信自己能了解希特勒的心理，并认为德国的进攻准备只不过是西方国家在散布假情报和玩弄伎俩。即便他被说服实施预防性的部分动员以后，动员还是进行得很缓慢。

"因此，武装力量战略展开的具体措施，不但在战争前夕的实际进展很慢，而且在某些情况下只在局部地区实施，这些措施也没有涉及关键问题，比如掩护集团军第一梯队的调动、展开和进入战备状态，以及防空部队、航空兵和海军的展开。"[29]

总参谋部的整体《国界掩护计划》和各方面军的附属计划，都编写得不够及时，每份计划都有具体内容的缺陷。直到战争开始，许多军区的计划尚未写完；而上级颁布的计划，比如建设筑垒地域的计划，与各军区自己的计划不一致。因为各军区迟至5月25日才将自己草拟的计划上交给总参谋部，所以总参谋部的整体计划在6月22日还远未完成。

不论整体的国防计划，还是各军区的防御计划，都没有在国界和掩护集团军的前沿防御阵地之间设置缓冲地带。集团军的大多数防御工事，都与前方筑垒地域和边防总队的边境防御工事混在一起。这使配置在前沿的全体军队都处于危险之中，一旦遭到突然袭击，集团军司令员无法灵活地采取任何应对措施。基本上，任何攻击都可能马上突入集团军的防御纵深。军队的防御配置也常常过于靠前，尤其是位于比亚韦斯托克和利沃夫两个主要突出部的掩护集团军和机械化军，这就没有给苏联的司令员们留下任何地理空间，来组织协调一致的反冲击或者反突击。

在前线的几个地段上，按计划实施了展开，却导致迅速失败。例如，在西部和基辅特别军区，大部分师的驻地距离计划规定的最危险地区，一般为30到60公里。因此战争爆发后，许多兵团横向斜穿火线才能占领自己的预定防御阵地。计划里"没有设想出一种方案，让第一梯队各师能够在纵深地带就近占领防御"[30]。鉴于以上事实，即便在最理想的情况下，也很难进行有效的防御。在面对训练有素的德国军队时，这就无异于自杀。

国防计划还假定，所有指挥员都将在敌军进攻迫在眉睫时及时得到通知，并能采取措施展开自己的军队。实施这一计划的所有警报信号，都将通过加密电报传送到各级指挥机关。加密、传输和解码这些信息耗时过长，大大降低了反应速度，而且在现实中，许多指挥机关根本就没有收到警报信号。德国的突然袭击、苏联警报制度拖延了动员进度、国防计划的缺陷，以及苏联的展开计划必须以一定程度的预警为前提，上述一切都将让苏联的所有计划在战争爆发的那一刻自行中止。

制订动员计划

欧洲的政治气氛在20世纪30年代变得越来越有威胁，技术的进步也同样不断提出新要求，苏联要相应地改变自己的战略观念，提高武装力量建设体制的效率，以应对未来的潜在威胁。斯韦钦的教诲是：苏联应当在实现前方和"国家后方"一体化的基础上，通过建设国民经济，实现对军事经济的最大支持，从而实现"永久动员"，这种设想没有实现。苏联也没有任何一种动员计划能够应付、改变或克服当时的严峻现实。

与地方民兵制结合的基干制，即就地使用预备役人员来补充和平时期的基干军，曾在20世纪20年代很好地满足了苏联的要求。然而，1935年以后，由于敌对势力的不断增强，苏联显然需要一支规模更大、技术水平更高的战时军队，而地方民兵制无法产生这样的军队。如果和平时期的军队规模不得到充分扩充，就不能满足未来战争的需要：

这里要着重指出的是，到20世纪30年代中期，武装力量建设和组织中的地方民兵制与基干制的混合体制，已经力不从心，并成为影响军队战斗力增长的绊脚石。过渡到单一的基干制已势在必行。其中一个主要原因是，临时参训人员在地方民兵部队和兵团接受的短期集训，已不能保证他们能充分掌握复杂的新技术，并学会在多样化的环境中如何使用它……转换为单一的基干制，在相当程度上是由于作战准备和动员准备的需求在不断提高，因为与法西斯德国发生战争的危险正在与日俱增。[31]

　　这个转变过程从1937年开始，预计在1939年1月完成，不过有些兵团的转变实际拖延到当年晚些时候。[32] 根据官方数字，1937年1月1日到1939年1月1日，苏联的步兵师总数从97个增加到98个，基干师的个数从49个增加到84个，35个地方民兵师在红军的军队结构里消失。（这个转变过程的详细进度和规模见表4.1。）另外，国防人民委员部1938年还解散了当时仅有的几个按民族编组的兵团和军事学校。

　　为向这些师和将来的动员提供更多的人力，苏联最高苏维埃1939年9月1日通过了一项新的《普遍义务兵役法》，普通战士和军士的服役期延长为三年，保证他们可以获得更全面的军事训练。与此同时，国防人民委员部改革军区制度，提高其处理军队人力资源的效率，军区的个数增加到16个。[33] 有了新的军队人员配备体制和重组后的管理结构，1939年到1941年6月间红军"悄悄爬入战争"的过程中，红军的扩充才成为可能。红军的总兵力从1938年6月1日的150万人，增加到1941年6月的500余万人。在红军的军队结构中，步兵军的个数从27增加到62个，师的个数从混编的基干师和正规步兵师共106个，增加到正规步兵师共196个。此外，苏联还组建了31个摩托化（摩托化步兵）师和61个坦克师、16个空降兵旅，以及100多个新的筑垒地域（红军扩充的详情见表4.2）。

　　截至1941年6月，步兵师的战时编制人数确定为14483人，和平时期的师则分别保持着几种基干兵力水平。1939年年初，最强的师（第一线）都位于各边境军区，人数为6959人；位于内地的师（第二线），编制人数有5220人；其他预备师（第三线），在和平时期只保留为数不多的干部，将在动员和战争期间，从其他现有的师抽调人员组建。[34] 1939年以后，国防人民委员部增加了这些师在和平时期的兵力，到1941年6月，大多数边境军区的师都达到了新战时编制人数的60%~85%（8500到12000人）。不过，位于内地的师基本上依旧保持着1939年的水平。

欧洲政治局势日益恶化，随后又发生几次危机，苏联人不得不全面加强现役武装力量，扩大战时动员的预期规模，这给苏联的动员体制带来了巨大压力。一旦危机或战争的经验教训凸显出当前动员体制的弱点和不足，苏联人就要重新起草国防计划和战略展开计划，经常会大幅度增加苏联武装力量的战时预期规模。

不难理解，这些因素迫使总参谋部不得不重新修订动员的教令和计划，以满足新版战略展开计划的要求。这些修订版的教令与20世纪30年代初的那些旧版实际上大同小异，只是力求完善动员体制。不过与20世纪30年代的旧版不一样的是，1940年版《关于动员工作的教令》开门见山地以异乎寻常的警告开始："面对资本主义的包围圈，针对苏联的战争可能会出人意料地开始。如今的战争不再需要宣战。它们只是直接开始。"[35] 1940和1941两个年度版本的《教令》中，明显体现出对动员细节的紧迫感和关注。可以理解的是，它们在原有的常规动员程序以外，又增加了秘密动员的程序。

1940年8月16日，总军事委员会发布命令，要求按照《教令》规定的指标，制订一份新的动员计划，即《1941年动员计划（MP-41）》。华西列夫斯基领导的总参谋部新规划小组编写了这份计划，并在1941年2月得到国防人民委员部批准。然而，像战略展开计划一样，这份计划也很快不得不进行修订。于是，总参谋部1941年3月决定修改计划，命令各军区提报自己的新计划，以便在5月1日之前完成新版《MP-41》。有评论指出："这段时间显然不够用，结果就是，各军区和军兵种未能根据新的动员展开方案，全面而细致地制定一整套措施。因此，一些［战略］方向上的事务就把整个动员计划的制订拖延到1941年7月20日。"[36]

联共（布）中央委员会特地为此鼓励各军区。有份命令随着总参谋部的教令一起下发到各军区，文中号召："面对当前遭受军事进攻的危险，我们需要全体人民的力量来维持动员后的战备状态。"[37]

军队的动员是动员计划中最主要的组成部分。根据《MP-41》，它包括"在动员展开方案规定的期限内，按计划、适时地将军队的每一个独立部队、指挥部、局、机关和红军整体，从和平时期的建制转变为战时建制"[38]。各边境军区的展开方案，要充分考虑到部队的不同战备水平，包括：有些部队要从和平状态经过动员全面达到战时水平；有些二类部队要在动员时从其他部队抽调干部；有些二类部队和平时期就缺少干部；有些部队仍将维持和平时期的编制。动员将由苏联最高苏维埃主席团发布命令宣布，动员征集和以后的战时征集，将根据人民委员会的决议和一起下达的国防人民委员部命令实施。这一过程按照严格的时间安排，适用于军区动员方案涉及的军区下属全体部队。

到1941年6月，新的动员计划不仅没有制订完成，还"没有经过深思熟虑"[39]。此外，军区的计划只完成了一部分，尚未涵盖到所有的兵团。计划并未规定要让所有军队都同时做好全面战斗准备。战区内的军队，有的必须完全准备就绪，有的只需保持较低级的"持续警戒"状态。军队的动员期限各不相同，视其重要性和驻地而定。掩护集团军的第一梯队兵团要在2—3天内完成动员，其余的兵团、后勤部队和其他机关将在4到7天内完成动员。整个战区的武装力量需要15—30天才能完成充分动员和全面展开。当然，所有一切都取决于总参谋部认为战争会怎样开始。

根据《MP-41》，动员可以秘密进行，也可以是公开的。前一种情况主要适用于局部动员，会预先进行大规模演习作为动员的掩护。秘密动员时，会使用所谓"动员电报"的方式来通知部队。各军区的兵团首长将会收到一份密码电报，而他们原来都有一个特殊密封的文件袋，标有"绝密""收到动员电报后方可打开"等字样。按照条令的要求，这个文件袋要保存在兵团参谋长的保险柜里。[40]

公开动员的警报通知会通过正常的通信渠道公开宣布，不需要公布动员的原因。这种动员的名称是"大规模训练演习"（bol'shie uchebnye sbory，缩写为BUS），分为两种类型，代号分别是字母"A"和"B"。"A"型动员时，应使用现有的在编人员补充各部队和兵团。负责集中资源在动员时予以协助的军区和那些实施BUS的军区，共同为各部队和兵团提供指挥人员、战士、运输工具和马匹。"B"型动员的情况下，使用军区周边地带动员的人力资源就近补充军队，物资保障除了按照和平时期的消耗标准以外，还可以动用储备库存。[41]

虽然《MP-41》明显存在缺陷，动员时的客观条件相当不利，进度要求也特别紧张，但是动员过程的运作方式仍然可以保证动员在1941年6月得以实施。根据动员计划，尽管步兵军和师的个数将保持不变（分别为62个和198个），但方面军的数量却会从1个增加到8个，集团军的数量由16个增加到29个。另外，负责支援的RGK（统帅部预备队）炮兵团和航空兵团、航空兵师的个数也将会出现较大增长。（《MP-41》全面实施后的预期效果，见表4.3。）

《MP-41》的全面实施将征集近500万名预备役军人，其中有多达60万名指挥员和88.5万名军士，并从国民经济中调拨24.8万台车辆、3.6万台拖拉机和73万匹马。[42] 动员和展开的兵团总共相当于344个师，比1月版动员计划多出25个师。由于这些兵团尚未达到齐装满员，计划设想在战争的初期阶段完成后续补充。尽管动员计划会把军队动员后总人数785万人中的650万人，分配给西部各军区，但截至1941年6月22日，这些军区的总兵力还是只有290.1万人。[43]

这份计划要求进行大规模组织扩充，但苏联1941年的物质基础和生产潜力不足以支持一场这么大规模的动员。1941年年初，各基干兵团和部队只有编制数量76%的火炮、31%的重型坦克、74%的中型坦克和100%的轻型坦克，同时红军的飞机总数中，也只有很少一部分是现代化型号。车辆和拖拉机供不应求，动员时要从社会上征用所需车辆的81.5%、拖拉机的70%。然而这些设备不仅有许多维修保养得很差，还只能在宣布动员后才能交付军队。最后，这些关键性的流动资产只有经过长途跋涉，才能加入自己所属的部队。后勤保障的能力也很薄弱，总参谋部估计现有的供给只够维持两到三个月的军事行动。[44]

虽然动员计划理论上提供了必要的兵力和装备，可以按照国防计划和展开计划的规定，编组成军队的战略战役集团，但关于向作战军队提供物资保障的计划却非常不充分。红军缺少必要的应急战略储备，无法弥补战争初期的损失，只能等苏联工业开足马力来满足战争的需求："新版动员计划提出的武器和军事装备（特别是坦克、飞机和防空系统）需求出现大幅度增长，但由于现有资源有限，这反而加剧了军队的武器装备短缺。于是，举例来说，西部特别军区和敖德萨军区组建的机械化军，只有编制坦克数量的35%~40%，主要装备还是多达四五个型号的轻型坦克。航空兵、防空和其他部队的情况大致相同。"[45] 因此，有份苏联的历史评论提出批评，认为制订战略展开计划、动员计划和实施铁木辛哥改革的过程中，国防人民委员部和总参谋部"违背一个重要原则，即武装力量的规模不能超过国家的经济潜力，尤其不能超过武装斗争手段的生产能力。要按照新版动员计划为红军提供足够的武器和军事装备，就需要大致5年的时间。苏联的动员工作又进行得极为缓慢。以致战争开始时，边境军区的军队并未完全动员起来，于是，也没有做好全面战斗准备"[46]。

1941年6月22日之前的动员和战略展开

1941年4月到6月22日这段时间，被苏联人称作"特别危险的军事时期"，苏联政府和国防人民委员部加快"悄悄爬入战争"的进度，秘密实施军队的战略展开。这实际上这是长期的动员和展开过程的第一阶段，整个过程将会一直延伸到战时，并最终持续到1942年年初。自1941年4月26日起，按照总参谋部的号令，外贝加尔军区和远东方面军的军事委员会，共向西线调派1个机械化军、2个步兵军和2个空降兵旅。5月10日，乌拉尔军区接到号令，调派2个步兵师到波罗的海沿岸特别军区，5天后，西伯利亚军区接到内容相似的号令，向西部和基辅特别军区各调去了1个步兵师。[47]

1941年5月13日，国防人民委员部和总参谋长朱可夫下达训令，将28个师、9个军部、4个集团军司令部（第16、第19、第21和第22集团军司令部），由内地军区调往边境军区。这些军队将沿西德维纳河—第聂伯河一线集结，以第16和19集团军加强基辅特别军区，以第21和22集团军加强西部特别军区。这些集团军5月开始调动，按照命令严格采取伪装措施，展开过程也很小心和缓慢，以免让铁路运输表现出异常繁忙。这些集团军预定于1941年6月1日至10日在指定地域完成集中，并组成战略第二梯队。[48]

5月13日的训令还要求从莫斯科、伏尔加沿岸、西伯利亚、阿尔汉格尔斯克、奥廖尔等各军区和远东方面军抽调兵团，组建3个新的集团军（第20、第24和第28集团军）。第20集团军的主力来自奥廖尔军区，6月22日战争开始时，已经在莫斯科以西开始集结，但其他集团军这时尚未开始调动。起初，所有这些集团军都计划作为战略预备队使用，但战争爆发后，它们成为S. M. 布琼尼元帅领导下预备队方面军的核心。因此，动员共涉及7个集团军和1个机械化军（每支动员军队的原驻地和目的地，见表4.4）。

这些预备队集团军中的大部分兵团都没有满员，多达80%的师只有和平时期的简编人数（即6000人，而不是14800人），这些兵团也只能在战争真正开始以后接收预备役军人，并千方百计地到处接收补充的武器、装备和运输工具。最后，多数师终于达到编制兵力的60%，却仍然缺乏大部分武器装备，特别是军队运动和运输物资所需的车辆。这些师未能按照战时编制达到齐装满员的原因，不仅是军区缺少装备，总参谋部和军区还错误估算铁路的运输能力。

在所有问题中最严重的一项，是高估[1]铁路运输能力：

按照计划，运输军队总共需要开行939列火车，其中759列运送步兵，105列运送坦克，50列运送航空兵部队，25列运送炮兵。

计划开行的这939列火车在6月22日的情况是，538列已完成装车，其中455列仍在途中，83列已在指定地点卸载。剩余列车的装载一直持续到7月2日，完成全部卸载工作时已是7月14日。到战争开始时，战略第二梯队只有9个师已集中到指定地域（属第19集团军），19个师仍在途中（属第16、第21和第22集团军）。[49]

作为上述军队秘密调动的补充，6月1日至10日，国防人民委员部和总参谋部以"大规模训练演习"（BUS）的名义，征集793500名新兵入伍。实际上，这等于是一次秘密的局部动员。[50] 这一措施可以在很大程度上充实现有的军队，包括步兵师的半数，以及许多筑垒地域、RGK炮兵团、空军、工程兵、通信、防空和后勤部队。由于分配人员时优先考虑作战兵种，专业兵和勤务部门不得不承受最严重的人力短缺。虽然这些命令提供了宝贵的人力资源，但在很大程度上决定军队战备水平的武器和作战装备却供不应求。

战争初期的全面失败，部分原因是德国的突然袭击，部分原因是计划的错误和采购系统的低效，无法为作战军队提供必要的武器和其他关键装备。运输系统动员的错误做法造成了异乎寻常的灾难性后果。民用卡车和拖拉机根本

---

① 译注：原文Underestimation 应该是笔误，语意不通。

无法满足军队需求。结果就是，各兵团接到警报后，不得不千方百计地向集结地域开进（通常乘火车或徒步），而且他们无法随身携带重武器、火炮、燃料、弹药，甚至是必不可少的食品。特别是从内地军区调到各方面军的师，深受其害。大多数师被迫把自己的装备和补给留在后方，然后就再也没有见到它们前送过来。几乎所有的师，都是在缺少必要装备和补给的情况下投入战斗。

正当内地军区忙于动员人力、组建和调动军队的时候，到5月下旬，尽管斯大林严加限制，西部各边境军区终于还是进行了有限的调动。不过，这种调动依然仅限于军区纵深内的军队，以免德国人把这些动作当成挑衅。例如，列宁格勒军区司令员6月19日把坦克第1师（属机械化第1军）从普斯科夫州调到卡累利阿中部的坎达拉克沙。同一天，列宁格勒军区还把步兵第11师转隶给波罗的海沿岸特别军区沿国界布防的第8集团军。

6月15日，各军区司令员得到国防人民委员部和总参谋部的允许，将位于军区纵深的军队，按照现有的国防计划推进到更靠近国界的阵地。其中有些乘火车开进，但大多数在夜间徒步行军，以保证隐蔽。在此期间，国防人民委员部仍然明令禁止军区司令员调动第一梯队，也不准加强他们的前沿防御。

至少有一位军区司令员勇敢地违反了这些号令。6月15日，波罗的海沿岸特别军区司令员F. I. 库兹涅佐夫将军收到情报，警告敌人正沿国界集结，他发出一份长篇命令，要求提高军队在边境地区的战备水平。库兹涅佐夫没有特别提及德国的进攻准备，他批评个别师长在作战准备中的懒惰和疏忽："今日的情况史无前例，我们必须做好充分的战斗准备。许多指挥员没有认识到这一点。但是，所有人都必须坚决而清楚地认识到，在任何时候，我们都要随时准备完成任何战斗任务。"[51] 库兹涅佐夫随后命令指挥员执行具体的措施，提高战备水平、改善防御能力。

当天晚些时候，军区军事委员会发布训令，重申发布战斗警报的程序，第一句是："一旦有敌人侵犯国界，或大规模（敌方）军队突然袭击，或航空兵编队飞越国界，应按照我现在规定的程序发出通报。"[52] 库兹涅佐夫6月17日收到一份详细列举敌人威胁的长篇情报摘要以后，最终在6月18日命令他的下属军队进入全面的战备状态。命令的开头说："为迅速提升军区内军队的作战准备，我命令如下，"命令在下文特别要求军区的防空、通信和地面运输系统全面进入战备状态，指示第8和第11集团军司令员做好工程兵架桥和布雷的准备，同时指示其余的全体指挥员采取适当的防御战备措施。[53] 尽管库兹涅佐夫的上述行为是在勇敢地自作主张，但是没有证据表明，战争开始后，这些额外的准备工作有助于改善这个军区的战斗表现。

这些旨在加强边境军区防御能力的措施未能达到目的。到德国发动进攻时，已离开内地军区向边境军区开进的33个师中，只有4到5个师到达自己的预定集中地域。这一点，再加上边境军区的军队散布在纵深400公里的广大地区，最后导致德国人把他们各个击破。与此同时，在战略纵深，苏联统帅部未能及时使用现有的战略预备队支援前方的军队。共7个集团军67个师的战略预备队，组建和展开工作陷入一片混乱，也未按期完成计划。这一点，再加上总参谋部误判了德军的主要进攻方向，导致前方军队和战略预备队的迅速失败。

动员还包括保证军队正常作战所必需的大量后勤保障和战区准备，尤其是工程保障。战争前夕，方面军和集团军只有很少的后勤，甚至是没有，在更低级别的野战部队和各军区里，后勤也只维持着和平时期的缩编状态。因此，《MP-41》规定了后勤保障动员的时间表，要求在7天内动员集团军的后勤机关，15天内动员方面军的后勤机关，5天内动员空军的后勤机关。这就需要每个方面军在相应期限内组建起400—500支后勤部队和机关，每个集团军超过100个。[54]

动员计划要求方面军的后勤机关"稳定和可靠地"保存大量的物资储备，共有9—10个基数的弹药、10个基数的燃料和可供30天的食物，以补充部队自带的、一般可供3—6天使用的上述物资。虽然全面动员计划中包含着一项单独的"后方展开计划"，但是由于规划和指挥实施后勤的责任不明确（参见第六章），降低了计划的执行效率。这就导致关键物资，尤其是运输工具的短缺，以及储备物资配置不当。后勤计划及其实施的具体过程，实际上未能满足军队动员和战略展开计划的需要。因此，战争开始时，后勤保障就成为苏联人主要的阿喀琉斯之踵。

军事行动的战区准备（主要是工程保障）也不充分，部分原因是规划失误，部分原因是苏联国界1939年和1940年的西移。沿新国界建设的筑垒地域和防御工事，不能在1941年及时完工投入防御使用，而集中力量加速建设国界防御工事，又干扰了国防计划中的其他建设项目。提高苏联铁路系统的运力并将宽轨延伸到西部新国界的特别计划截至1941年夏季仍未完成，苏联工业也没能生产出足够数量的铁路机车。在战区准备的有线和无线电通信方面，也出现了类似问题，到1941年6月只完成计划的75%。[55] "因此，战争开始时，战区准备尚未全部完成，这就大大妨碍了边境军区军队的战略展开和作战准备，并对战争初期的防御作战造成负面影响。"[56]

虽然动员计划和展开计划存在严重缺陷，促成了战争初期的一系列惨败，但在1941年结束前，苏联的人力训练体制已经建立起多达1400万人的总人力储备。总参谋部制订的动员体制尽管同样有缺陷，还是保证红军在战争初期能新组建起为数众多的集团军、师和其他部队。归根到底，这个体制，及其在1941年和稍后1942年组建的军队，保证红军和苏联国家能够扭战争初期的不利局面，并在1945年取得最后的胜利。

数据表

表 4.1：红军中基干制和地方民兵制的兵团和部队

兵团和部队	1937年1月1日	1938年1月1日	1939年1月1日
基干步兵师	49	50	84
混合步兵师	4	2	0
地方民兵师	35	34	0
基干山地步兵师	9	10	14
独立旅	0	0	5
独立地方民兵团	2	2	0
总计	97个师又2个团	96个师又2个团	98个师又5个旅

※ 资料来源：I. G. 巴甫洛夫斯基，《苏联陆军》(Sukhoputnye voiska SSSR，莫斯科：军事出版社，1985年)，第65页。

表 4.2：红军的扩充，1939 年到 1941 年 6 月

兵团	1938年6月1日	1939年9月1日	1940年12月	1941年6月
集团军	1	2	20	20
步兵军	27	25	30	62
步兵师（正规）	71	96	152	196
步兵师（基干）	35	0	0	0
摩托化步兵师和机械化师[1]	0	1	10	31
骑兵军	7	7	4	4
骑兵师	32	30	26	13
步兵旅	0	5	5	3
坦克师	0	0	18	61
坦克军	4	4	0	0
筑垒地域	13	21	21	120
空降兵旅	6	6	12	16
空降兵军	0	0	0	5
红军总兵力	151.3万人	152万人	420.7万人	537.3万人

※ 资料来源：I. Kh. 巴格拉米扬，《战争史和军事艺术史》（*Istoriia voin i voennogo iskusstva*，莫斯科：军事出版社，1970 年）；V. A. 安菲洛夫，《闪电战的失败》（*Proval Blitskriga*，莫斯科：科学出版社，1974 年）；A. 雷扎科夫，《关于30年代红军汽车装甲坦克兵编组的问题》，载《军事历史杂志》第 8 期（1968 年 8 月刊）。

[1] 译注：此时苏联红军并没有机械化师，但有机械化军，表中未提及。第一批9个机械化军在1940年夏组建，第二批20个机械化军在1941年2—3月开始组建。

表 4.3：《MP-41》规定的动员

展开的兵团和部队	和平时期数量	《MP-41》新增数量	展开总数
方面军司令部	1	7	8
集团军司令部	16	13	29
步兵军军部	62	0	62
步兵师	198	0	198
独立步兵旅	3	0	3
机械化军	29	0	29
坦克师	61	0	61
摩托化师	31	0	31
骑兵军	4	0	4
独立空降兵旅	16	0	16
军属炮兵团	72	22	94
RGK炮兵团	56	18	74
独立反坦克炮兵旅	10	0	10
航空兵军	5	0	5
航空兵师	53	26	79
航空兵团	247	106	353

※ 资料来源：《伟大卫国战争初期：结论与教训》（*Nachal'nyl period Velikoi Otechestvennoi voiny: Vyvody i uroki*，莫斯科：伏罗希洛夫总参军事学院，1989 年），第 40 页。

* 原注：上述 26 个航空兵师和 106 个航空兵团正在组建，将会根据其进度实施动员。

表 4.4：计划规定战略预备队的动员，1941 年 5 月至 6 月

军团和兵团	原驻地	目的地
第16集团军	外贝加尔军区	普罗斯库罗夫、赫梅利尼茨基 （基辅特别军区，6月22日）
第19集团军	北高加索军区	切尔卡瑟、白策尔科夫 （基辅特别军区，6月22日）； 步兵第34军，勒日谢夫，6月22日； 步兵第25军，科尔孙，6月22日； 步兵第67军，塔拉什恰，6月22日
机械化第25军 （属第19集团军）	奥廖尔军区	米罗诺夫卡 （基辅特别军区，7月7日）
第20集团军	奥廖尔军区	步兵第61军，莫吉廖夫，6月22日； 步兵第69军，斯摩棱斯克，6月22日； 步兵第20军，克里切夫，6月22日； 步兵第41军，多罗戈布日，6月22日 （莫斯科军区，7月3—5日）
机械化第7军	奥廖尔军区	奥尔沙 （莫斯科军区，7月5日）
第21集团军	伏尔加沿岸军区	步兵第66军，切尔尼戈夫，6月22日； 步兵第63军，戈梅利，6月22日； 步兵第45军，奥斯泰拉，6月22日； 步兵30军，巴赫马查，7月9日； 步兵第33军，戈尔德尼亚，7月10日
第22集团军	乌拉尔军区	步兵第62军，谢别日，7月2日； 步兵第51军，维捷布斯克，7月2日
第24集团军 （步兵第52、53军）	西伯利亚军区	涅利多沃、别雷 （莫斯科军区，7月15日）
第28集团军 （步兵第30、31军）	阿尔汉尔斯克军区	多罗戈布日、叶利尼亚、朱可夫卡 （莫斯科军区，7月15日）

※ 资料来源：M. V. 扎哈罗夫，《战前年代的总参谋部》（*General' nyi shtab v predvoennye gody*，莫斯科：军事出版社，1989 年），第 258—262 页。注意有些军（第 30 军）在展开过程中改变了隶属关系。

注释

1. A. A. 斯韦钦，《战略》（明尼阿波利斯：东方见解出版社，1992年）。译自A. A. 斯韦钦，《战略》（*Strategiia*，莫斯科：军事出版社，1927年），序言作者有：A. A. 柯克辛、V. V. 拉里奥诺夫、V. N. 卢博夫和 雅各布·W. 基普。

2.《伟大卫国战争初期》（*Nachal'nyl period Velikoi Otechestvennoi voiny*，莫斯科：伏罗希洛夫总参军事学院，1989年），第29页。关于这段时期苏联战略的概述，见戴维·M. 格兰茨，《苏联的军事战略》（伦敦：弗兰克·卡斯出版社，1992年），第55—103页。

3. M. V. 扎哈罗夫，《战前年代的总参谋部》（*General'nyi shtab v predvoennye gody*，莫斯科：军事出版社，1989年），第111—116页。

4. 同上，第125页。

5. 同上，第126—127页。

6. 同上，第129—130页。第一种方案是敌军在普里皮亚季沼泽以北，沿明斯克—斯摩棱斯克方向发动进攻；第二种方案是敌军的突击指向经济上至关重要的乌克兰。沙波什尼科夫和总参谋部认为第一种方案更有决定性，因而可能性也更大。在这个方案中，德国—波兰联军的主攻方向在北方，同时波兰军队可能在南方发动辅助进攻。在后一个方案中，德国—波兰联军将主要进攻乌克兰，辅助进攻将会发生在北方。以进行总动员为前提，两种方案的准备时间都需要20—30天 。日本的总兵力保持不变，为27—33个师。

7. 同上，第163—171页。苏联在这次危机期间的展开详情，见A. 安托夏克，《西乌克兰和西白俄罗斯的解放》（*Osvobozhdenie zapadnoi Ukrainy i zapadnoi Belorussi*），《军事历史杂志》，第9期（1989年9月刊），第51—60页；以及原秘密级的美国陆军武官报告，包括：《军事行动——一般——苏联入侵波兰》，《苏联（作战—陆军），G-2报告第1598—6800号》（华盛顿特区：国防部军事情报处，1939年10月25日）。

8. 关于苏联筑垒地域状态的精彩讨论，见N. 拉马尼切夫，《红军 1940—1941：神话与事实》，未出版的手稿[①]，第82—83页。

9. M. 莫伊谢耶夫，《苏联国防人民委员部领导的更换与1939—1940年苏芬战争教训的关系》（*Smena rukovodstva Narkomata Oborony SSSR v sviazi s urokami sovetsko-finliandskoi voiny 1939-1940 gg.*），《苏共中央委员会新闻》，第1期（1990年第1期），第211页。

10. 举例来说，苏联把步兵第44师从基辅军区调到芬兰，投入卡累利阿中部的作战。该师在攻向苏奥穆萨尔米的途中被芬兰军队打得全军覆没。一份当代的苏联评论文章指出：

战役开始前，上至师级指挥员，下至普通战士，都不熟悉芬兰战场森林密布、湖泊众多的明显特点，也不了解敌军的战术。此外，师里的滑雪板数量不够，直到1939年的除夕才开始进行滑雪训练。各团的人员只有沿着道路才能运动。厚厚的积雪严重妨碍了运动，也让任何形式的机动都不可能进行……

[①] 译注：作者原注引用的手稿至2018年仍未出版，相关的讨论可以参考朱可夫回忆录。

后来，所有人都指责这是师长的过错。然而，要考虑到的是，步兵第44师的师长缺少经验，只是工农红军20世纪30年代末整体方针的产物：由于指挥人员提升得过快，新任的指挥人员不能完全符合职务的要求，也没有足够的知识和经验。

在这方面，步兵第44师的师长和参谋长的提升就是个典型例子。因此，步兵第44师的师长，阿历克谢·伊万诺维奇·维诺格拉多夫的人事记录中记载，他在1936年是一名少校，第二年的6月成为步兵第143团的团长，1938年2月他先是晋升为上校军衔，3月进入工农红军指挥人员管理局工作。A. I. 维诺格拉多夫在1939年1月担任步兵第44师的师长，并晋升为旅级（Kombrig）军衔。

步兵第44师的参谋长，奥努夫里·约斯科维奇·沃尔科夫1938年12月26日担任这一职务。他1935年12月30日晋升为上尉，在工农红军的伏龙芝军事学院参加过三次培训班以后，1939年7月31日已是一名上校。

步兵第44师中的多数人没有接受过多少教育，军事训练的水平也很低。多数人只是在战争爆发前应征入伍。因此，步兵第25团共有3229人，其中只有900名干部，也就是说不到总人数的30%。

关于该师的作战详情，见O.A. 杜多罗娃，《"冬季战争"不为人知的一页》（Neizvestny stranitsy "zimnei voiny"），《军事历史杂志》，第9期（1991年9月刊），第12—23页。文中收录了该师的作战行动日志。按照杜多罗娃的说法，1940年1月1日到7日间，该师死亡1001人，伤1430人，82人冻死，2243人失踪，几乎丢失全部的装备。关于这场战争比较诚实的记述，见N. I. 巴雷什尼科夫，《1939—1940年的苏芬战争》（Sovetsko-finliandskaia voina 1939-1940 gg.），《新闻和当代史》第4期（1989年3月刊）：第28—41页。

11. 同上，第213页。

12. 《S. K. 铁木辛哥同志从K. E. 伏罗希洛夫同志手中接收苏联国防人民委员部的接收记录》（Akt o Prieme Narkomata Oborony Soiuza SSR tov. Timoshenko S.K.ot tov.Voroshiloba K.E.）刊登在《苏联共产党中央委员会新闻》第1期（1990年1月刊），第194页。

13. 1940年8月，斯大林任命K.A. 梅列茨科夫为总参谋长，后来，瓦图京成为第一副总参谋长，马兰金成为作战局的局长，华西列夫斯基是他的第一副职。关于重组步兵师结构和组建新型机械化军的命令，原文见V. A. 安菲洛夫，《红军：在法西斯侵略之前的年代》（Krasnaia Armiia: Za god do fashistskoi agressii），《军事历史杂志》第4期（1996年7—8月刊），第18—23页。

14. 扎哈罗夫，《战前年代的总参谋部》，第213—214页。计划预计德国及其盟国总共将使用233个师、10550辆坦克、不多于18000门火炮和13900架飞机，开展对苏战争。预计德国武装力量在战时的总兵力为800万人、240—243个师、9000—10000辆坦克、20000门火炮和13900架飞机。

15. 同上，第215页。

16. 《伟大卫国战争初期》，第30页。

17. 扎哈罗夫，《战前年代的总参谋部》，第218页。预计敌方的总兵力增至280—290个师、11750辆坦克、30000门火炮、18000架飞机。

18. 同上。

19. 《伟大卫国战争初期》，第31页。

20. D. 沃尔科戈诺夫，《胜利与悲剧：I. V. 斯大林的政治肖像》（Triumf i tragediia: I. V. Stalin: Politicheskii portret，莫斯科：新闻出版社，1989年），第133页。

21.《伟大卫国战争初期》，第31页。

22. 扎哈罗夫，《战前年代的总参谋部》，第219页。

23. 沃尔科戈诺夫，《胜利与悲剧》，第135页。

24. 研讨会记录的全文现已公开，图上演习的不同方案也已公开[①]。细节见戴维·M. 格兰茨，《苏联的军事战略》，第81—86页。

25.《伟大卫国战争初期》，第32页。

26. 朱可夫提案的内容和对内容的分析，见戴维·M. 格兰茨，《苏联的军事战略》，第87—90页。

27.《伟大卫国战争初期》，第32—33页。参见A. G. 哈尔科夫，《伟大卫国战争前夕各边境军区的战备和动员准备》（*Boevaia i mobilizatsion gotovnost' prigranichnykh voennykh okrugov nakanune Velikoi Otechevstvennoi voiny*，莫斯科：伏罗希洛夫总参军事学院，1985年），第17页。书中说明这些训令5月5日发往列宁格勒军区、西部特别军区和基辅特别军区，5月6日发往敖德萨军区，5月14日发往波罗的海沿岸特别军区。

28. 这些国防计划的具体要求和实际内容的详情，见《伟大卫国战争初期》，第33—37页，和哈尔科夫，《伟大卫国战争前夕各边境军区的战备和动员准备》，第17—26页。这些训令和命令如何转化为集团军级的具体行动，见A. V. 弗拉基米尔斯基，《在基辅方向》（*Na kievskom napravlenii*，莫斯科：军事出版社，1989年），第42—49页。书中体现了基辅特别军区的第5集团军的计划是如何制订的。

29.《伟大卫国战争初期》，第32页。

30. 同上，第38页。

31. I. B. 帕夫洛夫斯基，《苏联陆军》（*Sukhoputnye voiska SSSR*，莫斯科：军事出版社，1985年），第65—68页。

32. 举例来说，1939年7至8月在哈拉哈河作战的步兵第82师本质上仍是一个地方民兵师，该师的预备役兵员在战役的开始阶段表现很差。见G. 朱可夫，《回忆与思考》（第一卷，莫斯科：进步出版社：1985年），第204页。

33. 帕夫洛夫斯基，《苏联陆军》，第66页。

34. S. A. 秋夕科维奇（主编），《苏联的武装力量》（*Sovetskie vooruzhennye sily*，莫斯科：军事出版社，1978年），第236页。

35.《关于红军的部队、指挥部和机关的动员工作的教令》（*Nastavlenie po mobilizatsionnoi rabote voiskovykh chastei, upravlenii i uchrezhdenii Krasnoi Armii*，莫斯科：军事出版社，1940年），第5页。秘密级，现已解密。

36.《伟大卫国战争初期》，第38页。

37. 哈尔科夫，《伟大卫国战争前夕各边境军区的战备和动员准备》，第34页。

38. 同上。引用档案编号：TsAMO,f.138,op.2181,d.30,l.373。

39.《伟大卫国战争初期》，第38页。

40. 哈尔科夫，《伟大卫国战争前夕各边境军区的战备和动员准备》，第36页。

---

① 译注：这次图上演习的两回合细节，基本上仍是1940年7月战略计划的两个方案。

41. 同上，第35页。书中可以看到动员过程的详情，精彩描述了西部各军区在1941年6月的具体工作步骤。哈尔科夫也详细叙述了物资在州一级的存储与分配。

42.《伟大卫国战争初期》，第39页。

43. 同上，第97页。

44. 同上，第41页。

45. 同上。

46. 同上。

47. A.G. 哈尔科夫，《伟大卫国战争开始时苏联武装力量战略展开的一些问题》（ *Nekotorye voprosy strategicheskogo razvertyvaniia Sovetskikh Vooruzhennykh Sil v nachale Velikoi Otechestvennoi voiny*），《军事历史杂志》第1期（1986年1月刊），第11页。

48. 同上。扎哈罗夫，《战前年代的总参谋部》，第259页。《伟大卫国战争初期》，第93页。

49.《伟大卫国战争初期》，第93页。引用档案编号：TsAMO,f.16,op.29500,d.406,l.104-119。

50. 同上，第91页。

51.《波罗的海沿岸特别军区1941年6月15日，关于确保军区军队作战准备的第0052号命令》（ *Prikaz voiskam Pribaltiiskogo osobogo voennogo okruga no.0052 ot 15 iiunia 1941 g. po obespecheniiu boevoi gotovnosti voisk okruga*），收录在《伟大卫国战争战斗文书选集：第34期》（ *Sbornik boevykh dokumentov Velikoi Otechevstvennoi voiny: vypusk 34*，莫斯科：军事出版社，1958年），第8页。

52.《波罗的海沿岸特别军区军事委员会1941年6月15日，在大批敌军侵犯国界时军区军队发出警报程序的第00224号训令》（ *Direktiva voennogo soveta Pribaltiiskogo osobogo voennogo okruga No. 00224 ot 15 iiunia 1941. o poriadke opoveshcheniia voisk okruga v sluchae narusheniia granitsy krupnymi silami protivnika*），《伟大卫国战争战斗文书选集：第34期》，第12—13页。

53.《波罗的海沿岸特别军区司令员1941年6月18日，要求军区军队的指挥机关采取措施迅速提高军区战役地幅内作战准备的第00229号命令》（ *Prikaz komanduiushchego Pribaltiiskim osobym voennym okrugom No. 00229 ot 18 iiunia 1941 g. upravleniiui voiskam okruga o provedenii meropriatii s tsel' iu bystreishego privedeniia v boevuiu gotovnost' teatra voennyky deistvii okruga*），《伟大卫国战争战斗文书选集：第34期》，第21—24页①。

54.《伟大卫国战争初期》，第89页。更详细的情况，见哈尔科夫，《伟大卫国战争前夕各边境军区的战备和动员准备》。

55.《伟大卫国战争初期》，第96页。参见第六章。

56.《伟大卫国战争初期》，第96页。

---

① 译注：以上三条中应当都是六月，俄语多处写作"iiulia"，英语也有写成"July"的，已订正。

第五章
地面作战兵种的作战准备

　　1941年的红军正在努力克服国内变化和国外作战不利带来的后果，苏联内部的变化直接引发了20世纪30年代后期红军领导层的全面改组。1937年到1941年，苏联最优秀的军事人才都从军队里消失了，他们当中一些远见卓识的人当时正在致力于把红军从一支主要依靠人力畜力的军队，建设成一支有能力也有意愿利用20世纪科技成果的现代化军队。于是，1941年6月的苏联高级指挥员队伍里，有相当一部分人只是滥竽充数，还有些人则依赖于投机、溜须拍马或是私人关系。

　　指挥人员队伍不整、行事畏首畏尾，再加上缺少工作能力和经验，在某种程度上导致苏联军队在1939年9月占领波兰东部，以及稍后1939—1940年的苏芬战争中表现欠佳。在此期间，军队当时的领导又撤销了自己前任所做的多项改革措施（例如，在1939年秋季解散坦克军[①]）。法国军队1940年5月和6月的土崩瓦解，让全世界重温了德国人1939年9月在波兰讲授过的运动战课程，这让苏联人进一步感到震惊，后来他们痛心疾首地指出："法西斯德国采用的是我们更早提出的大纵深战役法。德国人抄袭苏联军事理论的思想成就，并非常成功地把它们用于对波兰和西方的战争。"[1] 1940年的实际情况是，德国人仍在积极推行下一步的军事改革，苏联人的军事改革却已经衰退。

---

　　① 译注：原文为机械化军，这是1932年开始组建时的名称，1938年改编为坦克军。

126

面对自己与德国人所得战果的巨大反差，苏联人深受震撼，他们所做的回应是启动一项应急计划来重振自己的武装力量。随后以国防人民委员S. K. 铁木辛哥的姓氏命名的改革，在无形中影响到红军的方方面面。从1940年中期开始，苏联人试图重新构建自己的汽车装甲坦克兵，对炮兵和空降兵进行现代化改造并予以扩充，对步兵进行现代化改造并予以加强，同时建立起一个足以维持这样大规模现代化军队的后勤体系。改革计划的雄心和气势，及其实施过程的狂热和匆忙，都生动体现着苏联人对危险迫在眉睫的担忧。改革具体措施引发的混乱，也同样凸显出这样的努力完全是徒劳无功的。

陆军

红军的陆军有步兵、汽车装甲坦克兵[①]、骑兵、空降（空中突击）兵、炮兵、工程兵、防化兵和通信兵等兵种。陆军在和平时期共编为16个军区和远东方面军。战争爆发后，西部各边境军区（列宁格勒军区、波罗的海沿岸特别军区、西部特别军区和基辅特别军区）将随即改编为战时的方面军。各方面军及其下属的空军一起，预定沿着某个主要战略方向开展行动，这里的战略方向，是指军队在这个方向上能够达成有助于战争胜利的目标。每个方面军一般下辖3—4个诸兵种合成集团军、由2—8个机械化军（有时还有1个骑兵军）组成的快速集群、方面军航空兵、方面军炮兵、工程兵和通信兵。集团军在方面军编成内作战，用于遂行具体战役方向上的战役任务。

陆军的高级战术兵团是步兵军、机械化军和骑兵军。基本战术兵团是师，按其构成可以分为步兵师、山地步兵师、摩托化步兵师、骑兵师、坦克师和摩托化师[②]。

步兵

从1939年开始，由于欧洲和远东的战争威胁日益临近，苏联政府稳步扩

---

① 译注：原文"装甲坦克和机械化兵"是自1942年12月以后的称呼，在此前应称汽车装甲坦克兵。译文统一使用这一称呼，或简称"坦克兵"。
② 译注：摩托化师在1939年开始组建，后来改为隶属于机械化军，随着这种机械化军在1941年9月解散，摩托化师一词在苏军中即不再使用。

充着自己武装力量的规模，其中以陆军和步兵的扩充最为明显（明细表见本章末尾的表5.1）。1941年6月，传统步兵在红军的军队结构中占据着主导地位，共有62个步兵军、198个师（177个步兵师、19个山地步兵师和2个摩托化步兵师）和3个步兵旅，共占苏联军队兵团总数的65%，陆军总人数的56.6%。[2]

1941年4月5日，国防人民委员部颁布步兵师的新编制，名义上取消了之前两种和平状态下的兵力配备标准（分别为6000人和12000人），步兵的实力得到加强，师属炮兵换装更大口径的火炮，反坦克和防空能力也提高了，每个师还得到一个16辆坦克组成的轻型坦克营。新型的师有三个步兵团、两个炮兵团（一个加农炮团和一个榴弹炮团）、一个侦察营、一个反坦克炮兵营、一个高射炮兵营、一个工兵（工程兵）营、一个通信营和一个坦克营。这种新型步兵师共编有14483人、78门火炮（50毫米以上口径）、66门82毫米和120毫米迫击炮（另有84门50毫米迫击炮）、54门45毫米反坦克炮、12门高射炮、16辆轻型坦克、13辆装甲车、558台车辆和3000多匹马[①]。不过在战争前夕，内地军区的大部分师仍然保持着旧编制，或是正在进行改编。苏联的新型步兵师比同期的德国步兵师少2376人，但编制武器装备却比德国师多，只有反坦克武器方面例外（德国师和苏联师的对比见表5.2）。然而，大多数苏联的步兵师在1941年6月都缺少车辆和坦克，这些装备都被用于组建机械化军。

步兵师（和坦克师）中的苏联步兵理论上已配备最现代化的步兵武器。其中包括DP-27型轻机枪、DS-39重机枪、PPD冲锋枪（由V. A. 杰格佳廖夫设计）和SVT半自动步枪（由F. V. 托卡列夫设计）。然而，这些新式步兵武器列装的进度缓慢，到1941年只能满足50%的需求量。冲锋枪出现在这个武器清单里，很大程度上是因为苏芬战争的经验表明，步兵需要更强大的火力。虽然按照步兵师的1941年编制，每个步兵师应有1204支冲锋枪，但实际上西部特别军区平均每个师只有550支，基辅特别军区平均每个师只有267支。与此同时，苏联步兵仍然装备着旧式[②]的莫辛步枪（1891—1930年）和1940型马克沁机枪。

---

① 译注：原文为300，缺一个0。
② 译注：这里的"旧式"应指M1891/30式莫辛—纳甘步枪和M1910式马克沁重机枪。

大多数步兵师编组为步兵军，每个军下辖两到三个步兵师、两个军属炮兵团、一个独立高射炮兵营、一个独立工兵营、一支小型通信和后勤部队。一个由三个师组成的步兵军，编制实力有51061人、306门野战炮（76毫米以上口径）、162门45毫米反坦克炮、48门高射炮、198门迫击炮（50毫米以上口径）、48辆轻型坦克（T-38）和39辆装甲车。[3] 步兵军及其下属步兵师主要用于独立完成基本战术任务，如实施战术防御和突破敌人的战术防御（纵深约为30公里）。

红军的基本战役军团是诸兵种合成（步兵）集团军，一般下辖一到三个步兵军、一个机械化军、一个混成航空兵师、若干炮兵团、（最高）统帅部预备队［R（V）GK］提供的一个反坦克旅、若干工程兵或工兵团、通信营和后勤部队。[4] 集团军用于遂行战役防御和战役进攻的任务（纵深最多为100公里），这种战役任务是指有助于实现最终战略目标的任务。最后，由几个集团军和部分统帅部预备队组成的方面军是红军的基本战略军团。方面军只在战时由军区改编而成，每个方面军都要沿一个战略方向（轴线）完成各自的战略（可以赢得战争胜利的）任务，深度可达300公里[①]。

大多数苏联的步兵兵团1941年6月22日都远未达到战时编制的全部兵力，最重要的是，还缺乏火力和关键的后勤保障。4月份，国防人民委员部下令将位于各边境军区的99个步兵师补充到齐装满员。但到6月22日为止，只有21个师达到了所需的人数，甚至连这些师的武器装备也未配齐。各师的实际兵力水平因所在军区而异，从编制要求的70%~82%不等（有代表性的师兵力水平，见表5.3）。武器不足和军、师两级缺少保障部门的情况甚至更加严重。新型马克沁机枪和自动手枪的生产进度滞后，使苏联步兵对抗德国步兵时缺少关键火力。此外，大多数步兵军和师实际只有一个炮兵团，而不是编制规定的两个，反坦克和高射炮兵部队不是没有建成，就是零星地装备着几件旧式武器。师属坦克营尚未组建，因为所有能用的坦克都被用于组建新型机械化军，出于

---

① 方面军作为战略军团，是苏联在国内战争及以后不久的观点。在大纵深战役理论提出以后，方面军已改为战略战役军团，用于完成在陆战区数个战役方向（有时是一个战略方向）上的战略战役任务。

同样的原因，车辆也要么不够用，要么干脆没有。总之，大部分军和师都缺乏人力、火力、后勤保障和机动能力。[5]

像其他兵种一样，步兵也深受缺少指挥人员造成的破坏性影响。大多数指挥人员只是在岗位上滥竽充数，他们实际履行的职责比自己的经验和所受培训高出一到两个等级，而团、营两级干部基本上就没有经验。这种情况又因大规模动员和组建新兵团而雪上加霜。一份评论指出："正如监察局1941年春季检查时所指出的那样，步兵的训练存在重大缺陷。因此，虽然表现最好的军、师和团等各级参谋人员，可以在演习中充分履行自己的职责，但是很多人却表现很差。还需要花费更多的时间和精力，把步兵的战斗训练提高到当前形势要求的水平。"[6]从内地军区调往前线的步兵师没有经过充分动员，经常缺少后勤部队和运输工具。由于离开了自己的动员基地，他们再也无法继续完成动员。他们的战备水平比边境军区的那些师差得多。

波罗的海沿岸特别军区在1941年6月15日发出的一份报告①中说："对军区军队战备情况的检查表明，迄今为止，一些部队的指挥员极其错误地忽视了作战准备，无法控制自己的部队和分队。"警报和集合程序经常不起作用，战士们疏于作战准备。报告中批评步兵第90师和第125师的上级指挥人员在演习中"疏忽大意和考虑不周"，并批评全体指挥干部未能在5月和6月期间改善这两个师涣散的战备状态。[7]就在德军发动进攻的那个小时里，波罗的海沿岸特别军区参谋长P. S. 克列诺夫中将发给总参谋部一份报告，对军区内部糟糕的通信大为不满，提到方面军和集团军的通信部队实力薄弱，缺乏必要的内部通信和关键通信设备，可能是因为内部物资短缺和局部动员。[8]6月22日稍晚时候，军区（现在已是西北方面军）司令员F. I. 库兹涅佐夫上将承认，步兵第184师、第181师和第81师兵力严重不足，因此"不可靠"，要求国防人民委员部调拨人力充实这些原来的地方民兵师。[9]

6月23日，西北方面军炮兵局局长P. 别洛夫少将在一份报告中称：缺少炮弹，同时师以上级别没有任何集团军属炮兵修理设施。[10]一份关于西北方面军

---

　①译注：从相关注释来看，这是一份命令。

通信情况的类似报告指出：战争开始时，军区通信团与集团军、军和师的通信营仍处在和平时期的配置状态，缺少运输工具，无法建立必要的战时通信。方面军通信部队极其糟糕的状态，再加上德国军队推进造成的破坏，让所有级别通信都受到阻碍，更让集团军以下级别通信陷入瘫痪。虽然无线电通信"在战争的最初几天里没有中断……但是参谋人员不愿意，也不会熟练地使用这种工具"。更严重的是，方面军和集团军还缺少建立运动通信的工具。[11]

其他支援兵种的情况也别无二致。例如，第8集团军炮兵首长伊温上校8月20日总结说：

集团军炮兵向前线展开、投入作战行动时，人员、运输工具和通信、观测等设备的数量比和平时期的编制数仍缺少很多。不但没有人命令他们使用库存物资，补充到战时编制，而且没有人通报他们可能会展开作战行动……

人员、运输工具、通信和侦察工具的严重短缺，有时连武器装备也严重短缺，对炮兵的作战行动造成了重大影响。[12]

由于没有运输车辆，缺少通信设备，弹药供应量就不得不减少，受损装备无法转移，也不可能有效地投送炮兵火力。各军属炮兵团没有目标指示装备，也不能对敌军目标进行大规模射击。此外，军和师炮兵缺乏训练有素的参谋人员，工作效率低下。第27集团军参谋长沃洛兹涅夫上校在7月7日的详细报告中，措辞激烈地列举出集团军、军和师的参谋工作在第一天战斗中暴露出来的缺陷。[13]西北方面军在战争初期的作战过程中，类似批评比比皆是，沃洛兹涅夫的报告相当有代表性。

实际上，在各参战方面军现存的所有记录当中，关于人员和装备短缺、部队和干部缺乏训练的语句屡见不鲜。西方面军军事委员会6月23日发布了一份特别严厉的批评，首先指出："战争第一天的经历暴露出许多指挥员思维混乱和粗心大意，其中包括一些高级指挥员。"[14]西方面军下属各集团军的定期作战报告，清楚地说明战斗准备不足在如何迅速削弱所有作战兵团的力量。第3集团军司令员V. I. 库兹涅佐夫中将6月23日晚报告说："我们在没有运输工具、燃料和足够弹药的情况下坚持战斗。尼古拉耶夫［师长］只剩下3500支步枪。"[15] 西方面军步兵第2军军长A. N. 叶尔马科夫少将6月25日报告说，他的军部及直属部队正在明斯克进行动员。6月24日晚，各师只集合到总人数的10%，随着人员归队，人数在次日恢复了正常。然而，军直属部队没有运输汽车，许多战士也没有军装。[16] 四天后，德国军队接近明斯克时，叶尔马科夫报告说："目前本军处境相当困难：（a）没有弹药；（b）没有燃料；（c）没有粮食；（d）没有运输工具运送补给或实施撤退；（e）与步兵第161师失去通信联系，军的独立通信营兵力严重不足；（f）没有医院（军的医院没有动员）。"[17] 大批诸如此类的报告足以清楚地解释，为什么德军的进攻在几天内就可以使西方面军土崩瓦解。

苏联国防计划强调西南方向（轴线）在战争中的重要性。然而，即便在这个至关重要的防御地区，红军各兵团表现出的缺陷，还是与其他防御地区的苏联军队如出一辙。战争爆发四天后，西南方面军参谋长M. A. 普尔卡耶夫中将向大本营报告说：拖拉机、战斗车辆、运输工具和弹药的短缺"削弱了本方面军的作战能力"。他说："首当其冲的是新组建的步兵兵团和机械化军，尤其是后者。"[18] 方面军司令员M. P. 基尔波诺斯上将6月29日批评步兵第36军及其下属兵团的表现，部分内容是："在战斗中遭到射击的情况下，一些缺少物力支援的分队会裹足不前，堵塞后方地区和道路。"他还提到通信不畅、侦察不力，指挥员表现平平，不能充分控制部队，以及"（步兵第140师和146师）发生的惊慌失措案例，即使在没有看到敌人或只看见小股敌人的情况下，一些分队也会仓皇后撤，沿途丢盔弃甲，分队和部队指挥员却没有采取必要措施来恢复秩序"[19]。

一份对基辅特别军区炮兵部队在战争爆发前状况的总结指出："部队，特别是组建中的部队，只收到很少步枪—迫击炮武器。武器全面短缺，从大口径机枪和冲锋枪，到左轮手枪、手枪、自动手枪、82毫米迫击炮，等等。"[20] 所附清单进一步说明所有各类武器都严重短缺。同一总结接着指出，特别是那些3月至6月新组建的兵团（包括步兵第2军和机械化第5军①）没有足够的武

---

① 译注：原文如此。本页和第192页两次提到这两个军，但步兵第2军属西方面军预备队（见上文和附录A），而机械化第5军是1940年组建的首批机械化军，开战时位于外贝加尔军区。

器，于是后来，他们大体上还没有做好准备就参加了作战。步兵第206、第227和第147师、第5号筑垒地域这样一些正规兵团也如出一辙。战争开始后不久编写的另一份对西南方面军炮兵的详细总结，印证了此前的结论，并且指出现有武器经常很旧，需要修理，同时进一步说明缺乏必要的运输工具，难以移动武器和补充弹药。档案中的大量其他报告也可以详细说明方面军下属兵团令人担忧的战备状态。

一份西南方面军第5集团军战史当中，关于步兵战备水平的详细数字，可以证实兵员和主要指挥人员的短缺："按照战时编制的各步兵师，实际平均人数为10000人，达到所需人数的70%。指挥干部（将军和军官）[1]满员率平均为68%，军士为70%~72%，普通战士为66%。步兵师中驾驶员的人数只够开动60%到70%的车辆。"[21]

虽然第5集团军拥有足够的步兵基本武器，但其他类型武器的缺额很大，缺少所需65%~70%的冲锋枪（PPD）、85%的重机枪和94%的重型高射炮。炮兵缺少37毫米高射炮编制数的50%、军属76毫米高射炮的60%~67%，以及火炮牵引车的50%~60%。这些武器的弹药库存也有类似短缺现象。1941年5月20日以后，6月22日以前，通过征集预备役兵员，平均每个师新增2500名入伍战士和150至200名军士。虽然这使得各师兵力达到12000至12500人，但是这些人中的大多数没能在战争开始前完全融入战斗分队。[22]

因此，从纸面上看，苏联各边境军区的步兵人数众多、实力强大。然而，单纯只看师的数目就会被误导。实际上，这个兵种的大多数组成部分既不满员，又严重缺乏主要武器、通信设备、运输工具和后勤保障，还没有训练有素、经验丰富和业务熟练的指挥员。这个兵种只是外强中干，这也预示着苏联人将会一触即溃。

汽车装甲坦克兵

苏联人对德国装甲兵在1940年法国战局中的精彩表现深感震惊，他们意

---

① 译注：原文将军和军官并列，这是苏联在1943年到1967年之间的称呼方式，这时的陆军军官是指从少尉到上校之间军衔的指挥人员和参谋人员。

识到自己在1939年秋季解散原有的5个坦克军已铸成大错，于是1940年中期又狂热地努力弥补这一错误。[23] 1940年5月初，即将离任的国防人民委员K. E. 伏罗希洛夫和他的继任者S. K. 铁木辛哥联合起草一份情况总结，简要说明了下列问题：

由于装甲较厚的现代化坦克列装较晚，坦克部队的武器发展落后于现代化的要求。

使用坦克部队时如何组织与其他兵种的协同动作，这一问题并没有充分解决。

甚至在有足够数量修理基地的情况下，装甲车辆的修理仍然会被拖延。

无论是数量还是规格，现行修理用零部件的搭配都制订得不合理……

关于战斗车辆在野战条件下的大修和中修，现在的解决方法不正确……

现有汽车和拖拉机的总体使用情况不能令人满意，结果导致军队中出现大批需要修理的车辆。

现有拖拉机的数量不够，不能完全满足炮兵机械化牵引的要求。[24]

因此，为提高红军的机械化作战能力，1940年7月6日，国防人民委员部下令组建9个新型机械化军，并从1941年2月和3月开始另外再组建20个军。[25] 新型机械化军的规模比以前的坦克军更大，按照编制，每个机械化军下辖两个坦克师、一个摩托化师、一个摩托车团、一个通信营、一个摩托化工程兵营、一个航空兵大队和一些小型保障分队。[26] 军下属的坦克师有两个坦克团、一个摩托化步兵团、一个炮兵团、一个反坦克炮兵营、一个高射炮兵营、一个通信营、一个侦察营、一个舟桥营和一些小型保障分队，兵力为11343人（1941年为10940人），共装备60门火炮和迫击炮、375辆坦克（其中有63辆KV重型坦克和210辆T-34中型坦克[①]）。摩托化师下辖两个摩托化步兵团、一个坦克团和一个炮兵团，另外还有一些与坦克师类似的保障分队，共计11650人、98门

---

① 译者：原文此处作270，系笔误。另有轻型坦克102辆（一般为26辆BT-7，76辆T-26各种改型）。

火炮和迫击炮、275辆轻型坦克和49辆装甲车。

每个新型机械化军的编制实力共有36080人、1031辆坦克（包括126辆新式KV和420辆新式T-34坦克）、358门火炮和迫击炮、268辆装甲车、5165台车辆和352台拖拉机。这些新型的军是红军的装甲核心，苏联人也正确地认识到它们是在现代战争中取得进攻或防御胜利的关键。这些机械化军的编制实力远远强于自己同期的德国对手。（苏德双方坦克师和摩托化师的实力对比，见表5.4。）

苏联希望在1942年夏季之前建成自己庞大的新型装甲机械化兵团。尽管他们一再急切地努力加快这个计划，但到1941年6月22日，这些军中的大多数还是严重缺乏兵员、设备和后勤保障，指战员们也都在很大程度上未经训练。第一批组建的九个军驻扎在各边境军区①，相对比较完整，即便这些军也同样存在着重大的战备缺陷，包括兵员短缺、单兵和部队训练极差、保障设备（特别是无线电台）数量不够、后勤系统严重不足（苏联所有机械化军的实力，见表5.5②）。尽管存在上述缺陷，但是这九个军中已有两个（第1和第6）军的坦克数量超出编制数量（尽管不是新式的），也有两个军（第4和第6）的新式坦克数量超过编制要求的75%。其余的二十个军几乎没有做好任何作战准备，只有编制数量53%的坦克。新式KV重型坦克和T-34中型坦克特别供不应求，截至6月22日只有1861辆列装。[27] 在这个总数中，有1475辆不平均地分给西部边境军区中的各军。这些军平均只得到了他们所需重型坦克数量的19%，中型坦克数量的11.2%。另外，还需要16500辆新式坦克，才能为所有机械化军补齐装备，国防人民委员部预计工业部门大约需要至少三年时间才能满足这一要求。在此期间，这些军基本上都会装备少量旧式BT和T-26轻型坦克。苏联指挥员们一心以为很快会有新式坦克替换旧的，于是听凭许多旧式坦克损坏而不加修理。截至1941年6月15日，旧式坦克中有29%需要大修，有44%需要中修或小修。[28]

①译注：实际是，这九个军中的7个在边境军区，其中只有6个战斗力较强（第1、第2、第3、第4、第6和8军）。
②译注：表中实际是西部各军区的20个军。

新型机械化军一共缺少39%的车辆、44%的拖拉机（用于牵引火炮）、17%的摩托车（用于侦察）。[29] 总体来说，各军普通战士的满员率[①]分别为22%~40%，初级指挥人员为16%~50%。有经验的中上级指挥人员和参谋人员的短缺情况甚至更加明显。西部边境军区各军6月22日的人员满员率为75%[②]，装备[③]满编率为53%。西部各军区机械化军中的半数，只装备了所需坦克数量的50%，现代化坦克在各军的分布数量也不平均（坦克的详细分布数字见表5.6）。

许多军还缺少参谋处的各种科和保障部门，后勤机关薄弱，弹药供应不足，也几乎没有指挥员有在机械化战争中维持军队后勤的经验。例如，机械化第15、第16、第19和第22军的参谋处都缺少作战科和情报科。机械化第9军司令员 K. K. 罗科索夫斯基少将的报告表明，1941年4月28日，该军直属部队的工程兵人数只达到编制规定的3%（应有165人，实有5人），物资保障技术人员达到22%（应有489人，实有110人）。[30]

除了人员和装备数量不够以外，这些军的前身是骑兵军和师，许多新指战员都不了解装甲作战的基本知识。即使匆忙组织过一些补习班，这个问题也仍未解决。另外，因为新式的KV和T–34坦克需要保密，所以使用它们训练有一定限制，于是到6月22日，这些军只有20%的人员曾经与这些坦克一起参加过演练。

这些机械化军有不同的隶属关系，这给它们在战时的预定使用方式造成了一些混乱。有些军隶属于沿国界驻防的掩护集团军，有些由军区司令员直接掌握。战争爆发时，波罗的海沿岸特别军区的各军由军区司令员指挥。但敌人推进被制止时，它们就会改由第8集团军司令员指挥，参加预定实施的反突击。西部特别军区的6个军当中，有4个军隶属于各掩护集团军，其他两个军由军区司令员指挥。隶属掩护集团军的军一般位于第二梯队，用以沿预定展开路线和攻击方向对突破之敌发起反冲击。另一方面，军区直接控制的机械化军没有预

---

① 译注：与下文和表5.5不符，此处应为缺编率。
② 译注：按表5.5计算应为71.65%。
③ 译注：这里指坦克。

波的尼亚湾

奥涅加湖

拉多加湖

赫尔辛基

芬兰湾

列宁格勒

10MC

雷宾斯克水库

塔林

佩普西湖

卢加

伊尔门湖

沃尔霍夫河

姆斯塔河

里加湾

1MC

里加

波罗的海沿岸特别军区

瓦尔代丘陵

洛瓦季河

大卢基

大瓦扎河

加里宁

勒热夫

莫斯科

21MC

12MC

德维纳河

别雷

7MC

柯尼斯堡

考纳斯

维尔纽斯

3MC

第聂伯河

斯摩棱斯克

奥卡河

图拉

明斯克

20MC

6MC 11MC

17MC

西部特别军区

布良斯克

23MC

13MC

布格河

14MC

普里皮亚季沼泽

普里皮亚季河

杰斯纳河

库尔斯克

谢伊姆河

华沙

维斯瓦河

别尔戈罗德

克拉科夫

桑河

4MC 15MC 22MC

9MC

基辅

基辅特别军区

哈尔科夫

25MC

8MC

16MC

24MC

19MC

5MC

德涅斯特河

第聂伯河

普鲁特河

18MC

布格河

26MC

28MC

敖德萨军区

锡雷特河

2MC

敖德萨

亚速海

克里米亚

布加勒斯特

多瑙河

黑海

| 0 | 200 | 400 | 600 | 800 |
英里

| 0 | 400 | 800 | 1200 |
千米

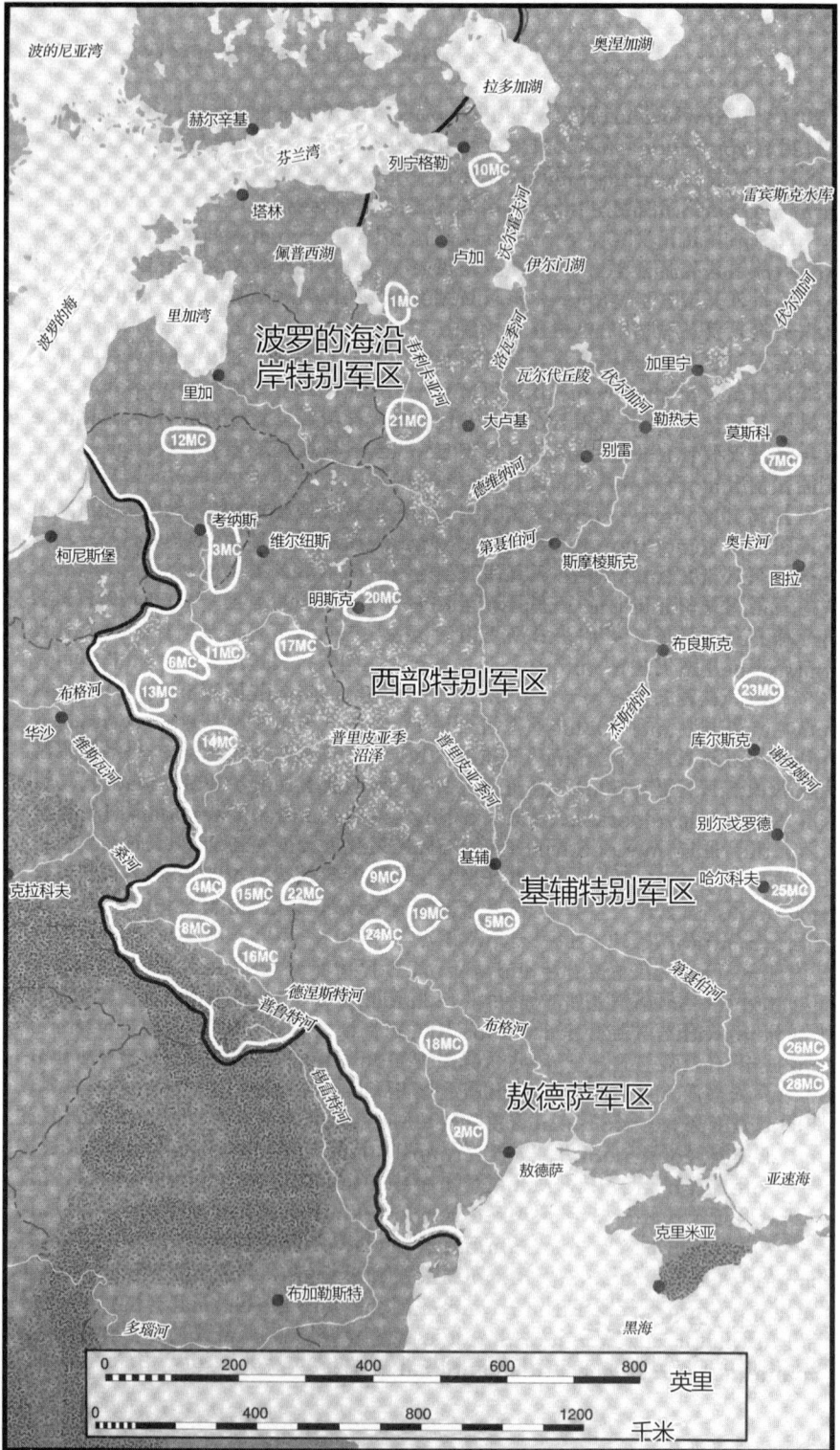

地图 5.1 机械化军的配置图 1941 年 6 月 22 日

一架苏联 TB-3 轰炸机

20 世纪 30 年代后期一次演习中的苏联坦克

飞越红场的苏联轰炸机群

苏联元帅 S.K. 铁木辛哥和基辅特别军区司令员 G.K. 朱可夫大将共同视察基辅特别军区在 1940 年进行的演习

苏联元帅 S.K. 铁木辛哥和列宁格勒军区司令员 K.A. 梅列茨科夫大将共同视察列宁格勒军区在 1940 年进行的演习

苏联元帅 S.K. 铁木辛哥视察西部特别军区在 1940 年进行的演习时，向部队讲话

先规定的任务。虽然在集团军的控制下，可以使用机械化军尽早发起战术反冲击，但这使军区司令员不能集中使用自己的坦克兵，完成更重要的战役任务。

让上述组织和隶属关系问题复杂化的是，西部各军区的机械化军在6月22日配置不当，既不能有效开展防御，也不能有效投入进攻（参见地图5.1）。各军驻地之间相距40公里到180公里，下属各师也很分散，几乎不可能完成快速集结，这些军往往远离自己的后勤保障基地（如果确实有的话），它们又缺乏足够的运输工具，无法充分补给关键的燃料和弹药（苏联各机械化军的地理分布，见表5.7）。

总体来说，虽然存在这些组织、结构和装备问题，但是新旧型号的苏联坦克除了数量更多之外，性能也明显优于自己的德国对手。德国轻型坦克（Ⅰ号和Ⅱ号）比不上苏联的BT系列和T–26，而像Ⅲ号和Ⅳ号这样的中型坦克也被中型T–34和重型KV所超越。[31] 苏联的新式T–34和KV坦克，在火力、装甲和机动性方面都强于德国的任何型号。它们的柴油发动机比德国坦克的汽油发动机更不易燃。T–34的正面装甲只能被50毫米穿甲弹（在500米内）击穿，而KV面对敌军当时所有的反坦克武器都是坚不可摧的。另外，苏联的旧式坦克能够击毁当时任何一种德国坦克。不仅使用柴油机驱动的苏联T–26、BT–5和BT–7坦克可以摧毁所有德国坦克，甚至苏联轻型坦克上的45毫米炮也可以击毁除四号坦克以外的所有德国坦克。

然而，苏联人糟糕的训练和低劣的后勤保障，抵消了他们在数量和技术方面的优势，苏联坦克也常出现汽车技术和驱动系统的故障（发动机和变速器）。许多档案文献表明，战争前夕，许多苏联旧式坦克都被允许在损坏后不再修理，苏联的新坦克又往往都没有校准过火炮，因而无法开火。而且，许多坦克乘员组没有接受过必要的驾驶员和乘员培训。上述问题，再加上德军进攻时达成的突然性，足以抵消苏联在数量和质量方面的任何优势。德国的许多战斗报告可以证实这一事实。最后，德军优秀的训练、组织和后勤抵消了苏联的这些优势。德国人是如此成功和自负，以至于他们直到1941年秋季才完全领会苏联新式装甲车辆的优点，并开始制定对策。

大量红军和德国的作战报告可以证实机械化军的糟糕状态。机械化第12军军长N. M. 舍斯托帕洛夫少将，于6月27日向西北方面军司令部报告该军在德国人进攻之前和经过五天作战之后的状态和战备水平。他首先说，"战争开始前，各式各样的命令和号令让部队置身于训练之外，结果到战斗的第一天，他们表现得一点也不像自己想要成为的摩托—机械化部队"[32]。

后来，按照方面军司令员的命令，军下属各部队逐次投入作战："从作战第一天起，我们就开始接到相互矛盾的战役命令或作战号令，每天两到三次。结果军队被白白地来回调动，这种情况不仅使我们无法合理使用军队和武器履行命令，还让我们集中大兵团作战变得不可能。"[33]

关于该军装备和补给的状态，舍斯托帕洛夫称：

4. 各兵团的作战装备陈旧，已不堪使用，特别是参加过解放西白俄罗斯和开进立陶宛等地的"BT"坦克。

经过第一天的行军，尤其是在第一天的战斗之后，全部坦克"数以十计"地很快出现故障。由于没有零配件，无论在行军还是在作战行动当中，这些车辆都无法修理，即便要修理的话，也只能在战场上就地进行，因为没有拖拉机，无法把它们拖到损坏车辆收集站。大部分装备仅仅出于这个原因，就丢弃在敌占区。

5. 高射炮兵营的炮弹供应很少。于是，举例来说，各炮兵连一共只有600发37毫米炮弹（最初两天的作战早已把这个微不足道的数量用光了），而在这支部队准备参加战斗时，根本没有85毫米高射炮弹，这就是整个军对空防御状态的完整写照……这种情况，再加上我方歼击航空兵从未出现在这个方向，就给敌人提供了全面的制空权。因此，敌人的轰炸机完全可以为所欲为。它们痛击在行军途中、渡口和休息中的部队，不仅摧毁装备和制造伤亡，还会降低部队的战备水平。在一天内完成一次行军的过程中，敌航空兵总会成功地轰炸这支或那支部队两三次。仅1941年6月26日一天，敌航空兵就击中并烧毁了7台战斗车辆和大约20台运输车辆……

6. 虽然战争开始前一再要求配发152毫米炮弹，但各师仍然没有得到。我们有必要考虑强化装备，因为很难认为现有旧式装备还具有作战能力（BT和旧式T-26）。

7. 军队物资供应令人满意。干粮供给正常。指挥人员的食物供应不好。

8. 在作战行动中，指挥人员表现出极低的"严格性"，出现胆怯现象……

11. 指挥人员的牺牲人数非常多。例如，坦克第28师中的一个坦克团，在一次战斗中就伤亡了一位副团长、两位营长和一位政委。

12. 已发现指挥人员不情愿消除江湖义气。

13. 由于日常任务繁重，人员普遍感到疲劳。

14. 由于缺少无线电台，军队的指挥与控制薄弱。有线通信不稳定。由于各师位置分散，建立有线通信的工具数量不够。无线电通信几乎完全不起作用。在作战过程中，唯一通信手段是通信员。[34]

6月29日，机械化第21军军长D. D. 列柳申科少将报告，他的军已在德文斯克①附近投入战斗，并承认该军只剩下军指挥机关和"仍保留着坦克第42、第46师和摩托化第185师番号的几个混编集群"。他进一步解释说："本军各部队事实上缩编成几个摩托化集群，这意味着损失了很多长期服役的老战士和年轻战士。因为战争开始时本军尚未完成组建，也未开展过专业训练，所以除了临时训练场里有少数几辆坦克以外，军里没有坦克。"他在报告结尾处声称："尽管缺少装备，燃料、弹药和食物也不够，但指战员的情绪还是很高涨。"[35]

1941年7月11日，西北方面军主管汽车装甲坦克兵的司令员助理韦尔希宁②少将，向红军汽车装甲坦克总局局长Ia. N. 费多连科中将发出电文："直到今天，我才得以向你首次报告西北方面军坦克兵的情况。"韦尔希宁的报告一开始说：

我的总体印象是：坦克的使用方式不对，没有步兵伴随，也没有与炮兵和航空兵协同。最严重的是，机械化军现已不复存在，因为库兹涅佐夫上将［西北方面军司令员］把各机械化军一点一点地消耗殆尽，导致装备的巨大损

---

① 译注：即拉脱维亚的陶格夫匹尔斯。
② 译注：原文称韦尔希宁少将是方面军副司令员。

失，在其范围之内前所未有。［西北方面军汽车装甲坦克局局长］波卢博亚罗夫［上校］将会提供详细的数字，我只说明一下各部队还剩下什么。例如，［机械化第21军军长］列柳申科［少将］只剩下25辆 KV、10辆 T-26、4 辆BT和2辆T-34。机械化第1军的坦克第3师只剩下35辆BT。损失的坦克本来都可以修理，但我们迫于条件限制不得不把它们全部丢弃在战场上。[36]

韦尔希宁抱怨坦克缺少后勤保障和抢救工具，坦克部队的指挥与控制非常糟糕。因此，"我方军队常常还没见到德国人，只受到航空兵和小股坦克袭扰就撤退，而且往往只是遭遇到德军炮火"[37]。

同一天，P.P.波卢博亚罗夫上校向费多连科简要报告他的机械化军的情况，概述了各军缺乏准备的后果。部分内容如下：

现简述机械化军各兵团的作战如下：

a.（库尔金的）机械化第3军已不复存在。库库希金正在编写详细报告。目前，从合围圈里带出并已集结起（索汉金的）坦克第2师的400人和一辆BT-7坦克。

坦克第5师同样已在一系列合围中消耗殆尽。尚未统计到任何人员生还。可能在西方面军的队伍当中会找到该师余部[①]。

摩托化第84师基本上还没有加入作战就开始后撤，并与步兵第16军一起多次陷入合围。

b.机械化第12军已连续战斗12天。起初，库兹涅佐夫在作战中使用大型坦克集群，但既没有步兵伴随，又没有炮兵和航空兵协同。随后，他又进行了几十次局部反冲击……两个坦克师一共只剩下最多80辆接近报废的坦克和15—17辆装甲车……

c.机械化第21军已不再是一个机械化兵团。其摩托化步兵通常只是加强了几辆坦克的普通步兵……

———————————————

① 译注：下文西方面军的报告中提到相关内容。

d. 机械化第1军……目前剩下不到100辆坦克……

e. 1941年7月10日起，机械化第10军的坦克第21师已转由方面军指挥。该师由一个坦克团、一个摩托化步兵团、一个炮兵营和其他师属部队组成，大约有100辆旧式T-26坦克。

零配件的情况非常困难……正常的物资补给实际上直到1941年7月11日—12日才开始。[38]

随后，波卢博亚罗夫列举出导致一系列惨败的原因，其中包括：机械化军在没有其他兵种协同的情况下就过早投入战斗；高级指挥机关完全失去指挥与控制；坦克师内部的指挥与控制很差；没有得到空军的任何支援；旧式坦克（T-26和BT）的技术使用状况岌岌可危；而德国人的侦察和反坦克武器的运用非常出色。波卢博亚罗夫总结道："方面军所有的机械化兵团都已不复存在，我们只剩下一些严重减员的坦克部队，无法再执行任何重大任务。"而且，"方面军的机械化兵团和全部军队都缺乏所需最低数量的运输工具。在动员过程中，国民经济只为方面军提供了所需10000台车辆中的大约200台"[39]。

1941年7月23日，西北方面军的机械化第21军军长列柳申科，完整报告他的军在战争开始时的状态和在战争初期的表现：

［本军］1941年4月才开始组建，原预计（根据总参谋部计划）不早于1942年完成全部作战物资的补充……战争开始时，本军满编程度为80%~90%，［但是］这些人中70%来自4—5月间的征集……本军的物资保障部队只得到所需10%~15%的（轮式和特种车辆）……本军向前线展开时，缺少相当数量的火炮、轻重机枪、自动步枪，甚至迫击炮。大多数76毫米火炮都缺少广角（观测）镜，小口径高射炮则缺少测距仪（两者分别在战争爆发的前后各两天才到位）。[40]

列柳申科抱怨指挥人员和战士的训练都很糟糕，并说由于缺乏训练和武器不足，他不得不把17000人留在冬季驻地补习和训练。列柳申科说，就在他报告的同时，这17000人正在设法前往位于后方的奥斯塔什科夫，"在这个过程中，食物供给和训练都遇到了极大困难，不论是第22集团军还是任何其他补给机关，都不愿为本军第二梯队提供补给，认为事不关己，同时，［他们］却采取最果断的措施，窃取我第二梯队的干部和装备，使我不可能重整机械化军"[41]。

按照列柳申科所说，这个军第一个月的作战伤亡为6284人，占其作战兵力的60%。这些损失部分源于这个军所遇到的问题，他随后如下描述道：

> 虽然极度缺少火炮、轻重机枪、自动步枪和迫击炮，以及所有类型的通信设备（现有的通信工具甚至连控制炮兵火力都不够），还严重缺少指挥人员和政工人员，参谋人数也不够，但是本军仍在继续战斗，其战斗精神没有动摇，不过由于没有人员和物资补充，干部也正在遭受相当大的损失，本军不能坚持很长时间。

机械化第12军原军长舍斯托帕洛夫少将牺牲后，格林贝格上校担任代理军长，他7月29日报告说，他的坦克第28师投入战斗时缺少其摩托化步兵团（军的配置分散和军区的命令所致）。完全没有对敌侦察的情报，由于缺少电台，无线电通信不起作用，补给毫无进展，燃料和弹药不足导致该军无法继续作战。结果，他的军在参战后的最初两周，总兵力就从28832人下降到17000人以下。[42] 附带的几份报告生动地描述了以坦克为主的旧装备故障、指挥与控制不力，以及灾难性的后勤情况。

另一方面，8月2日，机械化第1军参谋长利马连科上校形容他的军"人员齐整、作战物资充足，并已做好充分的作战准备"。尽管以这样的评论开始，但利马连科在下文还是指出，该军的通信兵和工程兵尚未补充到位，也没有KV或T–34坦克（20辆T–34直至作战开始后才运到）。[43] 然而在此前一天，利马连科却发布过几项号令给该军下属部队，指出作战中的一长串缺陷，并要求予以整改。[44] 在这些缺陷中，他列举出参谋工作中过分的"形式主义"，降低了部队的效率，参谋工作能力差、情报收集能力很差或者根本没有、通信混乱，所有这些都降低了该军的作战能力。

由于苏联军队在西部方向的一败涂地，他们的记录或是被销毁，或是被敌人缴获，现存关于西方面军各机械化军战备水平和战争初期作战表现的作战报告数量较少。不过，有些报告确实保存了下来。

现存少数师级报告之一，是机械化第6军坦克第7师师长S. V. 博尔济洛夫少将1941年7月28日所写。博尔济洛夫说："机械化第6军通常不被当作机械化兵团使用，而总是在敌航空兵［不断地］打击之下，被从一个方向投入到另一个方向。"[45] 博尔济洛夫抱怨说他的师和友邻师都零敲碎打地投入作战，因而该师无法抗衡德国人以坦克、步兵和炮兵组成的小型合成战斗群。

博尔济洛夫遭遇的挫折反映出苏联机械化第6军和第11军遭遇的问题，他们向由东普鲁士经维尔纽斯攻向明斯克的德军南侧翼发动反冲击，但没有成功。这两个苏联机械化军始料未及的是，德国第三装甲集群的坦克快速冲向位于纵深的明斯克，只留下加强有炮兵和几辆坦克的步兵兵团，在格罗德诺以南迎击苏联人的反冲击。更让苏联人难堪的是，他们的机械化进攻遭到德军航空兵和反坦克炮重创，陷入彻底失败。负责协调这次机械化反冲击的第10集团军司令员，收到西方面军发来的一封电报，其内容反映出苏联人的挫败感正与日俱增：

为什么机械化军现在不进攻？这是谁的责任？尽快开始你的作战，不要惊慌失措，并承担起责任。你必须有组织地打击敌人，但不要失去控制。

你必须知道每个师在哪里，在什么时间做什么，结果又是什么。

为什么你没有下令让机械化军进攻？

找到步兵第49师和113师在哪里，并把他们带出来。

改正你的错误。前送燃料和弹药。最好在现地解决配给问题。

记住，如果你不积极行动，军事委员会就不会再容忍。

［签名］巴甫洛夫、福米内赫[①][46]

---

① 译注：福米内赫是西方面军军事委员会委员。

　　这项训令是西方面军下属三个前线集团军指挥与控制问题的典型表现。不久,西方面军就全面失去控制,各个兵团不得不各自为战。在接下来的混战中,所有机械化军和方面军主力一起,在几天之内全军覆没。现存一些零星的苏联文献记录了这场大屠杀。西方面军6月25日发给红军总参谋部的状况报告,显示出机械化军在最初几天已损失惨重。"坦克第4师和骑兵第6师位于因杜拉及以西地区。坦克师第4师〔属机械化第6军〕报称,该师已没有弹药。该军军长报告损失已达50%。"[47] 当天晚些时候又报告:"西北方面军的坦克第5师余部集中在莫洛杰奇诺东南5公里处,共有3辆坦克、12辆装甲车和40辆卡车。"同一份报告也记录着机械化第14军的覆灭:"机械化第14军经过全天的积极防御和多次反冲击,人员和物资损失惨重。至1941年6月25日该军已不再有战斗力。[48]"

　　西方面军6月27日发出的一份状况报告显示,机械化第6军的坦克第4师损失了20%~26%的坦克,但在结尾处乐观地指出:"KV坦克不会被轻易击毁,即便被炸弹直接命中。"[49] 报告还提到机械化第13军的"余部",并说"在1941年6月26日20时整,机械化第20军正在向自己的防御地带徒步集中"。[50]

　　7月29日,西方面军汽车装甲坦克局的局长伊万宁上校,向红军汽车装甲坦克总局局长简要报告方面军各机械化军的状况和方面军司令部脱离现实情况的程度:

　　整体而言,机械化第6、第17和第20军都在作为步兵〔部队〕作战,没有机械化第11军的任何消息,机械化第14军正在前往斯摩棱斯克。

　　总体物资损失在70%~80%之间。机械化第7军的各部队正从外贝加尔军区运到这里。坦克储备的一个前方仓库已经开始运作,还有两个正准备展开。修理和抢救工具正在后方组织并投入运转……截至1941年6月29日,尚未从各集团军坦克兵首长那里得到任何消息。[51]

　　当天晚些时候的报告指出,各机械化军余部的燃料和弹药状况日益恶化,但在这天以后,方面军的每日作战汇报显示,已完全与第3和第10集团军及其下属机械化军失去联系。伊万宁上校7月1日的报告反映出这种情况:

坦克兵的现状是：机械化第6军——后勤遭到破坏，现有装备仍在战斗。据推测，其损失约在30%~40%之间。尚未收到机械化第11军和第13军的消息，机械化第14军已损失全部装备，正撤往斯摩棱斯克重建。机械化第17军和20军仍在前线作为步兵军坚持作战，其损失不明。必须首先为机械化第14军，然后是第17军和第20军补充配备人员的新式装备……现在，尽管经过多次尝试，但还未收到现存和损失装备的准确数字。待收到准确数字后，我再另行报告。[52]

后续报告指出，第3和第10集团军余部已到达明斯克以东苏联人的防线，但这两个集团军的主力，包括机械化第6军和第11军，据推测已损失殆尽。

1941年8月5日，伊万宁上校向已是副国防人民委员的Ia. N. 费多连科少将[①]提交了一份详细的汇报，回顾了6月22日西方面军各机械化军的状况。[53]他在报告中提到：除机械化第5、第6和第7军以外，方面军下属各军（第11、第13、第14、第17和第20军）实际上都只有所需作战和支援装备数量的15%~20%、火炮和拖拉机数的10%~15%，同时76毫米和45毫米炮弹的数量也不够。仅有的坦克都是平均只剩下75至100个摩托小时的旧型号，由于缺少装备，不得不采用步兵而不是坦克兵的训练计划。因此，"虽然机械化军原本按照坦克兵的全部计划进行过战术训练，但是在大多数情况下，由于没有足够数量的编制装备，他们不得不作为步兵参战"[54]。

虽然燃料和油料供应足够维持最初几天作战，但由于敌军的行动和缺少运输工具，大多数部队后来就出现了严重的补给问题。再加上各机械化兵团配置得比较分散，导致这些军参加作战不久即损失惨重。报告接下来列举了物资和训练方面的缺陷，这些缺陷使当时和后来的坦克作战代价高昂却徒劳无功。其中最严重的缺点是缺少空中侦察，坦克与支援兵种之间协同不力，必要的炮火支援也完全没有。

伊万宁接下来带着一种盲目自信的态度，描述了机械化军的具体问题：

---

① 译注：应为中将，《苏联军事百科全书》中费多连科在1942年12月兼任副国防人民委员，也有资料说他自1941年7月20日起担任副国防人民委员，本书采用此说。

西方面军开始作战时，在所有机械化军中，只有机械化第6军齐装满员。

机械化第14军两个坦克师的轻型坦克数都达到应有数量的50%，机械化第11军只有一个坦克师的轻型坦克数也达到50%。其他军（第17军和第20军）缺少作战装备，只围绕几辆训练用的坦克，组建了几支没有装备的独立坦克部队。机械化第6军坦克第7师师长博尔济洛夫坦克兵少将评价说："现阶段我们没有必要编组为军，［我们］只需把自己的部队编组为坦克师和独立团，就能更好地应付德军的战术。"后半句的立场完全不正确。我们不需要应付敌人的战术，而是应当迫使敌人应付我们的战术。

机械化军在装备齐全的情况下，本可以完成集团军规模的任务，甚至方面军规模的任务。然而，机械化第6军在战争开始时的作战，以及机械化第5军和第7军的后期作战并未获得重大战果。

他们未能成功的原因如下：

1. 缺乏空中侦察和航空观测，导致盲目行动。

2. 由于没有作战航空兵协同，再加上自身炮兵薄弱，导致在完全没有压制敌防御的情况下，就仓促投入进攻。

3. 由于没有歼击航空兵的掩护，敌俯冲轰炸机可以肆无忌惮地使用含磷炸弹［凝固汽油弹］轰炸我们的坦克。

4. 在整个方面军进行防御战役的情况下，错误地选择不利地形，未能保持机械化军与步兵、炮兵和航空兵的通信联系，让他们单独发起进攻战役。

结论：机械化兵团当然没有失去自己的重要性，它们仍然是集团军和方面军司令员手中强有力的突击力量；但不能脱离其他兵种孤立地使用它们，相反，应当充分按照战役的总体设想，而且必须在航空兵的有力保障下使用它们。[55]

另一份对西方面军汽车装甲坦克兵6月22日至7月13日作战行动的总结报告，表现出与伊万宁同样的不满："机械化第14军三天内就失去了战斗力，主要原因是［它］缺乏准备，行动不够熟练，没有航空兵火力支援，缺少反坦克和防空武器，与步兵的协同薄弱，后勤组织和保障不力，同时还有敌人进攻的突然性和敌航空兵的有力行动。"[56]

1941年7月初，西方面军在维捷布斯克西南的列佩利把新锐的机械化第5和第7军投入作战，试图挡住德国装甲集群的先锋。7月6日和7日，这两个军在第20集团军的控制下，向德国第三十九和第四十七摩托化军的先头部队发起进攻，经过两天激战，苏联这两个军损失惨重，被迫撤退。与苏联西部各军区的那些机械化军不同，机械化第5和第7军曾有足够时间集结并策划自己的进攻，然而，他们的作战效果依然别无二致。

在对机械化军表现的诸多批评中，有一份是第20集团军司令员P. A. 库罗奇金中将7月8日所做的总结。他批评这两个军行动笨拙：

机械化军两天来的作战经验表明，实施坦克作战时存在以下不足：

1. 小型坦克分队（连和排）进攻时主要沿道路呈纵队鱼贯前进。遭遇反坦克炮火时，先头坦克通常会被击毁，后续坦克不是迅速展开，攻击并消灭敌人，而是惊慌失措、原地踏步，还经常撤往后方。

2. 作战过程中，分队和部队不会独立实施机动。坦克遇到防坦克阵地或障碍物后，要么试图正面进攻，要么干脆撤退，既不利用自己的机动性，也不绕过敌人的防坦克地域，更不试图寻找绕行路线。

3. 坦克、步兵和炮兵之间缺乏协同……

4. 团长和师长不是集中兵力对敌展开大规模、决定性的进攻，而是毫无必要地派出大量各种侦察和警戒集群，分散了自己的兵力，削弱了坦克突击力量。

5. 报告和通信的状况极其恶劣。部队和兵团首长的指挥位置被指定在坦克里，这样他们就不能使用自己的电台与上级指挥机关通信。也没有人负责向上级指挥机关通报情况。这些首长经常歪曲和混淆敌人的动向、自己部队的状况、战斗的特点和具体表现，并因此造成损失。没有人对这样恶劣的事情负责。

6. 建立后方警卫和防御支队、保障后方秩序的命令没有执行。没有贯彻执行行军纪律。多达百辆的坦克自作主张，漫无目的又毫无必要地开上道路，搞得路上摩肩接踵，破坏了正常交通秩序。战士有时单个，有时成群结队地在后方游荡，而不是出现在他们自己［应该在］的地方。[57]

　　库罗奇金的总结以一系列语气强烈的号令结束，旨在纠正上述缺点。机械化第7军军长V. I. 维诺格拉多夫少将和机械化第5军军长 I. P. 阿列克先科少将发出许多命令和报告，细化了库罗奇金所指出的问题，包括维诺格拉多夫严厉谴责他的指挥员忽视从战场上抢救坦克的措施，指出"这等于是犯罪"[58]。

　　红军汽车装甲坦克总局作战训练处处长博尔齐科夫少将，后来这样总结这两个军的参谋工作："[机械化第5和第7]两个军……参谋工作很差，反应迟钝，况且更糟糕的是，许多装备[坦克]只因没有及时修理就落入敌人手中。无论是师、机械化军、集团军，还是方面军都没有组织修理和抢救。既没有备份零配件，又没有橡胶[轮胎]，补给也很差。这两个机械化军没有航空兵，因此，他们只能盲目行事，有时还会……失去通信联系。"[59]

　　1941年8月4日，机械化第6军坦克第7师已经徒有其名的师长B. S. 瓦西里耶维奇少将，向红军汽车装甲坦克总局报告了他的师在战争头五个星期里的表现。与很多其他师不同，瓦西里耶维奇师曾经几乎齐装满员，拥有编制战士人数的98%和各级指挥员人数的60%~80%。该师的348辆坦克中，有51辆 KV和150辆T–34。坦克师第7师的"致命弱点"是其补给状况。该师向战场开进时，只有1—1.5个基数的76毫米炮弹（还没有供坦克使用的穿甲弹），3个基数的汽油和1个基数的柴油。在战争的最初两天里，该师按照一些混乱的命令先后开往三个不同的集结地域。由于这样过度运动，燃料很快耗尽，该师不久就陷在格罗德诺以南动弹不得。[60]

　　这些零星的作战汇报和分析总结，充分记录着西方面军各机械化军的命运。这些文件清楚描述着6月22日这些军的状况，按时间顺序记述着他们的作战能力，这样的能力最终导致他们在不到两周的作战中几乎全军覆没。

　　西南方面军各兵团的大量报告也暴露出类似问题，尽管苏联机械化军在这里表现得比其他方面军的兄弟军成功得多。个别机械化军和下属师在战争初期的作战汇报保存得相当完整，记录着这些兵团的表现和艰难处境。例如，西南方面军第一个投入战斗的机械化军是I. I. 卡尔佩佐少将指挥的机械化第15军，该军于6月23日和24日在布罗德以北进攻德国第一装甲集群南侧翼。机械化第15军坦克师第37师师长阿尼库什金上校，在6月28日所做的作战总结中，描述他的师在苏联这次不成功的反击过程中的表现。回顾一周以来的作战时，他的结论是："摩托化第37团未能充分做好准备，完成自己的任务，"并说"由于在1941年6月22日至26日期间使用不当，以及原有车辆中有些已在技术上无法修复，[军的]作战装备需要重新检查"[61]。

机械化第8军军长D. I. 里亚贝舍夫少将后来所做的详细报告，按时间顺序记录着在布罗德以北针对德国第四十八装甲军的大规模反冲击期间，他的军有力却未能成功的作战行动。里亚贝舍夫指出，他的军"在投入战斗前已平均开进495公里，近50%的战斗车辆因损坏而被丢弃在道路上"[62]。里亚布舍夫的报告最后得出以下结论：

1. 战争开始时，本军尚未得到编制规定的全部装备。例如，编制中有126辆KV坦克和420辆T-34坦克，而在6月22日，只有71辆KV[其中5辆正在修理]和100辆T-34。新式坦克的保有率为25%~30%。

大多数KV和T-34坦克驾驶员只接受过3至5个小时的驾驶员业务培训。本军的装备和人员实际上始终没有参加过战术演习，也未进行过行军训练或基本战斗类型的实战检验。能作为战术整体的部队不高于连、营两级，个别情况下能到团级。在师和团级的行军作战中，这是指挥与控制组织薄弱的主要原因。

2. 6月22日至26日间，本军完成了超出条令正常规定的密集"超强"行军……因此，40%~50%的作战车辆由于技术原因损坏……

5. 本军与航空兵之间缺乏协同……在主要作战方向上的最关键时刻，本军得不到航空兵掩护，也无法了解敌人行动的情况和特点。

9. 由于本军缺少抢救工具，方面军和集团军的抢救勤务也陷入混乱，造成了大批装备不必要的损失，同时因缺少随军队开进的零配件，导致大批装备没有经过必要的技术修理而就地丢弃。

10. 某些指挥干部不熟悉摩托机械化部队的战术运用知识，对作战装备和武器的技术能力认识也不够，所以他们为本军分派任务的目标、时间和空间，经常会超出本军实际能力。[63]

1941年7月13日，卡尔佩佐将军受伤后临时代理机械化第15军军长的叶尔莫拉耶夫上校，对这个军在6月22日的状况、战争前三个星期里的表现和

7月中旬的现状进行过全面分析。他用图表形式展示了该军战争开始时的实力（见表5.8和5.9）。[64] 尽管该军下属的兵团和部队平均只有50%的中上级指挥人员和16%~75%的初级指挥人员，但它们的战士人数还是达到编制规定的63%~131%。该军的两个坦克师分别有318辆和272辆坦克，其中共有69辆T–34和64辆KV，但与大多数军一样，其摩托化师缺少所需的作战武器和运输工具。叶尔莫拉耶夫随后描述了该军的战备状态：

机械化第15军参加作战时尚未完全组建起来……

［坦克第37师的］摩托化步兵团没有组建完成，人员不齐，也未受过训练，驻地距离师150公里，却没有运输工具。

炮兵团总共有12门没有瞄准具的122毫米火炮、4门152毫米火炮和5台拖拉机。其余火炮没有拖拉机，仍位于克列缅丘格地区。当时只能展开一个122毫米炮兵连，四天后，国民经济提供的拖拉机又前送了4门152毫米火炮。

舟桥营位于利沃夫以南德涅斯特河上的一个营地，在战争的第一天里遭到敌机轰炸……炮兵第10团、高射炮兵第10营和摩托化步兵第10团的团炮兵位于亚努夫[①]地区的训练场。

摩托化第212师的红军战士基本满员，完全没有人员输送车辆，甚至无法保障弹药、食品、燃料和润滑油的汽车运输，也无法运送武器。

炮兵团有8门76毫米火炮、16门122毫米火炮和4门152毫米火炮，但只有可供一个营使用的牵引车，也没有任何后勤。

军直属摩托车团有100%的人员和30%的指挥干部……［但是］只有5辆装甲车、74辆摩托车、5门45毫米火炮、1039支步枪和4挺机枪。

人员没有受过训练，甚至从未开过枪。

在其他军直属部队，即通信营和工程兵营里，战士们都是征集后经过初步训练的年轻人，但中级指挥干部人数不够，以至于军士在指挥连。这两支部队根本没有组建起来，也无法执行作战任务。[65]

---

① 译注：原文为Ianuv，似是亚沃罗夫笔误，亚努夫属波兰，当时是德占区。而亚沃罗夫至今仍有乌克兰军队的训练基地。

叶尔莫拉耶夫的详细报告里，不仅有该军每日作战行动的翔实叙述，还有该军的作战损失和坦克实力的流水账，可以生动展示该军在作战中迅速崩溃的过程（见表5.10）。

叶尔莫拉耶夫对他的军的作战表现做了全面批评。该军逐次向前展开且宽度过大，再加上因一个坦克团陷入沼泽地带而造成的延误，使他们被德国人各个击破。由于缺少编制规定的六部无线电台，通信充其量只能算勉强维持，同时侦察工作极差，该军几乎在盲目作战。最重要的是，在普遍缺乏行军纪律的情况下沿道路长途开进，作战时又没有任何修理或抢救能力，也缺乏关键的燃料和弹药补给，导致该军的坦克实力急剧下降。收到的命令含糊不清，朝令夕改，军的隶属关系频繁变动，只能让形势更加混乱，失败来得更快。

西南方面军汽车装甲坦克局局长莫尔古诺夫少将，针对各机械化军的表现编写了一系列全面总结，列举出方面军的这些军遇到的各种问题。在6月30日发给方面军军事委员会的报告中，莫尔古诺夫回顾了自战争爆发以来各机械化军的行军距离，以及这次行军造成的坦克和车辆引擎大批损坏。他这样描述这次行军对装备的作战准备和后勤系统造成的不良影响：

各机械化军完成行军和对敌作战的同时，自始至终没有，也不可能有一天的时间来检查、调整或修理装备。因为他们没有抢救工具，距离固定修理机构又远，建制内修理和装配部队缺少修理器材，又未得到在A、B两种动员时才能提供的修理器材，所以因技术故障导致大批装备损坏。

到目前为止，由于各部队均未收到KV和T-34坦克的零配件，部队自己无法进行常规和中期修理。

在敌空军、反坦克炮和炮兵火力攻击下，通过遍布森林和沼泽的地形，完成艰难的长距离行军后未进行技术检修，又因缺少装备零配件无法修复［装备］，这些原因导致的坦克损失占战争前九天里总损失数的很大比例。根据很不完整的统计，这部分损失已达各坦克兵团作战装备总数的25%~30%。[66]

7月1日，莫尔古诺夫向方面军军事委员会发送了一份状况报告，总结了方面军各机械化兵团在作战一周后的现状，并要求军事委员会寻求大本营的帮助，恢复方面军的机械化战斗力：

1. 机械化第8军已失去作战能力。在布罗德和杜布诺地区的作战中，［该军］80%~90%的作战装备都损失在战场上，无法抢救出来，因为战场已被敌人控制。

2. 机械化第4军——正在查明部队的位置和军的现状。

3. 机械化第15军在斯坦尼斯拉夫奇克、洛帕京、拉德科夫和托波鲁夫地区的作战中损失惨重，该军在1941年7月1日只剩25%~30%的作战能力。余部正撤往扎洛日齐新城、多布罗沃德和科贝拉地区。

4. 机械化第22军坦克第41师正在掩护科韦利方向。摩托化步兵215师作为步兵第15军的一部，正后撤到斯托霍德河。我们正在核实这个师的战斗力和装备损失。

5. 机械化第9军实际在作为一个步兵军作战，正在克列万地区沿斯图巴河进行防御。

6. 机械化第19军实际在作为一个步兵军作战，正在科斯托波尔地区沿扎姆齐斯科河进行防御。

7. 机械化第24军正在准备扬波尔至热斯纽夫卡一线的阻击阵地。这个军尚未投入作战。我请求：

加快撤出机械化第4、第8和第15军，其任务是迅速为他们补充装备，补齐人员，并使其做好全面作战准备……[67]

莫尔古诺夫接着补充说："加快补充现有各军（第4、第8、第9、第15、第19、第22、第24军）"的装备，并在未来"内地各军区再组建机械化军时，需待其完全组建完毕之后，才调往前线"[68]。

莫尔古诺夫在7月3日所做的另一份报告中说：

没有KV和T-34坦克适用的抢救工具和零配件；装备出厂时存在缺陷；缺少熟悉［坦克］的训练有素的乘员组；对敌人反坦克火力的侦察不力；在开进途中、集中地域和攻击过程中遭到敌机全面轰炸；在没有航空兵掩护和炮兵协同的情况下，穿越［坦克］难以通过的森林—沼泽地形进行800至900公里的长途行军；敌人占据明显优势，并负隅顽抗；KV和T–34坦克没有穿甲弹，所有这些因素共同导致机械化军蒙受巨大损失，也使军的余部仍然不能做好作战准备。[69]

莫尔古诺夫抱怨说，没有用来拖曳火炮的拖拉机，也没有补充弹药用的卡车，并提出了一份全面解决后勤问题的补救措施清单。奇怪的是，居然在战争的这个阶段，他就指出KV和T–34坦克的装甲需要加厚，以防御德国反坦克炮。

一如西北方面军和西方面军的情况，组织、指挥与控制方面的困难也在作战初期困扰着这里的机械化军。方面军司令员M. P. 基尔波诺斯上将在7月3日发给下属各集团军的一份电文中指出："十天以来使用机械化兵团的经验表明，军事委员会和集团军参谋对机械化兵团作战的组织和控制薄弱。"[70] 基尔波诺斯特别提到汽车装甲坦克兵与配合兵种的协同不力，缺乏后勤保障，没有开展车辆抢救工作，以及部队报告程序的错误。

莫尔古诺夫7月17日完成了自己最详细的报告，文中展示出一幅西南方面军各机械化军战备状况的生动而令人不安的画面：

1941年6月22日，西南方面军有8个机械化军和1个装甲列车营。各机械化军的组织结构还没有充分建立起来，也未补齐作战装备。最有战斗力的几个机械化军是第4、第8和15军，但即便在这些军里，摩托化师的坦克团也只有训练车辆。各摩托化师均无作战车辆。

其他机械化军的战备情况如下：在机械化第16军里，坦克第15师是唯一有战斗力的师，但只有旧式装备；其他师只有训练装备和武器［总数］中的一小部分。机械化第19军中只有坦克第43师有战斗力，但同样是旧式装备。机械化第22军中只有坦克第41师有战斗力，装备是T–26坦克和31辆KV坦克；其他师只有训练装备。机械化第9军有战斗力的坦克第35师，其一个团的主要装备是单炮塔或双机枪塔的T–26坦克；其他师只有为数不多的训练装备。装甲列车营有两列轻型和一列重型装甲列车。作战行动开始时，西南方面军的机械化军共有坦克4297辆、装甲车1014辆。

按型号计，坦克[①]总数中有：265辆 KV、496辆 T-34、1486辆 BT、1962辆T-26、44辆T-35、195辆T-28、88辆T-40、749辆BA-10和365辆BA-20。

仅计各机械化军，共有半履带和辅助车辆12506辆。

机械化军的武器装备是如此短缺，以至于在战争第一天，机械化第9、第16、第19、第22和第24军的坦克团，由于缺乏专业装备，不得不配备45毫米和76毫米火炮作为反坦克炮兵团使用。

西南方面军的汽车装甲坦克兵，就是在这样的物资条件下向前线展开的。[71]

关于各军的作战表现，莫尔古诺夫写道：

在25天的战斗过程中，所有机械化军在执行消灭敌人的任务时，都遭到相当大的装备损失……

造成大量损失的主要原因是：人员训练不足，特别是1941年春季征集的人员训练不足、敌人的反坦克炮火、空袭、技术故障、在森林沼泽地形作战。

此外，下至各兵团，上至集团军，都没有直接的抢救工具，也没有及时提供拖车，以便将损坏装备从集团军的收集站后送到［后方］修理机构，导致很大一部分作战车辆因技术上无法修复而报废。[72]

因此，按照莫尔古诺夫的说法："1941年7月17日，所有机械化军都因缺少装备，已无法按照真正的机械化军做好作战准备。"

8月5日，西南方面军主管坦克兵的司令员助理[②]B. T. 沃利斯基少将，发给副国防人民委员 Ia. N. 费多连科一份长篇报告，重申机械化军遇到的问题。沃利斯基首先简要汇报各军的组建过程和在6月22日的状态："后来改组为西南方面军的基辅特别军区，下属机械化军有第4、第8、第9、第15、第19、第22和24军，其中第4和第8军在1940年秋季开始组建，其他军在1941年4月组建。

---

① 译注：这是坦克和装甲车的总数。
② 译注：原文为副司令员。

因此，完成组建工作的时间极不充分，况且新建机械化军还长期缺乏作战物资和装备。"[74] 沃利斯基补充说："截至8月1日，西南方面军编成内仍没有哪个机械化军是配备作战装备的战斗集体，只有基本骨架。"[75]

沃利斯基批评这些军作战使用不当、缺乏侦察、后勤保障不足、指挥和参谋人员严重缺乏准备、通信不力、全体指挥员都没有个人主动性，以及一大批次要缺陷。种种问题加在一起，构成了这些军作战准备的一张令人沮丧的马赛克拼图。

沃利斯基的批评回响在许多苏联战斗文书的字里行间。坦克第41师师长P. P. 巴甫洛夫上校7月25日写道：直至战争开始后四到五天，他始终未收到自己上级机械化第22军的命令，虽然军长"知道师的集中地域"[76]。该师的炮兵团组建完成后"甚至一台拖拉机也没有。31辆KV坦克……没有一发炮弹。高射炮兵营也没有一发炮弹。轮式车辆总数离编制要求还差700台，截至那时，我们还没有从国民经济中接收过这种车辆"。虽然该师两个坦克团的坦克数量达到所需的95%，其中还有31辆KV（另有312辆T-26），"但是这些坦克的驾驶员没有受过训练，因为他们直到战争开始之前七到八天才收到坦克"。更糟糕的是，现有坦克并非都能正常使用。

机械化第4军坦克第32师师长E. G. 普希金上校7月14日报告说，他的师于4月和5月间在轻型坦克第30旅基础上组建，战争开始时，该师有50%的兵力、77%~78%的现代化坦克、110%的旧式坦克和42%的装甲车。然而，该师的坦克驾驶员没有受过训练，全师也只有所需运输工具的22%、修理设施的13%、所需零配件供给的2%、无线电台的30%、所需工程兵保障的50%。在6月22日到7月31日期间，该师损失了自己原先361辆坦克中的307辆。[77]

几乎满员的机械化第15军坦克第10师同样缺少大部分运输车辆，其人员也没有经过充分训练。按照该师代理师长苏霍鲁奇金中校所说："本师的物资保障状态差，载重和特种车辆的汽车运输能力不够，在某种程度上降低了师的作战能力。"[78] 该师6月22日的355辆坦克中，有310辆具有作战能力。从6月22日到7月15日，该师共损失307辆坦克，其中151辆是保养不当或者无法及时有效抢救导致的损失。这位师长的长篇报告清楚表明，缺乏保障、指挥人员和战士训练不足，严重损害了该师的作战能力。

同属机械化第15军的坦克第37师师长阿尼克季什金上校所做的类似汇报指出："根据苏联国防人民委员部第OPG/1/521114号训令,机械化第15军坦克第37师预定于1941年7月1日完全组建完毕（人员、装备、武器和各种物资齐备）。"[79] 该师在6月22日的人员和装备情况如下:[80]

人员

指挥人员	41.2%
初级指挥人员	48.3%
战士	111.0%

装备数量及其占编制数的百分比

KV坦克	1辆（1.6%）
T-34坦克	34辆（11.4%）
BT-7坦克	258辆（非编制要求）
T-26坦克	22辆
T-26喷火坦克	1辆

炮兵武器

37毫米高射炮	33.3%
122毫米榴弹炮	56.0%
152毫米榴弹炮	33.3%

约有60%的战士1941年5月才入伍,他们当中没有人接受过全面训练或特殊训练。由于军缺少武器,派到摩托化步兵团的六百名新兵实际上手无寸铁。摩托化步兵团距离同属一个师的兄弟坦克团150公里,却没有车辆,因此该团不能与全师一起作战。因为缺少火炮,全师投入作战时,只有122毫米炮兵连和152毫米炮兵连各一个。师属高射炮兵营只有四门高射炮组成的一个连,而不是编制规定的12门炮（三个连）。最后,师的舟桥营仍在第聂伯河沿岸的营地,也无法与全师一起作战。

该师接到警报通知并开始运动时,共集结起70%的人员和315辆坦克（其中258辆是BT-7型）。坦克被迫在没有步兵伴随、只有有限炮火支援的情况下作战。无论如何，该师长仍说："虽然有这些［缺点］，但是本师认为自己仍是一个稳定的战斗实体，并会在将来证明本师可以胜利完成所领受的全部任务。"[81] 坦克第37师在杜布诺以南作战到6月29日，随后在苏联军队向东撤退时担任后卫。大量记录显示出该师的实力在后来作战中的消耗进度——从6月22日的10900人和316辆坦克，到7月15日的2423人和6辆坦克（详见表5.11）。这样的作战能力消耗过程，是那些受到严重削弱各师命运的典型代表。

机械化第19军坦克第43师的相对完整记录也讲述着类似的经历。8月28日，该师师长I. G. 齐宾上校编写了一份详细的作战总结，具体说明该师6月22日的状况及其后来直至8月初的作战过程。6月22日，该师的兵力应有9876人，实有8434人，坦克应有373辆，实有237辆（其中新式坦克应有273辆，实有7辆）。最重要的是，该师只有所需1720辆卡车和拖拉机中的655辆（见表5.12）[①]。[82]

齐宾上校的师部参谋们，都是从该师前身——坦克第35旅继承下来的训练有素的人员。上级和中级指挥人员都参加过苏芬战争，许多坦克乘员组也是如此。另一方面，一些较低级的指挥人员和军士，特别是该师摩托化步兵团中的人员，则是从其他部队调过来的，大部分是未经训练的"新手"。虽然坦克和乘员组都有战斗力，但是坦克已经使用过相当长时间，几乎耗尽使用寿命。该师实有的571辆卡车中有150辆无法使用，零配件库存也只有所需数量的40%~45%。因此，由于车辆严重短缺：

无法运送摩托化步兵团和其他非专业兵的主力。此外，两个坦克团的第一营都因缺少装备无法展开。

因此，作战行动开始时，该师组成两个集群：（a）一个快速集群——各由两个营组成的两个坦克团（在杜布诺参加战斗之前整编为一个团），以及摩托化团中搭乘卡车的两个营；（b）一个约有1500人的徒步集群，其中主要是摩托化步兵团余部和其他没有车辆的专业兵（侦察、工兵）。[83]

①译注：此处该师人员、坦克、车辆与拖拉机的应有数目，与坦克师标准编制数都不一样。

　　齐宾指出，37毫米炮弹短缺，122毫米和152毫米火炮只有1个弹药基数，10%~15%的步兵没有自动武器。他补充说，"虽然本师尚在组建过程中，未达到编制所需的全部武器、装备和人员数量，但是它已为作战行动做好了准备，并且能够在1941年6月22日那种情况下进行战斗"[84]。

　　坦克第43师后来在6月剩下的几天和7月初参加了激烈战斗，到7月7日，这个师只剩下20辆轻型坦克，基本上在作为步兵兵团作战，这种情况并非特例。到了7月初，大多数机械化军的实力只剩下原来的影子。7月7日，方面军司令员基尔波诺斯上将向总参谋部报告自己曾经强大的机械化军的现状。他报称各军剩余实力如下：[85]

　　机械化第4军：　126辆坦克

　　机械化第8军：　43辆坦克

　　机械化第9军：　164辆坦克

　　机械化第15军：　66辆坦克

　　机械化第19军：　66辆坦克

　　机械化第22军：　340辆坦克

　　机械化第24军：　100辆坦克

　　人员损失共计约为25%~30%

　　西南方面军7月15日发给红军汽车装甲坦克总局的费多连科将军一份后续报告，显示各兵团坦克实力在加速削弱：

机械化军	坦克实力
第4军	68辆坦克（6辆KV、39辆T–34、23辆BT）和36辆装甲车
第8军	已撤出战斗
第9军	32辆坦克（7辆BT和25辆T–26）和30辆装甲车
第15军	已撤出战斗
第19军	33辆坦克（4辆KV、7辆T–34、22辆T–26）和2辆装甲车
第22军	30辆坦克（2辆BT和28辆T–26）和17辆装甲车
第24军	作为步兵军作战

第5集团军参谋长 D. S. 皮萨列夫斯基少将在7月8日编写的作战汇报中，生动描述该集团军中两个机械化军的艰难处境：

1941年6月22日以来，该军［机械化第22军］由于不断进行战斗，在人员和装备方面已遭受巨大损失。由于缺乏运输工具，摩托化步兵团全体人员和装备损坏后的乘员组步行完成了长距离行军，结果全体人员疲惫不堪。［这些人中］70%的靴子也已磨破，需要（在摩托化步兵团里）进行更换。

该军1941年7月7日还剩55%的人员、21辆坦克、8门不同口径的反坦克炮、4辆装甲车可供使用。其余没有装备的坦克乘员组和炮兵正在作为步兵战斗，令人费解的是，步兵居然没有足够的干部……

人员和装备都不足的这个［机械化第19］军，在一个积极行动方向上坚持作战13天，与敌人展开反复纠缠，遭受巨大损失。现在剩余的少量装备都需要修理，不适合再继续作战。

1941年7月6日，该军由（坦克第40和第43师的）1500人组成的第一梯队撤出战斗，他们只剩下步枪和1个高射炮兵连、3辆坦克。由于该军缺乏所需装备，大量专业兵都作为步兵在战斗中牺牲了。现在新装备正运抵各团，却没有合适的人员来使用。该军军部缺少50%的指挥人员。该军也没有得到所需的通信工具。所有这些都影响了作战控制。[86]

德国人的作战报告可以证实苏联档案资料揭示的这一系列问题。第六装甲师侦察营的一名中尉生动地描述了自己在战争第二天，与苏联机械化第3军坦克第2师在立陶宛的拉塞尼艾郊外的交战。[87] 苏联KV坦克撞向他所在部队的轻型装甲车辆，未发一弹，把德军的侦察车辆赶到附近河床的泥地上，碾压成一堆废铁。经过几个小时令人绝望的战斗，苏联坦克突然停了下来，就像是一群令人畏惧，却不能动弹的碉堡。德国工兵用了两天以上的时间，一个接一个地与这些不动的铁怪物做殊死搏斗，用炸药包炸毁它们。在这些英勇无畏的坦克乘员牺牲或被俘之后，德国人才发现这些苏联坦克燃料和炮弹业已耗尽，奉命"撞击"德国坦克。此外，苏联KV坦克上的火炮在作战之前，甚至都没有校准过。

　　德国人从各个地段发出的报告都同样显示出苏联人缺少燃料和弹药，也多次报告苏联坦克乘员组不会驾驶和操纵自己的装甲车辆。从苏联坦克第41师和其他师捕获的战俘，供认苏联坦克驾驶员没有接受过必要的驾驶训练，他们的指挥员要么是对地形完全陌生，要么是不知道在沼泽地区离开道路意味着什么。于是，整个营眼睁睁地陷进泥泞和沼泽里。[88] 苏联机械化第8军军长里亚贝舍夫少将所做的报告，证实KV和T–34坦克驾驶员只经过三到五个小时的驾驶训练。[89] 这就可以解释为什么德国第三十八军的步兵在没有坦克支援的情况下，不仅能击退机械化第12军在立陶宛的反冲击，还能发起反击。第二十和第八军在格罗德诺以南，面对机械化第6和第11军（在纸面上）的强大实力，也能达成同样的战果。

　　因此，1941年6月22日，在苏联各边境军区以及整个武装力量结构中的所有机械化军都没有做好准备。这些军缺少25%的战士，甚至还缺少更大数量的指挥干部和军士。人员的训练很差，特别是在1941年新组建那些军的人员。这些军的装备实力，特别是坦克的实力，平均只达到编制要求的53%，同时大多数坦克是较旧的型号，需要修理或翻新。除了这些问题以外，这些军配置得不合理，他们的任务也不明确。

　　苏联庞大的机械化军队确实具有相当大的作战潜力。然而，这样的潜力还需要几个月，乃至一整年才能变成现实。随后的作战过程和各军指挥人员的报告清楚表明，在1941年夏季，这些军根本没有准备好与世界上最有经验的军队作战。

骑兵

　　红军的其他兵种与步兵、汽车装甲坦克兵有着同样的缺陷。但斯大林最钟爱的作战兵种——骑兵，却是少数例外之一。骑兵的数量1939年占红军陆军的比重一度达10%，比汽车装甲坦克兵和统帅部预备队炮兵加在一起还大。然而，骑兵的规模在1940年和1941年被大幅缩减，因为国防人民委员部用许多骑兵军和师作为新建机械化军的核心。在军队结构中，1937年原有7个骑兵军和32个骑兵师，到1941年6月只剩下4个骑兵军和13个骑兵师（含4个山地骑兵师），总兵力80000人。[90]

理论上，骑兵师由四个骑兵团、一个坦克团、一个炮兵营和一个高射炮兵营，以及保障分队组成，总兵力为9240人，有68门各种火炮、64门迫击炮、64辆轻型坦克、18辆装甲车、555台车辆和7940匹马。山地骑兵师比正规的骑兵师稍小一些。这种师有三个骑兵团、一个坦克营和一个炮兵营，以及轻型保障分队，共计6574人、14门火炮、42门迫击炮、19辆坦克、17辆装甲车和6853匹马。骑兵军下辖两个师和军直属保障部队，共计19430人、136门火炮、128辆坦克（军和师的准确组织结构见表5.13）。

因为铁木辛哥改革中的全面改组没有涉及这4个骑兵军和13个骑兵师，所以他们比步兵兵团更有战斗力。在6月22日，各边境军区的骑兵兵团拥有85%至90%的人员和装备，而内地军区的同一类兵团约有6000人。这些师的指挥干部都是参加过国内战争的有经验的老兵，大多数骑兵也经验丰富。然而，只要他们没有所需的坦克，世界上所有经验也就毫无意义，因为这些师在现代战场上很容易受到攻击，已经落后于时代。除了没有任何装甲车辆以外，这些师还只有所需45%~50%的车辆，也没有任何对空防御手段，他们很少有坦克，因为当时所有坦克都被用于组建新成立的机械化军。这在很大程度上可以解释，为什么骑兵第6军骑兵第36师在加入格罗德诺以南的战斗之前，就这么快速地失去战斗力。[91]

现存的记录中，少有提及骑兵师在战争最初几天里的准确编成和战斗表现。可能是因为他们通常与机械化军一起作战，光芒被自己更强大的友邻掩盖了，也可能是因为他们在作战中迅速消耗殆尽，还可能他们只是作为普通步兵相对默默无闻地战斗。

空降兵（空中突击）

苏联最精锐的作战军队之一，是以来自11个步兵师的人员和原来的6个空降兵旅，于6月1日组建的5个苏联空降兵军。[92] 这些空降兵旅成立于20世纪30年代初，根据理论，他们构成了纵深战役中的垂直维度。他们理论上可以在战争期间进入敌人战术和战役后方，执行各种各样的作战、侦察和破坏任务。他们最重要的任务是按照旅的配置作战，配合进入敌纵深作战的地面快速集群（坦克、机械化或骑兵军），包围或分割敌军主要兵团。往另一个极端的做法是，他们以小组为单位作战，在方面军或集团军的控制下执行破坏任务。

1941年的空降兵旅按照战术配置，由一个伞兵群、一个滑翔机群和一个机降群组成。整个旅有四个546人的伞兵营、一个炮兵营（4门45毫米和4门76毫米火炮）、一个迫击炮连（9门82毫米迫击炮）、一个高射炮兵连（12挺重机枪）、一个轻型坦克连（11辆T-40或T-38坦克）、一个自行车侦察连和一个通信连，共有3000多人、11辆坦克和4门野战炮。[93] 这些旅是红军中人员训练最好、积极性最高的兵团之一。

苏联国防人民委员部密切考察德国1940年在比利时的空降作战之后，于1941年4月决定通过组建新型空降兵军，大幅扩充自己空降兵的结构。1941年4月1日颁发的命令要求新组建5个军。这种新型的军由10400人组成，下辖三个各有2634人的空中突击旅，以及一个独立轻型坦克营。军下属各旅下辖三个伞兵突击营、一个炮兵营，以及一个自行车侦察连和一个高射炮兵连。这些军应与指定的空中运输部队密切协同。不过，由于缺乏火力和后勤保障，特别是在战争爆发后缺乏专用的空中运输部队，这些军不得不主要作为步兵的"救火队"来使用。

战争爆发时，新型空降兵军正在组建。除了缺少相当数量的重型装备和空中运输保障以外，许多旅还没有接受过基本空降程序的训练。许多人只接受过初级跳伞训练，16个旅中有10个没有进行过全旅集体跳伞和作战的训练。战争爆发时，波罗的海沿岸特别军区的空降兵第5军正在接受这种训练。

根据国防人民委员部1941年6月5日发出的一项训令，为每个空降兵军各配属两个强击—登陆轰炸航空兵团，提供空中运输。这些航空兵团计划装备经过特殊改装的旧式TB-3轰炸机，这些轰炸机在低速下的安静运转，有助于把伞兵安全带到目标上空。然而，这些部队到6月22日尚未组建起来。

6月22日以后，苏联各司令部至少两次试图动用自己的空降兵军，执行他们本被赋予的空降任务。6月28日，正当德军冲向明斯克和第聂伯河对岸时，西方面军司令员D. G. 巴甫洛夫上将[①]下令空降兵第4军在博布鲁伊斯克以西实施空降，配合机械化第20军由明斯克向南发起的突击，阻止德军前进：

---

① 译注：应为大将。

收到此命令以后，将空降兵第214旅转入全面战备状态，用该军所有可用运输车辆装载该旅的人员和装备，将全旅转移到位于卢布尼什和图马诺夫卡（分别在莫吉廖夫西北和西南各12公里）两个居民点附近森林里，准备随后登机作战……

1941年6月29日拂晓，空降兵第214旅将在西方面军空军司令员[①]的控制下，在斯卢茨克地区实施伞降突击，任务是切断沿巴拉诺维奇、季姆科维奇和锡尼亚夫卡通往博布鲁伊斯克的道路，阻止敌援军由西方靠拢其在博布鲁伊斯克的前方部队。此后，该旅将协同正在前往斯卢茨克地区的摩托化第210师，粉碎敌博布鲁伊斯克集团，同时干扰敌军后方、指挥与控制，并炸毁桥梁，摧毁交通线，开展破坏行动。该旅应尽一切可能粉碎敌人向西突围后撤至斯卢茨克的任何企图。[94]

6月28日晚些时候，空降兵第4军刚到达别列津纳河，计划中的进攻就出了差错。没有足够的飞机可以运送这个旅投入战斗。因此，空降兵第214旅在6月29日接到巴甫洛夫的命令："乘卡车沿可以使用的道路，向格卢斯克[②]总方向开进，保卫格卢沙、格卢斯克、旧多罗吉地区的安全。切断敌人所有补给线，摧毁渡口和桥梁，同时，利用夜间行动，摧毁［敌人的］运输工具和单独的车辆，点燃和摧毁坦克……坚守这一地区，直到敌博布鲁伊斯克集团被完全粉碎为止，根据情况独立回归我军。"[95]

后来，第214旅未能完成自己原任务，但在德军后方坚持作战几个星期后才分散突围，有些战士加入了游击队，少数人设法回到了此时已在东方很远处的苏联防线。

因准备不周，这次使用空降兵的企图不幸失败了，西南方面军的一次类似尝试也殊途同归。这两起事件表明，空降兵旅虽然作战积极性很高，还是没有做好作战准备。

---

① 译注：原文为空降兵，系笔误。
② 译注：原文本段两处斯卢茨克，根据注释中英语和俄语，以及地图上的实际位置，订正为格卢斯克。

筑垒地域

1941年6月苏联陆军作战结构中的最后一个组成部分是筑垒地域（FR，ukreplennyi raion），这是一种拥有强大火力、但人员编制较少的兵团，是苏联配置在筑垒防御线的骨干。1923年，筑垒地域首次作为红军中一个单独类型的兵团组建，到20世纪30年代中期，已有一系列筑垒地域分布在苏联西部国界的主要地段上，与正规的边防军一起驻防。截至1938年，苏联沿西部国界共组建了13个筑垒地域，有25个机枪营，总计1.8万人。1938年年底和1939年年初，他们在自己现有的军队结构中又新增了8个筑垒地域。苏联1939年占领波兰东部、1940年占领波罗的海各国以后，又沿着新的西部国界组建筑垒地域。

苏联人对筑垒地域的兴趣在苏芬战争以后迅速增长，这是因为芬兰人的顽强防御让红军总参谋部印象深刻。于是，苏联人在1940年年底开始一项计划，扩大筑垒地域的编制，增加他们的数量。苏联人企图通过使用这种新型筑垒地域，建立起强大的防御屏障，有助于把进攻之敌分流到指定地域，机械化军发起的反冲击将在那里粉碎敌人。1940和1941年，苏联沿新国界建立了20个新的筑垒地域，每个地域由两条防御地带组成，纵深为15—20公里（见地图5.2）。

每个筑垒地域下辖几个机炮营、几个预定在战争爆发后扩编为营的独立机枪连、独立炮兵营或者炮兵团，以及后勤分队，平均战时兵力约为4000人。[96] 成组配置的几个筑垒地域兵团，就会形成防御配系的地域或地带，也被称为筑垒地域，并以具体所在地命名（如波洛茨克、弗拉基米尔—沃伦斯基）。到1941年，筑垒地域体系已经遍布苏联边境所有的州。

1941年5月21日，国防人民委员部命令苏联西部的筑垒地域6月4日起实施全面展开，并授权采取措施加强现有筑垒地域，共新增17个筑垒地域、110个营、16个连、6个炮兵营、16个炮兵连和其他规模较小的部队，共计120695人。新国界处的筑垒地域应在7月1日前完成上述扩充工作，旧国界处的应在10月1日前完成。在此期间，筑垒地域的数量和总兵力应增加一倍，每个营的规模和实力都将增加到1000人。然而到6月22日，这些措施没有一项能够完成。此外，为抓紧强化新国界沿线的筑垒地域，旧国界处的筑垒地域都被搬空了。

1941年6月，苏联共有57个筑垒地域，其中42个位于西线，共有192240人，编组为7个团和160个机炮营，有1700门火炮和迫击炮、9800挺轻重机枪。[97]

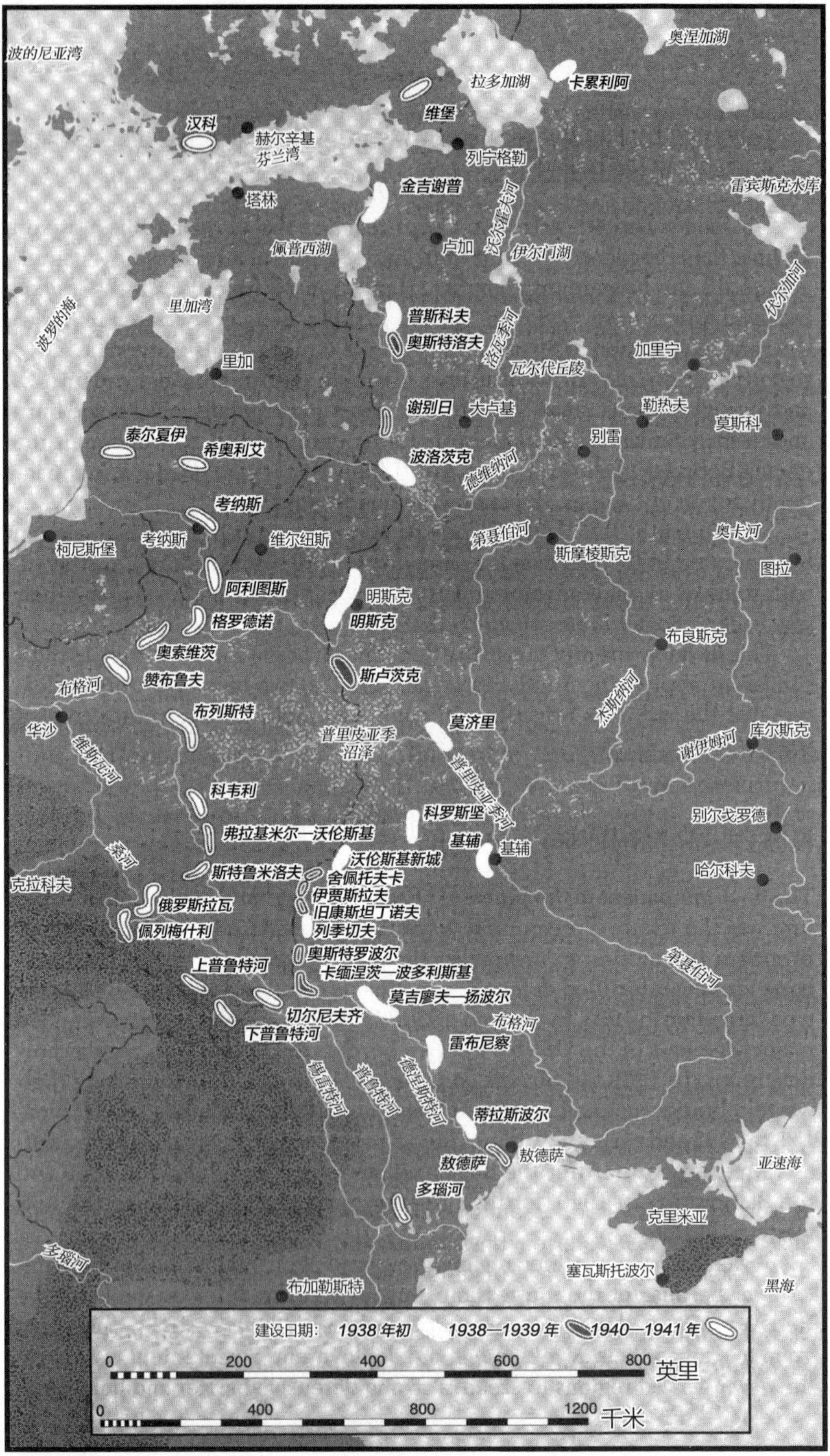
波的尼亚湾
奥涅加湖
拉多加湖
卡累利阿
汉科
赫尔辛基
芬兰湾
维堡
列宁格勒
塔林
金吉谢普
雷宾斯克水库
沃尔霍夫河
卢加
佩普西湖
伊尔门湖
伏尔加河
里加湾
波罗的海
普斯科夫
奥斯特洛夫
洛瓦季河
加里宁
里加
瓦尔代丘陵
勒热夫
谢别日
大卢基
莫斯科
泰尔夏伊
希奥利艾
别雷
波洛茨克
德维纳河
考纳斯
考纳斯
柯尼斯堡
维尔纽斯
第聂伯河
斯摩棱斯克
奥卡河
图拉
阿利图斯
明斯克
明斯克
格罗德诺
布良斯克
奥索维茨
赞布鲁夫
斯卢茨克
布格河
杰斯纳河
布列斯特
华沙
莫济里
普里皮亚季
沼泽
谢伊姆河
库尔斯克
维斯瓦河
普里皮亚季河
科韦利
科罗斯坚
别尔戈罗德
弗拉基米尔—沃伦斯基
基辅
基辅
桑河
沃伦斯基新城
哈尔科夫
斯特鲁米洛夫
舍佩托夫卡
克拉科夫
伊贾斯拉夫
俄罗斯拉瓦
旧康斯坦丁诺夫
佩列梅什利
列季切夫
奥斯特罗波尔
第聂伯河
上普鲁特河
卡缅涅茨—波多利斯基
莫吉廖夫—扬波尔
切尔尼夫齐
布格河
下普鲁特河
雷布尼察
锡雷特河
普鲁特河
德涅斯特河
蒂拉斯波尔
敖德萨
敖德萨
亚速海
多瑙河
克里米亚
多瑙河
塞瓦斯托波尔
布加勒斯特
黑海
建设日期： 1938 年初 1938—1939 年 1940—1941 年
0 200 400 600 800 英里
0 400 800 1200 千米

地图 5.2 苏联西部边境的筑垒地域， 1941 年 6 月这些筑垒地域分布在新国界沿线、纵深处的1939年旧国界和主要城市的接近地。战争前夕，筑垒地域共有所需中级和上级指挥人员数量的34%、军士人数的27.7%、普通战士人数的47.2%。[98] 他们所需的筑垒工事只建造完成50%，同时，所有兵团都严重缺少现代型号的机枪。因此，在6月22日，筑垒地域还不完全具备作战能力，同时，他们负责的两条防御体系也都没有做好充分的作战准备。

数据表

表5.1：步兵实力的扩充，1939—1941年

兵团类别	1939年1月1日	1940年1月1日	1941年1月1日	1941年6月22日
步兵军	25	48	50	62
师（各类合计）	97	168	179	198
步兵师	86	155	166	177
山地步兵师	11	11	10	19
摩托化步兵师	0	2	3	3
独立步兵旅	3	3	3	3
独立步兵团	0	0	44	44

※ 资料来源：《伟大卫国战争初期：结论与教训》，第43页。

表5.2：苏联步兵师和德国步兵师战时实力的对比

师属部队和分队	苏联步兵师	德国步兵师
人员	14483	16859
步枪和卡宾枪	10420	11500
重机枪	166	142
轻机枪	392	434
高射机枪	33	0
冲锋枪	1204	787
反坦克枪	0	81

续表

师属部队和分队	苏联步兵师	德国步兵师
火炮	144	161
迫击炮	66	54
车辆	558	902
马匹	3039	6358
轻型坦克	16	0
装甲车	13	16
拖拉机	99	62

※ 资料来源:《伟大卫国战争初期: 结论与教训》,第 44 页;拉马尼切夫,《红军 1940—1941: 神话与事实》,
第 80—84 页,引用档案编号: TsAMO,f.16a,op.2951,d.264,I. 第 2—6 页。

表 5.3: 部分苏联步兵师在 1941 年 6 月 22 日的作战准备

	人员	76毫米以上火炮	迫击炮	高射炮	轻型坦克	车辆	拖拉机
步兵师的和平编制 （1941年4月5日）							
12000人	10298	140	66	32	16	414	
6000人	5864	126	48	8	16	155	
山地步兵	8829						
步兵师的战时编制	14483	132	66	12	16	558	
德国步兵师的战时编制实力	16859	74	54			902	
1941年6月22日的平均实力							
列宁格勒军区	11985						
波罗的海沿岸特别军区	8712						
西部特别军区	9327						
基辅特别军区	8792						
敖德萨军区	8400						

续表

	人员	76毫米以上火炮	迫击炮	高射炮	轻型坦克	车辆	拖拉机
基辅特别军区：							
步兵第45师（第5集团军）	8373（10010）	78（84）				127	50
步兵第62师（第5集团军）	9546（9973）	70（82）				63	86
步兵第87师（第5集团军）	9973（9872）	85（82）				328	58
步兵第124师（第5集团军）	9471（9426）	75（82）				229	8
步兵第135师（第5集团军）	9232（9911）	44（80）				194	0
步兵第41师（第6集团军）	9912	74				222	17
步兵第97师（第6集团军）	10050	86				143	78
步兵第159师（第6集团军）	9548	69				395	40
山地步兵第72师（第26集团军）	9904	62				433	44
步兵第99师（第26集团军）	9912	69				345	28
步兵第173师（第26集团军）	7177	59				251	50
山地步兵第43师（第12集团军）	9159	56				189	30
山地步兵第192师（第12集团军）	8865	56				134	1
山地步兵第60师（第12集团军）	8313	56				10	1
山地步兵第96师（第12集团军）	8477	56				138	17
山地步兵第58师（第12集团军）	10279	56				366	39
步兵第164师（第12集团军）	9930	78				283	29

※ 资料来源：A. A. 古罗夫，《苏联西南方向总指挥部的军队在战争初期的作战行动》（*Boevye deistviia sovetskikh voisk na iugo-zapadnogo napravlenii v nachal'nom periode voiny*），《军事历史杂志》第 8 期（1988 年 8 月刊），第 33 页。《伟大卫国战争初期：结论与教训》，第 43—44 页。A. G. 哈尔科夫，《伟大卫国战争前夕各边境军区的战备和动员准备》（*Boevaia i mobilizatsion gotovnost' prigranichnykh voennykh okrugov nakanune Velikoi Otechevstvennoi voiny*，莫斯科：伏罗希洛夫总参事学院，1985 年[①]），第 7 页。括号内的数字是指 1941 年 6 月 1 日的实力，来自 A. V. 弗拉基米尔斯基，《在基辅方向》（*Na kievskom napravlenii*，莫斯科：军事出版社，1989 年），第 22—23 页。

★ 原注：所有材料都来源于档案记录，矛盾的数字可能反映了当时报告数字的差异。

---

　① 译注：原文为1989年。

表 5.4：苏德双方坦克师和摩托化师的实力对比

构成	坦克师		摩托化师	
	红军	德军	红军	德军
人数	10940	16000	11650	14029
坦克	375	135—209	275	0
装甲车	95	25	49	37
摩托车	454	1289	183	1323
火炮	40	72	86	129
迫击炮	18	30	12	42
拖拉机	84	200	153	0
车辆	1568	1275	1587	2278

※ 资料来源：《伟大卫国战争初期：结论与教训》，第 46 页。

表 5.5：苏联西部各边境军区的机械化军在 1941 年 6 月 22 日的位置与实力

军区	番号	组建时间	实力							
			人员	坦克	装甲车	火炮	迫击炮	车辆	拖拉机	摩托车
编制			36080	1031	268	172	186	5165	352	1678
列宁格勒	1	1940年3月	31439	1037	239	148	146	4730	246	467
	10	1941年3月	26168	469	86	75	157	1000	34	460
波罗的海沿岸特别	3	1940年7月	31975	651	220	186	181	3897	308	457
	12	1941年3月	28832	749	23	92	221	2531	194	39
西部特别	6	1940年7月	32382	1131	242	162	187	4779	294	1042
	11	1941年3月	21605	414	84	40	104	920	55	148
	13	1941年3月	17809	282	34	132	117	982	103	246
	14	1941年3月	19332	518	44	126	114	1361	99	216
	17	1941年3月	16578	63	38	12	104	607	40	26
	20	1941年3月	20391	94	11	58	76	431	25	92

续表

军区	番号	组建时间	实力							
			人员	坦克	装甲车	火炮	迫击炮	车辆	拖拉机	摩托车
基辅特别	4	1940年7月	28098	979	175	134	152	2854	274	1050
	8	1940年7月	28713	898	172	142	152	3237	359	461
	9	1941年3月	26833	298	73	101	118	1067	133	181
	15	1941年3月	33395	749	160	88	139	2035	165	131
	16	1941年3月	26920	482	118	72	137	1777	193	91
	19	1941年3月	21654	453	26	65	27	865	85	18
	22	1941年3月	24087	712	82	122	178	1226	114	47
	24	1941年3月	21556	222	16	0	0	229	69	5
敖德萨	2	1940年6月	32396	517	186	162	189	3794	266	375
	18	1941年3月	26879	282	6	83	30	1334	58	157
总计			517047	11000	2035	2000	2529	39816	3111	5699

※ 资料来源:《伟大卫国战争初期:结论与教训》,第49—50页。

表 5.6: 西部各军区机械化军的坦克实力

军区和机械化军	全部坦克合计		新型坦克	
	数量	满编率(%)	数量	满编率(%)
列宁格勒军区				
机械化第1军	1037	100.1	0	0
机械化第10军	495	45.5	0	0
波罗的海沿岸特别军区				
机械化第3军	651	63.1	110	20.1
机械化第12军	749	72.6	0	0

续表

军区和机械化军	全部坦克合计		新型坦克	
	数量	满编率（%）	数量	满编率（%）
西部特别军区				
机械化第6军	1131	109.7	452	82.7
机械化第11军	414	40.2	20	3.6
机械化第13军	282	27.4	0	0
机械化第14军	518	50.2	0	0
机械化第17军	63	6.1	0	0
机械化第20军	94	9.1	7	1.2
基辅特别军区				
机械化第4军	979	95.0	414	75.8
机械化第8军	898	87.0	171	31.2
机械化第9军	298	29.0	0	0
机械化第15军	749	72.6	136	24.9
机械化第16军	482	46.8	0	0
机械化第19军	453	43.9	5	0.9
机械化第22军	712	69.1	31	5.6
机械化第24军	222	21.5	0	0
敖德萨军区				
机械化第2军	517	50.1	60	10.9
机械化第18军	282	27.4	0	0

※ 资料来源：《伟大卫国战争初期：结论与教训》，第49—50页。拉马尼切夫，《红军 1940—1941：神话与事实》，第90—92页，引用档案编号：TsAMO,f.38,op.11353,d.5,I. 第 139 页、op.11360,d.5,I. 第 13、35 页、f. 15, op. 881454,d. 第 12 页、f. 10a, op. 2766,d.107,I. 第 83—116 页。

★ 原注：敖德萨军区各军的数据是 1941 年 6 月 1 日的。

表 5.7：各机械化军的配置地域

军区	机械化军	距离国界（公里）	军属各师[1]间距（公里）
波罗的海沿岸特别军区	机械化第12军	80—120	50—70
	机械化第3军	50—100	60—75
西部特别军区	机械化第6军	70—90	10—15
	机械化第11军	40—100	35—60
	机械化第13军	35—60	40—50
	机械化第14军	10—100	65—90
	机械化第17军	150—220	60—100
	机械化第20军	280—340	70—110
基辅特别军区	机械化第4军	50—80	10—15
	机械化第8军	40—90	40—60
	机械化第9军	200—250	50—60
	机械化第15军	90—130	50—60
	机械化第16军	30—70	70—140
	机械化第19军	380—400	40—115
	机械化第22军	20—190	140—180
	机械化第24军	130—170	50—60

※ 资料来源：《伟大卫国战争初期：结论与教训》，第 51 页。

---

[1] 译注：原文为旅。

表5.8：机械化第15军在1941年6月22日的兵力（满员率）

部队	指挥人员（%）	初级指挥人员（%）	普通战士（%）
军指挥机关	50	44.5	78.0
独立通信营	40	16.5	131.0
工程兵营	45	23.0	63.0
摩托车团	30	53.0	105.0
坦克第10师	87	75.0	91.0
坦克第37师	50	45.0	101.5
摩托化第212师	56	60.0	94.0

※ 资料来源：《伟大卫国战争战斗文书选集：第36期》（*Sbornik boevykh dokumentov Velikoi Otechestvennoi voiny: vypusk 36*，莫斯科：军事出版社，1958年），第253页。

表5.9：机械化第15军在1941年6月22日的装备

装备类型	坦克第10师	坦克第37师	摩托化第212师
坦克			
KV	63	1	0
T–34	37	32	0
T–28	44	0	0
BT–7	147	239	32
T–26	27	13	5
装甲车			
BA–10	53	35	18
BA–20	19	10	17
合计	318辆坦克 72辆装甲车	272辆坦克 45辆装甲车	37辆坦克 35辆装甲车

※ 资料来源：《伟大卫国战争战斗文书选集：第36期》（1958年），第253页。

表 5.10：机械化第 15 军从 1941 年 6 月 22 日到 7 月 12 日的作战实力

兵团	1941年6月22日		1941年6月26日		1941年7月6日		1941年7月12日	
	坦克	火炮	坦克	火炮	坦克	火炮	坦克	火炮
坦克第10师	318		39	36	20		6	4
坦克第37师	285		219	11	10		3	1
摩托化第212师	37		2	0	0		0	1
坦克第8师（配属）	0		65	0	0		0	0
机械化第15军	640		325	47	30		9	6

※ 资料来源：《伟大卫国战争战斗文书选集：第 36 期》（1958 年），第 253—269 页。

表 5.11：坦克第 37 师 1941 年 6 月 22 日到 7 月 15 日的实力

装备类型	1941年6月22日	1941年6月28日	1941年7月15日
人员	10900（大约）	5067	2423
坦克			
KV	1	0	0
T–34	34	26	1
BT–7	258	177	5
T–26	22	8	0
T–26喷火坦克	1	0	0
火炮			
37毫米高射炮	4	4	0
122毫米榴弹炮	6	3	2
152毫米榴弹炮	4	4	0
76毫米反坦克炮	未统计	26	1
45毫米反坦克炮	未统计	201	16

※ 资料来源：《伟大卫国战争战斗文书选集：第 33 期》，第 216—231 页。

表 5.12: 坦克第 43 师 1941 年 6 月 22 日的实力

	编制数	实际数	缺额
人员			
指挥员	1253	711	542
初级指挥员	2172	1054	1118
普通战士	6451	6669	—
合计	9876	8434	1442
坦克			
KV	63	5	58
T–34	210	2	208
T–26	74	230	—
BT	26	0	26
卡车和特种车辆	1500	571	929
油罐车	137	69	68
拖拉机	83	15	68
152毫米火炮	12	4	8
122毫米火炮	12	12	0
76毫米野战炮	4	4	0
37毫米高射炮	12	4	8

※ 资料来源:《伟大卫国战争战斗文书选集: 第 33 期》(1957 年),第 233 页。

表 5.13：1941 年 6 月 22 日骑兵师和军的编制实力

	骑兵师	骑兵军
人员	9240	19430
马匹	7940	16020
轻型坦克	64	128
装甲车	18	36
火炮		
合计	68	136
野战炮（76、122毫米）	32	64
反坦克炮	16	32
高射炮	20	40
迫击炮（50、82毫米）	64	128
车辆	555	1270
拖拉机	21	42

※ 资料来源：《伟大卫国战争初期：结论与教训》，第 53 页。

注释

1. M. 扎哈罗夫，《前言》（*Predislovie*），《苏联军事著作中的战略学和战役学问题（1917—1940）》（*Voprosy strategii i operativnogo iskusstva v sovetskikh voennykh trudakh 1917—1940*，莫斯科：军事出版社，1965年），第23页。扎哈罗夫准确地道出了许多苏联军事评论员，在军事期刊上评价德军近来的作战表现时流露出的感想和畏惧。

2.《伟大卫国战争初期》（*Nachal' nyi period Velikoi Otechestvennoi voiny*，莫斯科：伏罗希洛夫总参军事学院，1989年），步兵的军队结构细节可以在很多资料中找到，其中包括 Iu. P. 巴比奇和A. G. 巴耶尔的《伟大卫国战争中苏联陆军武器和组织结构的发展》（*Razvitie Vooruzheniia i organizetsii sovetskikh sukhoputnykh voisk v gody Velikoi Otechestvennoi voiny*，莫斯科：伏龙芝军事学院出版社，1990年），第31—38页。

3.《伟大卫国战争初期》，第44页，引自《苏联武装力量在伟大卫国战争期间的战役1941—1945》（*Operatsii Sovetskykh Vooruzhennykh Sil v Velikoi Otechestvennoi voine 1941-1945 gg.*，莫斯科：军事出版社，1958年）第一卷，第79页。

4. 统帅部预备队（RGK）于1941年8月改称最高统帅部预备队（RVGK）。

5.《伟大卫国战争初期》，第44—45页；参见A. G. 哈尔科夫，《伟大卫国战争前夕各边境军区的战备和动员准备》（*Boevaia i mobilizatsion gotovnost' prigranichnykh voennykh okrugov nakanune Velikoi Otechevstvennoi voiny*，莫斯科：伏罗希洛夫总参军事学院，1985年），第34—67页。

6.《伟大卫国战争初期》，第45页。

7.《波罗的海沿岸特别军区1941年6月15日关于确保本军区军队作战准备的第0052号命令》（*Prikaz voiskam Pribaltiiskogo osobogo voennogo okruga no.0052 ot 15 iiunia 1941 g. po obespecheniiu boevoi gotovnosti voisk okruga*），收录在《伟大卫国战争战斗文书选集：第34期》（*Sbornik boevykh dokumentov Velikoi Otechevstvennoi voiny: vypusk 34*，莫斯科：军事出版社，1958年），第7—8页。由总参谋部军事科学局编写。是经编号归档的保密文件。原始报告标有"绝密，特别重要"（*sov. Sekretno, osoboi vazhnosti*）。以下这类文件的各期只列译文名称和期号，这些文件也都是同样的保密级别。

8.《波罗的海沿岸特别军区参谋部1941年6月22日致红军总参谋部，有关军区通信组织缺陷的报告》（*Donesenie shtaba Pribaltiiskogo osobogo voennogo okruga ot 22 iiunia 1941 g. General' nomu Shtabu Krasnoi Armii o nedostatkakh v organizatsii sviazi v okruge*），收录在《伟大卫国战争战斗文书选集：第34期》，第34页。

9.《西北方面军司令员1941年6月22日致国防人民委员，关于敌坦克和摩托化主力在德卢斯克尼奇突破和方面军司令部采取措施组织准备粉碎敌蒂尔西特集团的报告》（*Donesenie komanduiushchego voiskami severo-zapadnogo fronta ot 22 iiunia 1941 g. narodnomu komissaru oborony o proryve krupnykh tankovykh i motorizovannykh sil protivnika na Druskeniki i meropriiatiiakh komandovaniia fronta po organizatsii razgroma til' zitskoi gruppirovki protivnika*），收录在《伟大卫国战争战斗文书选集：第34期》，第36页。

10.《西北方面军炮兵局长1941年6月23日致苏联副国防人民委员①，关于方面军军队在第一天作战之后极度缺少弹药的报告》（*Donesenie nachal'nika artilleriiskogo upravleniia severo-zapadnogo fronta ot 23 iiunia 1941 g. zamestiteliu narodnogo komissara oborony SSSR ob ostrom nedostatke boepripasov v resul'tate pervogo dnia boevykh deistvii voisk fronta*），收录在《伟大卫国战争战斗文书选集：第34期》，第48页。

11.《西北方面军通信局局长1941年7月26日致红军通信局局长，关于战争初期方面军通信兵状况和使用的报告》（*Doklad nachal'nika upravleniia sviazi severo-zapadnogo fronta nachal'niku upravleniia sviazi Krasnoi Armii ot 26 iiulia 1941 g. o sostoianii i ispol'zovanii voisk sviazi fronta v nachal'nyi period voiny*），收录在《伟大卫国战争战斗文书选集：第34期》，第187—188页。

12.《第8集团军炮兵首长1941年8月26日致红军总参谋长和北方面军炮兵首长，关于集团军炮兵在6月22日至8月20日期间作战表现的报告》（*Doklad nachal'nika artillerii 8-i armii nachal'niku General'nogo Shtaba Krasnoi Armii i nachal'niku artillerii severnogo fronta ot 26 avgusta 1941 g. o boevoi deiatel'nosti artillerii armii za period s iiunia po 20 avgusta 1941 g.*），收录在《伟大卫国战争战斗文书选集：第34期》，第230—231页。

13.《第27集团军参谋长1941年7月7日关于消除本集团军野战领率机关人员工作缺陷的第1号命令》（*Prikaz nachal'nika shtaba 27-i armii no. 1ot 7 iiulia 1941 g. ob ustranenii nedostatkov v rabote lichnogo sostava polevogo upravleniia armii*），收录在《伟大卫国战争战斗文书选集：第34期》，第276—277页。

14.《西方面军军事委员会1941年6月23日致各集团军军事委员会和各军长，关于重整军队保卫秩序的训令》（*Direktiva voennogo soveta zapadnogo fronta ot 23 iiunia 1941 g. voennym sovetam armii i komandiram korpusov o navedenii poriadka v obespechenii voisk*），收录在《伟大卫国战争战斗文书选集：第35期》，（莫斯科：军事出版社，1958年），第34—35页。

15.《第3集团军司令员1941年6月23日致方面军司令员，关于本集团军缺少运输工具、燃料和武器的报告》（*Donesenie komanduiushchego voiskami 3-i armii ot 23 iiunia 1941 g. komanduiushchemu voiskami fronta ob otsutstvii v voiskakh armii transporta, goriuchego i vooruzheniia*），收录在《伟大卫国战争战斗文书选集：第35期》，第137页。

16.《步兵第2军军长1941年6月25日致西方面军参谋部，关于本军下属部队动员过程的第1号作战报告》（*Boevoe donesenie komandira 2-go strel'kovogo korpusa no. 1 ot 25 iiunia 1941 g. shtabu zapadnogo fronta o khode otmobilizovaniia chastei korpusa*），收录在《伟大卫国战争战斗文书选集：第35期》，第183—184页。

17.《步兵第2军军长1941年6月28日致西方面军司令员，关于本军作战行动的第2号作战报告》（*Boevoe donesenie komandira 2-go strel'kovogo korpusa no. 2 ot 28 iiunia 1941 g. komanduiushchemu voiskami zapadnogo fronta o boevykh deistviiakh korpusa*），收录在《伟大卫国战争战斗文书选集：第35期》，第184—185页。

---

① 译注：英语缺"副"字，按俄语添加。

18. 《西南方面军参谋部1941年6月26日20时整，关于本方面军作战行动的第9号作战汇报》（*Operativnaia svodka shtaba iugo-zapadnogo fronta no. 9 k 20 chasam 26 iiunia 1941 o boevukh deistviiakh voisk fronta*），收录在《伟大卫国战争战斗文书选集：第36期》（莫斯科：军事出版社，1958年），第28—29页。

19. 《西南方面军军事委员会1941年6月29日致第6集团军司令员，关于消除集团军各兵团作战行动缺陷的第00207号训令》（*Direktiva voennogo soveta iugo-zapadnogo fronta no. 00207 ot 29 iiunia 1941 g. komanduiushchemu voiskami 6-i armii ob ustranenii nedostatkov v boevykh deistviiakh soedinenii armii*），收录在《伟大卫国战争战斗文书选集：第36期》，第49—50页。

20. 《西南方面军炮兵首长1941年7月14日致红军炮兵总局局长，关于西南方面军炮兵和步兵—迫击炮部队1941年7月10日武器供应状况的报告》（*Doklad nachal'nika artillerii iugo-zapadnogo fronta nachal'niku glavnogo artilleriiskogo upravleniia Krasnoi Armii ot 14 iiulia 1941 g. ob obespechennosti chastei iugo-zapadnym frontom artilleriiskim i strelkovo-minometnym vooruzheniem po sostoianiiu na 10 iiulia 1941 goda*），收录在《伟大卫国战争战斗文书选集：第36期》，第93—100页。

21. A. V. 弗拉基米尔斯基，《在基辅方向》（*Na kievskom napravlenii*，莫斯科：军事出版社，1989年），第30页。

22. 同上，第32—33页。

23. 苏联人1932年带有实验性地组建起第一个坦克军，此时用的名称是机械化军，在1938年改名为坦克军。斯大林1939年任命一个特别委员会（库利克委员会）来研究西班牙内战的经验，这个委员会的建议是解散坦克军，并用更小型的装甲坦克兵团取代它们，以便更好地与步兵协同。结果就是，这个委员会1939年11月下令解散各坦克军，改为一些独立坦克旅和诸兵种合成的摩托化师。改编过程进行得很慢，有一个坦克军（第10军）还参加过苏芬战争。所有坦克军最后到1940年年初全部解散。到1940年3月1日，苏联军队结构中有39个轻型和重型坦克旅、3个RGK（统帅部预备队）装甲摩托化旅、31个坦克旅和隶属于步兵师和骑兵师的100个坦克营，坦克总数为20000辆。同时已经开始执行计划，另行组建15个摩托化步兵师。

24. 《S. K. 铁木辛哥同志从K. E. 伏罗希洛夫同志处接收苏联国防人民委员部的接收记录》（*Akt o Prieme Narkomata Oborony Soiuza SSR tov. Timoshenko S.K.ot tov.Voroshiloba K.E.*）刊登在《苏联共产党中央委员会新闻》第1期，（1990年1月刊），第201页。签署时间1940年5月8日。

25. 苏联人在整个改编过程的第一阶段大约保留了25个坦克旅供支援步兵，但到第二阶段（1941年），解散了当时所有的坦克旅和营，以便为新组建的机械化军提供武器装备。这就让步兵师、骑兵师和军1941年6月实际上没有任何坦克。1941年6月，各机械化、步兵、骑兵和空降兵兵团编制所需的坦克总数为37895辆，实际只有23100辆旧式坦克，其中18700辆能够作战。此外，这些坦克中有3600辆是只装备机枪的T-37、T-38和T-40。见N. 拉马尼切夫，《红军 1940—1941：神话与事实》，未出版的手稿，第92页，引用档案材料的编号是TsAMO, f. 38, op. 11353, d. 909, l. 2—18; l. 924和l. 135—138。

26. 机械化军的编制可以在很多资料中找到，其中有《伟大卫国战争初期》，第45—47页；《伟大卫国战争期间苏联坦克兵的编制和作战使用》（*Stroitel'stvo i boevoe primenenie sovetskikh tankovykh voisk v gody Velikoi Otechestvennoi voiny*，莫斯科：军事出版社，1979年），第44页。

27.《伟大卫国战争初期》，第46页。

28. 同上，第47页。

29. 卡车的实有比例为：GAZ-AA的66%、ZIS-4的31%、油料运输车的27%。

30. 同上。罗科索夫斯基后来在战争中升任方面军司令员。

31. 苏德双方的坦克详情，见史蒂文·J.扎洛加、詹姆斯·格朗塞，《"巴巴罗萨"行动》（伦敦：武装和铠甲出版社，1985），以及史蒂文·J.扎洛加、吉姆·金尼尔、彼得·萨森，《KV-1和KV-2重型坦克，1941—1945》（伦敦：鱼鹰出版社，1995年）。

32.《机械化第12军军长1941年6月27日致西北方面军司令员，关于本军运输工作缺陷的报告》（*Doklad komandira 12-go mekhanizirovannogo korpusa ot 27 iiunia 1941 g. komanduiushchemy voiskami severo-zapadnogo fronta o nedostakakh v ispol'zovanii korpusa*），收录在《伟大卫国战争战斗文书选集：第34期》，第322—323页。舍斯托帕洛夫于6月27日在战斗中负伤，1941年8月6日在医院去世。

33. 同上，第322页。

34. 同上，第323页。

35.《机械化第21军军长1941年6月29日，关于本军作战行动效果的第3号作战报告》（*Boevoe donesenie komandira 21-go mekhanizirvannogo korpusa no. 3 ot 29 iiunia 1941 g. o resul'tatakh boevykh deistvii korpusa*），收录在《伟大卫国战争战斗文书选集：第33期》，第30—31页。在战争期间，列柳申科后来升任著名的近卫坦克第4集团军司令员。

36.《西北方面军司令员助理1941年7月11日关于各机械化军状况的报告》（*Donesenie pomoshchnika komanduiushchego severo-zapadnym frontom ot 11 iiulia 1941 g. o sostoianii mekhanizirovannykh korpusa*），收录在《伟大卫国战争战斗文书选集：第33期》，第12页。

37. 同上。

38.《西北方面军汽车装甲坦克兵局局长1941年7月11日，关于机械化军的状况及其重大损失的原因的一封书信》（*Pis'mo nachl'nika autobronetankovgo upravleniia severo-zapdnogo fronta ot 11 iiulia 1941 g. o sostoianii mekhanizirovannykh korpusov i prichinakh bol'shikh poter*），收录在《伟大卫国战争战斗文书选集：第33期》，第14—16页。库尔金少将当时是机械化第3军的军长。波卢博亚罗夫后来成为近卫坦克第4军的军长，并率领该军直至柏林战役。

39. 同上，第16页。

40.《机械化第21军军长致第27集团军司令员，关于本军在1941年7月23日状况的报告》（*Doklad komandira 21-go mekhanizirvannogo korpusa komanduiushchemu 27-i armii o sostoianii korpusa na 23 iiulia 1941 g.*），收录在《伟大卫国战争战斗文书选集：第33期》，第40—41页。

41. 同上，第41页。

42.《机械化第12军军长1941年7月29日，关于本军使用、指挥与控制缺陷的信息》（*Spravka komandira 21-go mekhanizirvannogo korpusa ot 29 iiulian 1941 g. o nedostakakh v ispol'zovanii korpsusa i upravlenii im*），收录在《伟大卫国战争战斗文书选集：第33期》，第42—43页。

43.《机械化第1军军长1941年8月2日致西北方面军参谋长，关于机械化第1军在1941年6月22日至7月24日期间作战行动的总结》（*Otchet komandira 1-go mekhanizirvannogo korpusa ot 2 avgusta 1941 g. nachal' niku shtaba severo-zapadnogo fronta o boevykh deistviiakh 1-go mekhanizirvannogo korpusa za period s 22 iiunia po 24 iiulia 1941 g.*），收录在《伟大卫国战争战斗文书选集：第34期》，第324页。

44.《机械化第1军军长1941年8月1日，关于在本军各下属兵团和部队的作战中消除组织、指挥与控制缺陷的号令》（*Rasporiazhenie komandira 1-go mekhanizirvannogo korpusa ot 1 avgusta 1941 g. ob ustranenii nedostatkov v organizatsii upravleniia boem soedinenii i chastei korpusa*），收录在《伟大卫国战争战斗文书选集：第33期》，第44—45页。

45.《机械化第6军坦克第7师师长1941年7月28日，关于本机械化兵团1941年6月22日至7月20日期间作战使用和特点的报告》（*Doklad komandira 7-i tanknovoi divizii 6-go mekhanizirvannogo korpusa ot 28 iiulia 1941 g. o primenenii i kharakter deistvii mekhanizirovannykh soedinenii s 22 iiunia po 20 iiulia 1941 g.*），收录在《伟大卫国战争战斗文书选集：第33期》，第117—118页。

46.《西方面军司令员1941年6月23日致第10集团军军令员，关于建立集团军指挥与控制秩序的战斗号令》（*Boevoe rasporiazhenie komanduiushchego voiskami zapdnogo fronta ot 23 iiunia 1941 g. komanduiushchemu voiskai 10-i armii o navedenii poriadka v upravlenii voiskami armii*），收录在《伟大卫国战争战斗文书选集：第35期》，第30页。

47.《西方面军司令部1941年6月25日16时45分，关于方面军各兵团和部队处境的第008号作战报告》（*Boevoe donesenie shtaba zapadnogo fronta no. 008 k 16 chasam 45 minutam 25 iiunia 1941 g. o polozhenii soedinenii i chastei fronta*），收录在《伟大卫国战争战斗文书选集：第35期》，第45页。

48.《西方面军司令部1941年6月25日7时22分，关于方面军作战行动的第7号作战汇报》（*Operativnaia svodka shtaba zapadnogo fronta no. 7 k 22 chasam 25 iiunia 1941 g. o boevykh diestviiakh voisk fronta*），收录在《伟大卫国战争战斗文书选集：第35期》，第45页。

49.《西方面军司令部1941年6月27日20时整，关于方面军作战行动的第8号作战汇报》（*Operativnaia svodka shtaba zapadnogo fronta no. 8 k 20 chasam 27 iiunia 1941 g. o boevykh diestviiakh voisk fronta*），收录在《伟大卫国战争战斗文书选集：第35期》，第45页。

50. 同上。

51.《西方面军汽车装甲坦克局局长致红军汽车装甲坦克总局局长，关于方面军汽车装甲坦克兵1941年6月29日状况的报告》（*Doneseie nachal' nika avtobrontetankovogo upravleniia zapadnogo fronta nachal' niku glavnogo avtobrontetankovogo upravleniia Krasnoi Armii o sostoianii avtobronetankovykh voisk fronta na 29 iiunia 1941 g.*），收录在《伟大卫国战争战斗文书选集：第35期》，第65页。

52.《西方面军汽车装甲坦克局局长致红军汽车装甲坦克总局局长，关于方面军汽车装甲坦克兵1941年7月1日状况的报告》（*Doneseie nachal' nika avtobrontetankovogo upravleniia zapadnogo fronta nachal' niku glavnogo avtobrontetankovogo upravleniia Krasnoi Armii o sostoianii avtobronetankovykh voisk fronta na 1 iiulia 1941 g.*），收录在《伟大卫国战争战斗文书选集：第35期》，第83—84页。

53.《西方面军汽车装甲坦克局局长致苏联副国防人民委员，关于方面军汽车装甲坦克兵1941

年8月5日状况的报告》（*Doklad nachal' nika avtobrontetankovogo upravleniia zapadnogo fronta zamestiteliu narodnogo komissara oborony Soiuza SSR ot 5 avgusta 1941 g. o boevykh deistviiakh mekhanizirvannykh korpusov s 22 iiunia po 27 iiunia 1941 g.*），收录在《伟大卫国战争战斗文书选集：第33期》，第73—77页。

54. 同上，第73页。

55. 同上，第75—76页。

56. V. P. 科利库诺夫，《坦克怎么了？》（*Kuda delis' tanki?*），《军事历史杂志》第11期（1988年11月刊），第31页。

57. 《第20集团军司令员1941年7月8日，关于机械化第5军和第7军在两天作战中所暴露缺点的第7号命令》（*Prikaz komanduiushchego 2o-i armii no.7 ot 8 iiulia 1941 g. o nedostatkakh vyiavlennykh v 5-m i 7-m mekhanizirovannykh korpusakh v khode dvukhdnevnykh boev*），收录在《伟大卫国战争战斗文书选集：第33期》，第86页。库罗奇金在战争中始终担任集团军司令员，并在战后成为一位权威军事历史学家和理论家。

58. 《致机械化第7军的第7号命令》（*Prikaz 7-mu mekhanizirovannomu korpusu no. 7*），收录在《伟大卫国战争战斗文书选集：第33期》，第104页。

59. 同上。

60. V. P. 科利库诺夫，《坦克怎么了？》，第33—35页。材料引自《机械化第6军坦克第7师师长关于坦克第7师状况和作战的报告》[①]（*Doklad komandira 7-i tankovoi divizii 6-go mekhanizirovannogo korpusa o sostoianii i distviiakh 7TD*）坦克第7师已于战争第一周在格罗德诺以南的作战中损失殆尽。

61. 《坦克第37师师长1941年6月28日关于本师作战结果的作战报告》（*Boevoe donesenie komandira 37-i tankovoi divizii ot 28 iiunia 1941 g. o reul' tatakh boevykh deistvii divizii*），收录在《伟大卫国战争战斗文书选集：第33期》，第174—175页。

62. 《机械化第8军军长关于本军1941年6月22日至29日期间作战行动的叙述》（*Opisanie komandirom 8-go mekhanizirovannogo korpusa boevykh deistvii korpusa s 22 po 29 iiuia 1941*）[②]，收录在《伟大卫国战争战斗文书选集：第33期》，第164页。里亚贝舍夫少将经受住了战争初期的考验，后来先后指挥集团军和步兵军直至战争结束。

63. 同上，第168—170页。

64. 《机械化第15军在1941年6月22日至1941年7月12日期间作战行动的简要叙述》（*Kratkoe opisanie boevykh deistvii 15-go mekhanizirovannogo korpusa v period s 22.6.41 po 12.7.41 g.*），收录在《伟大卫国战争战斗文书选集：第36期》，第253页。

65. 同上，第253—254页。

66. 《西南方面军汽车装甲坦克局局长1941年6月30日致方面军军事委员会，关于各机械化军状况和将其后撤补充装备的报告》（*Doklad nachal' nika avtobrontetankovogo upravleniia iugo-*

---

① 译注：原文无机械化第6军，据俄语增补。
② 译注：误写为iiulia，据英语订正。

186

zapadnogo fronta voennomu sovetu fronta ot 30 iiunia 1941 g. o sostoianii mekhanizirovannykh korpusov i ob otvode ikh dlia vosstanovleniia material' noi chasti），收录在《伟大卫国战争战斗文书选集：第33期》，第129页。

67.《西南方面军汽车装甲坦克局局长致方面军军事委员会，关于各机械化军在1941年7月1日状况的报告》（Doklad nachal' nika avtobrontetankovogo upravleniia iugo-zapadnogo fronta voennomu sovetu fronta o sostoianii mekhanizirovannykh korpusov na 1 iiulia 1941 g.），收录在《伟大卫国战争战斗文书选集：第33期》，第131页。

68. 同上。

69.《西南方面军汽车装甲坦克兵局局长1941年7月3日致汽车装甲坦克总局局长，关于机械化军的损失原因和建议改进其运用方式的报告》（Doklad nachal' nika avtobrontetankovogo upravleniia iugo-zapadnogo fronta nachal' nika glavnogo avtobrontetankovogo upravleniia ot 3 iiulia 1941 g. o prichinakh bol' shikh poter' v mekhanizirovannykh korpusakh i predlozheniia po uluchsheniiu ikh ispol' zovaniia），收录在《伟大卫国战争战斗文书选集：第33期》，第132—133页。

70.《西南方面军司令员关于改进机械化军在作战中的组织和控制的训令》（Direktiva komanduiushchego iugo-zapadnom frontom ob uluchshenii organizatsii i rukovodstva boem mekhanizirovannykh korpusov），收录在《伟大卫国战争战斗文书选集：第33期》，第134页。

71.《西南方面军汽车装甲坦克兵局局长致西南方面军司令员，关于汽车装甲坦克兵1941年7月17日状况的信息》（Spravka nachal' nika avtobrontetankovogo upravleniia iugo-zapadnogo fronta komanduiushchemu voiskami fronta o sostoianii avtobrontetankovykh voisk na 17 iiulia 1941 g.），收录在《伟大卫国战争战斗文书选集：第36期》，第102—103页。报告原文中的坦克总数，与各型坦克数量的合计不符。同一报告中7月17日的坦克数量如下：机械化第8军57辆（其中KV和T-34共28辆）、机械化第15军10辆（其中1辆T-34）、机械化第4军100辆（其中10辆KV和49辆T-34）、机械化第16军73辆、机械化第9军38辆、机械化第19军77辆（其中31辆T-34）、机械化第22军40辆、机械化第24军100辆。莫尔古诺夫指出苏联工业至此只向方面军提供了4辆KV和34辆T-34新坦克。

72. 同上，第103页。

73. 同上，第105页。

74.《西南方面军主管坦克兵的司令员助理1941年8月5日致苏联副国防人民委员，关于机械化军在作战行动中指挥与控制缺陷的报告》（Doklad pomoshchnika komanduiushchego voiskami iugo-zapadnogo fronta po tankovym voiskam zamestiteliu narodnogo komissara oborony Soiuza SSR ot 5 avgusta 1941 g. o nedostakakh v upravlenii boevymi deistviiami mekhanizirovan nykh korpusov），收录在《伟大卫国战争战斗文书选集：第33期》，第135—139页。沃利斯基后来在斯大林格勒战役期间担任机械化军军长，1944年下半年担任近卫坦克第5集团军司令员。

75. 同上，第135页。

76.《坦克第41师师长1941年7月25日致西南方面军主管坦克兵的司令员助理，关于坦克41师在1941年6月22日至7月11日期间作战行动的报告》（Doklad komandira 41-i tankovoi divizii pomoshchnika komanduiushchego iugo-zapadnyn frontom po tankovym voiskam ot 25 iiulia 1941 g. o boevykh deistviiakh 41-i tankovoi divizii s 22 iiunia po 11 iiulia 1941），收录在《伟大卫国战争

战斗文书选集：第33期》，第176—179页。

77.《坦克第32师师长致西南方面军汽车装甲坦克兵局局长，关于本师在1941年6月22日至7月14日期间作战行动的报告》（*Doklad komandira 32-i tankovoi divizii nachal'nika avtobrontetankovogo upravleniia iugo-zapadnogo fronta o boevykh deistviiakh divizii za period s 22 iiunia po 14 iiulia 1941 g.*），收录在《伟大卫国战争战斗文书选集：第33期》，第180—188页。

78.《坦克第10师师长1941年8月2日致苏联副国防人民委员，关于本师在1941年6月22日至8月1日期间作战行动的报告》（*Doklad komandira 10-i tankovoi divizii zamestiteliu narodnogo komissara oborony Soiuza SSR ot 2 avgusta 1941 g. o boevykh deistviiakh divizii v period s 22 iiunia po 1 avgusta 1941 g.*），收录在《伟大卫国战争战斗文书选集：第33期》，第192—213页。

79.《坦克第37师师长致西南方面军汽车装甲坦克兵局局长，关于本师1941年6月22日至7月10日期间作战行动和本师1941年7月15日状况的报告》（*Doklad komandira 37-i tankovoi divizii nachal'nika avtobrontetankovogo upravleniia iugo-zapadnogo fronta o boevykh deistviiakh divizii v period s 22 iiunia po 10 iiulia 1941 g. i ee sostoianii na 15 iiulia 1941 g.*），收录在《伟大卫国战争战斗文书选集：第33期》，第216页。

80. 同上。

81. 同上，第217页。

82.《坦克第43师师长致西南方面军司令员，关于本师1941年6月22日至8月10日期间作战行动的报告》（*Doklad komandira 43-i tankovoi divizii komanduiushchemu voiskami iugo-zapadnogo fronta o boevykh deistviiakh divizii za period s 22 iiunia po 10 avgusta 1941 g.*），收录在《伟大卫国战争战斗文书选集：第33期》，第233页。

83. 同上，第234页。

84. 同上。

85.《西南方面军司令员1941年7月7日致总参谋长，关于方面军各机械化军状况的报告》（*Doklad komanduiushchemu voiskami iugo-zapadnogo fronta nachal'niku general'nogo shtaba Krasnoi Armii ot 7 iiulia 1941 g. o polozhenii mekhanizirovannykh korpusov fronta*），收录在《伟大卫国战争战斗文书选集：第36期》，第81—82页。

86.《第5集团军司令部1941年7月8日11时整，关于集团军后撤至科罗斯坚筑垒地域一线结果的第024号作战汇报》（*Operativnaia svodka shtaba 5-i armii no. 024 k 11 chasam 8 iiulia 1941 g. o resul'tatakh otkhoda voisk armii na liniiu korostenskogo ukreplennogo raiona*），收录在《伟大卫国战争战斗文书选集：第36期》，第161—162页。

87. 根据1985年和1986年对原德军中尉赫尔穆特·里特根的采访记录，他当时在第六装甲师侦察营参加了夺取拉塞尼艾的作战。采访地点在美国陆军军事学院，当时该院举办一次研究德国东线战役实施过程的座谈会。

88. 1984、1985和1986年举办了四次战争艺术研讨会，地点在位于宾夕法尼亚州卡莱尔的美国陆军军事学院，这部分内容来当时对大量原德军成员的采访记录。

89.《机械化第8军军长关于本军在1941年6月22日至29日期间作战行动的叙述》（*Opisanie komandirom 8-go mekhanizirovannogo korpusa boevykh deistvii korpusa s 22 po 29 iiunia 1941 g.*），收录在《伟大卫国战争战斗文书选集：第33期》，第164—170页。

90. 骑兵在1941年6月的组织结构和作战准备，参见《伟大卫国战争初期》，第52—53页；以及巴比奇和巴耶尔的《伟大卫国战争中苏联陆军武器和组织结构的发展》，第61页。

91. 骑兵第36师的快速覆灭详情，见《伟大卫国战争战斗文书选集：第35期》。

92. 空降兵的组织结构、作战准备和作战表现见《伟大卫国战争初期》，第53—54页，以及戴维·M. 格兰茨，《苏联空降兵史》（伦敦：弗兰克·卡斯出版社，1994年），第38—56页。

93. 格兰茨，《苏联空降兵史》，第43页。

94. 《西方面军司令员1941年6月28日致空降兵第4军军长和方面军空军司令员，关于空降兵第214旅在斯卢茨克地区实施空降的战斗号令》（*Boevoe rasporiazhenie komanduiushchego voiskami zapadnogo fronta ot 28 iiunia 1941 g. komandiru 4-go vozdushmodesantnogo korpusa i komanduiushchemu voenno-vozdushnymi silami fronta na desantirovanie 214-i vozdushnodesantnoi brigady v raion Slutsk*），收录在《伟大卫国战争战斗文书选集：第35期》，第56页。

95. 《西方面军司令员1941年6月29日致空降兵第4军军长，关于空降兵第214旅向格卢斯克方向运动和该军余部转入防御的第012号个人命令》（*Chastnyi prikaz komanduiushchego voiskami zapadnogo fronta no. 012 ot 29 iiunia 1941 g. komandiru 4-go vozdushmodesantnogo korpusa na vydvizhenie 214-i vozdushnodesantnoi brigady na glusskoe napravlenie i na perekhod k oborone ostal' nymi voiskami korpusa*），收录在《伟大卫国战争战斗文书选集：第35期》，第63页。

96. 筑垒地域构成和分布的详细叙述，见A. G. 哈尔科夫，《苏联西部边境的筑垒地域》（*Ukreplennye raiony na zapadnom granitsakh SSSR*），《军事历史杂志》第12期（1987年12月刊），第47—54页。

97. 同上，第45页。《苏联军队的作战编成》（*Boevoi sostav Sovetskoi armii*），第一部（莫斯科：总参谋部军事科学局，1963年，第7—12页）。

98. 拉马尼切夫，《红军1940—1941：神话与事实》，第82—83页，引用档案编号TsAMO, f. 15a, op. 2245, d.83, l.36。拉马尼切夫补充说，军队在1940年只收到苏联工业部门提供的81118支冲锋枪，计划产量是10万支；收到368934支步枪，计划产量是711000支。

第六章
作战支援兵种和后勤的作战准备

炮兵

战争前夕，红军炮兵由队属炮兵①和统帅部预备队（RGK）炮兵组成。前者编组为团和营，用以支援红军各级兵团，建制上隶属于各筑垒地域，步兵和空降兵的旅，步兵、坦克、摩托化和骑兵的师，步兵、机械化、骑兵和空降兵的军。后者包括由统帅部预备队控制的炮兵兵团、部队和分队，用以在战时支援或配属于红军的集团军和军。截至1941年6月22日，苏联各种口径火炮和迫击炮总数达到117600门，其中37500门火炮和迫击炮属于西部各边境军区的兵团。[1]

红军的大多数火炮（92％）分配给94个军属炮兵团，用以支援集团军、军和师（见本章后的表6.1）。按照编制，这些军属炮兵团总共应有1320门107毫米到122毫米加农炮和2220门152毫米加农榴弹炮。这些团根据装备分为三种类型：装备24门107毫米到122毫米加农炮和12门152毫米加农榴弹炮的混成团、装备36门152毫米加农榴弹炮的团，以及装备24门122毫米加农炮和24门152毫米加农榴弹炮的团。统帅部预备队的火炮数量占苏联全部火炮总数的8％，装备类型是大口径的加农炮和榴弹炮，编组为60个榴弹炮兵团（27个团有48门

---

① 译注：苏德战争爆发以前，苏联炮兵按照建制划分为营属炮兵、团属炮兵、师属炮兵和军属炮兵。统称队属炮兵是苏联在战后的称呼方式，该词等同于西方的野战炮兵。

152毫米炮、33个团有24门203毫米炮）、14个加农炮兵团（48门122毫米和152毫米炮）、15个大威力（BM,bol'shoi moshchnosti）炮兵营、2个独立特别威力（OM, osoboi moshchnosti）炮兵连和12个独立迫击炮营。

苏联火炮采用最现代化的设计，技术上与其德国对手相当。团属炮兵连和师属炮兵团装备76毫米团属、师属和山地火炮。师属、军属炮兵团以及许多统帅部预备队炮兵团，也装备122毫米和152毫米榴弹炮。有些军属和统帅部预备队炮兵团还装备107毫米和122毫米加农炮。更大口径的武器，包括152毫米和210毫米加农炮、203毫米和305毫米榴弹炮、280毫米迫击炮，配备在统帅部预备队炮兵团、营和连。其他口径的迫击炮武器当中，轻型的50毫米迫击炮装备到步兵连、骑兵和空降兵部队，82毫米迫击炮到步兵营，120毫米则是团属迫击炮。

战争前夕，苏联武器设计人员研制出一种代号为BM-13的"野战反作用力推进火炮"（火箭发射器），然而，这种新式武器的研发进度很慢，到1941年6月只制造出七台装有这种武器的试验车辆，其中五辆在某研究所，其他两辆在沃罗涅日的某工厂。苏联政府1941年6月21日下令批量生产这种后来得名"喀秋莎"的新式武器。[2] "喀秋莎"1941年7月首次参战，已来不及影响最初的作战。与此同时，德国人也研制出他们自己与"喀秋莎"对应的武器，这是一种180毫米六管火箭助推迫击炮武器，最初装备工程兵部队，用来发射化学弹药（Nebelwerfer，即烟雾发生器）。

苏联当局除了低估火箭发射器的重要性以外，苏芬战争之前还在很大程度上忽视了迫击炮的战斗力及其在作战中的潜在价值，没有意识到迫击炮可以影响战斗结果。红军经过苦战攻克坚不可摧的芬兰"曼纳海姆防线"之后，启动了一项紧急计划，加快迫击炮的生产和列装。1939年1月1日到1941年6月，红军的迫击炮总数从3200门激增到56900门，几乎每一支作战兵团和部队都编有迫击炮部队和分队。不幸的是，大部分工作都致力于50毫米迫击炮的生产（总数56900门中的35100门），这种迫击炮太轻了，以至于在现代作战中起不到任何明显作用。另外，迫击炮的增产也导致极有价值的45毫米、76毫米火炮和反坦克枪减产。

用来加强集团军的统帅部预备队炮兵团，大多比军属炮兵团装备得更齐全。然而，即使是他们也缺少牵引武器的专用拖拉机，缺额最多达到编制数的85%，而且他们的大多数车辆6月22日时都需要大修。统帅部预备队炮兵的主要缺点是只有8%的团真正保留在统帅部预备队里。另外，统帅部预备队炮兵通常没有反坦克火炮，也没有高射炮兵的兵团和部队。[3]

　　红军炮兵的最大缺点或许是在战争前夕因严重缺少运输车辆和拖拉机而丧失机动性。步兵师中，除榴弹炮兵团预计使用国民农业部门提供的慢速拖拉机牵引外，其余火炮都预计用马拉。虽然苏联的工业部门研制出几种专用型号拖拉机可供牵引火炮，但和其他装备的情况一样，这些拖拉机生产进度缓慢，几乎没有实际列装到部队。各作战兵团在1941年6月总共只得到所需数量37.8%的拖拉机。

　　后勤方面也普遍存在类似情况。和机械化部队一样，炮兵兵团和部队也没有任何修理、修复和抢救能力。在各边境军区，半数统帅部预备队炮兵团也没有这种保障能力。

　　炮兵的另一个主要缺点是苏联人未能研制出更现代化和更有效的目标指示和火控系统。虽然在操作人员有经验的情况下，地面装备能够充分发挥作用，但空中装备被忽视。所有的军本来都应配备校射（校正炮兵射击）飞机，但实际上只有很少几个军拥有。国防人民委员部1941年5月下令组建15个用来指示目标和校正炮兵射击的校射侦察航空兵大队[①]，但截止战争爆发前只有3个组建完成。

　　苏联当时的大量档案报告和作战总结指出炮兵系统还有几个主要缺点。1941年春季进行的检查显示，各团人员（尤其是初级和中级指挥人员）没有受过应有的训练，无法在战斗中有效使用自己的火炮。射击部队在目标指示和射击指挥过程中遇到重大困难，无法与友邻部队实现火力协同。加农炮兵部队最严重的缺点是他们无法有效射击敌军坦克，而这是战前的条令分配给炮兵部队的最主要任务之一。部分原因可能是苏联在战争前夕组建了专门的反坦克部队，并寄希望于他们来完成这一任务。

---

　　① 译注：每个大队有2—3个中队，共6—9架飞机，编入或配属于合成集团军。

西南方面军炮兵首长帕尔谢洛夫中将1941年7月14日编写的一份报告，是红军1941年6月22日装备状况的典型写照，并能代表从其他方面军防御地区发回的类似报告："直到战争开始，作战行动的保障水平都很低，正在组建的部队保障水平尤其低。大口径机枪和轻机枪、左轮手枪、手枪、冲锋枪、82毫米迫击炮等武器装备都存在短缺现象。"（关于帕尔谢洛夫6月22日报告的细节，见表6.2）[4]

这份报告指出，像步兵第2军和机械化第5军这样的新建兵团，特别缺少步枪和迫击炮。同时，宣布动员以后，"军区管辖范围内的一些部队甚至没有装备普通步枪"[5]。这些部队当中有：为数15000人的红军铁道兵军、不少于45个建筑营、来自其他军区的几个正规兵团（步兵第206、第227和第147师缺少武器）、位于第二防御线的5个筑垒地域（根本没有任何武器）、几个防破坏行动大队、一些正在动员的部队，以及正在动员的各种国内治安部队。帕尔谢洛夫称，他编写这份报告时，军区储备的武器库存已经用完，只剩下需要修理的6000支步枪和450挺马克沁机枪。帕尔谢洛夫所附关于军区炮兵武器状况的报告，也同样令人触目惊心（见表6.3）。

每个步兵师和骑兵师、军直属部队和统帅部预备队的团，在6月22日都有1.5个战斗基数的子弹和炮弹，每个坦克师和摩托化步兵师有1.5—3.0个。然而，他们严重缺少37毫米和85毫米高射炮弹和坦克用穿甲弹。最严重的问题来自后续补给弹药的运输："作战行动开始时，边境地带的大多数部队由于没有足够的运输汽车，无法携带后续补给用的弹药，不得不把半数以上的弹药留在自己驻地，由于作战行动迅速发展，这些留在驻地的炮弹要么被迫炸毁，或要么沦陷敌手。"[6]

苏联人早就认识到装甲坦克和机械化兵种在现代化战争中的作用和重要性。然而，他们对发展反坦克能力的关心程度却远不及他们对坦克战的执着程度。归根到底，正是德国人1940年在西线的作战表现，才最终引起苏联人对反坦克战的高度关注。

苏联人关注程度的提高，具体表现为国防人民委员部1941年5月下令在各边境军区组建十个特殊的反坦克炮兵旅（见表6.1）。通常在每个位于前方的步兵集团军各配属一个这种旅。每个旅下辖两个团，共有120门76毫米或85毫米反坦克炮和16门37毫米高射炮。这些新旅遇到的问题与他们将会并肩作战的机械化军如出一辙。截至6月22日，主要由于工业产量不足，这些旅只装备了所需火炮的30%~78%，也很少有85毫米火炮。同机械化军以及其他炮兵兵团一样，这些旅也缺少运输车辆、拖拉机和后勤保障。6月13日，这十个旅当中的四个分别有所需189台拖拉机中的4—46台，而其他旅则根本没有拖拉机。同时，这些旅只得到他们所需7070台车辆中的18%（1308台）。[7] 这样的现实让这些旅完全没有作战中必需的机动性。可想而知，战争开始后不久，他们就迅速损失殆尽。

坦克在战争前夕被从步兵兵团抽调出来，集中用于组建机械化军；无独有偶，大部分军属和师属的反坦克炮也同样被挪用于组建反坦克旅。这种做法严重削弱了大多数苏联军队的反坦克能力，一旦战争开始，这些军队就不得不退而求其次，使用造价更低、更易生产，但是效果显然更差的反坦克枪。

因此，战争前夕，虽然苏联炮兵数量更多，但在机动性、后勤保障、目标指示、通信和火力控制方面都不如德国炮兵。苏联人在火箭炮和反坦克武器领域的发展也没能跟上德国人的进度。苏联炮兵的素质较低，尤其在师一级。更重要的是，红军炮兵没有融入一个像德国陆军那样诸军兵种合成的有效团队。它没有足够的侦察手段，与步兵、坦克兵和空军的协同也很差。这些缺点严重损害了炮兵在作战中的杀伤力，远不是苏联炮兵在身管数量上的优势所能挽回的。

工程兵

和炮兵一样，红军的工程兵由队属工程兵（和工兵）和统帅部预备队工程兵组成，前者隶属于集团军及以下各级兵团和部队，后者用于加强方面军和集团军[①]。队属工程兵在每个步兵团中配一个工兵连，每个步兵师中配一个两连制的工兵营，每个步兵军中配一个三连制的工程—工兵营。每个坦克师有一

---

① 译注：按《苏联军事百科全书》的说法，到1941年年初，工程兵由队属工兵、集团军和军区的工程兵部队和分队组成。在同一词条中，（最高）统帅部预备队工程兵字样出现在战争期间。

个摩托化工兵营，每个集团军有几个工程兵营和独立特种工程兵连。统帅部预备队工程兵包括若干独立工程兵营和舟桥营。

战争前夕，苏联工程兵同样正在进行军队结构和技术方面的改革。1941年2月到5月，国防人民委员部将统帅部预备队①原来的工程兵营和连，改编为18个工程兵团和16个舟桥团（见表6.1）。这些编制1000人的团计划于动员后第二天到第十天，扩建为156个工程兵团、营和独立连。而实际上，这些团都在忙于构建新的筑垒地域，而不是保障作战军队。6月22日，西部各边境军区10个工程兵团中的9个和所有160个军属和师属工兵营，另外还有从内地军区抽调的41个工兵营，都在边境忙于修筑防御工事。这就使全体作战军队和许多预备队在战争开始时完全失去工程兵保障，并最终降低了他们的战备水平。[8]此外，战争开始时，这些至关重要的工程兵和工兵距离前线过近，并在最初的战斗中全军覆没。

战争开始时，工程兵的动员体制同样没有起作用。新组建的少数几支部队缺少训练有素的人员，也只得到所需数量50%的架桥和工程装备。结果就是，他们根本无法执行像埋设地雷、修复桥梁、在纵深构筑新防御线和保障机械化军发起反冲击这样的关键性作战任务。

无数报告记录着工程兵在战争初期面临的困境，以及后来军队在作战中工程保障方面的困难。西方面军工程兵局局长沃罗比约夫少将在1941年8月13日之后不久所做的报告，详细列举了该方面军工程兵遇到的问题，可作为其他方面军类似报告的典型：

首先，1941年2月到3月，西部特别军区的所有工兵营和工程兵团都参加了沿国界修建筑垒防御工事的专项工作。工程兵部队成年累月忙于修筑防御工事，脱离自己的上级兵团，没有足够时间进行作战训练，只能隔三岔五地开展政治培训，已经退化成了简单的施工队。脱离自己上级兵团的工兵，没有进行过工程保障的作战训练，也没有与其他军兵种协同训练过。

---

① 译注：《苏联军事百科全书》在此处使用的名词是"集团军和军区"。

其次，作战行动开始时，所有工程兵部队都位于边境地带，因指挥干部和红军战士伤亡而蒙受巨大作战损失。重型工程装备（平路机、空气压缩机等）被敌炮火和航空兵摧毁……截至1941年6月24日，位于索波茨金地区的工程兵第23团已无组织溃散。工程兵第10团的一些主力分队沿国界卷入了战斗，包含一些专业分队的团部集群现与步兵第1军在一起位于维兹纳。根据建筑管理部门首长从前线派回的战士所述，沿国界施工的所有步兵军属和步兵师属工兵营，都卷入战斗并遭到重大损失，一些独立的分队还被吸收到了其他军兵种。[9]

沃罗比约夫称：截至6月27日，西方面军只剩下三个工兵营和两个舟桥营可供使用。这些营正在德军前往奥尔沙、维捷布斯克和第聂伯河的道路上布设障碍物。方面军招募了平民劳动力来协助他们，但这些努力都劳而无功，部分原因是工程兵没有运输工具和地雷，也几乎没有爆破器材。后来，方面军新组建了一些工程兵部队，不但为时已晚，数量也不足以阻止德军前进。

通信兵

通信兵也遇到类似的困难。在1941年6月，通信兵由队属通信兵、集团军和方面军通信团和分队组成。队属通信兵在每个作战营配一个通信排，每个作战团配一个通信连，每个师和军各配若干通信营。配属于各团、师和军的通信营负责其上级单位内部、与友邻之间的通信。在和平时期，每个集团军配备一个独立通信营，这个营在动员后将扩编为一个完整的团。每个军区（战时的方面军）都有一个自己的通信团和另外几个隶属于统帅部预备队的独立通信团。方面军通信团战时共有799人，下辖一个装备10部无线电台的两连制无线电通信营，和一个装备57台有线电报机和2部电台的电报—电话（有线）通信营。具有类似结构的集团军通信团有684人、9部无线电台和45台有线电报机。[10]

统帅部预备队通信兵战前共有19个独立通信团（14个配属各军区、5个配属各集团军）、25个独立通信营、16个特别使命无线电营（用于无线电截听）和17个通信枢纽（国防人民委员部和每个军区各一个）。根据总参谋部的计划，通信兵在战时扩建后，应有37个独立通信团、98个独立有线通信营和298个独立通信连。实际上只组建了17个团（缺少48.6%[①]）、25个营（缺少74.4%）和4个连（缺少98%）。

通信兵装备的无线电台数量不足，大部分是已过时的旧型号，苏联工业中所有现代化型号通信设备的生产进度严重延期。1941年6月动员后的各通信部队只有所需RAT无线电台数量的39%、集团军和机场无线电台数的46%、团属无线电台数的77%、有线电报机数的35%，他们也只得到所需电话线总量的43%。总体来说，方面军平均只有自己所需无线电台数量的75%，集团军有24%，师有89%，团有63%。这样的装备水平，再加上指挥人员普遍缺乏无线电台和无线电通信的使用经验，使战争初期的通信成为一场噩梦。

由于无线电台的短缺和指挥人员认为它们使用不便，红军严重依赖有线通信。而德国人在战争最初几小时的破坏活动和他们后来的快速地面推进很快就让有线通信陷入混乱。国防人民委员部尝试过减少指挥人员对有线通信的依赖，1941年2月15日下令所有指挥人员和参谋都要"学会利用无线电指挥军队的艺术"[11]。

总体来说，动员失败了，军队投入作战时的通信装备数量不足，大部分装备还是过时的旧型号。令装备和动员的问题雪上加霜的是，许多通信兵只受过一部分训练或者根本没有训练过，指挥人员也在很大程度上没有作战通信技术的经验。对于一支想要实施运动战的军队而言，这是一个致命缺陷。无数苏联档案中的报告记录着由此引发的可怕后果。[12]

甚至在战争爆发之前，就有人警告过红军将会遇到通信困难。在德国人发动进攻不到一小时前，波罗的海沿岸特别军区参谋长P. S. 克列诺夫中将，向总参谋部发出了一份令人不安的消息：

本军区通信工作的弱点，可能会引发一场危机，其中有：

1. 方面军和集团军通信部队人数不足，不能满足执行有关任务的需求；

2. 方面军和集团军的通信枢纽尚未建设完整；

[①] 译注：应为54%。

3. 从潘韦日[①]和德文斯克的通信枢纽出发的有线通信不够完善；

4. 通信能力不足，无法向后方地区提供通信；

5. 军区、集团军的通信部队以及空军的通信装备供应不足。[13]

克列诺夫担心的事情很快就变成了现实。四天后，西北方面军通信局局长库罗奇金上校，报告了方面军通信在四天来作战中的可怕事实。在一份题为《战局开始以来通信状况》的报告中，他写道：

军和师的独立通信营仍处在和平时期状态，运输汽车也不足额，不能装下全部有线通信器材的应急库存，只好把剩余部分留在自己的驻地仓库里。边境交战发生在一条非常广阔的战线上，各师和军都在那里艰苦作战……

战争刚一开始，沿边境布设的固定通信线路就遭到敌人航空兵和破坏小组的毁坏，于是，各师和军不得不使用野战通信工具填补这个空白……

战争第二天和第三天，发生了一场相当激烈、血腥的交战，结果我军部队开始迅速撤退到后方防线……

这次撤退没有计划性。几乎每个师都在被半包围的状态下各自为战，撤往西德维纳河。

各师和军的独立通信营经常同其上级指挥机关一起，直接参加对敌作战。

总之，他们损失了几乎全部有线通信装备和相当数量的无线电台。这些营中相当数量的人员也在战斗中牺牲。

在战争的第二天和第三天，师和军两级的主要通信手段是无线电和通信员……

无线电通信

1. 从战争的最初几天开始，无线电通信几乎没有中断过，但战争刚开始时，各指挥机关不愿意、也不会熟练使用这种手段……

---

① 译注：即立陶宛的帕涅韦日斯。

有线通信

战局开始时，方面军和集团军司令部没有为运动通信工具提供交通工具（飞机、车辆或摩托车）。

各级参谋长往往不愿意从作战部队中抽调这些交通工具。[14]

从其他方面军防御地区发回的报告中，通信保障和缺点的类似叙述屡见不鲜。

防空部队

现代战争中的防空问题，是空中力量（尤其是轰炸航空兵）重要性增长的自然产物。尽管如此，1940年以前，苏联军事当局还是低估了防空在现代战争中的重要性。然而，1940年春季，德国军队生动地展示出空中力量在他们的西线闪电战中可以起到怎样的作用。当时，德国人大规模轰炸西方的城市、经济目标和通信枢纽，巧妙地将航空火力支援和地面作战结合在一起，对平民聚居区进行恐怖轰炸，以及迅速夺取制空权，令苏联军队深受警醒。

苏联理论家们仔细分析空中力量在德国军事胜利中起到的作用，并在自己的军事期刊上广泛谈论这个问题。然而，他们错误地得出结论，认为空中力量只能被用于对付弱小国家，也就是那种既没有强大而发达的经济，又没有雄厚军事力量的国家。"他们认为在与一个拥有同等甚至更强大的军事经济潜力、保持警惕、并有一支高度战备武装力量的大国进行战争时，这种手段［空中力量］毫无用处。"[15]

因此，苏联人在1941年6月"没能为军队和国家的重要目标建立起一套可靠的对空防御体系"[16]。国防人民委员部曾在1941年2月14日发布过一项《关于加强国家对空防御》的命令，建立了一套在红军防空总局领导下的新型国土防空体系（PVO-strany）。围绕纵深达1200公里范围内苏联西部"受到威胁的国土"共组建了13个防空地区①，每个防空地区负责与自己所在军区相同的区

---

① 译注：这13个防空地区并不都在西部，作者的原注给出具体名称。

域，并进一步细分为防空地域和地点。[17]

有些防空兵团、部队和分队（军、师和旅）[①]被特殊指定用于保卫国土体系的某一部分，其他的则与地面高射炮兵、空军和海军一起，负责保卫大型人口中心（莫斯科、列宁格勒、基辅）和西部边境纵深400—600公里（高加索地区为200—250公里）的重要目标。这些武装力量集体负责向国家提供对空防御并击退敌人的空袭。军区司令员通过防空地区司令员[②]负责各自军区的防空。

国土防空部队的装备是歼击机、高射炮和高射机枪、探照灯、拦阻气球和光学观测设备。机枪武器当中有7.62毫米1931式车载机枪，以及由V. A. 德拉贡诺夫和 G. S. 什帕金共同研发的1938式12.7毫米重机枪[③]。这两种机枪的性能与德国同类型号相似。

虽然军队防空是由诸兵种合成指挥员通过自己的炮兵指挥员负责，但是各军区并没有专门机关来控制防空，或组建、训练战时方面军和集团军的防空部队。相反，国防人民委员部把防空部队作战和专业训练的责任交给了红军防空总局。根据国防人民委员部1941年1月31日的决议，防空总局的主要任务是"控制预定用于苏联国土防空的高射炮、高射机枪、防空探照灯、歼击航空兵、拦阻障碍气球和VNOS［对空情报系统］等部队的作战训练和使用"[18]。

虽然建立新体系可以被看作一种积极进步，但是这项措施并未把国家整体和具体的潜在战争目标整合到一个体系里。歼击航空兵隶属于军区空军司令员，负责保卫莫斯科、列宁格勒和巴库的歼击航空兵团在作战上隶属于各防空军军长。高射炮兵的作战和专业训练由防空总局的下属两个指挥机关分别负责，而其射击训练、物资和技术保障则由炮兵指挥员负责。

这些和其他的责任冲突不能支持一个有效的防空体系，也阻碍了它的发展。另外，各级防空指挥人员的动荡也破坏了军队的作战准备。举例来说，1940年到1941年，红军防空局（1940年12月27日以后为防空总局）先后有六位

---

① 译注：这三个级别都是兵团。
② 译注：防空地区司令员是各军区司令员助理。
③ 译注：前者是四联装马克沁重机枪，后者即德什卡（DShK）。

首长。其中包括：Ia. K. 波利亚科夫和M. F. 科罗廖夫炮兵少将、E. S. 普图欣航空兵中将、G. M. 施特恩上将，1941年6月14日到7月19日是N. N. 沃罗诺夫上将[1]。防空和其他领域一样，受到指挥干部变动的巨大影响，这些变动引发的动荡也给下级带来了混乱。

这些组织问题和指挥干部变动影响了全面和具体的防空规划、指挥人员训练、这个体系的指挥与控制，及其实现战时高效动员的能力。计划制订得很肤浅："防空地区的作战计划并不具体。它们只是反映高射炮兵部队和分队的实际分布情况，列举所要保卫目标的简单特点，确定敌人空袭时最有可能的来袭方向。这些计划没有反映出军队的指挥与控制方法。"[19]

苏联人1941年5月尝试加快防空部队的专业训练，结果适得其反，反而降低了指挥员、参谋、部队和单兵的能力。特别是造成防空兵团、部队和分队普遍不能在夜间作战。战争前夕没有现代化的防空条令和通用流程，当时的条令都是在20世纪30年代中期制订的过时版本。通用参谋流程仍在制订当中。[20]

本应以通信人民委员部提供的全天候空中通信为基础的防空通信，当时尚未组织起来。仅西部和基辅特别军区就分别有119个和110个通信枢纽尚未归入到统一的系统，列宁格勒军区的防空部队、空军与波罗的海舰队之间的通信一片混乱。对空情报系统的观察站和无线电通信要么不存在或不能工作，要么因过度依赖有线通信，导致传出的消息不及时。各边境军区的对空情报系统通信由70%~75%的（电话）线路、15%~20%的直通专线和20%~25%的无线电组成[2]。此外，大多数人员难以用到无线电。于是，向军队、防御目标和机场通报敌人的空中行动需要花费4.5到15分钟。因此，1941年1月1日到6月10日，对空情报系统没有对德国人进攻前飞越苏联领空的122次侦察飞行中的84%做出有效反应。[21]

让这些组织和体系上的问题更严重的是，当时的防空武器（37毫米和25毫米自动火炮、85毫米火炮和12.7毫米机枪）是低效率的旧型号，新型45毫米自动火炮和100毫米、130毫米火炮的生产进度一拖再拖。即便是这些旧枪炮的弹药，库存水平也很低，按照作战三个月的标准计算，实际只有所需数量的13%~75%。[22] 旧式火炮的短缺（缺少7190门37毫米炮和1308门85毫米炮）直到1942年年中才有改善。新型85毫米高射炮1941年的产量比1940年增长了1.7倍。新武器主要分配给西部各军区的防空兵团和部队，以及像莫斯科和列宁格勒这样的主要人口中心。此外还有480门85毫米炮专门用于反坦克作战。

苏联地面防空部队在1941年6月共有三个防空军、两个防空师、六个防空旅、二十六个旅级防空地域、两个独立防空团和九个独立高射炮兵营，共18.2万人，装备3329门85毫米炮、335门37毫米炮、649挺12.7毫米机枪、1597部探照灯、853组拦阻气球、75部无线电定位（雷达）站（装备着RUS-2和RUS-1型搜索雷达）。（见表6.1）[23]

红军陆军中的每个步兵师有一个装备8门37毫米和4门76毫米高射炮的高射炮兵营，每个团有一个装备3挺重机枪和8挺车载自动机枪的高射机枪连。军属高射炮兵营有12门76.2毫米高射炮、2挺大口径机枪、3挺车载自动机枪。虽然这些分队按照编制总共应有4900门37毫米炮，但他们1941年6月实际上只有1382门。因此，大多数作战师只有4到8门高射炮，而不是应有的12门。[24]

这些营的实际防空掩护能力不够，在一个步兵军的前线展开宽度为10公里的情况下，他们只能有效射击在前沿空域3000米高度飞行的一个空中目标，或是纵深空域中两个飞行高度的目标，或是14到15架强击机。随着军的正面宽度增加，作战效果也会更差。另外，陆军在地面运动时，高射炮兵根本无法开火，由于缺少探照灯，夜间射击也受到限制。战争前夕防空航空兵兵团和部队的分布情况见表6.4。

红军空军共分派40个歼击航空兵团，（编制实力）共2520架飞机执行防空任务。有些团隶属于上述表中具体列出的各师和团，有些团隶属于各军区空军。然而，这些团实际只有所需飞行员人数的60%、飞机和其他装备数量的83%。各团飞机中的91%是旧式的I-16、I-15和I-153，其余是新式的Yak-3和MiG-3。这些飞机都没有雷达瞄准具，飞行员对新式飞机上的无线电也不满意，不愿意使用它们。飞行员没有接受过夜间作战训练，同时也没有足够的探照灯可供夜间作战使用。探照灯本身的性能也比不上外国产品。

对空情报系统的兵团和部队采用目视方式探测飞机，用非常简陋的方法确定敌机航向和目标。即便是这样的目标指示方法，也因对空情报岗哨缺少双筒望远镜（缺额达74%）而受到影响。1941年6月，只有六个观察站装备了新式RUS-2试验性雷达，而旧式RUS-1雷达已在1940年停产。虽然红军防空总局在1941年进行过一系列防空演习，但没等他们真正取得任何积极成果，德国人的进攻就开始了。因此，"总的来说，各防空地区和防空地域的飞行员、高射炮兵、探照灯兵、参谋人员的作战训练水平仍然很低，不利于击退敌人在战争初期的空袭"[25]。

1941年6月，防御苏联欧洲领土后方目标的防空部队，可以按照所在防空地区分为两条防线。第一条防线由北、西北、西、基辅和南防空地区组成，共有579个高射炮兵连，占总数的50%，另有17个歼击航空兵团，占保卫国家大型人口中心的歼击航空兵团总数的42.5%。[26] 这17个团中，有9个团保卫列宁格勒、4个团保卫基辅，各1个团保卫里加、明斯克、敖德萨和克里沃罗格。高射炮兵围绕这些敌人可能会攻击的目标形成点状防御，约有编制兵力的86%~97%。有82个炮兵连防御西北方向［轴线］（北和西北防空地区），69个连防御西部方向（西防空地区），73个连防御西南方向（基辅和南防空地区）。其余355个炮兵连隶属于保卫基辅和利沃夫的防空师和保卫列宁格勒的防空军。

防空的第二条防线由莫斯科、奥廖尔和哈尔科夫防空地区组成，共有223个高射炮兵连（占总数的19%）。其中137个连（超过61%）用于保卫莫斯科。另外，还有11个歼击航空兵团（占总数的27.5%）也用于保卫首都。但是，这些歼击机团中只有6个拥有所需装备，其余5个仍在组建过程中。

由于敌对行动即将到来的迹象越来越多，位于前方的对空防御部队6月18日进入战斗准备状态。波罗的海沿岸特别军区司令员库兹涅佐夫上将在这天发布了一项绝密命令：

---

① 译注：着重号是作者加的。

为提升军区的战区准备，我命令如下①：

1. 防空地区司令员在6月19日前做好军区防空的全方位战斗准备，以便：

a. 组织所有对空观察站和警报通信部门的全天候执勤，确保通信不间断；

b. 为各高射炮兵和照射［探照灯］连指定不间断的值班人员，组织其岗位的正常通信，为其提供工程兵保障和弹药，从而做好所有各连的战斗准备；

c. 组织歼击航空兵与高射炮兵部队之间的协同；并且

d. 在7月1日前构筑完成从连到旅级防空地域的各级指挥所。

在1941年6月19日，报告大型铁路和公路桥梁、炮兵的仓库和其他重要目标防御俯冲轰炸机的优先掩护顺序。

在1941年6月21日前，与地方对空防御机关一起组织：里加、考纳斯、维尔纽斯、德文斯克、米塔瓦①、利巴瓦②和希奥利艾等城市的灯火管制、市内消防措施、伤员的医疗救助，并确定可以用作防空洞的场所。

e. 最大限度地强制采取所有组织措施，并不迟于1941年7月1日完成。[27]

所有各边境军区司令员都发布过类似命令。在西部和基辅特别军区，从格罗德诺到利沃夫，纵深处从明斯克到沃伦斯基新城③，这一地带内的所有高射炮兵连都占领了射击阵地。然而，西方面军的许多连却因在后方训练而未能展开。到6月21日，共有60个高射炮兵连负责保卫莫斯科，30个连保卫列宁格勒。莫斯科地区其余50%的连仍在科斯特罗沃的军营。各边境军区位于纵深150至250公里处的对空情报部队也同样进入了战斗准备状态。位于更东面的其余对空情报部队到发生战争时才进入战斗准备。

尽管采取了所有这些措施，但一份官方评论还是认为："整体来看，防空部队在战争开始时的作战准备水平仍然较低。虽然当时为加强集中控制，对防空部队的组织结构做出过重大调整，但苏联政府没有成功地建立起对整个防空体系的统一指导。"[28]

---

① 译注：叶尔加瓦。

② 译注：利耶帕亚。

③ 译注：即诺夫哥罗德—沃伦斯基。

这篇评论还列举出许多问题，包括组织结构薄弱、武器过时且数量不足、人员和部队训练，尤其是夜间作战的训练很差、通信装备短缺、指挥与控制混乱、各防空地区和防空地域没有统一的条令和流程，以及航空兵对防空作战的支援等许多问题。总之，这些问题在战争中导致的后果，表明在没有足够对空防御的情况下投入作战将会极其危险。

边防军和内卫部队

战争前夕，边防军的主力是沿苏联国界驻扎并巡逻的49个边防总队。每个边防总队下辖四到五个边防大队（komendatura）。每个边防大队下辖四个国界哨所（zastav）[1]，其中三个哨所有42—64人，第四个是42人的后备哨所、一个由各50人的三到五个哨所组成的机动队和一所70—100人的士官学校。一个边防总队约有1400—2000人、20—30门50毫米迫击炮、80—122支冲锋枪、48—60挺马克沁重机枪、25—30台车辆、200—300匹马和120—160只犬。[29]

边防军是装备轻型武器的国家安全部队，负责沿国界巡逻、抓捕非法越境者、阻止敌人的侦察和破坏行动，并作为动用正规军的"导火索"[2]。他们的装备和所受的训练在任何情况下都不适合与正规武装力量的作战兵团交战。

总数为171900人的内卫部队及其许多下属分支，在战争爆发前的几年中受到优先关注。因此，他们整体上非常适于履行自己的责任。然而，随着红军防御的迅速崩溃，他们又在平时的看守劳改营和维持国内治安之外，承担了更多的任务。实际上，他们经常被当作作战兵团使用。此外，武装力量的高减员率也使许多内卫部队的战士不得不转入正规的陆军部队（见第八章）。

德国人的突然袭击严重打乱了内务人民委员部原来的动员计划。内务人民委员部摩托化步兵第22师师长戈洛夫科中校1941年8月1日在他所做的总结中报告说：

按照动员计划，内务人民委员部摩托化步兵第22师成立时，本应下辖摩

---

[1] 译注：《苏联军事百科全书》中称边防小队或边境警戒小队。
[2] 译注：原文用词为地雷等爆炸物的拉发线。

托化步兵第1、第3和第5团。然而，因为第1团和第3团已被卷入立陶宛的作战行动，不可能再与他们取得联系，而形势又需要我们迅速做好准备迎击法西斯正规军，所以我就把内务人民委员部摩托化步兵第22师的编成改为铁道兵第83团、内务人民委员部摩托化步兵第5团和押送第155营，并用里加的几个工人营组建了一个赤卫队团。这样，内务人民委员部第22师实际上是由三个团和一个独立营组成。[30]

6月30日以后，作战形势需要摩托化步兵第22师作为第8集团军步兵第10军的组成部分参加作战，然而，这个师没有建制内的炮兵、工程兵和后勤保障。对内务人民委员部现有少量文件的仔细研究表明，有些兵团存在装备短缺的现象。例如，隶属于西北方面军的内务人民委员部（铁路安全）第2师的战斗行动日志，在1941年7月2日报告说，虽然"武器和弹药的供应充足"，但是该兵团的第109团"缺少250套军装和900口炊事锅"[31]。

该团后来的一份报告显示，7月30日"本团还有67人组成的三个连、一个52人的后备连、共有280人的一些其他分队和三挺重机枪"，总兵力399人。[32]由于该团实力虚弱，它被并入红军的步兵第320团。实际上，内务人民委员部迅速进行动员的同时，位于西部各军区边境地带的大多数内卫部队，很快都被转隶给红军的野战领率机关。虽然内卫部队似乎对于执行作战任务胸有成竹，内务人民委员部的动员过程也似乎很有效率，但是内卫部队的训练和装备都不适于按照正规作战部队参加战斗。于是，他们遭受的损失应该很严重。

后勤

和平时期，红军作战结构中的所有后勤部队和设施都保持着人员和装备大幅缩编的水平。方面军和集团军后勤并不存在。一些独立的医院、修理机构和仓库负责保障和平时期的军队，这些设施将会成为以后进行动员的基础。动员计划（MP-41）要求各师在动员开始后3天内完成动员，集团军及其下属的100多支后勤部队在7天内完成动员，方面军及其下属400—500支后勤部队在15天内完成动员。国家武装力量的后勤管理机关在30天内全部完成动员。根据第一次世界大战和后来小规模局部战争的经验，苏联军事当局计划让作战军队自行携带可供3天作战行动使用的物资储备和5至6天消耗标准的食物。一个由方面军仓库和补给站组成的持续而稳定系统，将会保存9至10个基数的弹药、10个基数的燃料和30天消耗标准的食物。这些作战后勤机关没有统一的指挥，同时隶属于红军后勤局和国防人民委员部①。[33]

动员计划中还有一项进一步发展后勤的计划。这项计划要求建立可供三个月作战使用的物资储备（和六个月消耗标准的食物）。然而在各边境军区，因仓库容积不够，物质储备量减少到只可供一个月使用的燃料和弹药。另一方面，现有仓库总数中的38%（总数887个中的340个）位于西部各军区作战军队附近，其中大部分靠近国界，最容易遭到敌人的攻击。

炮兵总局的中央基地和仓库存有全部炮弹储备的20%和地雷的9%，而在西部各边境军区中，这些物资当中的很大一部分存放在国界附近。例如，西部战区②25%的弹药，共计3000万余枚炮弹和地雷，存放在距离国界50至200公里的地方，这些弹药中大部分在战争开始后不久就沦陷敌手。

向作战军队提供的弹药在理论和结构方面都有问题。红军1938年通过分析以往战争的弹药消耗量，将未来一整场战争中的弹药消耗标准定为每门火炮5000至6000发。根据从苏芬战争和哈拉哈河战役研究中得出的新数据，总参谋部在1940年和1941年把这个标准降到了每门火炮平均1000发。根据工业的实际产能，红军计划在西部和南部各边境军区储备两个月消耗标准的弹药，在外贝加尔军区储备三个月，在远东储备四个月。[34] 两个月消耗标准约合每门炮600至800发炮弹，每门迫击炮1000至1600发。

虽然有这样仔细的规划，但是在1941年6月，弹药供应仍然不能达到标准要求。（红军1941年6月22日的实际弹药供应量，见表6.5。）就武器的具体型号而言，有些武器的弹药数量尽管充足：平均每门45毫米反坦克炮有1700发炮弹，每门76毫米野战炮超过1000发，每门122毫米和152毫米炮有700至800

---

　　① 译注：前者应指在战争前夕，红军总参谋部下属与后勤有关的两个局：后方与补给规划局、战役后方组建局，后者主要指国防人民委员部负责后勤事务的后勤组织与供给局。
　　② 译注：作者用这个专有名词指代苏联西部或西线，苏联作品很少用该词。

发，每门203毫米榴弹炮有453发，但这些数字还是都未能达到两个月的消耗标准。同时，从绝对数字来看，西部各军区的弹药供应不足，只达到所需数量的6%~84%（见表6.6）。

战争前夕，作战军队的后勤机关只有自己在战时全部人数的25%~30%，他们将在动员后第三天补充满员。然而，由于缺少运输工具（只有所需车辆的40%~80%），也没有规划过万一发生战争时如何分配物资，军队现有后勤的动员乱作一团，成效甚微。

缺少必要运输工具是一个特别棘手的问题。如果要完全满足消耗标准，作战军队就要得到弹药供应总量的60%以上。然而，这些弹药中大部分位于内地军区的仓库，需要经过长途运输才能到达作战军队。另外，西部各军区约有三分之一的弹药（较不容易受到攻击的部分）位于国界后方多达700公里处。这些弹药同样需要前送。问题是，后勤部队缺少运输车辆和拖拉机的现象，比战斗部队更有过之无不及。最后，由于缺少运输工具，弹药的后续补给工作陷入瘫痪，作战军队在最急缺弹药的时候却无法获得。

虽然1941年铁路运输量占苏联货物运输总量的90%，而公路运输只占1.8%，但由于公路运输的灵活性和军队在野战使用时的便捷，卡车公路运输对于保障军事行动至关重要。红军的车辆总数自1937年以来增长了七倍，这与军队摩托化和机械化的进程几乎同步。苏联工业在整个加速生产的过程中，在1940年总共生产出145390台车辆，在1941年共生产124176台，据推测6月前应该达到1941年总产量的半数（6.2万台）以上。[35] 苏联全国6月22日的货物运输卡车总数为70万台，主要是载重1.5吨的GAZ-AA型。然而，道路条件差、驾驶员和修理技工的技术落后，以及缺少备件、修理设施和轮胎，导致这些车辆故障率很高。因此，这些车辆中有45%不能使用，轮胎的库存也只能满足需求量的25%。

动员和战争期间，红军需要74.4万台机动车辆和9.2万台拖拉机，在6月22日实际只有27.22万台车辆和4.2万台拖拉机。这个数字只达到编制要求的36%，而且这些车辆中只有19.32万台是货运卡车。此外，超过58%的货运卡车是载货量较低的旧式GAZ-AA，这反过来又增加了这些卡车的使用次数，从而增加了故障率。由于这一点和糟糕的修理设施，红军有23.1%的车辆在战争前夕实际无法使用（见表6.7）。

由于卡车和车辆短缺，红军计划从国民经济中动员24万台车辆，其中21万台是 GAZ–AA 和 ZIS卡车。然而，动员组织机关当时只有9万台车辆，必须采取新措施从国民经济中征用其余卡车。红军在1941年8月22日以前总共动员了20.6万台车辆，与此同时在作战中损失27.14台。[36]

苏联军队的另一个主要问题是，考虑到当时糟糕的道路条件和预期繁重的货物运输，需要在动员和战争期间组建起一支力量，足以维持道路货运能力。红军曾在苏芬战争期间动员过相当数量的筑路部队，但其中大部分已经在战争结束后复员，重新加入经济建设。因此，在和平时期，红军只有各军区和总参谋部控制的8个筑路训练团和35个缩编的团指挥机关，而在集团军、师和团当中几乎没有筑路部队（和汽车运输部队）。动员和战争期间，现有的少数部队将在5—8天内扩充为49个团和39个营。然而，国民经济依旧无法保障这样的扩充，即便这一扩充目标能够实现，但至少在战争的第一周，道路也仍将因疏于维护而瘫痪。使形势进一步复杂化的是，与公路相关的许多部队由内务人民委员部控制，红军能不能使用他们都尚有疑问[①]。[37]

燃料储备和后续补给方面也有类似情况。由于燃料产量不足，军队的节约措施对作战训练，尤其是快速兵种1941年的作战训练，造成了负面影响。虽然燃料和油料在1941年6月的库存几乎能达到消耗标准的要求，但是困扰弹药补给的运输难题和具体短缺形式，在燃料补给方面如出一辙。此外，与弹药情况不同的是，这些宝贵燃料中的40%~60%是存放在莫斯科、奥廖尔和哈尔科夫军区和各炼油厂里。将这些燃料转移到更前方基地的工作在1941年毫无进展。结果就是，1941年6月22日，波罗的海沿岸、西部和基辅特别军区的作战军队分别只有6天、8天和15天的燃料供应，而非计划规定的两个月消耗标准。

后勤保障清单中，最后一个重要类别是红军生存所需的食物。红军1937—1941年间的扩充给苏联农业带来沉重负担，而动员将会让这种负担成倍增加。

---

① 译注：苏联当时的公路运输是政出多门的一个典型，红军总参谋部负责车辆的供应和修理，国防人民委员部负责筑路部队的组建和训练，内务人民委员部主要负责公路的治安。

总体来说，经济无法满足这样的需要，按照西方标准，食物只能算量少质劣。有资料称："从1939年开始，食物和饲料的实有储备已被证明数量不足……军队共得到三到四个月供应标准的基本传统产品（谷物、面粉、燕麦、通心粉、糖、茶和盐）、两个月供应标准的肉制品和烟草。"[38] 食品的机械加工及其向军队运输分发仍然是一个主要问题。被服装具的储备也存在同样情况。[39]

大量作战报告在描述着战争初期后勤保障的困难，德国人的进攻如何使后勤保障机关束手无策，以及这种情况又如何削弱了部队的作战准备和战斗力：

整体而言，作战后勤机关对一场大规模战争的准备不足，也没有及时完成动员。由于仓促拼凑，且运力不足，这些机关在战争开始阶段，特别是在撤退和被包围的情况下，不能充分发挥为军队提供后续补给的作用。物资储备的梯次配置和库存量不符合实际运输能力。因此在战争开始阶段，西部各方面军的军队没有得到必要的后勤保障，许多仓库被敌人摧毁或占领。[40]

数据表

表6.1：红军的炮兵和工程兵，1941年6月22日

军（兵）团	队属炮兵	统帅部预备队炮兵	防空部队	工程兵
作战军队				
北方面军				
第7集团军			高射炮兵第208营	工兵第184营
第14集团军		加农兵炮第104团		工兵第31营
第23集团军	军属炮兵第24、第28、第43团、加农炮兵第573团、迫击炮兵第20营	榴弹炮兵第101团、大威力榴弹炮兵第108、519团	高射炮兵第27、第241营	工程兵第153营、摩托化工程兵第109营
方面军直属		榴弹炮兵第541、第577团	防空第2军（高射炮兵第115、第169、第189、第192、第194、第351团）	工程兵第12、第29团、舟桥第6团

续表

军（兵）团	队属炮兵	统帅部预备队炮兵	防空部队	工程兵
西北方面军				
第8集团军	反坦克炮兵第9旅、军属炮兵第47、第51、第73团		高射炮兵第39、第242营	工程兵第25团
第11集团军	反坦克炮兵第10团、军属炮兵第270、第448、第615团	大威力榴弹炮兵第110团、榴弹炮兵第429团	高射炮兵第19、第247营	工程兵第38营
第27集团军	军属炮兵第613、第614团		高射炮兵第103、第111营	
方面军直属		大威力榴弹炮兵第402团	防空第10、第12、第14旅、高射炮兵第11营	舟桥第4、第30团
西方面军				
第3集团军	反坦克炮兵第7旅、军属炮兵第152、第444团		高射炮兵第16营	
第4集团军	军属炮兵第447、第455、第462团	大威力榴弹炮兵第120团	高射炮兵第12营	
第10集团军	反坦克炮兵第6旅、军属炮兵第130、第156、第262、第315团	加农炮兵第311团、榴弹炮兵第124、第375团	高射炮兵第38、第71营	
方面军直属	反坦克炮兵第8旅、军属炮兵第29、第49、第56、第151、第467、第587团、迫击炮兵第24营	加农炮兵第293、第611团、榴弹炮兵第360团、大威力榴弹炮兵第5、第318、第612团、特别威力炮兵第32营	防空第4、第7旅、高射炮兵第86营	工程兵第10、第23、第33团、舟桥第34、第35团、工程兵第275营
西南方面军				
第5集团军	反坦克炮兵第1旅、军属炮兵第21、第231、第264、第460团		高射炮兵第23、第243营	舟桥第5团
第6集团军	反坦克炮兵第3旅、军属炮兵第209、第229、第441、第445团	加农炮兵第135团	高射炮兵第17、第307营	工程兵第9团
第12集团军	反坦克炮兵第4旅、军属炮兵第269、第274、第283、第468团		高射炮兵第20、第30营	工程兵第37团、舟桥第19团
第26集团军	反坦克炮兵第2旅、军属炮兵第233、第236团		高射炮兵第28营	舟桥第17团

续表

军（兵）团	队属炮兵	统帅部预备队炮兵	防空部队	工程兵
方面军直属	反坦克炮兵第5旅、军属炮兵第205、第207、第368、第437、第458、第507、第543、第646团	加农炮兵第305、第555团、大威力榴弹炮兵第4、第168、第324、第330、第526团、榴弹炮兵第331、第376、第529、第538、第589团、特别威力炮兵第34、第245、第315、第316营	防空第3、第4师、防空第11旅、高射炮兵第263营	工程兵第45团、舟桥第1团
独立第9集团军		加农炮兵第320团、大威力榴弹炮兵第430团、军属炮兵第265、第266、第374、第648团、特别威力炮兵第317营	高射炮兵第26、第268营	工程兵第8、第16营、摩托化工程兵第121营
大本营预备队				
第16集团军	军属炮兵第126团		高射炮兵第12营	
第19集团军	军属炮兵第442、第471团			摩托化工程兵第111团、工兵第238、第321营
第20集团军	军属炮兵第438团	榴弹炮兵第301团、大威力榴弹炮兵第537团		舟桥第60团
第21集团军	军属炮兵第420、第546团	榴弹炮兵第387团		
第22集团军	军属炮兵第336、第545团			
第24集团军	军属炮兵第392、第542、第685团	重型加农炮兵第524团		
大本营直属	军属炮兵第267、第390团			
军区和未参战方面军				
莫斯科	军属炮兵第275、第396、第649团	大威力榴弹炮兵第403、第590团、加农炮兵第594团、特别威力炮兵第40、第226、第228、第23营①	防空第1军（高射炮兵第176、第193、第250、第251、第329、第745团	工程兵第28团、工程兵第40营

续表

军（兵）团	队属炮兵	统帅部预备队炮兵	防空部队	工程兵
伏尔加河沿岸		军属炮兵第637团、加农炮兵第592团		
奥廖尔	军属炮兵第364、第488、第643、第644团	特别威力炮兵第281团、榴弹炮兵第399团	高射炮兵第733、第46、第123营[2]	
乌拉尔				工程兵第22团
西伯利亚	迫击炮兵第11营	大威力榴弹炮兵第486、第544团		工程兵第27团
哈尔科夫	军属炮兵第435、第645团	大威力榴弹炮兵第191团		
北高加索	军属炮兵第394、第596团、榴弹炮兵第138、第302团、大威力榴弹炮兵第440团、迫击炮兵第5营			
敖德萨	军属炮兵第268、第272、第337团	大威力榴弹炮兵第137、第515、第522、第527团	高射炮兵第296、第391营	舟桥第7团、工程兵第8团
外高加索	军属炮兵第25、第456、第457、第647团	榴弹炮兵第116、第337、第547团、大威力榴弹炮兵第136、第350团	防空第3军（高射炮兵第180、第190、第195、第252、第335、第339、第513团）、高射炮兵第31营	工程兵第21团
中亚	军属炮兵第123、第450团、迫击炮兵第9营		高射炮兵第143、第187、第189营	工程兵第20团
阿尔汉格尔斯克		加农炮兵第310团、重型加农炮兵第1、第6连		
外贝加尔				
第17集团军		加农炮兵第185团		舟桥第17团

---

① 译注：原文顺序如此，疑似有缺字。
② 译注：原文顺序如此，疑似有缺字。

续表

军（兵）团	队属炮兵	统帅部预备队炮兵	防空部队	工程兵
机械化师	迫击炮兵第13营	大威力榴弹炮兵第106团、榴弹炮兵第216、第413团	高射炮兵第68营	工程兵第31团、舟桥第15团、工兵第39团
远东方面军				
第1集团军	军属炮兵第50、第273团	榴弹炮兵第165团、大威力榴弹炮兵第199、第549团	高射炮兵第115、第129营	工程兵第29营
第2集团军	军属炮兵第42团	大威力榴弹炮兵第114、第550团		重型舟桥第2团、舟桥第36团
第15集团军	军属炮兵第52、第76团		高射炮兵第110营	重型舟桥第3团、舟桥第11、第6团、工兵第129营
第25集团军	军属炮兵第282、第548团、榴弹炮兵第215、第386团		高射炮兵第59营	工程兵第32团、工兵第69营
机械化师	军属炮兵第187团、炮兵第362、第367营、迫击炮兵第21、第22营	榴弹炮兵第181、第372、第411团	高射炮兵第70营	工程兵第26团、工兵第60营

※ 资料来源：《苏联军队的作战编成》，第7—14页。

表6.2：西南方面军的步枪和迫击炮武器，1941年6月22日

	1941年计划数	1941年6月22日实有数	缺额
7.62毫米卡宾枪	140434	55228	74206
7.62毫米冲锋枪	61207	15780	45247
7.62毫米左轮手枪	245931	165205	80726
7.62毫米轻机枪	28336	21334	7002
7.62毫米重机枪	2330	956	1375
12.7毫米（高射）机枪	1087	186	901
82毫米迫击炮	2283	129	454
120毫米迫击炮	432	264	168

资料来源：《伟大卫国战争战斗文书选集：第36期》（1958年），第93—100页。

表 6.3: 西南方面军的炮兵武器，1941 年 6 月 22 日

	需求数	实有数 （不能使用）	缺额
45毫米（反坦克）火炮	2134	1912（62）	222
76毫米火炮，1927式	714	641	73
76毫米火炮，1936式		797（23）	
76毫米火炮，1939式	1037	84	1301①
76毫米火炮，1902/03式		420（66）	
76毫米山地火炮	192	200	
122毫米榴弹炮，1910/30式和1909/37式	1074	999（46）	75
122毫米榴弹炮，1938式	320	278（102）	42
122毫米军属加农炮	358	187	171
107毫米加农炮	0	213（105）	
152毫米榴弹炮，1909/1930式	357	310（30）	47
152毫米榴弹炮，1938式	492	236	256
152毫米加农炮，1910/30式	12	28	
152毫米加农榴弹炮，1937式	622	523	99
152毫米加农榴弹炮，1910/34式	0	43	
203毫米榴弹炮	192	192	
280毫米榴弹炮，BR-5	24	18	6
280毫米榴弹炮，1914/15式	0	6	
37毫米高射炮	984	240	744
76毫米高射炮	796	599（53）	197
85毫米高射炮	600	542	58

※ 资料来源：《伟大卫国战争战斗文书选集：第36期》（1958年），第93—100页。

---

① 译注：原文如此，这一数字是实有数之和。

表 6.4：防空航空兵的分布，1941 年 6 月 22 日

上级军团	防空部队
北方面军	防空歼击航空兵第3、第54师
西北方面军	防空歼击航空兵第21团
西方面军	防空歼击航空兵第184团
西南方面军	防空歼击航空兵第36师
独立第9集团军	防空歼击航空兵第131团
外高加索军区	防空歼击航空兵第27、第71师
外贝加尔军区	防空歼击航空兵第9团
远东方面军	防空歼击航空兵第18团

※ 资料来源：《苏联军队的作战编成》，第 7—12 页。

表 6.5：红军的弹药补给，1941 年 6 月 22 日

	总弹药数（发）		每门炮平均（发）	
	西部各军区	红军	西部各军区	红军
野战炮	27326500	55492000	1135	1150
高射炮	2838900	6101600	588	710
迫击炮	15732200	26560900	641	472
合计	36585400	88154500	697	788

※ 资料来源：拉马尼切夫，《红军 1940—1941：神话与事实》，第 145—146 页，引用档案编号：TsAMO,f.81,op.12076,d.8,I. 第 98—101 页、d. 16, I. 第 3—12 页、op. 12074, d. 36, I. 6—7 页、op. 11624, d. 296, I, 9—77 页。

表 6.6：西部各军区炮弹的供应水平，1941 年 6 月 22 日（占所需数量的百分比）

	军区					
	列宁格勒	波罗的海沿岸	西部	基辅	敖德萨	平均
45毫米反坦克炮	48.5	30.9	48.9	29.1	59.2	37.7
76毫米师属火炮	74.7	24.7	42.1	25.2	57.6	33.4
122毫米榴弹炮	91.9	72.2	82.4	36.5	44.4	57.2
152毫米榴弹炮	100.3	73.0	66.6	45.1	94.9	61.1
152毫米加农榴弹炮	60.2	67.1	81.0	39.0	57.4	55.5
37毫米高射炮	5.3	9.6	8.9	7.8	2.4	7.5
76毫米高射炮	159.6	90.4	83.5	66.8	50.8	84.4
50毫米迫击炮	19.8	31.6	36.1	16.5	31.5	24.0
82毫米迫击炮	57.5	38.3	53.1	29.0	64.2	40.7
120毫米迫击炮	8.2	6.2	8.2	4.8	13.1	6.6

※ 资料来源：拉马尼切夫，《红军 1940—1941：神话与事实》，第 148—149 页，引用档案编号：Arkhiv Gsh, f. 10, op.370, d. 30, I. 第 1—2 页。

表 6.7：红军车辆和汽车运输部队的分布，1941 年 6 月 22 日

		汽车部队数量		
军区	车辆台数	团	营	补给站
西部各军区	149300	9	6	8
内地和南部边境军区	57700	4	10	57
外贝加尔军区和远东方面军	63600	6	21	
中央仓库	1600			
合计	272200	19	37	65

※ 资料来源：拉马尼切夫，《红军 1940—1941：神话与事实》，第 163—164 页，引用档案编号：TsAMO, f. 41, op. 34880, d. 3, I. 第 1 页、f. 38, op. 11492, I. 第 44 页。

★ 原注：动员期间，会使用预备役人员和从国民经济中动员的车辆，将补给站扩建为汽车营。

注释

1. N. 拉马尼切夫，《红军 1940—1941：神话与事实》，未出版的手稿，第96页，引用档案材料索引号TsAMO, f. 13, op. 11624, d. 296, l. 第9—37页；f. 81, op. 12074, d. 8, l. 第125—126页；f. 157, op. 222, d. 18. 在A. A.沃尔科夫的新书《关键性的序幕：伟大卫国战争中第一批战局中未完成的方面军进攻战役》（*Kriticheskii prolog: Nezavershennye frontovye nastupatel'nye operatsii pervykh kampanii Velikoi Otechestvennoi voiny*，莫斯科：航空出版社，1992年），第24页中，引用档案数字，认为在1941年6月22日的火炮总数为115900门。

2. P. A. 杰格佳廖夫和P. P.波波夫，《战场上的喀秋莎》（*"Katiushi" na pole boia*，莫斯科：军事出版社，1991年），第4—6页。

3. 《伟大卫国战争初期》（*Nachal'nyi period Velikoi Otechestvennoi voiny*，莫斯科：伏罗希洛夫总参军事学院，1989年），第54—55页。同见收录在《伟大卫国战争战斗文书选集：第34—36期》（*Sbornik boevykh dokumentov Velikoi Otechevstvennoi voiny*，莫斯科：军事出版社，1958年）中的大量报告。由总参谋部军事科学局编写。

4. 《西南方面军炮兵首长1941年7月14日致红军炮兵总局局长①，关于方面军截至1941年7月10日火炮和步枪—迫击炮武器供应情况的报告》（*Doklad nachal'nika artillerii iugo-zapadnogo fronta nachal'niku glavnogo artilleriiskogo upravleniia Krasnoi Armii ot 14 iiulia 1941 g. ob obespechennosti chastei fronta artilleriiskim i strelkovo-minometnym vooruzheniem po sostoianiiu na 10 iiulia 1941 g.*），收录在《伟大卫国战争战斗文书选集：第36期》，第93—100页。

5. 同上，第94页。

6. 同上，第99页。

7. 同上，第54—55页。这些旅当中一个旅的经历，见K. S. 莫斯卡连科，《在西南方向》（*Na iugo-zapadnom napravlenii*，莫斯科：科学出版社，1969年），第17—30页。莫斯卡连科担任过西南方面军反坦克炮兵第1旅旅长，后来在战争升职，先后担任第38和第40集团军司令员。

8. 《伟大卫国战争初期》，第55—56页。

9. 《西方面军工程兵局长致红军工程兵总局局长，关于方面军工程兵各部队在1941年6月22日至8月13日②期间工作的简要总结》（*Kratkii otchet nachal'nika inzhenernogo upravleniia zapadnogo fronta nachal'niku glavnogo veonno-inzhenernogo upravleniia Krasnoi Armii o rabote inzhenernykh chastei fronta za period s 22 iiunia po 13 avgusta 1941 g.*），收录在《伟大卫国战争战斗文书选集：第35期》，第123—124页。

10. 同上，第56—57页。

11. 拉马尼切夫，《红军 1940—1941》，第209页，引用档案索引号TsAMO, f. 32, op. 11309, d.15, l. 第16页。

---

① 译注：英语原文的炮兵总局缺少"总"字，按照俄语和实情补正。
② 译注：英语的工程兵总局缺少"总"字，同时英文原文的总结截止时间为7月13日，按照俄语和实情补正。

12. 例如，可参阅《西南方面军通信局局长1941年7月27日致红军通信局局长，关于西南方面军在1941年6月22日至7月26日期间通信工作的简要总结》（*Kratkii otchet nachal' nika upravleniia sviazi iugo-zapadnogo fronta nachal' niku upravleniia sviazi Krasnoi Armii ot 27 iiulia 1941 g. o rabote sviazi iugo-zapadnogo fronta s 22 iiunia po 26 iiulia 1941 g.*），收录在《伟大卫国战争战斗文书选集：第36期》，第106—109页。

13. 《波罗的海沿岸特别军区司令部1941年6月22日[①]致红军总参谋部，关于军区通信组织缺陷的报告》（*Donesenie shtaba Pribaltiiskogo osobogo voennogo okruga ot 22 iiunia 1941 g. general' nomu shtabu Krasnoi Armii o nedostatkakh v organizatsii sviazi v okruge*），收录在《伟大卫国战争战斗文书选集：第34期》，第34页。

14. 《西北方面军通信局局长1941年7月26日[②]致红军通信局局长，关于方面军通信兵在战争初期的状况和使用的报告》（*Doklad nachal' nika upravleniia sviazi severo-zapadnogo fronta nachal' niku upravleniia sviazi Krasnoi Armii ot 26 iiulia 1941 g.o sostoianii i izpol' zovanii voisk sviazi fronta v nachal' nyi period voiny*），收录在《伟大卫国战争战斗文书选集：第34期》，第187—190页。

15. 《伟大卫国战争初期》，第81页。

16. 同上。

17. 这13个防空地区是：北、西北、西、基辅、南、北高加索、外高加索、中亚、外贝加尔、远东、莫斯科、奥廖尔和哈尔科夫。除南防空地区（敖德萨军区）以外，全部都以其上级军区的名称命名。参阅A. 科尔杜诺夫，《从伟大卫国战争初期的经验看防空的组织和实施》（*Organizatsiia i vedenie protivovozdushnoi oborony po optyu nachal' nogo perioda Velikoi Otechestvennoi Voiny*），《军事历史杂志》第4期（1984年4月刊），第12—19页。

18. 同上，第82页。

19. 同上，第83页。

20. 细节，见N. 斯韦特利申，《防空部队在1941年夏秋战局中的使用》（*Primenenie voisk protivovozdushnoi oborony v letne-osennei kampanii 1941 goda.*），《军事历史杂志》第3期（1968年3月刊），第26—39页。训练问题见V. 梅丁，《作战时所说的就是问题所在》（*Slovo v boiu bylo delom*），《防空》第11期（1991年11月刊），第76—77页。

21. 斯韦特利申，《防空部队在1941年夏秋战局中的使用》，第84页。德国人越界飞行的档案文献证据和国防人民委员部关于此问题在1941年6月10日的命令原文，见L. G. 伊瓦索夫《从1941年的容克到1987年的塞斯纳》（*Ot "Iunkersa" 1941 k "Tsessna" 1987- go*），《军事历史杂志》第6期（1990年6月刊），第43—46页。

22. 在库存弹药总数中：37毫米占23%，76.2毫米占75%，85毫米占13%。

23. 《苏联军队的作战编成》（*Boevoi sostav Sovetskoi armii*），第一部，（莫斯科：总参谋部军

---

① 译注：英语原文缺"1941年"，根据俄语增补。
② 译注：英语原文缺"1941年"，根据俄语增补。

事科学局，1963年，第7—12页）；以及《伟大卫国战争初期》，第88页。

24. 拉马尼切夫，《红军 1940—1941》，第125页，引用档案索引号TsAMO, f. 81, op. 11627, d.296, l. 第5页。

25.《伟大卫国战争初期》，第86页。

26. 同上。

27.《波罗的海沿岸特别军区司令员1941年6月18日致军区各局和全体军队，关于采取措施迅速提高军区战区准备的第00229号命令》（*Prikaz komanduiushchego Pribaltiiskim osobym voennym okrugom no. 00229 ot 18 iiunia 1941 g. upravleniiu i voiskam okruga o provedenii meropriiatii s tsel' iu bystreishego privedeniia v boeviuiu gotovnost' teatra voennykh deistvii okruga*），收录在《伟大卫国战争战斗文书选集：第34期》，第21—22页。

28. 同上，第88页①。

29. 拉马尼切夫，《红军1940—1941》，第102—103页，引用档案索引号*Tsentral' nyi arkhiv pogranichnoi voisk, f. 16, op. 226, ed.khr., 264, l.* 第70—81页。以下缩写为TsPV.

30.《内务人民委员部摩托化步兵第22师于1941年6月22日到7月13日期间在波罗的海沿岸地区的作战叙述》（*Iz opisanii boevykh deistvii 22 motostrel' kovoi divizii voisk NKVD v Pribaltike s 22 iiunia po 13 iiulia 1941 g.*），收录在《伟大卫国战争中的内卫部队 1941—1945》（*Vnutrennie voiska v Velikoi Otechestvennoi voine 1941-1945 gg.*）（莫斯科：法律专题文学出版社，1975年），第39页。

31.《内务人民委员部第2师在1941年7月1日到10日期间的战斗行动日志》（*Iz zhurnala boevykh 2 divizii voisk NKVD s 1 po 10 iiulia 1941 g.*），收录在《伟大卫国战争中的内卫部队 1941—1945》，第43页。

32.《内务人民委员部第109团驻军和分队于1941年7月7至8月10日在由爱沙尼亚撤退过程中保卫铁路设施的战斗行动叙述》（*Iz opisaniia boevykh deistvii garnizonov i podrazdelnii 109 polka voisk NKVD po okhrane zheleznodorozhnykh sooruzhenii priotkhode s territorii Estonii s 7 iulia po 29 avgusta 1941g.*），收录在《伟大卫国战争中的内卫部队 1941—1945》，第46页。

33. 同上，第88—90页。同见，A. G. 哈尔科夫，《伟大卫国战争前夕各边境军区的战备和动员准备》（*Boevaia i mobilizatsion gotovnost' prigranichnykh voennykh okrugov nakanune Velikoi Otechevstvennoi voiny*，莫斯科：伏罗希洛夫总参军事学院，1985年）。

34. 拉马尼切夫，《红军 1940—1941》，第146页，引用档案索引号TsAMO, f. 13, op. 137145, d. 26, l，第70—71页。

35.《伟大卫国战争期间的苏联经济，1941—1945》（*Narodnoe khoziastvo SSSR vVelikoi Otechestvennoi voine, 1941-1945*，莫斯科：苏联国家统计委员会，1993年），第55页。

36. B. 索科洛夫，《苏联军事活动中的租借物资，1941—1945》，刊登于《斯拉夫军史研究杂志》第7期第3册（1994年9月刊），第571页。引用资料《伟大卫国战争期间苏联陆军的后方勤务，1941—

---

① 译注：这条原注与内容不符，应是一份对战争初期的总结，而不应编写于6月18日。

1945》(*Tyl Sovetskoi armii v Velikoi Otechestvennoi voine, 1941–1945 gg.*，莫斯科：后勤与运输军事学院出版社， 1963年），第46页。

37. 更多细节，见拉马尼切夫，《红军 1940—1941》，第150—151页。

38. 同上，第152—154页.

39. 军服和作战物资保障的其他方面（药品等）全部细节，见同上，第153—157页，第166—167页。

40. 同上，第90页。

第七章
空军

正如两次世界大战之间的大量理论著作所述,空军在现代战争中的重要性显著提高。关于未来战争面貌的西方理论著作强烈影响了苏联人,他们也感觉到空中力量的重要性在随着自身使用效果的增强而日益提高。朱里奥·杜黑主张在战略上针对国家经济和普通民众使用空中力量的理论被译为俄语之后,苏联军事理论家们开展了细致深入的研究。那些在20世纪30年代提出"大纵深战斗"和"大纵深战役"双重概念的苏联理论家们,敏锐地认识到战争已增加了垂直维度,从平面走向立体化,地面军事力量取得胜利的前景取决于能否夺取并保持制空权。于是,苏联和平建设时期的一大批理论家,比如M.N.图哈切夫斯基和V.K.特里安达菲洛夫,都把空中力量当作自己设想中的一部分。A.N.拉普钦斯基、A.S.阿尔加津和S.A.梅热尼科夫等苏联作家,广泛论述了空中力量在现代战争中的功能和作用。因此,到1941年6月,红军空军已经与陆军和海军一起,成为苏联的三大军种之一①。[1]

以运用空中力量的坚实理论做基础,苏联人在20世纪30年代后期迅速付诸实际行动,创办了能够生产飞机的航空工业基础,制造出型号众多的飞机,也建立起一个可以在战争中有效使用飞机的军队结构。1940年,空军共获得苏

---

① 译注:苏联在1925年的《全国义务兵役法》规定空军与陆军、海军并列为军种,但空军的地位明显低于陆海军的水平,从领导机关和首长军衔角度看,与兵种相当。空军在1946年2月设置空军总司令,才成为与陆海军并驾齐驱的独立军种。

联军事预算的40%，飞机制造厂的数量增加了75%。于是，截至1941年6月，苏联的飞机生产能力已是德国的1.5倍。从1938年至1941年6月22日，苏联航空工业的产能翻了一番，共生产出22685架作战飞机。[2]

在飞机产量增加的同时，苏联各飞机设计局还推出一代全新的飞机，其中有Iak-1（雅克-1）、MiG-3（米格-3）和LaGG-3（拉格-3）歼击机、Pe-2（佩-2）俯冲轰炸机、Il-2（伊尔-2）强击机（即斯图莫维克，Shturmovik）。这些新式飞机在1940年年底开始批量生产，当年共生产出96架：20架MiG-3、64架Iak-1和12架Pe-2。1941年6月1日以前又有2653架新式飞机组装下线，但这只完成了计划产量的48%。[3] 这些新飞机的列装，是对庞大旧式飞机机队的补充。新式飞机的全面投产和空军完成结构改革后的全部换装应在1942年夏季前完成。

和机械化兵团的情况一样，分析20世纪30年代末各次战争的经验，尤其是西班牙内战、哈拉哈河战役和苏芬战争的经验之后，苏联理论家们改变了自己对空中力量的战略和战役作用的原有观点。显然，空中力量在各方面的发展，让空军可以执行更大规模的战役战略任务。这些任务中，首屈一指的应当是支援陆军作战和夺取制空权。空军也应当掩护和保卫己方的动员，扰乱敌人的动员和展开，并破坏敌人的军队集中、关键政治—行政目标和军事—经济中心。从理论上讲，空军既可以独立作战，又可以与陆海军密切配合。

苏联飞行员和飞机在西班牙内战期间取得的经验，凸显出苏联随后策划航空兵改革的紧迫性。在西班牙的作战清楚地暴露出苏联飞机与德国对手战斗时的弱点。I-16（伊-16）和I-153（伊-153）的火力和机动性甚至都比不上德国轰炸机。90%的苏联歼击机只装备机枪，而德国飞机不仅有机枪，还有机炮。苏联发展现代化新式飞机的计划在那场战争结束后不久就提上日程，这绝非偶然。

苏芬战争期间，苏联人主要使用自己的空中力量保障各集团军的地面作战，协助他们突破壁垒森严的防线。攻击敌航空兵并非当务之急，因为芬兰空军只有区区114架飞机。虽然德国人在西线集中空中力量用于攻击战略目标和支援陆军都成效显著，但苏联领导人没有理会这种经验。相反，他们分散配置自己的远程轰炸航空兵，把大部分空中力量交给各方面军和集团军司令员使用。按照新的空军使用设想，夺取制空权的任务应当通过与敌空军编队的空中交战来完成，而非摧毁敌人的机场，他们认为攻击机场的效果太差，也难以达到摧毁目的。1941年6月将会证明，这种观念让苏联的空军指挥机关不能及时对德国人的突然袭击做出反应，也用事实印证了细节可以迅速地决定成败。

根据这些理论上的调整，1940年秋季，国防人民委员部颁布命令，以牺牲轰炸机的发展为代价，建立一支更强大的歼击航空兵。轰炸机和歼击机在1940年10月的数量对比大致是57%对43%，红军空军的扩充计划同样遵循这一比例。可是，国防人民委员部在1940年10月至11月期间制订一项新计划，把空军组建部队时优先考虑的重点由轰炸机改为歼击机。11月确定的新计划应在1941年12月31日前完成，届时两种飞机的比例将会变成60∶40，歼击机占多数。（见表7.1）根据该计划，航空兵的团将从249个增加到323个，飞机总数从19977架增加到20607架。国防人民委员部对飞行员的训练计划也做出相应调整，预计将在1942年1月1日前把飞行员和其他空勤人员的数量增加一倍（见表7.2）。

到1941年夏季，由于发展重点的改变和歼击机生产成本较低，上述比例已经变成了53%对41%，歼击机占多数。1940年12月在莫斯科召开的红军高级指挥员研讨会上，红军空军总局局长P.V.雷恰戈夫中将和波罗的海沿岸特别军区空军司令员G.P.克拉夫琴科中将，做了关于空军作战任务的报告。他们的讲话稿和苏联其他理论作品大体上都关注于进攻战役中的航空兵保障[①]。而空军其他的任务很少，或是基本没有引起注意。有一份总结这样说："战争开始以前，确定航空兵的任务时没有充分结合实践。许多对航空兵作战预期效果的估计都被夸大，没有科学依据。与其他军兵种的协同动作水平很低，特别是在战术层面。由于通信、指挥与控制、信息共享几乎都不存在，情况更加恶化。"[4]

总之，经验似乎表明有必要进一步强化航空兵支援陆军作战的职能，特别是战术层面的这一职能。因此，苏联人在1940年11月，也就是他们解散机械化军一年以后，又搁置了自己继续用远程轰炸航空兵组建独立空军集团军的计

---

① 译注：航空兵保障是苏德战争前后的苏军用语，后被航空火力准备、航空火力支援、航空兵护送、航空兵进攻等用词代替。

划，这种集团军用于独立实施空中战役①。相反，他们把远程轰炸航空兵分成了5个航空兵军和3个独立航空兵师，并把他们配属给各军区司令员以支援陆军作战。其他61个轰炸、歼击和混成航空兵师同样保留着支援陆军的职能。

结构、装备、指挥与控制

战争前夕，苏联的方面军航空兵、集团军航空兵和军属航空兵负责为陆军提供支援。方面军航空兵由直接隶属于军区的轰炸、歼击航空兵师和独立侦察航空兵团组成，在某些情况下也会有几个混成航空兵师，在和平时期由西部各边境军区的司令员指挥。集团军航空兵由1或2个混成航空兵师、几个通信和侦察的航空兵中队②组成。混成航空兵师包括3到5个轰炸、歼击或强击航空兵团，执行集团军司令员赋予的任务。军属航空兵隶属于步兵军或机械化军，由几个独立航空兵中队组成，分别有侦察机、炮兵校射机和通信联络机等不同机种。

截至1941年6月，西部各边境军区共有32个航空兵师，包括5个轰炸航空兵师、8个歼击航空兵师（其中4个仍在组建）和19个混成航空兵师（见表1.4）③。[5] 在这些师的飞机总数④中，方面军航空兵占40.5%，集团军航空兵占43.7%。[6] 按机种统计，包括远程轰炸航空兵（DBA）和所有军区在内，苏联空军的全部15599架飞机当中（不包括防空部队、飞行学校和训练设施的飞机），有53.4%是歼击机，41.2%是轰炸机，3.2%是侦察机，0.2%是对地攻击的强击机。[7] 这些飞机中有80%是旧型号，比如I-15、I-15bis和I-16歼击机，SB（斯勃）、TB-3（特勃-3）和DB-3轰炸机，R-5侦察机。德国情报机关早已在苏芬战争期间得出正确结论：苏联这些旧式飞机"与微不足道的芬兰空军作战都已经力不从心"[8]。苏联的新式飞机1941年终于列装后，飞机的种类和型号激增（有20种大类、70个改进型号），加之炸弹的型号超过86个，让空军

---

① 译注：这种空军集团军在1936年2月至1938年6月间已组建了3个，又称特种使命集团军。

② 译注：苏联此时的航空兵中队（zveno）即一般意义的空军小队，每队3~4架飞机。

③ 译注：表1.4相加应为33个师，其中9个歼击航空兵师。

④ 译注：这里的"飞机总数"与上一句含义不同，上一句不含远程轰炸航空兵，本句则包括远程轰炸航空兵。应为西部各边境军区空军（包括远程轰炸航空兵）的全部编制飞机数。

兵团的组织、后勤保障和飞机在战时的使用规划都变得更加复杂。[9]

正当工业部门努力将新式飞机投入更大批量生产的同时，国防人民委员部则在努力训练更多的人员来使用这些飞机，满足组建更多空军兵团和部队的需要。从1939年到1941年夏季，空军总人数增加了三倍，达到476000人。在此期间，空军训练学校的数量从32所增加到111所，其中包括60余所飞行员训练学校。1941年2月25日，联共（布）中央发出一份《关于改组红军航空兵》的决议，下令在1942年夏季之前，在现有242个航空兵团的基础上再组建106个新团。实施这项新计划的难度显而易见，截至1941年6月只建成19个新团。[10]

与此同时，苏联人也在为容纳这些航空兵的新部队而努力扩建自己的机场网。每个新团有63架飞机，正常情况下需要3个机场。按照这些新团的组建计划，这就意味着仅西部各军区就需要在1942年5月1日之前建成592个新机场。因此，苏联人新组建了共有25000人的100个机场建设营，以加快建设进度，并进行旧机场的现代化改造。这些新建设营应在1941年12月31日前在西部各军区建成480个新机场。这又相应地需要在建造新机场和改造旧机场的同时，临时将大量飞机转移到其他机场。结果导致飞机集中在可用的机场上，很难隐蔽和疏散，遭到敌人攻击时也更容易遭到破坏。这项新建设计划同样没有达到目的，只平添了空军在战争前夕的调度混乱。

战争前夕，由于仓促制订并部分实施转场计划，在许多情况下两个团挤在一个机场上，致使每个机场的平均飞机数量高达150架，一旦遭到敌人攻击，后果就极其严重。许多团驻扎的机场离边境太近，甚至在敌炮兵射程之内。例如，西方面军的混成航空兵第9师有358架飞机（其中233架是新式飞机），驻扎的几个机场距离边境仅12—40公里。由于最高层的混乱，通常并不是所有可用的机场都实际投入使用。西部特别军区司令员只使用了他所有382个机场中的一小部分。

空军和机场网的扩充同样要求空军后勤体制进行改革和扩充。现行体制只能满足空军在1940年和平时期的保障需要。在这种体制下，每支航空兵部队都有自己对应的后勤部门：一个"空军基地"。每当一个团转移，负责保障该团的"空军基地"也要跟着转移。因为团和基地的转移过程很费时间，所以这个团就一直不能做好战斗准备。[11]1941年4月，空军（VVS）通过设置"航空兵驻扎区（RAB）"建立起一套新的"自主"后勤保障体制。每个驻扎区都对应一支具体的航空兵部队或兵团。每个驻扎区内设置2或3个空军基地，每个空军基地都有4或5个外场勤务营。设想每个外场勤务营保障1个航空兵团，每个驻扎区除了保障自己对应的航空兵师之外，还有能力在其负责范围之内再保障2或3个师①。整个体制都为支持航空兵兵团和部队的大规模扩充进行了调整。到1941年6月22日，计划组建的54个驻扎区只初步建立起8个，并且都没有完全建成。这8个新驻扎区只得到所需装备的28.1%。[12]

很明显，空军指挥与控制系统的运行既不正常又没有效率。没有建立起一个指挥所体系把整个系统连接起来，指挥机关的大部分通信也都依赖固定的有线线路。这个系统缺少机动性和灵活性，可能会受到敌人破坏行动小组的干扰，战争最初几天将会证明这一点。像整支军队的情况一样，受过训练的通信专业兵和通信装备都供不应求，尤其缺少无线电设备。无线电通信的次数少且不可靠，那些有无线电台的人又往往不知道该怎样正确使用它们。

人员和部队的训练及战术

空军的军队结构在急速扩充，武器库中增加了复杂的新式飞机，空军的保障基础设施在壮大，这就需要训练数以千计的新飞行员、参谋人员和技术保障人员。人员训练设施的发展落后于空军的其他发展计划，导致现有部队的战备水平出现暂时的下滑，因为这些部队中许多有经验的干部都被抽调去帮助组建新部队。另外，需要为正在列装的新武器制订全新的训练计划，并制订计划安排现有空勤人员和专业兵在新飞机上重新训练。实际上，直到1942年夏季，在整个改革和重组计划、同步进行的训练计划实施到位之前，军队的整体战备水平都将一直受到影响。除了这些系统性的问题以外，高级和上级指挥员从1937年开始频繁更换，并一直持续到战争爆发之后。像陆军的情况一样，虽然不断提拔较低级的指挥员填补岗位，但是他们的资质和经验都很难满足要求。

空军指挥结构最高层的频繁更换可以反映整支红军在1937年以后的时代

---

①译注：此处表述与苏联官方表述略有出入，详见《苏联军事百科全书》第三卷"航空兵后勤"词条。

特点，这对提高指挥水平和下级人员的稳定性不能起任何促进作用。于是，空军的兵团和部队指挥员普遍都缺乏经验。在战争爆发之前的4年里，空军的最高领导先后换了4次。离职的四个人是：二级集团军级Ia.I.阿尔克斯尼斯、上将A.D.洛克季奥诺夫①、中将Ia.V.斯穆什克维奇和P.V.雷恰戈夫。1941年4月P.F.日加列夫航空兵中将受命指挥空军，并在6月22日迎来了惨败的到来。[13]

更严重的是，在空军的较低级别人员当中也同样可以感觉到缺少经验带来的负面影响：

大多数空勤人员缺少作战经验。空军的快速成长导致大批年轻指挥员出现在空军组织结构中的各个级别。截至1941年6月，超过91%的航空兵兵团指挥员在现岗位任职不满6个月，全部各级指挥员当中，有65%任现职不满1年，43%不满半年。年轻的空勤人员，特别是从飞行学校提前毕业的那些人，到达一线部队以后仍需要认真参加补充训练。[14]

所有这些都对军队战备工作造成了负面影响。例如，在1940年年底到1941年年初的冬季，国防人民委员部在一份报告中称："红军空军的作战训练不尽如人意。飞行技术人员使用新式装备的水平很差。"[15] 红军空军总局1941年3月和4月检查了西部各军区的作战训练，他们得出的结论可以证实上述观点。检查人员指出，除了飞行训练很糟糕之外，有些飞行员甚至无法完成用机枪射击地面目标的演习。此外，部队战备水平很低，修理保养的情况堪称令人震惊。[16] 例如，飞行员在整个冬季期间的平均飞行小时数，以波罗的海沿岸特别军区飞行员的18小时最高，最低的基辅特别军区只有6个小时。[17] 这些军区在整个冬季几乎没有举行过陆军和空军的合同训练，空军指挥部②几乎没有举行过任何机场通信演习和指挥人员的演习。

后来，总军事委员会1941年5月8日听取副国防人民委员梅列茨科夫和红

---

① 译注：洛克季奥诺夫在《苏联军事百科全书》中又作拉克乔诺夫，他在空军任职时也是二级集团军级，1940年调任波罗的岸特别军区司令员，随后晋升上将。
② 译注：指空军的军种指挥部。

军空军总局局长日加列夫总结冬季期间训练缺陷的报告。为此做出的一项决议指出："总体来说，作战训练虽较1940年有所改善，但仍不能满足现代战役和战斗要求，具体表现是不能完成国防人民委员第30号命令所规定的任务。"[18]

西部各边境军区1941年6月22日有919架飞机（占12.9%）不能使用，显然可以反映这些报告和其他后续报告的准确性。总共有7133架飞机，却只有5937个受过相应训练的空勤组。更糟糕的是，虽然新式飞机的数量占飞机总数的14%，但是只有208个能够驾驶这些新飞机的空勤组。[19]

因此，红军空军在1941年6月的大多数指挥员和技术专业兵既没有受过充分训练，又缺乏经验。截至1941年6月，超过91%的航空兵兵团指挥员指挥现有兵团不满6个月，各级指挥员中有65%任现职不满1年，43%任现职不满6个月。[20]这对那些通常从飞行学校提前毕业的飞行员造成了特别严重的影响。

大批陈旧飞机的存在不仅令缺乏训练的问题更加复杂，还阻碍了现代空战战术的发展。旧式飞机速度慢而且笨重，甚至新式的木制LaGG-3虽结实可靠，但操纵反应慢，灵活性和机动性都很差。有位分析人士说："LaGG-3的低劣性能很快让自己在许多苏联歼击机飞行员头脑中与死亡画了等号，变得臭名昭著。这种飞机光洁的（木质胶合板）表面，仿佛在向那些疑神疑鬼的飞行员们暗示：使用的缩写'LaGG'其实意味着这种新歼击机是一口'涂漆的保修棺材'（lakirovannyi garantirovannyi grob）。"[21]LaGG-3的性能通常会被自己的德国对手梅塞斯特Bf-109G全面超过。

在战术角度，苏联歼击机在飞行时使用密集队形的三机编队，这比其对手采用的松散双机或四机编队的灵活性差得多。总的来说，根据一位当代苏联空军指挥员的评价，苏联人当时的歼击机战术"谨慎而不灵活，很大程度上局限于水平机动，也缺乏与陆军的协同"[22]。轰炸机战术也好不了多少，虽然飞机又旧又慢，但是他们的表现却明显缺乏谨慎：

从一开始，轰炸机就被大量投入战斗以减慢德国人的前进速度，尤其被用于攻击河流渡口……所有这些轰炸机速度都很慢，航程和载弹量有限，并且极其容易受到德国截击机和高射炮部队的攻击。

苏联的轰炸机通常以楔形和横队飞行……为减少损失，最大限度发扬自卫火力，轰炸机飞行时采取密集编队。尽管做过这些战术调整，空军的轰炸机还是在1941年夏季损失惨重。[23]

战争准备

苏联被迫采取一项雄心勃勃的计划，同步扩充、改革和重建红军空军，还要建立一个足以在战时支持空军的工业和经济基础。毫无疑问，这个计划很必要。唯一的问题是，苏联在实施这项计划的同时也承担着巨大风险。简而言之，它必须在战争到来之前完成改革。一旦输掉这场赛跑，整个国家的武装力量就会在作战中明显处于不利地位。苏联政府认为自己至少可以在1942年夏季之前避免卷入战争，于是接受了这个风险。

这项改革计划的确建立起一支15000多架飞机组成的军队，在远程轰炸航空兵和各军区一共编组为5个远程轰炸航空兵军和3个远程轰炸航空兵师，61个歼击、轰炸、混成航空兵师，并以部分改革后的后勤保障部门为后盾。每个远程轰炸航空兵军下辖2个师。这些师和其他师都作为空军的基本战术兵团，每师下辖3个或4个团，有时是5个或6个团，多达350架飞机。除了重轰炸机团的编制是40架飞机以外，歼击、轰炸和混成航空兵的每个团都下辖4或5个大队，每大队有12到15架飞机。每个团另外还有一个3架飞机组成的指挥与控制中队，合计飞机总数是63架。[24] 军区空军（战时的方面军航空兵）有几个歼击、轰炸、混成航空兵师和侦察航空兵团；集团军航空兵用于支援每个前线的集团军，通常下辖1或2个混成航空兵师和2个（通信和校射侦察）航空兵中队。混成航空兵师由3至5个轰炸、歼击或强击航空兵团组成，执行集团军司令员分派的任务。配属给每个军的军属航空兵，由几个独立通信、侦察和校射侦察航空兵中队组成。

由于明显的战略原因，1941年6月苏联空中力量的主力集中在西部各边境军区。不过，分布在这5个军区的7133架飞机中，只有1448架是新式飞机（准确的飞机分布数字见表7.3）。上述飞机总数当中，有2481架沿西北（波罗的海沿岸）方向集中，1789架沿西部（明斯克—斯摩棱斯克）方向，2863架沿西南（基辅）方向。

歼击机总数中的一大半（77%）是过时的旧型号：I-15、I-15bis、I-153和

I–16。大多数新式歼击机（886架）是MiG–3，这种飞机的武器和中空机动性都比不上自己的德国对手。[25] 各边境军区的轰炸航空兵师主要装备着旧式的SB轰炸机（占94%），新式的Pe–2才刚刚开始列装。强击航空兵团的装备是并不适于执行对敌攻击任务的I–15bis、I–153和R–5飞机，新式Il–2强击机屈指可数。

远程轰炸航空兵的情况几乎别无二致。驻扎在苏联欧洲部分的有9个远程轰炸航空兵师，共有29个航空兵团，驻扎在诺夫哥罗德、斯摩棱斯克、库尔斯克、扎波罗热（Zaparozh'e）、斯科莫罗哈（Skomorokha）等地区[①]。这些兵团总共有1339架飞机，其中约16%是旧式的TB–3，24%是轰炸性能很差的DB–3，60%是DB–3F（Il–4）。有些部队还分到了一些试验性的新式TB–7（Pe–8）。[26] 除了西部各边境军区和远程航空兵的这些飞机之外，苏联还有北方、波罗的海和黑海舰队的飞机共1445架，以歼击机和轰炸机为主，也可以用于西线作战。

因此，西部各边境军区、远程航空兵和3个舰队共有9917架飞机。然而由于种种原因，并不是全部飞机都可以用于作战行动。首先，海军航空兵的主要用途是捍卫海军的利益，尤其是保卫舰队。只有在特殊情况下，他们才会与各军区的航空兵协同作战。

其次，更重要的是，许多飞机不具备作战能力。各军区空军和远程轰炸航空兵6月22日实有的8472架飞机中，有1090架（占13%）由于各种原因不能飞行。[27] 同样，西部各军区7133架飞机中的919架（占12.9%）也没有做好参加作战的准备。[28] 国防人民委员部发出的一项训令，评价1940年与1941年之交的冬季工作情况时，称："红军空军的作战准备水平不能令人满意。飞行—技术人员未能掌握如何使用新型物资保障部队。"[29]

再次，西部各边境军区共有7133架飞机，却只能配齐5937个受过相应训练的空勤组，剩下的1196架飞机没有人能飞。西部各边境军区和远程航空兵共有8472架飞机，有6385个空勤组可以在昼间普通气象条件下飞行，1285个空勤组

---

① 译注：依次分别是远程轰炸航空兵的第1军（列宁格勒军区）、第3军（西部特别军区）、第2军（哈尔科夫军区）、第4军（敖德萨军区）、独立第18师（基辅特别军区）。

可以在昼间恶劣气象条件下飞行，1192个空勤组可以在夜间普通气象条件下飞行，只有23个空勤组可以在夜间恶劣气象条件下飞行。最后，只有208个空勤组接受过驾驶新式飞机的训练，也就是说，只有14%的新式飞机能够升空。[30]实际上，在35个已经换装的团中，有15个团的飞机数量不到编制数的一半。

要衡量红军和德国空军的实力对比，就不能单纯地看1941年6月22日飞机的绝对数量。如果这样做的话，这个比例会是9917比4275，即2.3∶1，苏联人占优势，而且是绝对优势。不计因没有空勤组和故障而不能使用的苏联飞机，这一比例降至1.8∶1，苏联人仍然占有相当大的优势。

然而，其他因素却大大削弱了苏联的飞机数量优势。其中最重要的是德国人在飞机质量、空勤人员训练水平和经验方面的明显优势。德国飞机的飞行性能参数和火力，远远超过苏联的大部分飞机。此外，德国飞行员和空勤人员过去在实战中获取过丰富经验，对空中交战的结果会产生明显影响。德国人的这些素质优势又与他们的组织优势相得益彰。苏联人还在把空军兵团和部队配属给军区（方面军）、集团军和军，无法集中作战，德国空军的部队却集中到各航空队里，每个航空队多达1000架飞机。因此，苏联的空中作战在以零敲碎打的方式进行，而德国人则集中空中力量在关键时刻用于关键地带。此外，德国空军的部队在两年来的实战中，学会了如何互相协同以及与陆军协同。另一方面，他们必要时也能够有效地独立完成任务。

虽然国防人民委员部在1941年采取措施提高各边境军区空军的战备水平，但由于苏联官方政策是以牺牲战备为代价避免刺激德国人，其中的许多措施就起不到实际作用。1月1日到6月2日，国防人民委员部将这个地区的航空兵团数量从116个增加到130个，新增了多达1000架飞机。另外，各边境军区中的一部分空军已做好战斗准备（值班和待命），其中包括西部特别军区的16个歼击航空兵大队。然而，在同一时期，苏联人却没有对德国人的侦察飞行做出任何反应，于是德国人可以频繁执行侦察任务，先后多达150多次，深入苏联领土纵深达350公里。[31]

1941年6月19日，有迹象表明一场进攻迫在眉睫时，国防人民委员部命令各军区司令员伪装机场、疏散并隐蔽飞机。这项命令在6月22日凌晨再次发出，但为时已晚，就在命令传达的同时，德国飞机已经开始发动攻击了。

232

因此，苏联人在长期战备计划和短期战备措施方面的努力，意图虽好但彻底失败。空军的重组和扩充、建设新机场、组建新型基地和后勤保障系统、训练新空勤人员等所有计划，固然雄心勃勃，也积极有益。但是，这些计划不够及时。苏联人错误地以为和平至少会持续到1942年，致使德国人的进攻发生在红军空军深陷变革困扰的最糟糕的时刻。短期来看，政策指导引发的瘫痪使空军受到突然袭击时变得尤其脆弱。

实际战备水平

苏联人的作战报告可以反映战争开始时破坏的严重程度和空军迎击德军进攻时的战备水平。西北方面军第一份作战报告的签发时间是6月22日22时整，称仅德国人的空袭就在空中摧毁56架苏联飞机，在机场摧毁32架。[32] 该方面军同时发给国防人民委员部的一份报告，将飞机的损失数字提高到约100架，称敌人已经取得了制空权，并痛心地说："由于机场没有做好准备工作，方面军空军面临严峻形势。"[33] 进攻开始后几小时内，该方面军再三报告，抱怨与空军各兵团的通信中断。飞机的损失数字与日俱增，直至灾难性的程度。

6月26日，西北方面军司令员库兹涅佐夫上将总结损失时说："方面军空军损失严重，这是机场数量有限［的结果］。到现在，他们已不能有效地支援和掩护陆军，也不能打击敌人。75%的空勤人员尚属安全。物资损失为80%。请求您为本方面军加强3个混成航空兵师。首先为本方面军空军的部队补充装备和飞行员。"[34]

西北方面军失去了足够的航空兵保障，在德国人的沉重压力下不断在波罗的海沿岸地区撤退。7月4日，方面军司令部向总参谋部发出一份态势报告，引用截至该日方面军空军的飞机数量如下：混成航空兵第6师还剩69架飞机，混成航空兵第7师：26架飞机（2架I-16、19架I-15bis、2架I-153和3架SB），混成航空兵第8师：29架飞机（14架MiG-3、8架I-153、1架I-16、6架I-15bis），混成航空兵第57师：29架飞机（6架I-16、18架I-153和5架SB），这些数字生动地展示出他们自开战以来遭受的损失。[35] 战争爆发后12天内，方面军的几个混成航空兵师原来可以使用的887架飞机只剩153架。

1942年7月21日，时任空军第6集团军司令员的D.F.孔德拉秋克航空兵少将，编写一份西北方面军空军在战争第一年的空中作战总结。在这份报告中，他详细列举方面军5个混成航空兵师（第4、第6、第7、第8和第57师）的实力，并总结了各师遇到的问题。孔德拉秋克的报告以一句正面评价做开头，说："尽管在战争中表现出一些组织上的缺点，红军空军在和平时期原有的组织结构通常还是能够证明自己。"孔德拉秋克随后提到一些具体缺点。他指出机场不够用，几乎所有的21个永备机场和49个野战机场都在同时施工。虽然努力采取措施伪装飞机，但是德国人的侦察飞行让这项工作毫无实际作用。他接下来强调了下列问题：飞机集中在现有的机场上，战役纵深处又没有机场，这增加了受到德国人进攻时的脆弱性；机场的位置过于靠近边境，飞机的疏散和转场也计划得很差；飞机和装备陈旧；飞行员们不能在夜间和恶劣气象条件下作战；飞行员训练水平低；参谋工作不到位，各军兵种之间缺乏协同；无线电和有线通信不畅；完全没有侦察能力；驻扎区体制改革没有完成；后勤保障的动员计划不够完善。作为结论，孔德拉秋克写道：

> 一年来的战争表明，红军空军在某些方面未能达到战争的要求。特别是四个大队组成的航空兵团很笨拙。一个团分散驻扎在两到三个机场，就会失去对自己下属分队的作战控制，参谋的组织结构也不支持对两到三个地点进行作战指挥与控制。
>
> 航空兵师和平时期的组织结构，在战争中通常能够证明是合理的……需要指出的是，航空兵的频繁重组对部队的作战完整性造成了负面影响。
>
> 对苏联的进攻发生在部队的重组时期。这些部队还没有融为一体。许多部队，乃至整个军区，都正在新装备上重新训练。
>
> 由于缺乏在战争条件下使用空军的详细计划，损失了相当数量的飞机和飞行员。
>
> 未能解决通过无线电通讯手段进行指挥与控制，以及隐蔽指挥与控制的问题。[36]

在战争的最初几个小时和几天里，西方面军空军遭受的破坏甚至更加严重。德国人发动战争时，首先对整个西部特别军区的机场网发动毁灭性攻击，

苏联 T-26 轻型坦克

苏联 T-28 中型坦克

苏联 T-35 重型坦克

苏联 BT-7 坦克

苏联 T-34 中型坦克

苏联 KV 重型坦克

236

苏联 76 毫米师属加农炮

苏联 122 毫米榴弹炮

苏联 152 毫米加农榴弹炮

德国的破坏行动小组也切断了地面通信线路。由于通信中断，损失报告即便有人写出来也传递得非常慢，高级指挥员只能凭空想象这场发生在机场和空中的大屠杀。然而，德国人显然已经给苏联机场造成严重破坏，并全面取得绝对制空权。惨败发生后，方面军空军司令员I. I. 科佩茨引咎自杀，从而避免像方面军司令员D. G. 巴甫洛夫一样被枪决。

西方面军空军的第一份全面总结出现在1941年12月31日。作者是时任西方面军空军司令员的N. F. 瑙缅科航空兵中将。这份报告的前两部分中，包括一项坦率的、甚至是一针见血的评价，指明空军在战争前夕的缺点，并描述了该部在战争最初八天里的表现。

截至1941年4月，西部特别军区空军各部队的作战准备水平可以简单概括为：歼击机——没有战斗力（他们不会空中射击，也不会实施空中交战）；轰炸机——战斗力有限（他们多少会些轰炸，会些射击，也会些编队飞行）。军区实际上没有侦察航空兵，因为现有的8个军属航空兵大队一共只收到6架P系列飞机，还都保存在仓库里。

侦察航空兵第313团和第314团全数补充了年轻飞行员，却没有装备。

侦察航空兵第314团从4月开始接收IaK-2和IaK-4飞机，战争开始时，只有6个空勤组可以飞IaK-4飞机。

本军区根本没有强击机。强击航空兵第215团当时刚刚组建，截至战争开始时装备着12架I-15，并正在挑选换装Il-2的飞行员，不过军区当时并没有这种飞机。[37]

瑙缅科指出，除装备262架新式MiG-1和MiG-3的混成航空兵第9师以外，所有航空兵师都有旧式飞机。但即便在这个师里，也只有140名飞行员有资格驾驶这些新飞机，训练期间已经发生过"一系列严重事故"，这种训练到战争爆发时还在继续进行。另外，混成航空兵第9师的航空兵第13团、混成航空兵第11师的航空兵第15团还接收过42架Pe-2飞机。[38] 因此，用瑙缅科的话说："战争刚开始时，本军区正在经历一个换装新式装备的阶段，人们对旧式装备的兴趣明显下降。从上到下，所有人都在忙着让飞行员迅速熟悉新装备。"[39]

这位司令员重申其他几个军区空军司令员痛惜过的关键性问题，认为飞机在基地的配置有问题，基地也容易受到敌人的攻击。他同样强调由于航空兵驻扎区体制只部分得到推行，后勤方面仍有困难。尽管该军区在1940年和1941年举行过大量司令部图上演习，瑙缅科还是认为指挥人员和参谋们"没有足够的经验"，并认为"随后的事态发展表明，军区的空军指挥机关没有充分地整合成一体"[40]。

瑙缅科详细叙述了德国人在战争开始前一天里的行动，并补充说："由于德国和波兰白卫军的破坏活动，从1941年6月21日23时整开始，西部特别军区空军指挥机关到各师部、各师部到下属团部的有线通信全部中断，各机场只能各自为战。伟大卫国战争就是在这样的情况下开始的。"[41]

接下来，瑙缅科总结空军缺乏作战准备的后果。他引用的资料将西方面军最初的飞机数量确定为1909架（包括驻扎在斯摩棱斯克的那个远程轰炸航空兵军），共有1022架歼击机和887架轰炸机。他这样描述战争最初八天造成的影响：

西方面军空军的各部队在1941年6月22日早晨投入战斗。那一天的特征是敌人的空袭造成了方面军航空兵的巨大损失……

1941年6月22日这天，敌人在我机场和空中总共摧毁了我方538架飞机，敌人损失143架。第二天，双方的损失分别是125和124，截至六月底，经过八天的作战，我方损失总计1163架飞机，敌人损失422架。

至1941年6月30日日终时，方面军空军还剩下124架歼击机和374架轰炸机，共498架飞机，合编为7个师。[42]

像陆军的情况一样，苏联人在基辅特别军区配置的空军实力也是最强的。尽管实力更强，但这支军队遭遇的许多问题还是与其他方面军的经历同出一辙。对这个军区空军在战争前夕战备状态的最彻底总结，出现在1941年8月21日 F. A. 阿斯塔霍夫航空兵中将向红军空军司令员 P. F. 日加列夫中将提交的一份报告当中。这份报告向日加列夫提供基辅特别军区空军在战争前夕的组织、兵力和作战准备的详细分解，并叙述了该部在战争开始后的作战行动。

　　根据阿斯塔霍夫的说法，这个军区的11个航空兵师（包括配属的1个远程轰炸航空兵师）和2个团共有1166架歼击机、587架轰炸机、197架强击机和53架侦察机，总计2003架飞机。在这个数字当中，有223架新式的MiG–3和IaK歼击机，231架新式Pe–2、IaK–2、IaK–4和Su–2（苏–2）轰炸机，31架新式IaK–4侦察机。[43] 在全部飞机当中，有1865架可以在昼间普通气象条件下作战，595架可以在昼间恶劣气象条件下作战，361架可以在夜间普通气象条件下作战，535架可以在夜间恶劣气象下作战[①]。大多数旧式飞机的飞行员都接受过足够训练，可在正常条件下飞行，但要执行更复杂的任务就不那么有把握了。另一方面，新式飞机的飞行员只经过初步训练，尚不能认为已做好战斗准备。

　　阿斯塔霍夫对空军整体战备状态的判断如下：

　　总的来说，西南方面军空军没有为作战行动做好充分准备，原因如下：

　　1. 西南方面军空军换装新武器的过程中，有些传承悠久、结构良好的航空兵团（近程轰炸航空兵第52团和第48团等）在作战行动开始时没有得到足够数量的新式飞机，他们的旧装备却已被移交给新组建的部队。因此，这些团在战争开始之前战备水平较低；

　　2. 在战争前夕刚刚完成换装的所有航空兵团里，飞行人员［飞行员和空勤人员］尚未掌握使用新式飞机时与步兵和轰炸机的协同动作，因此，在战争最初几天里，新式装备没有充分有效地发挥作用；

　　3. 一些在1940年组建的航空兵团（近程轰炸航空兵第224、第225和第138团等）的装备数量只达到其编制标准的20%~50%，因此，他们参加作战行动的次数微不足道；

　　4. 西南方面军空军的师长和团长们没有充分利用1940年与1941年之交的冬季开展飞行作战训练。因为机场被积雪覆盖，所以绝大多数年轻飞行员冬季很少飞行，一直在无所事事，而5、6两个月时间又是飞行训练的密集期，不能保证他们在参加作战行动之前得到必要的训练。

---

　　① 译注：535这个数字肯定是错误的，上文中所有西部几个军区加上远程轰炸航空兵，也总共只有23个空勤组可以飞这个气象条件。

5. 西南方面军空军的各部队在战前未能解决如何伪装机场和飞机的问题，也未能把机场的对空防御组织到理想状态。这不仅是因为缺少必要的伪装材料和完善的对空防御手段，也是因为各级指挥员都没有对这些问题给予必要的关注。

6. 战争的最初三天里，方面军空军的地面和空中部队击退敌人对我机场空袭时，没有表现出必要的组织水平和准确程度，这可以证实西南方面军空军各部队的战备水平很低。同时也证实，空军的地面和空中部队在这个关键作战警戒时期的行动，不符合国防人民委员部第075号命令［警戒令］的要求。[44]

阿斯塔霍夫认为，由于这些问题和其他问题，"西南方面军的空军在1941年6月22日……总体看来，没有做好击退敌人突然袭击的准备"。于是，德国人6月22日到24日在极易受到攻击的机场上击毁了237架苏联飞机。设备故障和训练不善在6月22日到8月10日期间，又引发事故损失242架飞机，占同期飞机损失总数（1861架）的13%。[45]

和苏联的机械化兵团一样，红军空军也是一个具有巨大作战潜力的庞大组织。新武器在1941年6月正陆续列装，一旦这些武器被训练有素的人员使用，就会成为不可一世的德国空军的强劲对手。就整体而论，这个多方面的改革计划制订得很周密，也非常适合一支第一流的空军。但对苏联人来说不幸的是，时机和环境夺走了这些军事改革的应有成果，还回来的却是数千名飞行员和空勤人员的悲剧。

数据表

表 7.1：红军空军的扩充计划，1940 年 10 月至 11 月

	1940年10月计划		1940年11月计划	
团	团数	飞机架数	团数	飞机架数
重轰炸机	6	306	6	306
远程轰炸机	49	3675	36	2196
近程轰炸机	84	6552	102	6222
强击机	11	858	15	945
混成	3	234	3	165
歼击机	96	8352	161	10773
合计	249	19977	323	20607

※ 资料来源：A. A. 沃尔科夫，《关键性的序幕》(*Kriticheskii prolog*，莫斯科：航空出版社，1992 年)，第 40 页。引用档案编号：TsGASA, f. 40442, op. 2, d.169, I. 第 321—324、第 351、第 355 页。

表 7.2：飞行人员训练规划，1941 年

	1940年10月20日实有人数	1942年1月1日计划人数	增长率（％）
远程轰炸机飞行员	1975	10000	506.3
近程轰炸机飞行员	12200	25000	204.9
歼击机飞行员	13383	25000	186.8
飞行—观测员	16051	35000	218.8
机枪手和无线电员	15558	32563	209.3
技师和机械师	31677	47261	149.2
初级航空兵专业军士	18277	40121	219.5
合计	109121	214945	196.0

※ 资料来源：A. 沃尔科夫，《关键性的序幕》，第 40 页。引用档案编号：TsGASA, f. 40442,op. 2, d.169, I. 第 328—335 页。

242

表 7.3：西部各军区飞机的数量分布，1941 年 6 月 22 日

军区	航空兵种类				
	轰炸机	强击机	歼击机	侦察机	合计
列宁格勒	308	74	857	31	1270
波罗的海沿岸特别	425	93	621	72	1211
西部特别	695	70	870	154	1789
基辅特别	516	80	1238	79	1913
敖德萨	268	0	640	42	950
飞机合计	2212	317	4226	378	7133
占总数的比例	31%	4.5%	59%	5.3%	100%
新式飞机数量	360	18	1022	48	1448

※ 资料来源：《伟大卫国战争初期》，第 62、64 页，拉马尼切夫，《红军 1940—1941》，第 116—118 页，引用档案编号：TsAMO, f. 35,op. 107559, d. 5, I. 第 116—233 页、I. 第 4—82 页、d. 16, I. 第 276—319 页、op. 10756, d. 8, I. 第 216—271 页、d. 9, I. 第 159—216 页、op. 107562, d. 13, I. 第 171—258 页、op. 74313, d. 6. I. 第 274—379 页、op. 107567, d. 3, I. 第 3—68 页、op. 107559, d. 5, I. 第 1 页。

注释

1. 例如，可参见A. I. 拉普钦斯基，《空中的集团军》（*Vozdushnaia armiia*，莫斯科：军事出版社，1939年），以及S. A. 梅热尼科夫，《使用空军的主要问题》（*Osnovnye voprosy primeneniia VVS*，莫斯科：军事出版社，1926年）。两本书都宣扬空中力量的战略战役使命。

2. 《伟大卫国战争初期》（*Nachal'nyi period Velikoi Otechestvennoi voiny*，莫斯科：伏罗希洛夫总参军事学院，1989年），第57页。

3. 1941年产量为：1946架MiG-3、LaGG-3和Iak-1；458架Pe-2、249架Il-2。截至1941年6月22日，这些飞机中仍有700架还停在工厂的机场上。见N. 拉马尼切夫，《红军1940—1941：神话与事实》，未出版的手稿，第113—114页，引用档案编号：TsAMO,f.35,op.107559,d.5,l.第116—154页。

4. 同上，第61页。

5. A. G. 哈尔科夫在《伟大卫国战争前夕各边境军区的战备和动员准备》（*Boevaia i mobilizatsion gotovnost' prigranichnykh voennykh okrugov nakanune Velikoi Otechevstvennoi voiny*，莫斯科：伏罗希洛夫总参军事学院，1985年）第9页，同意这一总数，但认为师的分类是22个混成师、8个歼击航空兵师、4个轰炸航空兵师，而拉马尼切夫在《红军1940—1941》中认为总数是32个师，其中22个混成师、6个歼击航空兵师、6个轰炸航空兵师。

6. 拉马尼切夫，《红军1940—1941》，第108页。军属航空兵占2.3%，远程航空兵占13.5%。

7. 《伟大卫国战争初期》，第58页。

8. 范·哈德斯蒂，《红色凤凰：苏联空中力量的崛起1941—1945》（华盛顿特区：国立博物馆，史密森学会出版社，1982年），第17页。

9. 同上，第58—59页。

10. 关于空军扩充计划的广泛讨论，见A. A.沃尔科夫，《关键性的序幕》（*Kriticheskii prolog*，莫斯科：航空出版社，1992年），第40—47页。

11. 例如，在苏芬战争期间，23个航空兵团变更部署到战区共耗时两个月。见《伟大卫国战争初期》，第60页。

12. 同上。

13. 拉马尼切夫，《红军1940—1941》，第119页。

14. 《伟大卫国战争初期》，第61页。

15. 同上，第118页。

16. 拉马尼切夫，《红军1940—1941》，第216页。

17. 沃尔科夫，《关键性的序幕》，第45页。飞行员的实际平均飞行小时数如下：波罗的海沿岸特别军区18小时、西部特别军区9小时、基辅特别军区6小时、敖德萨军区11小时。

18. 同上，第217页，引用档案编号：TsAMO,f.2,op.11569,d.326,p.第15页。

19. 同上，第119页。

20. 《伟大卫国战争初期》，第61页。

21. 哈德斯蒂，《红色凤凰》，第23页。

22. 同上，第26页，摘自I. V. 季莫霍维奇[1]的一份报告。

23. 同上。

24. Iu. P. 巴比奇和A. G. 巴耶尔，《伟大卫国战争中苏联陆军武器和组织结构的发展》（*Razvitie Vooruzheniia i organizetsii sovetskikh sukhoputnykh voisk v gody Velikoi Otechestvennoi voiny*，莫斯科：军事出版社，1990年），第67页。

25. V. S. 舒米欣，《苏联军用航空，1917—1941》（*Sovetskaia voennaia aviatsiia 1917—1941 gg.*），（莫斯科：科学出版社，1986年），第238页。

26.《伟大卫国战争初期》，第62页，引用档案编号：TsAMO,f.35,op.107559,d.5,l.第169页。

27. 同上，第63页。

28. 同上，第64页。

29. 拉马尼切夫，《红军1940—1941》，第118页，引用档案编号：TsAMO,f.35,op.11304,d.13,l.第168页。

30.《伟大卫国战争初期》，第63页。

31. 同上，第64页。

32.《西北方面军司令部1941年6月22日22时整，关于方面军一天来作战过程的第1号作战汇报》（*Operativnaia svodka shtaba severo-zapadnogo fronta no.1 k 22 chasam 22 iiunia 1941 g. o khode boevykh deistvii voisk fronta za istekshii den*），收录在《伟大卫国战争战斗文书选集：第34期》（*Sbornik boevykh dokumentov Velikoi Otechevstvennoi voiny：vypusk 34*）（莫斯科：军事出版社，1958年），第43页。

33.《西北方面军司令员1941年6月22日致苏联国防人民委员，关于1941年6月22日22时整态势的报告》（*Donesenie komanduiushchego severo-zapadnogo frontom ot 22 iiunia 1941 g. narodnomu komissaru oborony SSSR ob obstanovke na 22 chasa 22 iiunia 1941 g.*），收录在《伟大卫国战争战斗文书选集：第34期》，第44页。

34.《西北方面军司令员1941年6月26日致苏联国防人民委员，关于1941年6月26日20时35分态势的报告》（*Donesenie komanduiushchego voiskami severo-zapadnogo fronta ot 26 iiunia 1941 g. narodnomu komissaru oborony SSSR ob obstanovke na fronte k 20 chasam 35 minutam 26 iiunia 1941 g.*），收录在《伟大卫国战争战斗文书选集：第34期》，第67页。

35.《西北方面军参谋部1941年7月4日致红军总参谋部，关于方面军作战和兵力的报告》（*Donesenie shtaba severo-zapadnogo fronta ot 4 iiulia 1941 g. general'nomu shtaba Krasnoi Armii o boevom i chislennom sostave voisk fronta na 4 iiulia 1941 g.*），收录在《伟大卫国战争战斗文书选集：第34期》，第119页。

36.《空军第6集团军司令部1942年7月21日所做的年度总结，<关于西北方面军空军在1941年6月22日至1942年7月1日期间作战行动>》（*Iz godovogo otcheta shtaba 6-i vozdushnoi armii ot 21 iiulia*

---

① 译注：伊万·瓦西里耶维奇·季莫霍维奇（Ivan Vasilievich Timokhovich），军事历史学博士，航空兵少将，俄罗斯武装力量总参军事学院（原伏罗希洛夫总参军事学院）教授。

1942 g." *O boevoi deiatel'nosti voenno-vozdushnykh sil severo-zapadnogo fronta za period s 22.6.41 g. po 1.7.42 g."*），收录在《伟大卫国战争战斗文书选集：第43期》，第179—183页。

37.《从西方面军空军司令员的1941年总结，看该方面军空军的状态［及其］在战争最初八天当中的作战行动》（*Iz otcheta komanduiushchego voenno-vozdushnymi voiskami zapadnogo fronta za 1941 g. o sostoianii voenno-vozdushnykh sil fronta i boevykh deistviiakh za vosem'dnei voiny*），收录在《伟大卫国战争战斗文书选集：第35期》，第127页。

38. 同上。

39. 同上，第128页。

40. 同上，第129页。

41. 同上，第130页。

42. 同上，第131页。瑙缅科夸大了德国人的损失，但在己方损失方面仍然大致准确。

43.《西南方面军司令员1941年8月21日致红军空军司令员，关于方面军空军在1941年6月22日至1941年8月10日期间作战行动的报告》（*Doklad komanduiushchego voenno-vozdushnymi silami iugo-zapadnogo fronta komanduiushchemu voenno-vozdushnumi silami Krasnoi Armii ot 21 avgusta 1941 g. o boevykh deistviiakh voenno-vozdushnykh sil fronta za period s 22 iiunia po 10 avgusta 1941 g.*），收录在《伟大卫国战争战斗文书选集：第36期》，第109页。

44. 同上，第116页。

45. 同上，第120页。

第八章
大本营和战略预备队

首批预备队（1941年6月—7月15日）

苏联在战争爆发几个月前开始的局部动员和战争爆发后的全面动员，共组建完成几十个新集团军和几百个新作战兵团。6月22日之前及1941年整个夏秋两季，苏联的作战序列中出现一波又一波新集团军，这些集团军按顺序在战略梯队后面依次组成新的梯队。他们当中有100余个骑兵师和一系列令人眼花缭乱的步兵师，番号居然一直排到400多。1941年秋季以前，又有几百个坦克旅和步兵旅加入动员后的大军。虽然苏联人的动员过程最后可以挽救苏联国家免于毁灭，但实现这个目标却要以人力和装备的惊人损失做代价。实际上，动员体制在1941年所起的作用与其说是让苏联人成功做好战争准备，不如说是让他们在战争中幸免于难，就连这一点都很勉强。

虽然动员体制及其产生的军队存在严重缺陷，但必须在更广阔的背景下客观评价这些缺陷。正如A. A. 斯韦钦在不到20年前曾预言的那样，苏联在为战争动员自己的"农民后方"时会遇到困难。人力和部队动员的方方面面，通信、军队指挥与控制、政府机关、工业基础和整体经济的必要准备都举步维艰。斯大林、大本营和高级军事机关固然可以推动苏联庞大的政治、军事和经济等基础设施运转起来，也能够取得非凡的壮举，比如成功地把部分工业基地东迁到相对安全的地区，但可以预见的是，这些基础设施的反应必然慢得像冰川一样。在苏联战后大肆宣传的每一项这种壮举背后，都有一些突出的事例能生动说明苏联国家在面对战争的挑战时，不能迅速有效地做出反应。

然而，苏联人面对战争时慢条斯理的反应最终迷惑了他们的对手。而苏联的动员一旦发动起来就势不可挡地滚滚向前，并打造出一台体量超乎德国人想象的军事机器。像许多苏联政治和军事领导人一样，德国人也不清楚苏联"农民后方"的特点和作战潜力。他们7月在斯摩棱斯克附近，然后12月在莫斯科开始初步认识到这些，但直到1943年夏季才会彻底看清事实。最后，这种错误认识的后果会在战争后期影响德国的命运，就像它曾在战争早期影响苏联的命运一样。

在这个比较广阔的背景下，苏联的动员体制能产生足够的人力，把许多现有的兵团补充到接近满员，却不能为新建兵团提供足够装备和保障机关，这是这些兵团有效运作和在作战中生存所必须的。由于国民经济未能按照计划提供运输车辆、拖拉机和马匹，军队中的后勤部队既不能移动重武器，又不能向各兵团补给极其重要的燃料、弹药和其他物资。内地军区动员的兵团依靠旧编制6000人的缩编师提供运输工具进行这些工作，因为运输工具数量不够，所以这些兵团向前线展开时并未达到齐装满员。

第一波动员的预备队有6个集团军、14个步兵军，共42个师，他们在5月13日和6月15日分批接到开进的命令。截至6月22日，有14个师仍在组建地点原地未动，19个师正在向指定集中地域开进途中，只有第19集团军的9个师在战争爆发前已到达指定地域。[1] 虽然有些师可以乘火车开进，但因铁路运力不足，大多数兵团不得不在夜间徒步行军。动员和运输的困难迫使这些和其他战略预备队逐次投入战场。这一点，再加上德国人在战争开始后的迅速推进，导致苏联战略预备队扼守的一系列防线连续多次被各个击破。

在作战时增援各边境集团军的第一批集团军，是作为各前线方面军预备队的集团军。西方面军防御地区内，执行这一任务的是第13集团军，该集团军6月22日尚未得到下属作战军队。按原计划，P. M. 菲拉托夫中将的这个集团军，动员期间首先将得到位于西部特别军区纵深的几个军（第2、第21和第44军）。可这几个军陷入明斯克附近的作战不能脱身，并在市区保卫战中损失惨重，或陷入合围全军覆没。7月7日，第13集团军重新组建，这次使用的是来自大本营预备队的步兵第61军和第45军（原来分别隶属莫斯科军区和奥廖尔军区），以及正从明斯克向东且战且退的机械化第20军余部。新组建的步兵第61

军下辖步兵第53、第172和第110师，步兵第45军下辖步兵第132、第148和187师。[2]他们全部都是1941年6月22日之前原有的师。

两天后，已接替P. M. 菲拉托夫将军指挥职务的F. N. 列梅佐夫中将，报告第13集团军的状况称：该集团军有6个步兵师，但只有5个师完成集中，集团军司令部也严重缺员：

第13集团军只有30%的指挥人员，并缺少下列主要参谋人员：

作战处缺6人，密码处缺10人，情报处缺7人……；后勤处缺24人，工程兵处缺3人……；通信兵处缺9人，炮兵处缺20人……

通信营尚未建成。

轻型车辆和货运车辆的供应量不足。

本集团军没有飞机，无论作战飞机还是通信飞机。

我请求将集团军司令部补充齐全。[3]

列梅佐夫的集团军尚未彻底完成集结，便卷入保卫莫吉廖夫的作战，并在这里失去了原来的大部分军队，包括步兵第61军的主力。这个集团军在吸收第4集团军余部以后又一次重新组建。

许多档案文献披露首批预备队集团军同样准备不足，大本营把这批集团军投入第聂伯河沿线作战，支援正在撤退的各前线集团军。例如，第16集团军参谋长M. A. 沙林上校在7月9日发出的一份态势报告中称："包括保障部队在内的司令部集群、步兵第32军，还有机械化第5军的一些部队，都〔仍然〕保持着和平时期的编制实力。"[4]尽管如此，该集团军还是率领几天前在列佩利附近遭到重挫的机械化第5军余部、步兵第32军的两个师（第46和第152师）和来自远东的独立坦克第57师投入战斗，7月20日又接收新锐的步兵第129师主力。该集团军的直接任务是保卫斯摩棱斯克方向，这是一项它力不能及的任务。

一份7月20日发出的态势报告称："本集团军各部队仍然面临着粮食和弹药短缺，尤其缺少团属和师属（107毫米）高射炮的弹药。一些指挥机关缺少通信工具，致使在作战中组织指挥与控制复杂化。到目前为止，医疗救护没有表现出应有的水平。"[5]同日，步兵第129师下属4个顽强的营，在保卫斯摩棱斯克郊区的战斗中损失已高达40%。M. F. 卢金中将的第16集团军得到步兵第34军加强后，一直坚守着斯摩棱斯克，直到8月初陷入合围并几乎全军覆没。西方面军7月23日编写的一份令人同情的报告，可以证明第16集团军的力量已近乎衰竭："7月22日的战斗中，第16集团军各部队为保卫斯摩棱斯克继续进行着激烈巷战……在步兵第34军，训练有素并全副武装（几乎没有机枪）的步兵第127师（近600人）和步兵第158师（约100人）于7月22日12时整发起进攻。"[6]

与此同时，7月初，I. S. 科涅夫中将的苏联第19集团军，当时下辖步兵第25军和第34军共6个步兵师，并得到机械化第23军一部（摩托化第220师）加强，正从基辅地区变更部署，途经奥廖尔军区前往维捷布斯克地区陆续投入战斗。不久这个集团军又得到后撤的几个苏联步兵师和机械化第7军余部加强，机械化第7军此前曾与机械化第5军一起，在列佩利附近的作战中遭受重创。

第19集团军参谋长鲁布佐夫少将于7月24日发出一份长篇报告，谈到该集团军7月9日—24日的行动，并指出摩托化步兵第220师"是徒有其名的摩托化步兵师，没有坦克和车辆，火炮数量也不足"。报告在下文这样描述集团军的战备水平：

1. 步兵第25军各部队在投入作战的那一刻已充分动员起来。步兵第34军只是处在一种较高级别的战斗准备状态，下属各师只补充到12000人，尚未充分完成动员。

这几个12000人的师因没有运输车辆而无法机动，在作战中遭遇到极大困难。他们无法携带足够数量的弹药，也不能携带迫击炮等重武器。

2. 炮兵到达较晚，因为他们原来乘第一批军列到达基辅地区，并抢先在预定展开地域占领射击阵地。由于这个原因，再加上炮兵的阵地距离火车站很远，他们在重新装车时排在了整个队伍的末尾。炮兵在向火车站运动的途中耽误了很多时间。[7]

另外，该报告承认："集团军在没有炮兵装备的情况下，以部队和集群为单位作战。他们打得并不差，但很快就在战斗中精疲力竭，也用光了预备队……由于没有后勤部队，弹药无法补充。有些团在参加战斗前没有分配到供应标准的弹药。他们投入战斗时只携带着半个甚至四分之一个基数的弹药和少量备用燃料。"[8]

谈到指挥与控制，鲁布佐夫指出："军队使用无线电的情况特别糟糕。借助密码用无线电实施指挥与控制简直是在折磨人，他们总是找不到无线电信号。"由于这样或那样的原因，指挥与控制即便在最理想情况下也很困难。[9]另外，"有必要说明一下，总的来说，指挥与控制的实施是在极度紧张且时断时续的情况下进行的。我之所以解释这一点，是因为像第19集团军司令部这样级别的指挥机关是在盲目开展工作。由于没有空中和地面的侦察手段，无法及时收到有关敌人的情报，进而影响了在作战中及时有效地采取措施"[10]。后来，第19集团军陷入斯摩棱斯克的防御战，并损失了大部分军队。8月初，它也在斯摩棱斯克以东第聂伯河沿线重新组建。

大本营派出的另一个新组建的集团军，是来自莫斯科军区①的第20集团军，在第19集团军和第13集团军之间投入维捷布斯克以南的作战。该集团军最初下辖7个步兵师，主要隶属于步兵第61军和第69军，还有机械化第7军，该军曾与机械化第5军一起组成苏联人向列佩利发动坦克突击的前锋。第20集团军刚组建好就发动了进攻，但经过两天血战，进攻宣告失败。然后步兵第61军又从该集团军转隶给第13集团军。

7月27日，第20集团军司令员库罗奇金中将发出一份报告，描述了他的集团军7月1日至25日期间的战备状态：

本集团军参加作战之前未能完全集中，人员和后勤部队的数量都严重不足……

1. ……本集团军下属的各兵团有：步兵第73师、机械化第5军、步兵第229师、步兵第144师和另一个调入本集团军时实力已受到相当损失的坦克师……②本集团军各师的兵力从4000到6500人不等，这些人多数属于后勤和保障部队。

---

① 译注：应为奥廖尔军区。
② 译注：上文所述步兵第61军7月初调出后，机械化第7军也转隶重建的第16集团军，第20集团军又接收了机械化第5军。

军队持续作战的时间越长，剩余人数就越少。在此期间，我们共收到1600名补充人员，而我们却需要70000人和9000匹马。我们试图使用从所属部队掉队的战士和军士补充本集团军，这一措施没有发挥实际作用，因为这些人大多没有武器和军装，而本集团军也没有武器和军装储备。

2. 本集团军通信分队和部队，都只有25%~30%的通信器材和运输工具。

3. 本集团军只有很少的工程兵和舟桥部队。队属工兵分队的实力只有30%~35%。完全没有任何筑路机械和架桥器材。[11]

库罗奇金在报告中称，7月26日该集团军的坦克实力如下：坦克第17师39辆、坦克第13师29辆、坦克第57师7或8辆；炮兵实力为：步兵第229师28门各种火炮、第233师18门、第144师30门、第153师20门、第73师47门、机械化第5军34门。集团军直属各炮兵团共有98门火炮和120门反坦克炮，但缺少75台火炮拖拉机、近500公里电报电话线和100台车辆。[12]整个集团军的弹药和燃料供应水平极低（弹药0.5至1个基数、油料1.5个基数）。到8月5日，这些问题导致的最终后果已经一目了然。最初准备不足，加之后来连续作战30多天，让该集团军此时已形销骨立。步兵第229师的兵力下降到285人、17挺机枪和1门反坦克炮，步兵第73师只剩100人、4或5挺机枪，步兵第144师有400人，步兵第153师有750人。[13]

7月14日，西方向总指挥部的一份简要报告指出，正在撤退和新展开的各师中暴露出下列问题：

由于长距离撤退、长期艰苦作战、武器损失严重和组建仓促，我们的军队现在并不稳定。这一点在进攻当中表现得尤为明显。已经几次出现我方部队遭遇敌航空兵或先遣坦克支队后掉头逃跑。

铁路运输的延误导致新兵团不能按时到达并引发混乱，致使情况变得更加复杂。经常是后勤保障部队乘先头列车到达，作战部队还远远地拖在后面。

其结果是，方面军因缺少预备队，不得不把组织和训练都很差的部队迅速投入第一线。许多师是用不同的部队混编的。至于各坦克兵团，他们已没有装备，从技术角度看只是装备很差的步兵。[14]

西方向总指挥部作战处于7月21日编写的另一份报告，可以反映组建和使用预备队过程中的草率和混乱无序等问题：

目前，西方面军没有现成的预备队来阻止敌人意外突破并发展胜利。

根据展开计划，本来应该有两个预备队集团军，即第19和第4集团军。然而，第19集团军在维捷布斯克东南集中，当时的前线却在列佩利——托洛钦（Tolochin）沿线，也就是说集中地域离前线只有100至120公里；第4集团军在普罗博伊斯克（Propoisk）①地区进行补充，其中两个师在新济布科夫（Novozybkov）地区，距离前线也只有40公里。鉴于当前进攻战役的推进速度可达每天40公里，预备队集团军距离前线这样近，就不能确保集中和组建时的安全，部队不断受到敌人的零星空袭……

这些部队尚未准备就绪，有的尚未得到指挥与控制工具及后勤（如第19集团军），有的尚未完成编组，也没有充分装备（第4集团军），就不得不逐次投入战斗，只经过短短几天，方面军就失去了［自己的］预备队。[15]

报告在下文要求对方面军进行全面重组和整编，包括解散机械化第5军和第7军，并使用其余部组建两个新的（推测应是100系列番号）坦克师。

西方向总指挥部编写的几份报告，都批评西方面军在7月中上旬将首批预备队集团军投入作战时提供的保障不够。许多错误来自战争爆发以来一直困扰着方面军各兵团的问题，有些则来源于动员计划本身的错误，两者又为德国人6月22日以来作战取得的辉煌胜利所放大。

7月28日，该方向的代理通信兵首长检查了高级别通信部队和通信系统的表现：

实际上，西方面军无线电处直到1941年7月3日才成立。从战争开始到1941年7月3日期间，西方面军无线电通信的一些宝贵文件没有保存下来，也就是

---

① 译注：1945年以后改名斯拉夫哥罗德。

说，在方面军司令部由明斯克和莫吉廖夫后撤至斯摩棱斯克的途中，原无线电科有一部分文件被毁或失踪。

这个处编制有7人，实有5人：处长、副处长各1人，以及纠察员3人。在实际工作中，所有在职人员都在充当通信值班员，完全忙于作战通信，并为此各自（携带无线电台参加独立小组）外出执行重要任务。

因此，除了无线电信号表［呼号］之外，通信文件的规范化工作没有达到应有水平。

在这25天的时间里，无线电信号表变更过3次，其中有1次是因为第19集团军的信号表据说已被敌人缴获。[16]

另外，这份报告还指出，由于缺少装备，与友邻根本没有通信，与莫斯科的通信充其量只能时断时续。报告在结尾处迫切请求额外提供装备，保证与所有集团军都能正常通信。报告在肯定通信处的人员受过充分训练并能全面执行任务的同时，也指出个别无线电操作员和通信专业兵缺乏训练，同时还有无线电装备的全面短缺。

西方面军通信局第4处处长马卡罗夫大尉在晚些时间编写的一份报告，总结6月22日以来方面军的通信：

从战争一开始，西部特别军区的原通信科就没有足够的运动通信工具。根据动员计划组建的运动通信连只有来自预备役的人员，没有任何装备。

从战争的第一天直到7月1日，尽管我一再请求给予帮助，让我下属的第4处有能力开展工作，并补齐运动通信连的装备，但前任通信兵首长格里戈里耶夫还是没有采取任何有效措施，这种类型通信的状况依旧非常糟糕。[17]

马卡罗夫还列举必要的补救措施，并请求红军通信局提供车辆、装甲车和飞机，以便改善现状。

航空兵保障的力度也同样不够，主要原因是苏联人在战争初期损失惨重。1941年12月31日，时任西方面军空军司令员的N. F.瑙缅科少将在一份简要报告中回顾了7月份的局势，可以清楚显示该方面军空军当时的薄弱实力，并强调有些痼疾在反复发生，变相帮助德国人继续保持着制空权。起初，空军各部队在7月集中用于支援各前线集团军（第22、第20、第21、第13、第16和第19集团军），但到这个月中旬以后，大部分支援被分配给在斯摩棱斯克地区苦战的第16、第19和第20集团军。苏联人的全部精力都投入防空任务，无暇攻击敌方机场。大部分支援只提供到集团军一级。

截至7月22日，集团军航空兵有5个师（轰炸航空兵第13师和第46师，混成航空兵第11、第23和第28师），方面军航空兵有2个师（歼击航空兵第43师和轰炸航空兵第47师）和5个独立团（轰炸航空兵第1、第3和第410团，侦察航空兵第313团和第314团），共389架飞机（详见本章表8.1）。因此，该方面军空军的飞机数量已从6月22日的1789架急剧下降到7月22日的不足400架。以这样的实力，该方面军空军已无法圆满完成任何任务，最重要的是无法掩护陆军免受德国空袭造成的破坏性影响。

6、7两个月里，大本营没有向西南方向调派新的预备队集团军。确切地说，还调走了一开始作为西南方向预备队的第16和第19集团军，北上对付德国人最严重的威胁。尽管如此，在这个方向还是动员了许多师，大本营也向这里派遣了其他新动员的师。7月25日，西南方向总指挥部向大本营通报自己使用这些新师的计划，并且对这些新师的状况表达不满。西南方向总司令、苏联元帅 S. M. 布琼尼写道："在总共19个步兵师和5个骑兵师当中，只有4个步兵师和1个骑兵师完全建成。其余师的组建周期将会拖延到8月下半月。因此，我请求暂且推迟讨论应该怎样使用它们。"[18]

布琼尼元帅7月31日所做的一份补充报告，直接向"斯大林同志、大本营和西南方向总指挥部"列举了许多令他不满意的细节，描绘出的生动画面与其他方面军防御地区的情况大致相似：

根据大本营第00495号命令，哈尔科夫军区组建的9个步兵师和2个骑兵师、敖德萨军区组建的10个步兵师和3个骑兵师，将归我指挥。

哈尔科夫军区应该在1941年7月30日以前组建完成6个步兵师和2个骑兵师。今天的实际情况如下：

1. 在哈尔科夫军区，我们克服困难建成了2个步兵师（第223和第254

师），直接从仓库和其他任何可能的地点，搜罗齐全他们所需的装备、武器和服装。

2. 尽管规定的组建期限已到，但4个步兵师（第289、第301、第284和第297师）和2个骑兵师（第34和第37师）仍未准备就绪。

这些步兵师装备的冲锋枪数量不足额。

步兵第289师只有编制轻机枪数量的17%。

步兵第284师根本没有炮兵。

截至7月30日，步兵第297师根本没有自动武器，所需武器直到7月27日才从莫斯科发运；这个师也根本没有火炮和炮弹，至今还不知道何时何地才能够收到。

3. 工程兵装备：第289师只收到编制［组织］表规定数量的40%。第297师的装备正在从塞兹拉尼（Syzrani）[①]发运。第301师和第284师何时何地才能接收工程兵的装备，尚未得到任何通知。

4. 7月27日已从莫斯科发运出一定数量的通信装备，到达指定地域的时间不会早于8月1日。

5. 服装：所有师都完全没有背包、毛巾、包脚布、钢盔、雨衣、饭盒（第301师除外，该师缺少3729个）、腰带和食品袋。

6. 各师分别缺少16—25个野战厨房，也几乎都没有马鞍。

7. 各骑兵师完全没有马刀、自动武器、火炮、弹药、工程兵装备、通信装备、马裤、军服上衣、钢盔、雨衣、野战厨房、饭盒和医疗用品。

8. 敕德萨军区组建的各师同样不能令人满意。原定于1941年8月1日组建完成的第273师，今天的实有人数最多只有45%，根本没有武器、工程设备、装备和服装。

我认为有必要通知您，总参谋部规定的组建期限已不可能实现，在按照编制表为组建中的各师提供所需各种设备和装备的过程中，中央供应管理部门无所作为。

[①] 译注：应指萨拉州的塞兹兰（Syzran）。

我请求您亲自过问哈尔科夫军区和敖德萨军区组建各师的物资保障和武器装备事宜。[19]

在没有得到大规模增援的情况下，苏联西南方向的陆军实力日渐削弱，与此同时，这个方向的空军实力也在持续下降，西南方面军的飞机数量到7月11日只相当于战争开始时的20%（详情见表8.2）。后来有一份报告显示，这个数字到7月29日稳定在419架，其中可以使用的飞机有278架。[20]

后续预备队（1941年7月15日至8月）

截至7月中旬，由于配置在前线的集团军和首批预备队集团军都损失惨重，大本营和西方向下令组建和使用一系列新的预备队集团军，帮助前线那些千疮百孔的集团军制止德国人前进。大本营于7月14日发布第00334号命令，内容如下：

1. 组建后备方面军①的指挥机关，控制位于第二防御地带的各个预备队集团军。

2. 该方面军编成中有：

a. 第29集团军，下辖5个师、2个军属炮兵团和3个反坦克炮兵团、1个歼击航空兵团、1个轰炸航空兵团和1个Il-2大队；

b. 第30集团军，下辖5个师、1个军属炮兵团和2个高射炮兵团；

c. 第24集团军，下辖10个师、3个加农炮兵团、1个榴弹炮兵团、3个军属炮兵团和4个反坦克炮兵团；

d. 第28集团军，下辖9个师、1个加农炮兵团、1个榴弹炮兵团、4个军属炮兵团和4个反坦克炮兵团；

e. 第31集团军，下辖6个师、1个军属炮兵团和2个反坦克炮兵团；

f. 第32集团军，下辖7个师和1个反坦克炮兵团。[21]

---

① 译注：这个名称直译为"预备队集团军组成的方面军"。

命令刚一发出，形势已经一目了然，无论大本营还是西方向，都来不及为新建集团军提供足够的兵力，阻止德国人冲向斯摩棱斯克。因此，总参谋部7月19日下令缩减每个新集团军的规模，这一尝试仍未奏效后，大本营和西方向开始组建简化的战役集群，作为临时的集团军使用。这些集群在斯摩棱斯克战役的高潮期间建成，主要目的是减轻被合围在市区的苏联第16和第20集团军所受的压力。这些集群有小型指挥机关、少量坦克和火力支援，没有中间的军级指挥机关。从本质上讲，这只不过是以仓促拼凑的火力支援装备加强的几个师乌合之众。例如，加里宁集群于7月22日在斯摩棱斯克东北成立，由S. A. 加里宁中将指挥，只下辖步兵第166、第91和第89师。[22] 另外几个类似的集群，分别由I. I. 马斯连尼科夫、K. K. 罗科索夫斯基、V. A. 霍缅科和V. Ia 卡恰洛夫等几位将军指挥①。[23]

实际上，在这些和后来组建的预备队集团军当中，大多数师和其他兵团都没有做好战斗准备。多达80%的师在和平时期维持着6000人的简编水平。宣布全面动员之后，它们才得到新的人员和额外的装备，即便如此，兵力也很少会超过战时编制的60%。在6月22日到7月10日期间动员的第二批师，状况几乎别无二致。这批的38个师当中，有13个师用内卫部队仓促建成，这是当时最现成的，也是可靠并且接受过部分军事训练的人力资源。内务人民委员部在6月29日发布的一项命令，起初要求在7月17日前组建25个这样的师，第一批是10个步兵师（番号为240—260系列）和5个山地步兵师：

根据苏联政府的决定，苏联内务人民委员部负责组建15个步兵师。

为执行这一决定，我命令：

1. 授权I. I. 马斯连尼科夫中将指挥以内卫部队为基础组建的15个步兵师。

2. 成立一个由马斯连尼科夫中将领导的作战组，包括米罗什琴科上校、I. S. 舍列德格旅级、M. N. 希什卡列夫旅级和S. I. 弗罗洛夫中校。

---

① 译注：中文一般以组建战役集群前的集团军番号分别称加里宁、马斯连尼科夫、霍缅科和卡恰洛夫集群为第24、第29、第30和第28集团军级战役集群，罗科索夫斯基集群最初无指挥机关（后来使用机械化第7军军部），仍以其姓名命名。

3. 立即开始组建下列各师，并［将其］展开：

步兵第243、第244、第246、第247、第249、第250、第251、第252、第254、第256师，山地步兵第15师、第16师、第17师、第26师、第12师。

4. 组建上述各师时，从内卫部队的干部队伍向每个师调拨1000名战士和军士、500名指挥人员。所需其他人员，提请红军总参谋部使用征召的各类预备役军人予以满足。

5. 1941年7月17日以前，将内卫部队干部全部集中到组建地点。

6. 马斯连尼科夫中将负责批准组建计划、提供物资技术保障和安排相应人员。[24]

虽然这些师比红军其他兵团的积极性更高，但是他们当中的内卫部队干部数量相对较少，他们也面临与其他动员兵团一样甚至是更严重的人员和装备短缺。由于服装的全面短缺，许多人没有红军军装，仍然穿着内卫部队的制服参加战斗。

与苏联战前计划所要求的那种强大的集团军相比，由这些师组成的集团军实力逊色很多。举例来说，I. I. 马斯连尼科夫中将麾下的第29集团军，在步兵第30军指挥机关的基础上于1941年7月12日建成，下辖3个内卫部队组建的步兵师（第256、第252和第254师）、步兵第245师、摩托化第69师、2个军属炮兵团（第264和第644团）、3个反坦克炮兵团（第11、第753和第759团）、2个航空兵团和1个装备Il–2飞机的侦察航空兵大队。[25] 次日，V. A. 霍缅科少将的第30集团军在步兵第52军指挥机关的基础上建成，下辖2个红军的步兵师（第119和第242师）、2个内卫部队组建的步兵师（第243和第251师）、1个坦克师（第51师）、1个军属炮兵团（第43团）和2个反坦克炮兵团（第533和第758团）。[26]

7月10日以前动员的38个师中，还有15个师是主要由列宁格勒和莫斯科两个军区的党组织组建的民兵师。这些师的人员主要是各工厂17岁至50岁之间工人中的志愿者或征召人员，他们只接受过很少的预备役军事训练。列宁格勒军区第一批组建的3个师，兵力为8700至12100人，约合所需兵力的80%。莫斯科的第一批12个民兵步兵师，人数分别为7500—15000人，平均约为10000人（详情见表8.3和8.4）。

后来，这些师全部都获得了在先前战斗中损失各师的番号。[27] 虽然这些师兵力比较多，但往往因主要依靠地方资源而缺少武器和后勤保障。大本营预备队中的第32和第33集团军几乎全部由民兵师组成。例如：7月底投入作战的第33集团军共有5个民兵师（第1、第5、第9、第17和第21师）和2个反坦克炮兵团（第876和第878团）。这个集团军约有6万人，建制内却既没有坦克，又没有野战火炮的支援。[28] 大本营把第4和第6民兵师配属于第24集团军，第2、第7、第8、第13和第18师配属于第32集团军。

这些集团军发出的作战报告生动地阐述他们自己的状况。7月13日，第24集团军司令员S. A. 加里宁将军编写一份关于该集团军防御措施和作战编成的长篇报告。这个集团军集中在维亚济马周围，包括加强有民兵第4师、摩托化工程兵第6营、炮兵第392和575团（20门加农炮）的步兵第166师；步兵第248师；加强有摩托化工程兵第537营、（正在途中）的炮兵第524团和（大威力）炮兵第32团的步兵第91师；加强有军属炮兵第275、第264和第685团，加农炮兵第573团，反坦克炮兵第509、第700和第701团，大威力炮兵第303、第544和第403团，加农炮兵第40和第305团[①]，高射炮兵第43团的步兵第53军（步兵第133、第178、第107师和民兵第6师）；以及那时刚刚到达的机械化第26军。[29]

7月17日，随着一些下属部队的转隶，第24集团军缩减了编制，机械化第26军也被改编成两个新的师——坦克第102师和摩托化第103师，该军其余的指挥人员和参谋人员则调到集团军的其他兵团和部队。[30] 同时发出的几份报告清楚表明，随着一些师被不断调到其他受威胁的地带，该集团军的实力已受到削弱。有鉴于此，8月5日，该集团军获得了5个在莫斯科军区和奥廖尔军区火速组建的新师（第269、第279、第280、第298和第309师）。[31] 这些师刚一下火车就占领了防御阵地，距离齐装满员的水平也差得很远。

7月14日，V. Ia. 卡恰洛夫中将的第28集团军开始做最后的集结时，由下列兵团组成：加强有军属炮兵第488团的步兵第19师、加强有（大威力）炮兵

---

① 译注：原文如此，出现两次加农炮兵团。

第537团和第488团的3个连的步兵第148师、步兵第217师、加强有军属炮兵第364团和另外几个炮兵营的步兵第33军（步兵第145、第120和第222师）、坦克第104和第105师（改编自几个机械化军的余部，主要是机械化第27军的坦克第9和第53师）、步兵第89师。[32] 大本营和西方向命令卡恰洛夫和他的集团军由南向斯摩棱斯克发动主要突击，却送入古德里安麾下德国第二装甲集群的虎口。一场灾难接踵而至，德国人发动一次主要的反突击，包围并消灭了这个集团军。

在发动这场不幸的进攻之前及期间，卡恰洛夫先后向西方向总指挥部发出过两份报告，具体描述了他的集团军中存在的缺点。卡恰洛夫在7月23日的一份报告中承认："我们的部队没能完成在7月23日受领的命令。"[33] 他把这归咎于许多与训练有关的原因，其中包括自班长以上全体指挥员表现得瞻前顾后、没有组织和运用火力支援、对战场的观察组织不力、各军兵种之间的协同动作也有问题。

卡恰洛夫一个星期后发出的报告措辞更加尖锐，他在开头写道："战斗经验表明，由于各级指挥员在战斗中表现出的领导能力低下，向前推进和消灭残敌的速度现已变得极其缓慢。"于是，他补充说："集团军军事委员会要求每一名指挥员都要同自己的军队在一起，在战场上控制自己的部下，并在进攻停滞不前或是部下出现萎靡不振时，亲自干预并要求他们前进。"[34] 他详细列举了许多指挥方面的错误，并特别指出侦察的错误和指挥员们不愿亲临一线。卡恰洛夫的军队不到一周便陷入合围，损失了大部分兵力，他本人也在战斗中牺牲。

新建成的第29集团军虽然逃过了与第28集团军相同的命运，但面临许多相同的问题。7月19日，马斯连尼科夫将军的这个集团军，下辖内卫部队组建的步兵第252师、第256师（各有1至2个军属炮兵团加强）以及步兵第243师。[35] 不久以后，第29集团军一再经由斯摩棱斯克西北的杰米多夫地区向斯摩棱斯克周围的德国军队发起进攻，但都徒劳无功。马斯连尼科夫总结前三天的激烈战斗时指出："由于没有预备队，军事委员会无法发展步兵第252师和第243师取得的任何一处局部胜利，而这两个师已在长途行军和三天来的持续作战行动中受到削弱。"他接下来不满地说："为完成指定任务，本集团军应当拥有榴弹炮以及用于摧毁敌支撑点的炸药和工兵，此外，还需要舟桥分队和渡河装备。而本集团军实际上一样也没有。"[36]

8月12日，第29集团军炮兵首长库泰尼科夫少将的一份报告，描绘该集团军炮兵刚完成动员时的惨淡景象，也回答了为什么会缺少炮火支援。"第29集团军炮兵严重缺编，根本就没有团属火炮，总共只有50%的45毫米火炮、33%的122毫米师属榴弹炮，再加上我们刚刚收到的4门152毫米（1938式）榴弹炮。军属炮兵总共有12门152毫米（1937式）加农榴弹炮……集团军炮兵各部队的人员特别年轻，指挥人员和参谋不会［正常］开展工作，他们只是在过去十天里第一次接受过战斗洗礼。"[37]

报告强调全体炮兵缺乏经验，操作不熟练，尤其表现在目标指示、反炮兵火力、炮火机动、与步兵以外的其他兵种协同、伪装，以及其他关键性的战斗职能等方面。然而，这份报告却以乐观的语气结束，认为："集团军各炮兵和迫击炮部队虽总体上缺乏必要的训练，但正在战斗过程中学习，到目前为止，已在掌握装备和射击技能方面取得长足进步。"[38]

V. A. 霍缅科少将的第30集团军在7月14日比第28或第29集团军都要强大。第30集团军下辖步兵第119师和第242师、内卫部队组建的步兵第243师和第251师、坦克第51师、军属炮兵第43团、反坦克炮兵第533团和第758团。[39] 该集团军最初作为预备队，掩护勒热夫的接近地。

霍缅科7月27日向西方向总指挥部发出一份关于该集团军准备状态的报告。他在报告中列举许多不足之处，包括参谋和指挥员经常不能正确传达命令，行军纪律差，火力协同和支援混乱，后勤行动的效率低、效果差，指挥员和参谋多次在作战中违反最基本的参谋工作程序，最后还有，党的机关对作战指挥员的支持不够。[40]

在8月5日编写的一份后续长篇报告中，霍缅科向西方面军通报了他的指挥机关自动员以来所遇到的问题。他详细叙述各师在转隶该集团军过程当中的混乱，以及此后同样混乱的运动和集结秩序。最初有4个步兵师（第119、第242、第243和第251师）和坦克第51师指派给他的集团军。几乎是朝令夕改，有些师又被转给几个正在组建的集团军。他的集团军最后得到3个师（第242、第250和第251师），这些师还要徒步行军前往集中地域，用他的话说：

这些师"是在组建过程当中，就被从自己的组建地点调拨过来的，尚不完整，他们距离一个'打造'成型的作战整体还差得很远，没有做好准备就投入了战斗"[41]。

为阐明自己的观点，霍缅科以在科洛姆纳市区组建的步兵第251师为例。该师徒步前往第30集团军，人员和装备都不足，"完全没有凝聚力"。出发前，MVO［动员机关］的代表向师长表示，人员和装备的所有缺额都会在集中地域得到补齐。霍缅科这样描述该师到达时的状况：

1. 该师不得不徒步开进，并缺少若干分队（炮兵、防化连等）。该师也没有任何物资保障部队，因为这些部队的人员直到8月初才分乘3列火车到达师的作战地域，其中一部至今仍未到达。

2. 该师未能成功建立各种后勤机关，并把它们组合在一起。

3. 一些部队和分队中没有建立党组织和共青团组织。

4. 该师的绝大多数军人是动员时征召的预备役。整个师只有大约400名来自内卫部队的基干战士。

5. 在仓促组建的过程中，马匹的分配顺序不合理。炮兵的马匹被安排在最后，并且……由于这个原因，直到整个炮兵团都装上火车出发，炮兵的马匹才作为增援姗姗来迟。

6. 仓促的组建过程，导致各分队指挥员与其下属互不了解，也导致师属各部队纪律差。

这些事件和其他一系列与步兵第251师有关的事件，导致这个师在没有做好准备的情况下就投入战斗，执行任务时的表现很糟糕，并且损失惨重。[42]

霍缅科补充说，步兵第250师的状况与之类似，步兵第242师的作战准备只是稍好一点。在同一份报告里，他还详细列出了该集团军的所有缺陷。集团军司令部起初只有规定人数的40%，到编写这份报告时也只有50%。防空处和航空兵处空无一人，炮兵处严重缺编，道路指示勤务（监督）和主要保障机关也是如此，后勤机关应有37人，实际只有3人。部分是因为这些缺陷，这个集团军在不到三周的时间里，就损失自己总兵力约4.5万人中的1.8万余人。[43]

264

霍缅科的炮兵总共有24门37毫米和12门76毫米高射炮，以及编制数量46%的反坦克炮。步兵第250师和第251师根本没有榴弹炮。野战炮和迫击炮严重短缺，各种类型的弹药数量也不够。支援作战行动的坦克第110师共有3个坦克营，应有65辆坦克，实有24辆，另有10辆可用的坦克交给集团军使用。[44] 霍缅科在结论中写道：

1. 第30集团军在其组建和集结期间，就领受了作战任务。鉴于本集团军实际上是由训练不足的预备役军人组成，集团军的作战素质没有达到完成所受作战任务所需的水平，这一点也被作战行动的结果所证实。

2. 本集团军武器和作战装备的供应情况不能令人满意。本集团军没有得到空中掩护。

3. 上级供应机关为本集团军提供一切适当和必要的物资时，进度缓慢，数量不全，质量低劣。

4. 本集团军的人员和装备遭受巨大损失。需要加快补充，并迅速组织再补给。[45]

霍缅科写的可能不仅是自己的集团军，而是所有的预备队集团军，因为他的详细描述对它们全都适用。在斯摩棱斯克、杰米多夫和叶利尼亚周围，以及索日河沿线的残酷战斗中勉强幸存下来的预备队集团军，大多数又会在两个月之内全军覆没。到了秋季，需要再动员两波这样训练不足又缺少装备的预备队集团军，才能最后在莫斯科城下阻止德国人的迅猛推进。

机械化预备队

战争开始后不久，德国军队就粉碎了苏联配置在西部各边境军区的机械化兵团，这使苏联战略第一梯队中艰苦奋战的步兵和正在展开的战略第二梯队，都失去了至关重要的坦克支援。为支撑摇摇欲坠的防线，也是按照战前制订的国防计划，大本营前调第二梯队的机械化军，首先用他们迎战正向第聂伯河防线推进的德军。7月12日，德军到达并突破第聂伯河的时候，苏联机械化兵团主要有：刚在列佩利（维捷布斯克以西）附近与德国装甲先头部队交战失利的机械化第5军和第7军（含坦克第57师）、前出到罗加乔夫一带支援第21集团军的机械化第25军，以及正在保卫莫吉廖夫市区的机械化第20军余部。

这时，从波洛茨克到戈梅利，整个西部方向总指挥部负责的地带内，苏联共有203辆KV、676辆T-34和617辆旧式轻型坦克。这1396辆坦克仅比战前一个满员机械化军的实力稍强一点，显然不足以为正在展开的战略预备队提供坦克支援。[46]

为支援这些很大程度上还未准备就绪的新预备队集团军仓促展开，大本营把内地军区和在战争最初几周幸存的机械化军坦克师，改编成100系列番号的新坦克师。其中有些师，例如第101、第102、第104、第105、第108和第107师，只是原来的师采用新番号（原来依次是机械化第26军的第52师和第56师、机械化第27军的第9师和第53师、机械化第23军的坦克第51师、来自远东的摩托化第69师）。[47] 其他一些师，例如第111师和第112师，组建时使用远东的地方部队和机械化第29军解散后的部队。还有一些其他的师，是用坦克兵的预备役干部和在先前战斗中覆没的机械化军余部组建。[48] 组建新的坦克师只是一种权宜之计，多少能为在前线苦苦纠缠的步兵提供一点坦克支援。这些师的编制因时而异。来自内地军区机械化军的坦克师，除自己原有坦克以外，还接收了大本营从储备仓库或工厂产成品中可能搜罗到的任何装备。其他师则最大限度地征用地方资源。以坦克第108师为例，就是这样在8月28日达到62辆坦克（5辆KV、32辆T-34和25辆T-40）。[49] 在某些情况下，这些师有多达150辆坦克，但到10月，几乎所有师都或是因损失过大而解散，或是改编成更小型的坦克旅（关于改编过程的详情，见表8.5）。

大本营7月21日下达给后备方面军的命令，最能说明这些预备队集团军的坦克支援水平。命令要求第24集团军的加里宁将军和第30集团军霍缅科将军，从坦克第102师和第110师为支援每个步兵师各抽调60辆坦克。[50] 这项命令着重要求："该坦克师［第104师］和各坦克营作战时应当与步兵、炮兵和航空兵密切协同，坦克与步兵之间不允许出现任何形式的脱节，面对敌人有组织的防御时，在任何情况下都不许单独使用坦克。"[51] 这一命令表明，大本营已经放弃了把坦克师当作整体使用的任何希望，而是默许将现有全部坦克分散使用，支援苦战当中的步兵。

因为德军的主要进攻在战线中部是沿明斯克—斯摩棱斯克—莫斯科方向，所以苏联人在这一地区配置了战略预备队的主力。这意味着在西南方向作战的苏联军队（西南和南方面军）不得不将就使用他们战争爆发时原有的兵力。这段时间里，个别师会在动员后分派到这里，但直到8月基辅受到威胁之前，他们没有获得过任何一个预备队集团军的增援。苏联位于战线最南端的两个方面军在这段时间里，同样要依靠他们原有坦克兵团作战。与在北方更远处的情况不同，在这里幸存下来的苏联机械化军一直在参加战斗，并让德国人在推进过程中吃了一些苦头。不过，这些军自己也付出了高昂代价。

西南方面军参谋长 M. A. 普尔卡耶夫中将1941年7月15日所做的一份报告，向大本营生动描述了这个方面军在战斗中付出的代价。步兵师的兵力从100人到11000人不等，整个军有时会减员到不满1000人（例如：步兵第15军2614人，步兵第36军287人，步兵第37军720人），曾经令人引以为傲的机械化军，如今的状态也岌岌可危（详情见表8.6）。现存最强大的机械化军是第16军，至少还有87辆坦克，但几乎没有参加过作战。其他机械化军平均剩下不到50辆坦克，其下属的师各有约20辆。机械化第15军在最初的战斗中首当其冲，只剩下6辆坦克。同期，来自南方面军（那里没有大型德军装甲部队）的一份类似报告表明，他们剩余的坦克数量略高一些（见表8.7）。这里的机械化第2军和第18军分别有468辆和297辆坦克。然而，这些机械化军当中的许多个，很快就会在西南方面军遭受的灾难里彻底覆没。

支援兵种和勤务部门

和首批预备队集团军一样，后备方面军中的新预备队集团军和改编后的坦克师，也面临着作战支援的不足。各种各样的作战总结记录着支援不足的具体表现。例如，方面军司令员I. A. 波格丹诺夫中将于7月19日发出的一份报告表明，视察第24集团军炮兵各部队时，发现在组织和实施炮兵射击方面普遍存在一些缺陷，尤其是反坦克炮兵使用不当，不能有效支援进攻中的步兵，没有将高射炮兵用于反坦克作战，组织炮兵观测时马虎草率，炮兵侦察能力差。[52]

由于各下属集团军未能改正上述缺点，7月21日，方面军炮兵首长又发布了一项命令，进一步强调原来的命令，并要求采取纠正措施：

方面军各部队与敌人的第一次交锋表明，虽然有第03/OP号命令，但反坦克炮兵实施观察和指示目标，随时准备以火炮直瞄射击摧毁敌军坦克，组织得都很差。

敌人无须付出多大代价，就能直抵我方防御前沿，并且因没有遭到应有的炮兵火力阻击而突入我防御纵深。造成这种现象的原因是，各级炮兵首长组织侦察和观察时表现出的极度粗心大意和不负责任，他们也缺乏让反坦克炮随时做好战斗准备的有力控制。[53]

和西方面军遇到的情况一样，通信问题也困扰着后备方面军。方面军通信兵首长布雷切夫少将在7月29日的一份报告中同样提及这些问题，首先提到长期以来的装备短缺：

> 部队和兵团的指挥机关配备无线电台的状况很差。无论过去还是现在，向炮兵部队提供的无线电台都特别少。许多炮兵团根本没有无线电。步兵团装备的1932式和1933式小型无线电台大多数都不符合标准。绝大多数师部没有配备RSB无线电台，便携式5-AK-1型电台不能保证师部与集团军司令部之间（军指挥机关已解散）的即时通信。空军指挥机关使用的无线电台直至1941年7月27日才运到。[54]

布雷切大建议针对这些问题采取一系列补救措施。令他特别苦恼的是缺少训练有素、能够使用方面军的无线电侦听站截获并翻译德语通信的语言专家："方面军司令部的无线电台对敌方无线电台系统地进行着侦听工作。然后全部材料都会传递给方面军的密码处和情报处。一个主要的缺点是缺少熟练掌握德语，并且能在侦听过程中甄别截获材料重要性的无线电员。"[55]

同上述其他情况一样，对后备方面军的航空兵保障也像西方面军一样少。后备方面军空军司令员波格列博夫少将在7月28日所做的报告，简要总结这些问题如下：

> 根据短期以来的战争经验，我认为红军空军在人员和装备方面的损失很

大，也未能充分发挥作用，原因如下：

1. 到达前线的飞行人员和技术人员在新式技术装备（Lagg-3、Mig-3、Pe-2、Il-2、Iak-1等）上训练薄弱。以佐托夫上校的师为例，该师在归我指挥后的第一天中共损失32架飞机，其中有7架（其中2架Pe-2、2架Il-2、2架Lagg-3和1架Mig-3）是因为在起飞和降落时失事。那两架Il-2失事时，还分别是由大队长和副大队长驾驶起飞或降落。

飞行人员以及技术人员（包括指挥人员）在地面和空中都无法熟练使用装备。

2. 飞行人员的领航训练薄弱，导致发生迷航并在机场外迫降。因此，以1941年7月15日—26日为例，歼击航空兵第38师共发生16起迷航事件，其中造成9架飞机被毁，2人死亡，佐托夫上校的师1941年7月22日—26日期间共发生4起迷航事件，造成1架飞机被毁。别洛夫上校的师在一次作战演习的第一天飞行中，有7架飞机因迷航未能返回机场。

3. 缺少为空军各部队和兵团提供补给的体系。例如，混成航空兵第31师（师长鲁坚科上校）、混成航空兵第12师（师长阿拉丁斯基上校）、歼击航空兵第38师（师长叶夫谢维耶夫航空兵少将）、佐托夫上校的师和混成航空兵第10师（师长别洛夫上校），在到达前线时都没有后勤部门，机场上也没有相应的装备……

4. 没有休整补充空军各部队的制度和灵活性做法……

5. 由于缺乏无线电台等通信工具，对空军部队的指挥与控制薄弱……

总体形势要求我们采取紧急措施，消除削弱我航空兵战斗力、妨碍我们组织起来战胜敌人的因素。[56]

因此，比起战前的条令和攻防军事理论要求的那种实力强大的集团军，所有新建的预备队集团军可谓相形见绌，他们全都缺少作战支援和物资保障。另外，这种集团军的个数根本不能代表他们的真正实力。苏联战前的军事理论要求每个集团军应有20万人、1400辆坦克、2700门火炮和迫击炮。1941年6月苏联各边境军区的集团军实际平均有10万人、400—700辆坦克、1200—1300门火炮。而这些新动员的集团军却只有5万—6万人、不到100辆坦克、约200门火炮。很明显，苏联需要很多个这样的集团军才能成功实施防御，更不必说转入进攻。对苏联来说幸运的是，到1941年12月，他们的动员体制终于产生出足够数量的集团军，不仅能阻止德军，还可以击退他们。

数据表

表 8.1：西方面军的作战飞机，1941 年 7 月 22 日

	第20集团军	第21集团军	第22集团军	方面军	合计
歼击机					
I-153	15	6	0	20	41
I-16	4	7	0	12	23
MiG-3	12	11	0	0	23
IaK-1	0	0	0	16	16
轰炸机					
SB	11	12	31	18	72
AR-2	3	0	9	0	12
Pe-2	0	10	0	50	60
Su-2	0	57	0	0	57
R-5、R-zet	0	10	4	0	14
TB-3	0	0	0	50	50
Il-2	13	8	0	0	21
合计	58	121	44	166	389

※ 资料来源：《西方面军空军司令员 1941 年 12 月 31 日，关于西方面军空军 1941 年作战行动的总结》（ *Iz otcheta komanduiushchego voenno-vozdushnymi silami zapadnogo fronta ot 31 dekabria 1941 g. o boevykh deistviiakh voenno-vozdushnykh sil zapadnogo fronta za 1941 g* ），收录在《伟大卫国战争战斗文书选集：第 37 期》（1959 年），第 133—135 页。

表 8.2：西南方面军空军实力，1941 年 7 月 11 日（可用飞机数 / 不能使用的飞机数）

	MiG-3	I-153	I-16	I-156①	Pe-2	SB	Su-2	IaK-1	IaK-2	IaK-2	Ar-2	Il-2	合计
混成航空兵第15师	8/3	2/3	3/1	3/4									16/11
混成航空兵第14师		6/6	6/8										12/14
混成航空兵第62师					4/1	2/14	6/21						12/36
混成航空兵第17师		24/6		6/0	0/4	3/2		14/8					47/20
混成航空兵第16师	2/0	11/2	19/4			2/1						10/10	44/17
歼击航空兵第36师		23/2	77/13										100/15
轰炸航空兵第19师					2/1	3/6				3/4	2/2		10/13
侦察航空兵第315团						3/1							3/1
侦察航空兵第316团						1/0			2/2	2/1			5/3
合计	10/3	66/20	105/26	9/4	6/6	14/24	6/21	14/8	2/2	5/5	2/2	10/10	249/131

※资料来源：《红军空军指挥部关于西南方面军空军各部队在 1941 年 7 月 11 日作战编成的数据》(Svedeniia shtaba voenno-vozdushnykh sil Krasnoi Armii o boevom sostave chastei voenno-vozdushnykh sil iugo-zapadnogo fronta po sostoianiiu na 11 iulia 1941 g.)，收录在《伟大卫国战争战斗文书选集：第 38 期》(1959 年)，第 7—8 页。

① 译注：原文如此。

表 8.3：列宁格勒军区组建的民兵师

近卫	兵力		
	应有人数	实有人数	缺额
第1师①	14926	12102	2824
第2师	11739	8721	3018
第3师	12154	10094	2060
第4师（后改称第5师）	仅有干部	4267	
第1师	10815	10538	277
第2师	10836	11489	
第3师		10334	
第4师	9961	8924	1037

※ 资料来源：A. D. 科列斯尼克，《伟大卫国战争年代的俄罗斯联邦民兵兵团》（*Opolchenskie formirovaniia Rossiiskoi federatsii v gody Velikoi Otechestvennoi voiny*，莫斯科，科学出版社，1988 年），第 16—19 页。

表 8.4：莫斯科军区组建的民兵师

	最初番号	后期番号	兵力（人）
夏季组建			
列宁斯基	第1师	步兵第60师	10000
斯大林斯基	第2师	步兵第2师	8385
古比雪夫斯基	第4师	步兵第110师	11755
伏龙芝斯基	第5师	步兵第113师	11700
捷尔任斯基	第6师	步兵第160师	9000
鲍曼斯基	第7师	步兵第29师	15000
红普列斯年斯基	第8师	步兵第8师	7500
基洛夫斯基	第9师	步兵第139师	10500

① 译注：第1—3师是首批组建，后来被解散，以下同番号的近卫民兵师是第二次组建。列宁格勒军区先后共组建10个民兵师，除首批这3个师以外，其余7个师均于9月改编成基干步兵师。

续表

	最初番号	后期番号	兵力（人）
罗斯托基诺斯基	第13师	步兵第140师	8010
莫斯科沃列茨斯基	第17师	步兵第17师	10000
列宁格勒斯基	第18师	步兵第18师	10000
基辅斯基	第21师	步兵第173师	7660
秋季组建			
莫斯科工人第3师		步兵第130师	9753
莫斯科工人第4师		步兵第155师	7260
莫斯科工人第5师		步兵第158师	7291

※ 资料来源：科列斯尼克，《伟大卫国战争年代的俄罗斯联邦民兵兵团》，第 22 页。

表 8.5：苏联坦克兵的配置与实力，1941 年 6 月 22 日到 10 月

	1941年6月22日		1941年7月到9月			
机械化军	师	实力①	7月	8月	9月	10月
第1军	坦克第1师		坦克第1师	坦克第1师	坦克第123旅	坦克第123旅
	坦克第3师		坦克第3师	坦克第3师	坦克第3师	坦克第3师
	摩托化第163师		摩托化第163师	步兵第163师	步兵第163师	步兵第163师
		163（15）//1037				
第2军	坦克第11师		坦克第11师	坦克第11师	坦克第132旅	坦克第132旅
	坦克第16师		坦克第16师	乌曼		
	摩托化第15师		摩托化第15师	步兵第15师	步兵第15师	步兵第15师
		489（60）//517				
第3军	坦克第2师		拉塞尼艾			
	坦克第5师		明斯克			
	摩托化第84师		步兵第84师	步兵第84师	步兵第84师	步兵第84师
		460（109）//651				

XX//XX，前面的数字基于最新解密的俄罗斯文献 // 后面的数字基于《伟大卫国战争初期》。地名代表该部全军覆没或重建的地点。

① 译注：括号内数字应为新式坦克数。

续表

机械化军	1941年6月22日		1941年7月到9月			
	师	实力	7月	8月	9月	10月
第4军	坦克第8师	325（190）	坦克第8师	坦克第8师	坦克第130旅	坦克第130旅
	坦克第32师		坦克第32师	乌曼	坦克第1、第8旅	坦克第1、第8旅
	摩托化第81师		步兵第81师	步兵第81师	步兵第81师	步兵第81师
		892（414）//979				
第5军	坦克第13师		坦克第13师	斯摩棱斯克		
	坦克第17师		坦克第17师	斯摩棱斯克	坦克第126旅	维亚济马
	摩托化第109师		步兵第304师	步兵第304师	步兵第304师	步兵第304师
		2602（0）*//350（7月5日）				
第6军	坦克第4师		比亚韦斯托克			
	坦克第7师	368（201）	比亚韦斯托克			
	摩托化第29师		比亚韦斯托克			
		1021（352）//1131				
第7军	坦克第14师		坦克第14师	坦克第14师	坦克第27、28旅	维亚济马
	坦克第18师		坦克第18师	坦克第18师	坦克第127旅	维亚济马
	摩托化第1师		摩托化第1师	坦克第1师[①]	摩托化步兵第1师	摩托化步兵第1师
		1036（9）//350（7月5日）				
第8军	坦克第12师		坦克第12师	乌曼	坦克第129旅	坦克第129旅
	坦克第34师		坦克第34师	杜布诺	坦克第2、第16旅	坦克第2、第16旅
	摩托化第7师		摩托化第7师	摩托化第7师	基辅	
		858（171）//898				

★原注：含坦克第57师和第61师、摩托化第82师。

---

① 译注：仍应为摩托化师，坦克第1师在第1军。

续表

机械化军	1941年6月22日		1941年7月到9月			
	师	实力	7月	8月	9月	10月
第9军	坦克第20师	36（0）	坦克第20师	坦克第20师	基辅	
	坦克第35师	142（0）	坦克第35师	坦克第35师	基辅	
	摩托化第131师	122（0）	摩托化第131师	摩托化第131师	基辅	
		285（0）//298				
第10军	坦克第21师		坦克第21师	坦克第21师	坦克第21师	坦克第21师
	坦克第24师		坦克第24师	坦克第24师	坦克第124旅和第12团	坦克第124旅和第12团
	摩托化第198师		摩托化第198师	摩托化第198师	步兵第198师	步兵第198师
		1343（0）//469				
第11军	坦克第29师		比亚韦斯托克			
	坦克第33师		比亚韦斯托克			
	摩托化第204师		比亚韦斯托克			
		237（0）//414				
第12军	坦克第23师		坦克第23师	（解散）		
	坦克第28师		坦克第28师	坦克第28师	坦克第28师	步兵第241师
	摩托化第202师		摩托化第202师	步兵第202师	步兵第202师	步兵第202师
		933（0）//749				
第13军	坦克第25师		比亚韦斯托克			
	坦克第31师		比亚韦斯托克			
	摩托化第208师		比亚韦斯托克			
		294（0）//282				
第14军	坦克第22师	235（0）	比亚韦斯托克			
	坦克第30师		比亚韦斯托克			
	摩托化第205师		比亚韦斯托克			
		520（0）//518				

续表

机械化军	师	1941年6月22日		1941年7月到9月			
		实力	7月	8月	9月	10月	
第15军	坦克第10师	318（100）	坦克第10师	坦克第10师	坦克第131、133旅	坦克第131、133旅	
	坦克第37师	285（33）	坦克第37师	乌曼	坦克第3旅	坦克第3旅	
	摩托化第212师	37（0）	步兵第212师	步兵第212师	步兵第212师	步兵第212师	
		640（133）//749					
第16军	坦克第18师		坦克第18师	乌曼			
	坦克第39师		坦克第39师	乌曼			
	摩托化第240师		摩托化第240师	乌曼			
		608（0）//482					
第17军	坦克第27师		明斯克				
	坦克第36师		明斯克				
	摩托化第209师		明斯克				
		36（0）//63					
第18军	坦克第44师		坦克第44师	乌曼；坦克第44师，哈尔科夫军区			
	坦克第47师		坦克第47师	乌曼；坦克第47师，西南方面军	坦克第47师	坦克第142旅	
	摩托化第218师		摩托化第218师	摩托化第218师	步兵第218师	步兵第218师	
		280（0）//282					
第19军	坦克第40师	158（0）	坦克第40师	科罗斯坚；坦克第40师，北高加索军区	坦克第45、第47旅	坦克第45、第47旅	
	坦克第43师	237（7）	坦克第43师	科罗斯坚；坦克第43师，哈尔科夫军区	坦克第10旅	坦克第10旅	
	摩托化第213师	54（0）	摩托化第213师	科罗斯坚			
		449（0）//453					
第20军	坦克第26师		莫吉廖夫				
	坦克第38师		莫吉廖夫				

续表

机械化军	1941年6月22日		1941年7月到9月			
	师	实力	7月	8月	9月	10月
	摩托化第210师	莫吉廖夫 93（0）//94				
第21军	坦克第42师		坦克第42师	（解散）	坦克第42旅	布良斯克
	坦克第46师		坦克第46师	（解散）	坦克第46旅	坦克第46旅
	摩托化第185师	98（0）	摩托化第185师	步兵第185师	步兵第185师	步兵第185师
第22军	坦克第19师	163（0）	坦克第19师	坦克第19师	基辅	
	坦克第41师	425（31）	坦克第41师	坦克第41师	基辅	
	摩托化第215师	94（0） 682（31） //712	摩托化第215师	摩托化第215师	基辅	
第23军	坦克第48师		坦克第48师	坦克第48师	坦克第17、第18旅	维亚济马
	坦克第51师		坦克第110师	坦克第110师	坦克第141、第142旅	布良斯克 坦克第142旅
	摩托化第220师	413（21）	步兵第220师	步兵第220师	步兵第220师	步兵第220师
第24军	坦克第45师		坦克第45师	乌曼		
	坦克第49师		坦克第49师	乌曼		
	摩托化第216师	222（0） //222	摩托化第216师	乌曼		
第25军	坦克第50师		坦克第50师	坦克第50师	坦克第150旅	维亚济马
	坦克第55师		坦克第55师	切尔尼戈夫	坦克第8、第14旅	坦克第8、第14旅
	摩托化第219师	300（20）	摩托化第219师	切尔尼戈夫	几个独立坦克营	几个独立坦克营
第26军	坦克第52师		坦克第101师	坦克第101师	摩托化步兵第101师	维亚济马
	坦克第56师		坦克第102师	坦克第102师	坦克第144旅（据推测）	维亚济马

续表

机械化军	1941年6月22日		1941年7月到9月			
	师	实力	7月	8月	9月	10月
	摩托化第103师		摩托化第103师	摩托化第103师	步兵第103师	维亚济马
		184（0）				
第27军	坦克第9师		坦克第104师	坦克第104师	坦克第145旅	维亚济马
	坦克第53师		坦克第105师	坦克第105师	坦克第146旅	维亚济马
	摩托化第221师		（解散）			
		356（0）				
第28军	坦克第6师		坦克第6师	坦克第6师	坦克第6师	坦克第6、第55、第56旅
	坦克第54师		坦克第54师	坦克第54师	坦克第54师	坦克第54师
	摩托化第236师		步兵第236师	步兵第236师	步兵第236师	步兵第236师
		869（0）				
第30军	坦克第58师		坦克第58师	坦克第58师	坦克第58师	坦克第58旅
	坦克第60师		坦克第60师	坦克第60师	坦克第60师	坦克第60师
	摩托化第239师		摩托化第239师	步兵第239师	步兵第239师	步兵第239师
		2969（0）**				
	坦克第57师		坦克第57师	斯摩棱斯克	坦克第128旅	布良斯克
	坦克第59师		坦克第301、第356、第362营			
	坦克第61师		坦克第61师	坦克第61师	坦克第61师	坦克第61师
				坦克第111师	坦克第111师	坦克第111师
				坦克第112师	坦克第112师	坦克第112师
	摩托化第69师		坦克第107师	坦克第107师	摩托化步兵第107师	摩托化步兵第107师
				坦克第109师	坦克第148旅	维亚济马
			坦克第108师	坦克第108师	坦克第108师	坦克第108师

※ 资料来源：《苏联军队的作战编成》第 1 卷、《伟大卫国战争期间苏联武装力量的军、师级指挥员，1941—1945》（*Kommandovanie korpusnovo i divizionnogo zvena Sovetskoi Vooruzhennykh Sil perioda Velikoi Otechestvennoi voiny, 1941-1945*，莫斯科：伏龙芝军事学院，1964 年）。

★★ 原注：含坦克第 59 师和摩托化第 69 师。

表 8.6：西南方面军坦克兵的作战实力，1941 年 7 月 15 日

兵团	人数	坦克	火炮	车辆
机械化第9军	721	38	0	70
坦克第20师	5633	1	8	260
坦克第35师	961	24	23	116
摩托化第131师	4283	12	27	349
机械化第19军	315	0	0	40
坦克第40师	2040	30	0	99
坦克第43师	2625	52	17	342
机械化第22军	1122	0	1	79
坦克第19师	3518	3	23	273
坦克第41师	4826	28	32	407
摩托化第215师	5118	0	19	208
机械化第4军	1845	2	12	104
坦克第8师	1306	29	11	137
坦克第32师	736	7	18	32
摩托化第81师	3287	13	33	344
机械化第15军	未知	未知	未知	未知
坦克第10师	342	6	0	30
坦克第37师	0	0	0	0
摩托化第212师	0	0	0	0
机械化第16军	未知	未知	未知	未知
坦克第15师	2066	87	35	162
坦克第16师	未知	未知	未知	未知
摩托化第240师	9847	13	41	381
机械化第24军	未知	未知	未知	未知
坦克第44师 （原属机械化第18军）	1797	125	20	139

※ 资料来源：《西南方面军司令部关于方面军各兵团和独立部队在 1941 年 7 月 15 日的作战实力和数量的数据》（*Svedeniia shtaba iugo-zapadnogo fronta o boevom i chislennom sostave soedinenii i otdel' nyky chastei fronta po sostoainiu na 15.7.41 g.*），收录在《伟大卫国战争战斗文书选集：第 38 期》（1959 年），第 35—36 页。

表 8.7：南方面军在 1941 年 7 月 22 日的坦克兵实力

兵团	坦克	车辆	拖拉机
机械化第2军			
坦克第11师	181（81可用）	1070	71
坦克第16师	99	870	16
摩托化第15师	188（102可用）	0	122
机械化第18军			
坦克第39师	198（132可用）	465	43
坦克第47师	54	731	48
摩托化第218师	45	741	91
骑兵第2军			
骑兵第5师	45	148	13
骑兵第9师	56	188	20

※ 资料来源：《南方面军分管汽车装甲坦克兵的司令员助理于 1941 年 7 月 22 日致红军汽车装甲坦克总局局长，关于方面军汽车装甲坦克兵在 1941 年 7 月 20 日装备实有数量的报告》（*Donesenie pomoshchnika komanduiushchego voiskami iuzhnogo fronta po avtobronetankovym voiskam ot 22 iiulia 1941 g. nachal'niku glavnogo avtobronetankovogo upravleniia Krasnoi Armii o nalichii materail'noi chasti v bronetankovykh voiskakh fronta na 20 iiulia 1941 g.*），收录在《伟大卫国战争战斗文书选集：第 38 期》（1959 年），第 138 页。

注释

1.《伟大卫国战争初期》（*Nachal' nyi period Velikoi Otechestvennoi voiny*，莫斯科：总参谋部军事科学局，1989年），第90—96页。

2.《第13集团军司令员1941年7月7日，关于集团军编成和任务的第08号命令》（*Prikaz komanduiushchego voiskam 13-i armii no. 08 ot 7 iiulia 1941 g. o sostave i zadache voisk armii*），收录在《伟大卫国战争战斗文书选集：第37期》（*Sbornik boevykh dokumentov Velikoi Otechevstvennoi voiny: vypusk 37*，莫斯科：军事出版社，1959年），第190页。

3.《第13集团军司令员致西方面军司令员，关于本集团军1941年7月9日状况的报告》（*Doklad komanduiushchego voiskam 13-i armii komanduiushchemu zapadnym frontom o sostoianii armii na 9 iiulia 1941 g.*），收录在《伟大卫国战争战斗文书选集：第37期》，第192页。

4.《第16集团军参谋部1941年7月9日致西方面军参谋部，关于集团军作战编成的报告》（*Donesenie shtaba 16-i armii ot 9 iiulia 1941 g. shtabu zapadnogo fronta o boevom sostave armii*），收录在《伟大卫国战争战斗文书选集：第37期》，第203页。

5.《第16集团军1941年7月20日致西方面军司令部，关于集团军状况的第18/OP号作战报告》（*Boevoe donesenie shtaba 16-i armii no. 18/OP ot 20 iiulia 1941 g. shtabu zapadnogo fronta o polozhenii voisk armii*），收录在《伟大卫国战争战斗文书选集：第37期》，第207页。

6.《西方面军1941年7月23日20时整，关于方面军作战行动的第55号作战汇报》（*Operativnaia svodka shtaba zapadnogo fronta no.55 k 20 chasarm 23 iiulia 1941 g. o boevykh deistviiakh voisk fronta*），收录在《伟大卫国战争战斗文书选集：第37期》，第102页。

7.《第19集团军参谋部1941年7月24日，关于集团军在1941年7月9日至24日作战行动的数据》（*Spravka shtaba 19-i armii ot 24 iiulia 1941 g. o deistviiakh voisk armii s 9 po 24 iiulia 1941 g.*），收录在《伟大卫国战争战斗文书选集：第37期》，第226页。

8. 同上，第226—227页。

9. 同上，第227页。

10. 同上，第228页。

11.《第20集团军军事委员会1941年7月27日致西方向总指挥部，关于集团军状况和补给及所做决心的报告》（*Doklad voennogo soveta 20-i armii ot 27 iiulia 1941 g. glavnokomanduiushchemu voisk zapadnogo napravleniia s sostoianii, obespechennosti armii i priniatiom reshenii*），收录在《伟大卫国战争战斗文书选集：第37期》，第266页。

12. 同上。

13.《第20集团军军事委员会1941年8月4日致西方向总指挥部，关于第20集团军和第16集团军状况的报告》（*Donesenie voennogo soveta 20-i armii ot 4 avgusta 1941 g. glavnokomanduiushchemu voisk zapadnogo napravleniia o sostoianii voisk 20-i i 16-i armii*），收录在《伟大卫国战争战斗文书选集：第37期》，第271—272页；《第20集团军司令员1941年8月5日致西方向总指挥部，关于本集团军渡过第聂伯河时状况的报告》（*Donesenie komanduiushchego voiskami 20-i armii ot 5 avgusta 1941 g. glavnokomanduiushchemu zapadnym napravleniem o khode perepravy voisk armii za r.*

Dnepr），收录在《伟大卫国战争战斗文书选集：第37期》，第272—273页。

14.《西方向军事委员会1941年7月14日致总统帅部大本营，关于西方面军1941年7月14日状况的报告》（*Doklad voennogo soveta zapadnogo napravleniia ot 14 iiulia 1941 g. stavke verkhovnogo komandovaniia ob obstanovka na zapadnom fronte na 14 iiulia 1941 g.*），收录在《伟大卫国战争战斗文书选集：第37期》，第30—31页。

15.《西方向总指挥部作战处处长1941年7月21日致参谋长，关于预备队组建情况的报告》（*Doklad nachal'nika operativnogo otdela shtaba glavnogo komandovaniia zapadnogo napravleniia ot 21 iiulia 1941 g. nachal'niku shtaba o sozdanii reservov*），收录在《伟大卫国战争战斗文书选集：第37期》，第44页。

16.《关于西方向总指挥部与各集团军和集群无线电通信的报告（根据1941年7月28日的通信状况）》（*Doklad o sostoianii radiosviazi glavkoma zapadnogo napravleniia s armiiami i gruppami po sostoianiiu na 28. 7. 1941 g.*），收录在《伟大卫国战争战斗文书选集：第37期》，第58页。

17.《西方面军通信局第4处处长1941年8月14日致红军通信总局副局长，关于西方面军运动通信手段在1941年6月22日至8月14日间状况和工作情况的报告》（*Doklad nachal'nika 4-go otdela upravleniia sviazi zapadnogo fronta ot 14 avgusta 1941 g, zamestiteliu nachal'nika glavnogo upravleniia sviazi Krasnoi Armii o sostoianii i rabote podvizhnykh sredstv sviazi zapadnogo fronta za period boevykh deistvii s 22 iiunia po 14 avgusta 1941 g.*），收录在《伟大卫国战争战斗文书选集：第37期》，第131页。

18.《西南方向总指挥部1941年7月25日致总统帅部大本营，关于已组建各师使用计划的报告》（*Doklad glavnokomanduiushchego voiskami iugo-zapadnogo napravleniia ot 25 iiulia 1941 g. stavke verkhovnogo komandovaniia o plane izpol'zovaniia formiruemykh divizii*），收录在《伟大卫国战争战斗文书选集：第38期》，第18页。

19.《西南方向总指挥部1941年7月31日致总统帅部大本营，关于正在组建的兵团武器缺乏装备供应的报告》（*Doklad glavnokomanduiushchego voiskami iugo-zapadnogo napravleniia ot 31 iiulia 1941 g. stavke verkhovnogo komandovaniia o nizkoi obespechennosti vooruzheniem i imushchestvom formiruemykh soedinenii*），收录在《伟大卫国战争战斗文书选集：第39期》，第20—21页。

20.《红军空军指挥部关于西南方面军空军各部队在1941年7月29日作战编成的数据》（*Svedeniia shtaba voenno-vozdushnykh sil Krasnoi Armii o boevom sostave chastei voenno-vozdushnykh sil iugo-zapadnogo fronta po sostoainiu na 29 iiulia 1941 g.*），收录在《伟大卫国战争战斗文书选集：第39期》，第10—12页。

21.《总统帅部大本营1941年7月14日，关于为第29、第30、第24、第28、第31和第32集团军在内的各预备队集团军，编组后备方面军指挥机关及其任务的第00334号命令》（*Prikaz stavki verkhovnogo komandovaniia no. 00334 ot 14 iiulia 1941 g. o formirovanii shtaba fronta rezervnykh armii, vkliuchenii v ego sostav 29, 30, 24, 28, 31 i 32-i armii i ikh zadachakh*），收录在《伟大卫国战争战斗文书选集：第37期》，第13页。

22.《西方向总指挥部1941年7月22日关于组织加里宁集群的第0080号命令》（*Prikaz*

glavnokomanduiushchego voiskami zapadnogo napravleniia no. 0080 ot 22 iiulia 1941 g. na organizatsiiu gruppy Kaliniana），收录在《伟大卫国战争战斗文书选集：第37期》，第47页。

23. 例如，根据批准组建这些集群的总参谋部训令，其编成如下：马斯连尼科夫集群——步兵第252、第256和第243师；霍缅科集群——步兵第242、第251和第250师；加里宁集群——包括步兵第91师和第166师在内的步兵第53军；卡恰洛夫集群——步兵第149师、第145师和坦克第104师。见《红军总参谋部1941年7月21日致后备方面军司令员，关于马斯连尼科夫、霍缅科、加里宁和卡恰洛夫各集群合围并消灭敌斯摩棱斯克集团任务的训令》（*Direktiva general' nogo shtaba Krasnoi Armii ot 21 iiulia 1941 g. komanduiushchemu voiskami fronta rezervnykh armii o zadachakh grupp Maslennikova, Khomenko, Kalinina, i Kachalova v operatssi po okruzheniiu i razgromu smolenskoi gruppirovki protivnika*），收录在《伟大卫国战争战斗文书选集：第37期》，第18—19页。

24.《苏联内务人民委员部关于在本人民委员部内组建15个步兵师，并将其转入作战军队的命令》（*Prikaz NKVD SSSR o formirovanii narkomatom piatnadtsati strelkovykh divizii dlia peredachi v deistuiushchuiu armiiu*），收录在《伟大卫国战争中的内卫部队 1941—1945》（*Vnutrennie voiska v Velikoi Otechestvennoi voine 1941-1945 gg.*，莫斯科：法律专题文学出版社，1975年），第544页。

25.《总统帅部大本营1941年7月23日关于组建第29集团军及其任务的第00293号命令》（*Prikaz stavki verkhovnogo komandovaniia no. 00293 ot 23 iiulia 1941 g. o sformirovanii 29-i armii i ee zadachakh*），收录在《伟大卫国战争战斗文书选集：第37期》，第11—12页。

26.《总统帅部大本营1941年7月13日关于组建第30集团军及其任务的第00305号命令》（*Prikaz stavki verkhovnogo komandovaniia no. 00305 ot 23 iiulia 1941 g. o sformirovanii 30-i armii i ee zadachakh*），收录在《伟大卫国战争战斗文书选集：第37期》，第12—13页。第30集团军下辖步兵第119、第242、第243和第251师（后两个师的前身是内卫部队），坦克第51师、炮兵第43团、反坦克炮兵第533团和第758团。

27. A. D. 科列斯尼克，《伟大卫国战争年代的俄罗斯联邦民兵兵团》（*Opolchenskie formirovaniia Rossiiskoi Federatsii v gody Velikoi Otechestvennoi voiny*，莫斯科，科学出版社。1988年），第15—56页。该书涵盖了俄罗斯联邦全境民兵兵团的组建情况，《伟大卫国战争战斗文书选集》中的文献可以印证这部著作的准确性。

28.《苏联军队的作战编成》（*Boevoi sostav Sovetskoi armii*，莫斯科：总参谋部军事科学局，1963年），第一卷，第32页。

29.《第24集团军司令员1941年7月13日关于防御的第03/OP号作战命令》（*Boevoi prikaz komanduiushchsego voiskami 24-i armii no. 03/OP ot 13 iiulia 1941 g. na oboronu*），收录在《伟大卫国战争战斗文书选集：第37期》，第313—314页。

30.《第24集团军司令员1941年7月17日关于重新编组和集结集团军军队的第05/OP号作战命令》（*Boevoi prikaz komanduiushchsego voiskami 24-i armii no. 05/OP ot 17 iiulia 1941 g. o perepodchinenii i peregruppirovke voisk armii*），收录在《伟大卫国战争战斗文书选集：第37期》，第316页。

31.《第24集团军司令员1941年8月5日关于集中集团军陆续到达各师的第09/OP号作战命令》（*Boevoi prikaz komanduiushchsego voiskami 24-i armii no. 09/OP ot 5 avgusta 1941 g. o sosredotochenii pribyvaiiushchikh v sostav armii divizii*），收录在《伟大卫国战争战斗文书选集：第37期》，第332—333页。

32.《第28集团军司令员1941年7月14日关于组织集团军防御的训令》（*Direktiva komanduiu-shchsego voiskami 28-i armii ot 14 iiulia 1941 g. ob organizatsii oborony voiskami armii*），收录在《伟大卫国战争战斗文书选集：第37期》，第341—342页。

33.《第28集团军参谋部1941年7月23日关于消除军队作战行动缺陷的第037号战斗号令》（*Boevoi rasporiazhenie shtaba 28-i armii no. 037 ot 23 iiulia 1941 g. ob ustranenii nedostatkov v boevykh deistviiakh voisk*），收录在《伟大卫国战争战斗文书选集：第37期》，第349页。

34.《第28集团军军事委员会1941年7月30日致集团军战役集群，关于消除作战行动缺陷的第059/OP号命令》（*Prikaz voennogo soveta 28-i armii no. 059/OP ot 30 iiulia 1941 g. voiskam operativnoi gruppy armii ob ustranenii nedostatok v boevykh deistviiakh*），收录在《伟大卫国战争战斗文书选集：第37期》，第354页。

35.《第29集团军司令员1941年7月19日关于在托罗佩茨地区集中的第02号作战命令》（*Boevoi prikaz komanduiushchsego voiskami 29-i armii no. 02 ot 19 iiulia 1941 g. na sosredotochenie v raione Toropets*），收录在《伟大卫国战争战斗文书选集：第37期》，第362—363页。

36.《第29集团军军事委员会1941年8月1日致西方向总司令，关于集团军三天以来作战结果的报告》（*Doklad voennogo soveta 29-i armii ot 1 avgusta 1941 g. glavnokomannduiushchemu zpadnym napravleniem o resul'tatakh trekhdnevnykh boev voisk armii*），收录在《伟大卫国战争战斗文书选集：第37期》，第369—370页。

37.《第29集团军炮兵首长1941年8月12日致西方面军炮兵首长，关于集团军炮兵在1941年7月27日至8月11日期间使用情况的报告》（*Doklad nachal'nika artillerii 29-i armii ot 12 avgusta 1941 g. nachal'niku artillerii zapadnogo fronta o boevom primenenii artillerii armii v period s 27 iiulia po 11 avgusta 1941 g.*），收录在《伟大卫国战争战斗文书选集：第37期》，第376页。

38. 同上。

39.《第30集团军1941年7月14日关于防御谢利扎罗沃—奥列尼诺—瓦西里耶沃沿线的第02号作战命令》（*Boevoi prikaz komanduiushchsego voiskami 30-i armii no. 02 ot 14 iiulia 1941 g. na oboromu rubzha Selizharovo, Olenino, Vasil'evo*），收录在《伟大卫国战争战斗文书选集：第37期》，第381页。

40.《第30集团军司令员1941年7月27日关于消除集团军作战行动缺陷的第015号命令》（*Prikaz komanduiushchego voiskami 30-i armii no. 15 ot 27 iiulia 1941 g. ob izzhitii nedostatkov v boevykh deistviiakh voisk armii*），收录在《伟大卫国战争战斗文书选集：第37期》，第386—387页。

41.《第30集团军军事委员会1941年8月5日致西方面军军事委员会，关于集团军军队完整程度、补给状况和作战准备的报告》（*Doklad voennogo soveta 30-i armii ot 5 avgusta 1941 g. voennomu sovetu zapadnogo fronta ob ukomplektovannosti, snabzhenii i boesposobnosti voisk armii*），收录在《伟大卫国战争战斗文书选集：第37期》，第395—406页。

42. 同上，第395页。

43. 这个集团军的具体损失数字是：步兵第242师3504人，步兵第250师5775人，步兵第251师4018

人，坦克第107师4133人，共计18431人，约占该集团军原有兵力的40%。截至8月1日，各团的人数为379人至1195人。在此期间，该集团军共接收补充人员2830名。

44. 同上，第398页。

45. 同上，第405页。

46.《战斗文书选集》第2号插页（*Vkleika no.2 k "Sbornik boevykh dokumentov*），《伟大卫国战争战斗文书选集：第37期》，第88页。

47. 各师番号的这次变更，见《西方面军参谋部1941年7月21日，关于方面军作战行动的第50号作战汇报》（*Operativnaia svodka shtab zapadnogo fronta no. 50 ot 21 iiulia 1941 g. o boevykh deistviiakh voisk fronta*），收录在《伟大卫国战争战斗文书选集：第37期》，第99页；以及同一文献系列中后备方面军发出的后续汇报，例如：《后备方面军参谋部1941年7月16日20时整关于方面军状况的第9号作战汇报》（*Operativnaia svodka shtab fronta reservnykh armii no. 9 k 20 chasam 16 iiulia 1941 g. o polozhenii voisk fronta*），收录在《伟大卫国战争战斗文书选集：第37期》，第141—142页；《第24集团军司令员1941年7月17日关于重新编组和集结集团军军队的第05/OP号作战命令》（*Boevoi prikaz komanduiushchego voiskami 24-i armii no. 05/OP ot 17 iiulia 1941 g. o perepodchinenii i peregruppirovke voisk armii*），收录在《伟大卫国战争战斗文书选集：第37期》，第316页。这种变更的唯一例外是机械化第26军摩托化第103师，该师仍是一个摩托化师。

48. 关于100系列坦克师来历的现有公开资料来源之一，在O. A. 洛西克著《伟大卫国战争中苏联坦克兵的组建和作战使用》（*Stroitel'stvo i boevoe primenenie Sovetskikh tankovykh voisk v gody Velikoi Otechestvennoi voiny*，莫斯科：军事出版社，1979年），第46页。洛西克称："当时［1941年7月中旬］使用位于内地军区的各机械化军，组建了10个坦克师。"档案文献可以清楚证实洛西克的说法。

49.《坦克第108师师长1941年9月17日致布良斯克方面军司令员，关于本师1941年8月28日至9月4日期间作战行动的报告》（*Donesenie komandira 108-i tankovol divizii komanduiushchemu voiskami brianskim frontom ot 17 sentiabria 1941 g o boevykh deistviiakh divizii v period s 28 avgusts po 4 sentiabria 1941 g.*），收录在《伟大卫国战争战斗文书选集：第33期》，第121—125页。

50.《总参谋部1941年7月21日致后备方面军司令员，关于用坦克加强霍缅科、加里宁和卡恰洛夫各集群步兵师的第00455号训令》（*Direktiva general' nogo shtaba no. 00455 ot 21 iiulia 1941 g. komanduiushchemu voiskami fronta rezervnykh armii ob usilenii tankami strelkovykh divizii grupp Khomenko, Kaliniana i Kachalova*），收录在《伟大卫国战争战斗文书选集：第37期》，第18页。

51. 同上。

52.《后备方面军司令员1941年7月19日关于消除反坦克炮兵火力配系组织缺陷的第3/OP号命令》（*Prikaz komanduiushchego voiskami fronta rezervnykh armii no. 3/OP ot 19 iiulia 1941 g. ob ustranenii nedostatkov v organizatsii sistemy protivotankovogo artilleriiskogo ognia*），收录在《伟大卫国战争战斗文书选集：第37期》，第146—148页。

53.《后备方面军炮兵首长1941年7月21日关于消除反坦克炮兵火力配系组织缺陷的第2/OP号命令》（*Prikaz nachal' nika artillerii fronta rezervnykh armii no. 2/OP ot 21 iiulia 1941 g. ob ustranenii nedostatkov v organizatsii sistemy protivotankovogo artilleriiskogo ognia*），收录在《伟大卫国战争战斗文书选集：第37期》，第155—156页。

54.《后备方面军通信首长1941年7月29日致红军通信兵总局局长，关于方面军无线电通信状况和运行情况的报告》（*Doklad nachal'nika sviazi fronta rezervnykh armii ot 29 iiulia 1941 g. nachal'niku upravleniia sivazi Krasnoi Armii o sostoianii i rabote radiosviazi fronta*），收录在《伟大卫国战争战斗文书选集：第37期》，第162—163页。

55. 同上，第164页。

56.《后备方面军空军司令员1941年7月28日致苏联副国防人民委员，关于空军采取措施提高战备水平的报告》（*Doklad komanduiushchego voenno-vozdushnymi silami fronta rezervnykh armii ot 28 iiulia 1941 g. zamestiteliu narodnogo komissara oborony soiuza SSR o merakh povysheniiu boesposobnosti voenno-vozdushmykh sil*），收录在《伟大卫国战争战斗文书选集：第37期》，第161—162页。

第九章
战争前夕的红军情报工作

    关于苏联情报工作在"巴巴罗萨"行动前夕状况的现有证据，可以作为人们解答两个基本问题的必要基础，这两个问题是："红军对德国人的进攻意图了解多少？"和"他们什么时候知道的？"而第三个关键问题，即："为什么苏联人当时不做出反应？"答案还不清楚。最近从党务、外交、军队和内务人民委员部的档案中解密的大量文献材料表明，苏联情报机关几乎在各个方面都对德国人的敌对意图发出过充分警告。甚至在最近几批档案解密之前，A.M. 华西列夫斯基将军就已在他的战后回忆录中写过这些话："1941年6月，总参谋部接连不断地从西部各军区和各集团军的作战处接到一个比一个更令人震惊的报告。德国人已在我国边境集中自己的军队。在许多地点，他们已经开始拆除自己早先设置的铁丝网，并在己方雷区开辟通道，显然是在为冲击我方阵地做准备。德国人的大型坦克集群已经进入出发地域，大批坦克发动机的轰鸣声在夜间清晰可闻。"[1]

    从那以后，苏联人数以百计的回忆录和许多军事研究作品都能证明华西列夫斯基的看法是准确的。有一篇文章指出：

    文献和事实证明，苏联的政治和军事领导人，甚至早在战争开始之前，就掌握着纳粹德国正在准备进攻苏联的情报。总参谋部充分掌握了敌军向我国西部边境增派兵力的完整情报。苏联统帅部从多种来源接收到有关敌人可能的进攻方式和开始时间的情报。边防军和各边境军区军事委员会，都向政府和国防人民委员通报过敌人的飞机和间谍侵犯国界的频繁次数。[2]

战争警告

苏联的档案资料当中，有大量外交报告、内务人民委员部和军队情报局驻国外间谍发出的情报能够证明战争迫在眉睫。朱可夫在他的回忆录中指出："温斯顿·丘吉尔于1941年4月底向斯大林发出一封电报，其中部分内容是：'我从一位可靠的间谍那里得到情报，德国人断定南斯拉夫已成为他们的囊中之物以后，即从3月20日开始，将驻罗马尼亚5个装甲师中的3个师调往波兰南部。而他们听到塞尔维亚发生革命的消息，又马上取消这次调动。阁下会很乐意了解这些事实的真正含义。'"[3]

朱可夫接下来直言不讳地挑明斯大林为什么不能相信这样的情报：

斯大林收到这封情报后心存疑虑。1940年，世界新闻界曾有谣言说，英国和法国的武装力量本身正在厉兵秣马，准备进攻北高加索，轰炸巴库、格罗兹尼和迈科普。然后就出现一些文件，证明这些谣言是真的。

总之，不但因为丘吉尔一贯对自己的反苏反共观点和言论不加掩饰，而且当时关于外交活动的许多具体事实，都可能会使斯大林对西方帝国主义集团发出的情报产生偏见。[4]

实际上，斯大林的这种怀疑同样影响了他对苏联情报材料的看法。斯大林既害怕落入假情报的圈套，又坚信自己对希特勒的了解，这两种思想在战争爆发前命运攸关的时期，让他的判断一直存在着偏差。在许多外交官和间谍的报告当中，有些是著名的理查德·佐尔格（化名拉姆扎，Ramzaia）从日本发回的具体消息，如今已广为人知。其中有5月15日发出的一份短电文："战争将于6月20日至22日开始……拉姆扎"，以及后来在5月19日发出的消息，内容是："9个集团军和150个师将会集中用于对付苏联……拉姆扎。"[5] 1941年5月30日，佐尔格向情报局①发出如下电文：

---

① 译注：原文称GRU（格鲁乌）不当。情报局（RU）这时是总参谋部下属的第2局，1942年6月16日成为情报总局后才缩写为GRU。以下同。

　　柏林已通知奥特，德国对苏联的进攻将在6月下半月开始。奥特有95%的把握确信战争会开始。目前我所见到的间接证据有［下列内容］：

　　驻我所在城市的德国空军技术部门，已在不久前接到回国的命令。奥特要求VAT［使馆武官］不得途经苏联发送任何重要信件。穿过苏联的橡胶运输将会减少到最低数量。

　　德国发动进攻的原因是：红军的现有兵力使德国无力扩大在非洲的战争规模，因为德国必须在东欧保持一支庞大军队。为彻底消除苏联造成的任何威胁，必须尽快以武力压制红军。以上内容为奥特所述。[6]

　　在最近解密的党内记录当中，人们发现了这种警告的其他样本。6月2日、6月19日和6月21日，基什尼奥夫、摩尔曼斯克和乌克兰的拉瓦罗斯卡亚（Rava-Russkaia）[①]的党政官员分别发出消息，详细叙述罗马尼亚的战争准备、德国飞机在苏联极北地区和南部与日俱增的越境飞行和空中的敌对行动。[7]

　　苏联遍布整个指挥体系和国外（尤其是驻外使馆的武官）的军事情报组织、军事情报机关、情报局的行动，与这项研究工作的联系更加密切。他们得到的关于德国进攻在即的情报非常广泛，证据同样看起来很确凿。一些武官的报告因分析透彻、有预见性而引人注目。1940年12月29日苏联驻柏林武官发给情报局的一份报告说："一位消息人士……报告说，他从一个消息灵通的军队小圈子中得知，希特勒下令准备同苏联的战争。将会在1941年3月宣战。"[8]另一位武官1941年3月9日从贝尔格莱德发给情报局的报告称："一位消息人士……报告了来自一位宫廷大臣的情报：（1）德国总参谋部已经放弃攻击不列颠群岛［的想法］，并已确定当前的任务是夺取乌克兰和巴库，大约会在今年4月至5月实施，匈牙利、罗马尼亚和保加利亚都正在为这项任务做准备……（2）从柏林、匈牙利到罗马尼亚，有一项大规模的军队调动正在进行。"[9]

　　1941年3月，又有两份长篇报告通过内务人民委员部的渠道呈交斯大林，是由一位化名科尔西康察的间谍从柏林发出。这两份报告都经过内务人民委员

① 译注：又作Rava-Ruska，《苏联军事百科全书》称俄罗斯拉瓦。

部第1局^①局长的鉴定，报告内容将德国进攻战役计划的细节和盘托出，并表明进攻可能会在4月或5月发生。后一篇报告的部分内容如下：

情报显示，陆军总参谋长哈尔德中将预计德国军队会无条件取得胜利，并闪电般占领苏联，首先是乌克兰，在哈尔德看来，这一地区状况良好的铁路和公路网将会有利于作战顺利进行。哈尔德认为，占领巴库和油田也绝非难事，德国人可以轻而易举地迅速修复军事行动造成的破坏。哈尔德认为，在德国军队的闪电突击面前，红军的状态不足以做出任何形式的有效抵抗，俄国人甚至会来不及破坏储备物资。[10]

4月30日，来自柏林的情报局间谍"斯塔西纳"通过同一渠道发出一份类似报告，内容是：

来自德国航空部的一位消息人士称……
根据德国外交部和德国航空部之间的联络军官格雷戈尔提供的情报，关于德国是否对苏联采取行动的争议已见分晓，而且这一行动的开始时间指日可待。里宾特洛甫本来并不支持对苏联作战，但他得知希特勒对此事的坚决态度之后，已经转变立场，开始拥护进攻苏联。[11]

斯塔西纳的报告下文是芬兰、罗马尼亚、匈牙利和保加利亚等国家与希特勒串通的细节，并引述了几段德国人认为苏联空军大概在作战中不足为患的评价。同一天，一名情报局间谍从华沙发回关于德国军队在波兰调动和其他进攻战役准备的情报，部分内容如下："4月10日至20日期间，德国军队夜以继日地穿过华沙。由于军队运动川流不息，华沙街道上的一切交通均告暂停。列车装载着重型火炮、卡车和飞机部件，沿铁路向东行驶。从4月中旬开始，大批军用卡车和红十字车辆出现在华沙街头。"[12]

---

① 译注：属国家安全总局。

　　进入5月份，情报的数量有增无减。5月6日，海军人民委员兼苏联舰队总司令 N. G. 库兹涅佐夫海军上将，向斯大林转呈一份发自苏联驻柏林海军武官的报告，报告中说："我驻柏林海军武官沃龙佐夫海军上校报告：……据希特勒统帅部的一名德国军官说，德国人准备于5月14日由芬兰、波罗的海沿岸和罗马尼亚进攻苏联。同时，计划对莫斯科和列宁格勒实施猛烈空袭，并派出空降兵在边境城市实施空降。"然而，库兹涅佐夫却怀疑这份情报的真实性，并进一步加深了斯大林的怀疑。库兹涅佐夫添加了这样一句批语："我认为这份情报不是真的，而是德国人特地通过这个渠道散布出来，看看苏联人会有什么样的反应。"[13]

　　当月晚些时候，即5月28日，驻布加勒斯特的红军武官向情报局局长发出一份长篇电报，认为德国的威胁已经迫在眉睫：

　　总的说来，人们普遍认为对苏战争在军事角度上大致不会有什么问题。再过两三个月，德国军队就会到达乌拉尔。位于苏联西部的俄国机械化军队，将会受到德国进攻战役的沉重打击，很短时间内就会作鸟兽散，因为红军装甲武器和飞机都已过时，与数量占优势的德国先进武器不可同日而语。在德国人关系密切的小圈子里，没有一个人对迅速战胜苏联表示过丝毫怀疑。[14]

　　这位武官在进一步回顾德国人的态度，并评论他们的其他进攻战役准备之后，总结说："综上所述，可以说，这种明显的'暴风雨前的平静'、赫斯事件真相未卜以及新闻界针对这一问题的沉默、德国人日渐频繁的调动、罗马尼亚新闻界的无礼行为，都使我们有理由认为，德国人正在不断进行的一切准备工作，都是为同我们开战。"

　　随着"巴巴罗萨"行动的执行日期日益临近，武官们发回的情报更加言之凿凿，内容也更准确。6月11日，库兹涅佐夫海军上将转呈一份来自布加勒斯特的报告：

　　我现在报告由布加勒斯特的同事处获得的情报：

　　1. 在军官的小圈子里，现已众所周知，罗马尼亚陆军和航空兵已接到命令，应在6月15日以前为进攻战役做好准备。

由来自布加勒斯特的情报获知，军事行动的准备工作正在加紧进行。然而，罗马尼亚人不会在指定期限内做好准备……

2. 罗马尼亚军方甚至不想与苏联作战。实际上，罗马尼亚人民反对进行任何战争。

3. 罗马尼亚—德国军队的向北调动，特别是炮兵的调动，仍在继续。[15]

进攻发起前两天，驻保加利亚索菲亚的红军武官更准确地描述了战争的威胁："预计军事冲突将始于6月21日或22日，现在有100个德国师驻扎在波兰，40个在罗马尼亚，6个在芬兰，10个在匈牙利，7个在斯洛伐克。其中总共有60个摩托化师。一名从布加勒斯特飞来的信使称，罗马尼亚已经完成动员，他们预计战争随时都可能爆发。目前驻扎在保加利亚的德国军队共有1万人。"[16]

同一天，理查德·佐尔格向情报局发出了他在战前的最后一份情报，内容涉及德国的意图和日本在这场战争中敌友未定的态度。他于1941年6月20日从东京发出无线电报，内容是：

德国驻东京大使奥特告诉我，德国与苏联之间的战争不可避免。德国人的军事优势现在同样带给他们摧毁欧洲最后一支大规模陆军的可能性，因为，时至今日，苏联的战略防御位置要比它原来试图保卫波兰时更不适于作战①。

［一位消息人士］告诉我，日本陆军参谋本部已经讨论过一旦发生战争，应持何种立场。

关于日美谈判的建议、松冈与平沼之间的内部斗争，都暂时告一段落，因为所有人都在等待苏德关系问题的正式决定。[17]

6月19日，在这样令人不安的外交情报往来当中，外交人民委员部负责监视外国武官行为的一位处长扎伊采夫海军中校向他的上级报告说，6月4日至20日期间，德国驻莫斯科大使馆海军随员中的所有负责人员都已启程前往柏林。

---

① 译注：应指1939年《苏德互不侵犯条约》签订之前。

他补充说："因此,我认识的随员中没有一个人留下,这一现象是如此罕见而奇怪,我认为有必要请您加以注意。"[18]

然而,有一个重要问题是,通过外交渠道、情报局或内务人民委员部传递的报告,或者递交给斯大林的个人报告,能否被国防人民委员铁木辛哥或总参谋长朱可夫真正看到。朱可夫在他的回忆录中声称:"国防人民委员部和总参谋部是否知道斯大林从这些渠道得到的情报呢?战争结束以后,铁木辛哥元帅告诉我,他本人当时一点也不知道。而我当时作为总参谋长,也对这些情报一无所知。"[19]

这种说法很可能是正确的。斯大林主持下的情报系统被过度分割成几个相对独立的部分,而且由于他倾向于独享秘密,就很可能没有把关键情报分享给自己不太信任的下属。尽管如此,朱可夫在写这段文字的时候多少有些不够诚实,想把自己与大规模的情报工作失误撇清干系。朱可夫当时掌握着红军的大部分情报侦察手段。而正如下文将会说明的那样,军队的情报机关当时同样具体描述过德国人的进攻准备。朱可夫5月15日提议先发制人,进攻正在集中的德国军队,足以证明他对真实情况的了解程度。朱可夫应该说的是,在当时的情况下,他除了服从斯大林的判断以外,对任何事情都几乎无能为力。总之,尽管关于德国人军事意图的情报可谓收集得绰绰有余,但统帅部和政治领导人做出的解读还是不够充分。

德国人的敌对意图很早就表现为他们频繁实施情报侦察,这项工作早在1940年3月已经抓紧进行。从那时起,德国侦察航空兵的零星越界飞行逐渐变得几乎司空见惯。最早一批报告当中,有一份是3月17日西部特别军区关于32架德国飞机侵犯苏联领空的报告,然后是基辅和波罗的海沿岸特别军区分别在4月4日、9日和10日发出关于类似行为的报告。从1939年10月到1941年6月22日,这样的入侵总共达到500多架次。[20] 各军区完全清楚正在发生的事情,可是遵照斯大林和国防人民委员部的命令,不能做出任何反应。例如,在德国发动进攻前不久,波罗的海沿岸特别军区通报国防人民委员部和总参谋部,称德国飞机已连续10至15天,对其纵深100公里范围内的阵地实施照相侦察。[21] 1940年7月19日,一架德国飞机在飞行过程中深入到基辅特别军区的普罗斯库罗夫,甚至还着陆了,但德国人接受盘问时,拒绝对这种行为的原因做任何解释。

　　各军区军事委员会把这些侵犯事件通报给国防人民委员部，并试图采取行动进行纠正。例如，1940年6月18日，基辅特别军区司令员基尔波诺斯将军发布一项《关于禁止空中飞行》的命令，要求"应当采取措施，迫降那些出现在禁飞区的飞机"。7月16日发布的一项《关于外国飞机侵犯国界》的后续命令，下令"无论外国飞机在何种情况下企图侵犯国界，我们都应采取有效措施制止侵犯行为……这样就不会有外国飞机侵犯我领空后还能逍遥法外"[22]。3月29日，内务人民委员可能是遵照斯大林的指示，发出的却不是要求各军区击落入侵飞机的命令，而是禁止西部各边境军区采取任何对抗行动的训令。训令的部分内容是："在任何飞机或空中导航装置侵犯苏德边境时，均不得开火，并且［你的行为］仅限于起草一份关于国界受到侵犯的报告。"显然是为回应人们对这项新训令的质疑，国防人民委员部于1940年4月和1941年3月，分别向西部特别军区的掩护军队和波罗的海舰队发布命令，禁止他们向入侵飞机开火。[23]

　　内务人民委员部里同样有人满怀抱怨。1941年4月7日，边防总局向内务人民委员部中央（莫斯科）报告说，驻罗马尼亚的德国飞机进入乌克兰领空已经司空见惯，并请求允许向这些飞机开火。内务人民委员部把这一请求转呈外交人民委员部（NKID），后者于4月10日答复说："有必要按照现行规定，根据1940年6月10日签署的《苏德关于解决边境冲突和事件的协定》，对德国飞机侵犯苏联边境的行为提出抗议，同时通知外交人民委员部［以便］通过外交渠道采取适当措施。"[24] 乌克兰内务人民委员部边防军司令员V. A. 霍缅科少将4月4日①痛心地指出："3月29日训令的出现，以及红军发布的一道命令，让我们沦为单纯的看客，所提的抗议又不能产生什么实际效果。"[25]

　　德国人使用大使馆或领事馆的普通随员和冒充难民或走私分子的阿勃韦尔（Abwehr）间谍实施地面侦察，作为空中侦察的补充。前阿勃韦尔一处（国外情报收集）处长兼著名的勃兰登堡—阿勃韦尔（破坏行动）部队总监汉斯·皮肯布罗克（Hans Piekenbrock）中将，在纽伦堡审判中供称："1940年

---

① 译注：原文此处没有年份，按照上文及霍缅科的职务和军衔，应是1941年，1940年4月他是副司令员，军衔为旅级。

8—9月期间,阿勃韦尔[收到]与苏联有关的情报评估数量大幅增加。毫无疑问,这些任务都与针对俄国的战争准备有关。"[26] 大多数这种地面任务的目的是核实战术和战役纵深(可达200公里)内的地形和目标。一份俄罗斯当代资料中引用的档案文献,这样总结德国地面侦察活动的规模和日益增长的速度。

1940年,苏联机关逮捕的232名间谍中,有119名在明斯克地区,87名在基辅地区,26名在列宁格勒地区。必须指出的是,1941年第一季度在西部边境地区落网的敌间谍总数,比去年同期平均增加了5倍多,而在最重要的战役方向上,这个数字更是增加了10~12倍。纳粹军队侦察了将要发动进攻的全部地区,纵深达150~200公里,在列宁格勒、明斯克和莫斯科方向,侦察深度更达到300~400公里,甚至更远。

进入1941年夏季,纳粹情报机关的活动显著增加。间谍们在不携带无线电的情况下跳伞,他们受命在6月15至18日以前设法自行返回,这一期限显然是为各级指挥机关能有效利用他们获得的情报而划定的。[27]

这些侦察工作和情报收集的成果可谓喜忧参半。例如,6月22日前夕,德国人在考纳斯和利沃夫地区辨认出苏联的几个机械化军,可能是得益于他们在这些地区建立的优秀间谍网。然而,在其他地区,德国人的情报完全没有注意到其他机械化军的存在。总的来说,德国人在入侵前夕已经相当准确地掌握苏联西部各边境军区军队的详细情况,并且实际上高估了他们的实力。但是,德国人未能发现大多数机械化军的存在,对苏联动员能力的估计更是完全错误,他们估计的红军总兵力也少了100多个师(见附录D)。

在德国进攻的前夕和刚开始的阶段,进入苏联后方的就不再是阿勃韦尔间谍,而是德国野战司令部派出的主动侦察和破坏行动小组。这些小组制造的破坏在苏联各兵团和部队的日志中比比皆是,破坏行动主要针对苏联人的通信、补给线和后勤设施。

除了这些关于德国军事意图和德国人抓紧军事侦察的报告之外,苏联人还收集德国军事能力的评估。其中最主要的是关于德国进攻准备和德国军队向苏联西部边境集中的情报。这里再一次让文件本身来说明真相。1940年年初,苏联人的大多数报告反映德国人在向欧洲北部和波罗的海沿岸地区增兵。不过，德国人于1940年5—6月赢得西线的胜利，继而赢得在挪威的夏季冒险之后，关于他们在东线做进攻准备的情报如雨后春笋般开始出现，情报的数量和具体程度与日俱增，直至"巴巴罗萨"行动开始的那一天。

1940年9月，列宁格勒军区情报首长P. P. 叶夫斯季格涅夫旅级报告，德国人开始向军区北面集中军队，并在沿苏芬边境很近的地区大规模修筑道路。与此同时，西部特别军区情报首长S. V. 博欣上校的记录称德国军队在波兰东部不断集中，布列斯特边防总局从难民那里获悉德国国防军的一些新部队已经到达该地区。[28]苏联情报机关在12月得到情报说，德国陆军总司令瓦尔特·冯·布劳希奇陆军元帅当月9日至14日期间巡视过苏波边境沿线，陪同他的有30名高级军官，其中包括W. 李斯特和W. 赖歇瑙两位陆军元帅。他的行程结束之后，该地区的工程兵准备（通信、道路、机场和后勤设施）大幅加强。[29]

这些报告和情报局间谍从国外发回的情报引起红军相关负责人的注意。1941年3月20日，红军情报局局长F. I. 戈利科夫中将向斯大林递交一份详细报告，报告中引述一些情报的消息，并总结德国军队集结的明显目的和基本特点。按照朱可夫的说法，报告的内容如下：

在针对苏联策划的最可能的军事行动当中，下列事项值得特别注意：

根据1941年2月……情报中的第三号方案："……为进攻苏联，将建立3个集团军群：第1集团军群由冯·博克陆军元帅指挥，向彼得格勒方向实施突击；第2集团军群由冯·龙德施泰特陆军元帅指挥，向莫斯科方向实施突击；第3集团军群由冯·克莱斯特陆军元帅[①]指挥，向基辅方向实施突击。开始进攻苏联的日期，暂定为5月20日。"……

据我国武官3月14日发回的一则消息，一名德军少校称："我们正在全面改变自己的计划。我们要东进，到苏联去。我们要从苏联夺取粮食、煤炭和石油。到那时我们将会变得不可战胜，并能继续同英、美进行战争……"

---

① 译注：按《回忆与思考》的中译本，第3集团军群的指挥官是冯·莱布。

针对苏联的战争预计将在1941年5月15日到6月15日期间开始。[30]

虽然这个总结非常准确，但是考虑到当时的时代特点和斯大林的性格，戈利科夫添加的结论却否定了这些情报的价值，并且按照朱可夫的说法是，"误导了斯大林"。戈利科夫在报告结尾处所做的结论是：

1. 根据上述所有言论和可能的作战方案，我认为德国在今年春季发动对苏战争的最可能时间，是在战胜英国或者缔结一项光荣的和约以后。

2. 关于对苏战争在今年春季不可避免的谣言和文件，应该被看做是英国，甚至可能是德国情报机关散布的假情报。[31]

到底戈利科夫的真实看法就是这样，还是他只是迎合斯大林当时已广为人知的成见，目前并不清楚。但很清楚的是，统计德国军队向东部集中的情报源源不断。从4月份开始，这些情报的数量又有成倍增加。

1941年5月1日，西部特别军区报告说，在其对面集结的德军兵力已经达到28至29个步兵师、7至8个装甲团、3至4个摩托化师、不多于3个骑兵师、不多于5个战斗工兵团和3个空军联队。基辅特别军区也发回了几份类似的报告，促使戈利科夫编写一份更全面的总结，全文如下：

第660477号特别报告，1941年5月5日

关于德国军队1941年5月5日向东部和东南部的集结情况：

5月5日，苏联当面的德国军队总兵力已经达到103至107个师，其中包括位于但泽和波兹南一带的6个师。在这个总数当中，有23至24个师位于东普鲁士，29个师在西部特别军区对面，31至34师在基辅特别军区对面，4个师位于外喀尔巴阡乌克兰[①]，10至11个师位于摩尔达维亚和北多布罗加[②]。（收到的

---

① 译注：原为捷克斯洛伐克的喀尔巴阡—卢塞尼亚省。1938年宣布自治，后改称喀尔巴阡乌克兰。1939年被匈牙利吞并。1945年底并入苏联，现为乌克兰的外喀尔巴阡州。

② 译注：多布罗加是多瑙河下游和黑海之间的旧地名。中、北部属罗马尼亚，南部属保加利亚。

298

某些情报称摩尔达维亚有18个德国师，尚未得到确认，有待核实。）

针对苏联集中的军队编成当中，应注意到坦克师的数量从4月25日的9个，增加到5月5日的12个；摩托化师（含摩托化骑兵）从4月25日的7个，增加到5月5日的8个；山地［师］从4月25日的2个，增加到5月5日的5个。

作为战区准备的各类建设工作正在深入进行。在斯洛伐克保护国和罗马尼亚，正在建设第二条战略性的铁路线，主要走向是由东向西。

目前正在密集建设存放弹药、燃料和其他军事物资的仓库。

正在扩大机场和简易机场的网络。

另外，沿波罗的海到匈牙利的整条国界，居民正在从边境地区疏散。

罗马尼亚政府发出秘密指令，从摩尔达维亚疏散设施和贵重物品，实际上这份指令已经开始执行。石油公司接到命令，要求在储油罐周围建设混凝土墙。

目前正在加强城市防空、建造避弹所并进行实验性动员等方面的训练。

德国军官正在加紧对我边境实施侦察。

来自维也纳的一些报告称，正在征召熟悉加利西亚[①]和波兰的军官。

正在用从南斯拉夫撤出的军队，在捷克和摩尔达维亚领土上组建一些统帅部军官领导下的预备队集群，与此同时，正在重建一个由10个师组成的集群，该集群曾在与南斯拉夫开战之前驻扎该地。

结论

1. 在两个月的时间里，位于苏联对面边境地带的德国师数量增加了37个师（从70个增加到107个）。在这个总数当中，坦克师从6个增加到12个。再加上罗马尼亚和匈牙利的陆军，总计130个师。

2. 必须考虑到集中用于对付苏联的德国军队，还会通过从南斯拉夫抽调闲置军队，以及位于［斯洛伐克］保护国和罗马尼亚领土的集团，获得进一步加强。

---

　①译注：旧地区名，在维斯瓦河上游，主要在波兰东南部，也包括乌克兰西部的一部分。

3. 位于挪威领土的德国军队，即北挪威集团，可能会得到进一步加强，客观地说，这部分军队能够途经芬兰或者海上，用于进攻苏联。

4. 目前，在近东可以用于作战的德国军队共有40个师，其中25个师位于希腊，15个位于保加利亚。为同一目的，可能会集中不多于两个伞兵师用于伊拉克。

红军总参谋部情报局局长［戈利科夫］[32]

毫无疑问，戈利科夫的总结促使总参谋长朱可夫5月15日提出他现已广为人知的提案，要求先发制人进攻德国军队。朱可夫的这项提案在最近公之于众，引发了关于斯大林是否计划过先手向希特勒发动战争的激烈争论。然而，这项提案只是1941年里提出过的众多方案之一。如果以苏联人此前的战略规划过程为背景，尤其根据1月首长司令部演习的经验，这项提案并不显得很突兀，制订它也符合总参谋部预判事态发展和制订应急计划的天职。

朱可夫的报告题为《1941年5月15日致人民委员会主席关于苏联武装力量战略展开计划的报告》，由铁木辛哥联名签署，报告开门见山地指出：

考虑到德国目前正在动员其军队和后勤部门，它有能力（先发制人地）阻止我军的展开并发动突然袭击。为避免出现这种情况，我认为根本没有必要把行动的主动权交给德军指挥部，而是应当先于敌人完成展开，并在德国陆军的展开过程当中、尚未成功组织战线及其军队协同的情况下，主动向其发动进攻。[33]

随后，报告提出所建议行动的预定战略目标，是击败并消灭集结在波兰东部的大约100个德国师。[34] 朱可夫预计，共使用152个师的苏联军队进攻大约100个德国师。

通过朱可夫的报告，我们可以得出以下结论。首先，这个报告可以证实戈利科夫5月5日情报总结的准确性。其次，苏联在5月15日的展开水平不足以保证这样一场进攻战役。西方面军和西南方面军加在一起共有约102个师。战略第二梯队和预备队刚刚开始向前方开进，将会在6月初至7月间分批到达西部各边境军区。若要（在7月初）达到朱可夫规定的兵力对比，德军的兵力可能会有进一步增长。更何况可能需要60天才会达到这样的兵力对比，在这之前，鉴于德国人在战前卓有成效的情报收集工作，他们肯定会觉察到苏联人在做准备，并采取相应行动。再次，也是最重要的是，正如书面证据清楚显示的那样，红军根本不具备发动如此雄心勃勃进攻的条件，而斯大林也知道这一点。最后，历史本身已经否定了历史学研究中这个用心险恶的"假如……怎样"。德国6月22日的进攻早已使苏联的任何行动设想都变得毫无用处。

另外，虽然朱可夫的提案流传甚广，但是没有任何迹象表明斯大林曾经看到过它。鉴于斯大林当时对情报的反应，即使他看到过这份提案，也很难说会不会加以考虑。

从5月中旬到6月初，德国继续在边境两侧实施侦察，苏联情报机关觉察到了大部分活动。6月2日，布列斯特边防总队报告说，德国军队在西布格河沿岸的许多地点准备舟桥、木筏和小艇。同一天，内务人民委员部边防总局报称："80—88个步兵师、13—15个摩托化师、7个装甲师、65个炮兵团和其他部队"已经（于4—5月间）在苏联西部边境附近完成集中。三天后，该总局收到情报称"几乎每天都有200个火车车皮的弹药、军用补给和粮食，运到雅西、博托沙尼一带。所有物资都集中在铁路沿线一些只用雨篷遮盖的临时堆积场里"。与此同时，敌人正在沿整条边境增加火炮和机枪，"全面组织各射击阵地、指挥所和观察所之间的电话通信"[35]。

随着6月的温暖日子一天天过去，进攻迫在眉睫的迹象变得越来越明显。6月10日，沿苏芬边境的德国和芬兰军队已全部完成动员，平民人口也已全部疏散到后方。6月17日，德国船只开始驶离苏联港口，次日，关于德国军队沿边境全线向进攻出发阵地做最后运动的报告，开始如雪片般飞来。在朱可夫的笔下，有斯大林对这些报告所做反应的一个版本：

6月13日铁木辛哥当我的面打电话给斯大林，要求批准向各边境军区的军队发出警报，并根据掩护计划展开第一梯队。

斯大林回答说："我们会考虑的。"

第二天我们到斯大林那里，向他报告了人们普遍不安的心情和向军队发出警报的必要性。

斯大林说，"你们提议进行动员，向军队发出警报，并立即把他们调往西部边境吗？但那就是战争！难道你们不懂吗？"

尽管如此，斯大林还是问："我们在波罗的海沿岸军区、西部军区、基辅军区和敖德萨军区有多少个师？"

我们告诉他，预计到7月1日，西部的4个边境军区总共将会有149个师零1个独立步兵旅。其中：

波罗的海沿岸军区——19个步兵师、4个坦克师、2个摩托化师、1个独立旅；

西部军区——24个步兵师、12个坦克师、6个摩托化师、2个骑兵师；

基辅军区——32个步兵师、16个坦克师、8个摩托化师、2个骑兵师；

敖德萨军区——13个步兵师、4个坦克师、2个摩托化师、3个骑兵师。①

"你看，难道还少吗？根据我们的情报，德国人还没有这么多兵力"，斯大林说。

我告诉他，根据情报，德国师都按战时编制齐装满员。一个师的兵力有14000到16000人。而我们的师，即使是8000人的师，实际人数也只有德国师的一半。

斯大林说："不能情报说什么，你就信什么……"

当我们同斯大林谈到这里时，他的秘书A. N. 波斯克列贝舍夫走进来说：N.S.赫鲁晓夫从基辅打来电话。我们从斯大林的回答中听出，电话的内容涉及农业。

"很好"，斯大林微笑着说。

很明显，赫鲁晓夫在用华丽的辞藻向他报告今年丰收在望……

我们怀着沉重的心情离开了克里姆林宫。[36]

尽管斯大林很乐观，但来自几乎所有级别指挥机关令人震惊的报告还是在无情地增加。6月17日，第93边防总队报告说，有一名男子在国界对面高

---

① 译注：英语原文丢掉了部分内容，此处根据《回忆与思考》中译本增补。

喊："德国人就要对你们动手啦。"同日，一名逃兵提供情报说，6月22日早上4时整，纳粹军队将沿苏德边境全线转入进攻。[37]

6月18日，波罗的海沿岸特别军区情报处处长萨夫罗诺夫上校发出一份"致各集团军司令员和军长、师长和旅长"的绝密情报工作报告，能够体现苏联各级指挥机关对德国人作战部署和进攻态势了解到什么程度。这份长篇报告的部分内容如下：

1941年6月17日，在波罗的海沿岸特别军区对面，左侧至苏瓦乌基—卢斯克（Lusk）—阿伦施泰因，纵深至柯尼斯堡—阿伦施泰因的地区内，共识别出：2个集团军指挥机关、6个军指挥机关、12个步兵师、5个摩托化师、1个装甲师、5个坦克团、最多9个独立坦克营（合计不少于1个坦克师）、6到7个骑兵团、17个工兵营和500多架飞机。

各部队的集结地域和位置（地图1∶100000）：

位于梅梅尔地区——某指挥机关、第291步兵师、第401和第610步兵团、第337步兵团的2个营、第213步兵团的1个新兵训练营、第33、第61和第63炮兵营、最多2个坦克营、1个重机枪营、第48和第541工兵营、第7海军步兵团和1所潜水员学校；

位于梅勒奈拉根（Mellneraggen 7804）[①]——1个高射炮兵营；

位于巴赫曼（Bakhman 7610）——最多1个炮兵营；……

位于蒂尔西特——某指挥机关、第7军、第1步兵师、第290步兵师、第8摩托化师、第1骑兵旅；第43、第45、第216、第213、第94、第501、第502和第503步兵团；某指挥机关，第469步兵团，某山地步兵团的1个营，第202、第204、第227、第206和第209摩托化团，第272摩托化团的1个营、第1和第2骑兵团、第22重型炮兵团、第21轻型炮兵团、第290炮兵团、第61炮兵团、第1骑兵旅的1个炮兵营、第212坦克营、第101坦克营、第7军通信营、独立第610通信营、第52舟桥营、第552和第557摩托化运输营；……

---

① 译注：这两处都是梅梅尔附近的小城镇，附带的四位数字应为地图的图幅编号。

位于贡宾嫩——某指挥机关，第12和第22军（有待确认），第16步兵师，某保安师，第27和第29步兵团，第6迫击炮团，第206、第570、第113和第32炮兵团，第4反坦克炮团，第25坦克团，第206骑兵团，第217侦察部队，第337看守［拘押战俘］团，第46、第10和第501步兵营，第43预备营和第16航空兵集群（有70—100架飞机）；……

位于柯尼斯堡——某指挥机关，第18集团军，第8军，第4和第43步兵师，第1空军军区，第210、第217、第110、第21和第623步兵团；第1、第4和第9炮兵团，第47、第511和第536炮兵团（这三个团有待核实），某坦克团。[38]

如果说这些报告中的细节令人难以置信的话，那么它们的准确程度则更胜一筹。不幸的是，报告的准确性无关紧要，实际发挥的作用也微不足道。波罗的海沿岸特别军区司令员库兹涅佐夫将军总结情况后，命令下属第8和第11集团军司令员在军区范围内做好战区准备，却在更高的指挥级别上不能有所作为。

在各种警告当中，也出现了低级别指挥员的声音。步兵第125师驻扎在东普鲁士边境，属于库兹涅佐夫麾下的第一梯队师，6月18日晚，该师师长P. P. 博加伊丘克少将向军区司令部发出更令人震惊的情报：

根据间谍和逃兵提供的情报，德国人在最近几天里正在向蒂尔西特地区集中多达7个师，其中不包括位于希卢特（Shilute）地区的军队。这7个师当中的一部分已经到达边境。它们当中有几个是摩托—机械化师。

我军方面，尚未采取有针对性的反坦克措施，以保证有效抗击摩托—机械化部队的进攻，而德国人只需派出一个坦克营，就能出其不意地击败我防御守军。

注重内部细节和加强巡逻只能提高部队的警惕性，但无法保证安全。

前沿防御阵地没有军队驻防，无法阻止德国军队的进攻，边防部队也无法及时向作战军队发出警报。

国界距离本师前沿防御阵地比师属各部队更近，如果不采取准备措施争取时间，这些阵地就会在我军到达之前被敌人占领。[39]

这位师长忧心忡忡地请求允许提高自己兵团的战备等级，而库兹涅佐夫能做的只是命令博加伊丘克"继续完善前沿防御阵地"，但是"只有在遇到敌人侵犯边境的情况下，才能占领前沿防御阵地"。虽然库兹涅佐夫同意博加伊丘克提高师的战备等级，但是他警告说："要特别注意，不要让我们的部队受到挑衅或惊慌失措……一切工作都要做得悄然无声、坚决有力、小心翼翼。每位指挥员和政工人员都［必须］清醒地认识到现状。"库兹涅佐夫后来下达的训令明显超出他原来的指示内容，要求全体各师：

4. 按照集团军司令员的计划，在防御计划规定的地点布设雷区。注意应当对敌人完全保密，并保证我方部队的安全。根据集团军司令员的计划和防御计划设置障碍物，以及其他防坦克和防步兵的阻滞地区。

5. 集团军、军和师的指挥机关应进入其指挥所［CP］，并根据负责指挥员的决心提供该地的对坦克防御。

6. 配置在前方的我方部队必须进入各自的掩护地带。要考虑到德国飞机的频繁越境飞行。

7. 继续为部队紧急补充弹药和其他类型的补给品。

在行军和就位的过程中，紧急开展提高分队凝聚力的工作。[40]

此后不久，第8集团军司令员P. P. 索边尼科夫少将向自己下属各兵团发出警报时显然经过仔细斟酌，写出的内容显得有些自相矛盾："（1）我重申，各部队不是要占领位于前沿防御阵地的作战设施。各部队应在这些设施后面做好战斗准备，同时采取措施加强防御。（2）布设障碍物时，应保证从边境处看不到它们。"[41]

波罗的海沿岸特别军区只采取了最低限度的预防行动，可是波罗的海舰队司令员V. F. 特里布茨海军上将却宣称："1941年6月19日，波罗的海舰队各部队已经按照第2号计划做好战斗准备，指挥所已开设完成，芬兰湾入口和伊尔别海峡的巡逻值班也得到加强。"[42]

6月20日深夜，第11集团军参谋长I. T. 什列明少将向军区司令部发出另一份令人不安的报告：

1941年6月20日夜间，我们收押了一名来自德国第6步兵师第58步兵团第13连的逃兵，他称自己的连（一个150毫米重型炮兵连）位于普热罗希尔（Psherosl'）①。5月底，第6步兵师乘火车离开巴黎前往苏瓦乌基地区，在距离普热罗希尔180公里的地方卸载。

据这名逃兵供称，在苏瓦乌基有大批军队，目前该地的所有军队都正向边境开进。

步兵现在位于距边境5公里处，炮兵已就位，但是这名逃兵没有看到任何大型坦克部队。

这名逃兵透露，德国军队在边境附近没有挖散兵坑，显然是考虑即将转入进攻。按照逃兵的说法，军事行动将在8至10天内开始。两个月以来，军官们［经过激烈争论］已经说服士兵们相信苏联是德国的主要敌人。有50%的士兵反对这场战争。[43]

第二天，即6月21日，根据库兹涅佐夫的指示，军区司令员防空助理卡林上校下令，要求："从今晚起，直至［收到］特别指示，在军队驻防和临时驻扎的地点实施灯火伪装。为运输工具提供遮光装置。要严格控制灯火管制纪律。应特别注意军队的伪装状况和对抗空中侦察的技巧。"[44]

库兹涅佐夫下令采取这些额外措施的同时，又有这样的报告传来：

波罗的海沿岸特别军区于6月21日接到的文件指出："在东普鲁士的军人和平民当中，有传言说驻扎在东普鲁士的军队已经接到要占领进攻出发阵地的命令。"这些文件还称，已经在涅曼河上架设完成多座舟桥，并称在6月21日的演习期间，一位排长舒尔茨中尉向士兵们解释说，对苏联的进攻将在6月22日黎明开始。[45]

波罗的海沿岸特别军区在德国进攻之前所做的最后一份情报汇报，在6月

---

① 译注：即Przerośl，此地在苏瓦乌基西北27公里，波、苏、德三国交界处。

21日20时整发出，详细描绘了德国进攻态势的一幅真实而可怕的画面。这份汇报淡然地判定德国军队集中在进入该军区的几个主要方向上，却没有明确判断德国人的意图。[46] 不过，同时上报总参谋长朱可夫的一份作战汇报指出："波罗的海沿岸特别军区各部队和兵团正在各自驻地忙于作战训练和政治培训，已调派一些独立部队和分队前出至国界处进行观察。与此同时，我们正在调派一些独立兵团去其他地带。"[47]

此后不久，库兹涅佐夫再次越权下令采取新的准备措施。21时35分，他的政治宣传局局长里阿比奇发出一份训令："形势需要各部队全面做好战斗准备。利用你掌握的一切手段，加紧对部下解释国际形势的复杂性，这样的国际形势随时会发生各种意外。指挥员、政工人员和红军战士必须以一切行动争取全面完成任务，并强化军队的作战训练。作战训练一刻也不能中断。"[48]

不到一小时后，第8集团军参谋长拉里奥诺夫少将向集团军发出以下指示："为尽快做好战区准备，第8集团军司令员命令：1. 迅速储备在杜比萨河建造渡口所需的材料（木筏、门桥等）……"[49] 6月22日凌晨3时45分，就在渐趋白热化的通信流量当中，军区司令部却收听到第27集团军发出一份神秘的命令，其内容是："德国方面可能会以小股活动侵犯我国边境。不要受挑衅的影响。"[50]

在更南方的地区，类似报告源源不断。6月20日，西部特别军区收到报告称："边境处出现了多个配备轻机枪的野战军支队。"同一天，"在第300和第301号界桩附近，德国士兵在西布格河岸边的沙地上画出'苏联'字样，然后又在上面踩来踩去，把这些字踏平，同时用自己的武器朝在该处执勤的我边防军人指指画画。"[51]

"巴巴罗萨"的前夜

总参谋部并没有完全无视这些警告。尽管斯大林坚决抵制可能会被德国人视为挑衅的任何措施，总参谋部还是自行采取了一些行动来提高战备水平。但是与面对的威胁相比，这些行动显得苍白无力。例如，6月19日，朱可夫和他的参谋们说服铁木辛哥发布命令，要求更彻底地伪装机场。然而，这些措施要到7月1日至15日才能完成。[52]

到6月21日深夜，即便遇事镇静的朱可夫也对情报深感不安，于是他敦促斯大林做出决定：

6月21日晚上，基辅军区参谋长普尔卡耶夫中将用电话通知我，有一名德国的军士长向我边防军投诚，据他称，德军正在进入出发地域，将在6月22日早晨发动进攻。

我立即把普尔卡耶夫中将报告的内容通报给国防人民委员和斯大林。斯大林让我同国防人民委员一起去克里姆林宫。

我带上准备发给军队的训令草稿，同国防人民委员和瓦图京中将一起前往克里姆林宫。我们在路上一致同意，无论如何，我们必须要获得允许，向军队发出警报。

斯大林自己一个人在等我们。他显然很忧虑。"这个投诚者可能是德国将军们为挑起冲突而派来的。"他说。

"不。"铁木辛哥回答说："我认为他说的是实话。"

就在这时，政治局成员们走了进来。

"我们该怎么办？"斯大林问。

没有人回答。

"必须立即下达一道训令，向各边境军区的全体军队发出警报。"铁木辛哥说。

"读一下！"斯大林回答。

我读了训令的草稿。斯大林说："现在下达这样的训令还太早，也许问题还可以和平解决。我们必须发出一份简短的训令，指出进攻可能从德国军队的挑衅行动开始。各边境军区的军队绝不能落入任何挑衅行为的圈套，以免问题复杂化。"

我和瓦图京走到隔壁房间，迅速起草了一份将由国防人民委员发布的训令草稿。

然后，瓦图京回到办公室，请求允许宣读这份训令。

斯大林听完之后又亲自读过一遍，最后交给国防人民委员签字。[53]

［训令全文如下：］

苏联国防人民委员令第1号

列宁格勒军区、波罗的海沿岸特别军区、西部特别军区、基辅特别军区、敖德萨军区的各军事委员会：

抄送：海军人民委员

1. 1941年6月22日到23日，德国可能向列宁格勒军区、波罗的海沿岸特别军区、西部特别军区、基辅特别军区、敖德萨军区的正面发动突然进攻。德国的进攻可能从挑衅行动开始。

2. 我军的任务是不受任何挑衅行动的影响，以免使问题复杂化。与此同时，列宁格勒、波罗的海沿岸、西部、基辅、敖德萨各军区的军队都应做好充分战斗准备，以防德军或其盟军可能的袭击。

3. 我命令：

a. 1941年6月22日凌晨，隐蔽占领国界沿线各筑垒地域的射击阵地；

b. 1941年6月22日拂晓前，将全部飞机，包括集团军航空兵的飞机，分散到各野战机场，并做周密伪装；

c. 所有部队应做好战斗准备。军队应保持分散和伪装；

d. 防空部队不待预备役兵员到达，立即做好战斗准备。城市和其他目标应做好一切准备实施灯火管制；

（5）在没有进一步具体命令的情况下，不得采取任何其他措施。

铁木辛哥、朱可夫[54]

瓦图京把这份训令交给总参谋部，然后传达到各军区。加密和发送于1941年6月22日凌晨0时30分完成。西部特别军区于0时45分收到训令，并于2时25分至2时35分之间向下属指挥机关传达。[55] 电报的解密过程耗费了大量时间。西方面军副参谋长马兰金中将[①]在1941年6月22日战斗行动日志中记录的下列事项，讲述着从接到电报到战争爆发这段时间里陆续发生的事情：

---

① 译注：马兰金从2月13日至6月22日任总参谋部作战局局长，战争爆发后，他和索科洛夫斯基一起派驻到西方面军，他担任西方面军副参谋长兼作战处处长的日期不详，《苏联军事百科全书》则没有记载这段履历。后来他在7月1日至21日任西方面军参谋长，7月10日至21日兼任西方向参谋长。6月22日凌晨他应该还不是西方面军副参谋长，当时也不在西方面军，战斗行动日志是经他后来整理的。

当晚约1时整，莫斯科发出一封密码电报，下令要求军队迅速做好战斗准备，以防德国人将在早晨发动进攻。

大约在2时整至2时30分，用密码加密并向各集团军和筑垒地域［FR］的部队发出一封内容相似的命令，要求各部迅速占领筑垒地域。根据代号"风暴"，可以打开封存国界掩护计划的红色档案袋。

事实证明，各集团军司令部收到军区司令部密码电报的时间太晚。第3和第4集团军成功解码电报，并发出一些命令，但在第10集团军完成解密的时候，军事行动已经开始……

6月22日4时整，军区司令部不断收到各种报告，主要是防空［PVO］系统发出的关于敌机轰炸的报告。

6月22日4时整，德国炮兵开始轰击位于边境的我方部队。5时整，［德国人］全线转入进攻。

2个中队的德国飞机轰炸格罗德诺市区。

4时整，布列斯特市区遭到轰炸。

我方歼击航空兵［IA］在格罗德诺地区投入战斗。

4时25分，利达遭到两批飞机轰炸（第一批2架，第二批3架）。

4时30分，沃尔科维斯克市区遭到1架飞机轰炸。

4时30分，与第3、第10和第4集团军之间的通信中断。

根据防空系统的报告：

4时至4时30分，位于别尔斯克（Bel'sk）[1]的连级防空哨被毁，人员伤亡惨重。

4时至4时30分，鲍里索夫什齐纳（Borisovshchina，属沃尔科维斯克市）[2]的机场遭到轰炸。

6时37分，1架Do-17（道尼尔-17）轰炸利达，并从高空投下5枚炸弹。炸弹落入市区。

利达的一列客运列车被毁。[56]

---

① 译注：即Bielsk。
② 译注：又作Barysaushchyna，在莫济里东南有一同名城市，故原文有说明。

对苏联1941年6月情报工作的评价

最近公开的大量档案情报资料，可以证明苏联在战前的情报收集能力。更重要的是，这些资料无疑可以证明苏联的政治和军事领导人，以及许多在指挥体系中更低级别的人物，都非常清楚德国人在做进攻准备。情报充分描述了这些准备的内容，也展示了德军进攻意图的确凿证据。然而，这些政治和军事人物在多大程度上消化并认同这些情报，尚不能确定。

当时的一些重要军事人物参与过这样的讨论。时任总参谋长朱可夫在自己的回忆录里多少有点不愿意批评斯大林，并主动承担了部分责任："当军事形势的危险日益临近时，我们这些军事首长当时也许应该做出更大的努力来说服斯大林，使他相信与德国的战争会不可避免地在不久的将来爆发，并将作战计划和动员计划规定的紧急措施立即付诸实施。"[57]朱可夫的确注意到，他的情报局局长戈利科夫在3月那份引人注目的报告中迎合斯大林的观点，他说："不幸的是，即便我们已经收到情报，也往往没有做出正确解读，不能向最高领导人准确可靠地提供自己的基本观点。"[58]

华西列夫斯基对1941年6月的失败做过更广泛的评论，他后来指出："我国的政治和国家领导人意识到战争在日益临近，并尽最大努力推迟苏联卷入其中的时间。"华西列夫斯基的结论是，斯大林在试图阻止战争爆发的时候，"过高估计外交手段解决问题的可能性"。本质上讲，在决定是否采取行动的紧要关头，"斯大林未能当机立断，这一直是他最严重的政治错误"[59]。

华西列夫斯基还批评高级情报机关和国家层面的情报分析处理，认为他们经常不与军队的情报机关协调行动：

是什么导致这位经验丰富、眼光长远的政治家犯下如此严重的错误呢？最重要的是因为苏联的情报机关……未能全面客观地评价自己手中关于纳粹德国战争准备的情报，并向斯大林诚实地报告……情报机关与总参谋部的脱节显然在这里起了作用。情报机关的首长同样是副国防人民委员①，他更倾向于直

---

① 译注：戈利科夫兼任的是副总参谋长，并非副国防人民委员。

接向斯大林报告，而不是先与总参谋长交换意见。如果朱可夫当时掌握了所有重要的情报……我相信，他本可以从情报当中得出更为精准的结论，并且用更令人信服的方式把这些结论提交给斯大林。[60]

华西列夫斯基的评论再现了1940年5月铁木辛哥就任国防人民委员时，对苏联情报机关的如下批评：

情报工作的有序化是国防人民委员部在工作中的最薄弱环节之一。情报工作毫无条理，也未能有计划有步骤地收集关于外国军队的情报。

情报局在工作当中脱离总参谋部自行其是。国防人民委员部没有一个具体岗位负责向红军提供外国军队的组织、状况、武器装备、配置和战备状态。在进行本次交接的时候，国防人民委员部没有这种情报可供自己使用。也没有人研究过战区及其准备情况。[61]

服务于国防人民委员部和总参谋部的情报收集机关，在工作中与其他政府部门的同类机关互不协调。从1937年起，情报收集工作受到严密控制，军事情报机关（情报局）更是要在内务人民委员部的严密控制下开展工作。因此，军队只能通过军队的战地渠道（也可能从非情报局的渠道）得到这些情报。

这些在情报收集工作中明显存在的系统性问题，当时虽经铁木辛哥指出，但一直延续到1940年以后，并且继续阻碍着具体收集工作，尽管上文引用的报告已经为数不少。从理论角度看，空中侦察本应该是收集情报的最重要手段，当时却很不完善。1941年6月，红军有10个侦察航空兵团又2个独立大队，共计387架飞机，只相当于红军全部飞机数量的1%。[62] 空勤组没有受过良好训练，只有5个小时的飞行时间。虽在5月1日以后抓紧训练，但对纠正这一问题却起不到什么实际作用，何况由于担心造成挑衅，斯大林从政治角度考虑，禁止实施空中侦察，这些措施实际上毫无用处。

特殊侦察是指运用军队的全部侦察措施，确定敌军的编成和具体特点。然而，"没有提前考虑过需要做哪些协调工作，才能有组织地实施方面军和集团军规模的情报活动。因为没有任何机关有权单独组织实施方面军的情报收

312

集，所以无法充分发挥方面军下属的全部特殊侦察能力，为进攻战役的整体设想服务"⁶³。在这方面，红军当时的通病又一次出现：各级机构的组织不力，装备低劣，配备的人员缺乏训练。

尽管在情报的收集和处理方面存在这些结构性问题，但苏联情报机关在1941年实际获得的情报，还是可以为准确判断德国人的进攻能力和敌对意图提供充分依据。在研究苏联情报工作的明显失误时，我们必须考虑主观原因，而不是客观原因。在这些主观原因当中，首当其冲的是斯大林的态度和心理、他对统帅部其他成员和机关的影响力。

像朱可夫和华西列夫斯基这样的关键人物，揣摩过斯大林在6月22日前那些紧张日子里的思路，把斯大林未能当机立断的原因归结为他在政治角度的考虑、他过高估计了外交的作用、他的犹豫不决，以及他疑心会落入假情报的圈套。批评人士则在不久前把这种评价延伸到了个人心理的层面。正如斯大林的传记作者D. A. 沃尔科戈诺夫指出：

如果我们回想起斯大林心理构成的一个重要特征是非常谨慎，也许我们会更容易理解（战争爆发前）那最后几个小时的戏剧性场面。当然，他在处理日常事务时，未曾冒失行事，而在面临重大事件时，更是极其谨慎……

然而，他在同希特勒打交道时过于谨慎，结果适得其反，因为希特勒的伎俩骗过了他。斯大林的行为，不仅取决于认识到"过早卷入战争"会产生什么后果，而且来自内心深处的不安全感。苏联当时独自面对的是整个资本主义世界。任何错误的一步都可能导致不可挽回的后果。柏林注意到斯大林一味地避免"挑衅"，于是断定苏联很软弱。当斯大林下令西部地区的军队和边防军都不准向越境的德国飞机开火时，德国人立即推断谨慎已经演变为犹豫不决。⁶⁴

人们对斯大林的行为有许多种合理的解释，其中一种解释认为斯大林既清楚所有情报背后的含义和战争迫在眉睫的警告，又知道即将发生什么，但由于错误地设想战争会怎样开始，他没有意识到威胁的严重程度和将要开始的德国进攻的规模。这可以解释为什么苏联广泛地进行了局部动员，却禁止在前沿地区采取类似措施。还有一种合理解释是，斯大林深知战争不可避免，却认为可以在1942年以前置身事外，到那时军事改革计划就会完成。德国人的积极欺骗措施、德国在巴尔干的春季作战，以及"巴巴罗萨"推迟到6月底，都可能会加深这种错觉。虽然进入6月以后，战争即将爆发的有力证据本可以消除斯大林的这种错觉，但是人一旦养成习惯，就很难改正自己的错觉。

最后还要考虑斯大林的心理状况，沃尔科诺夫曾对此做过清晰的描述。从斯大林此前的行为当中，可以找到充分证据证明他非常多疑。这一点，加上他的过度自信，造成他当时顽固地对某些事物视而不见，最终导致他在1941年的行为看似"不可理喻"。

314

注释

1. A. M. 华西列夫斯基，《毕生的事业》（莫斯科：进步出版社，1976年），第82页。

2. Iu. G. 佩雷奇涅夫，《关于国家和武装力量准备击退法西斯侵略的一些问题》（O nekotorykh problemakh pdgotovki strany i vooruzhennykh sil k otrazheniiu fashistskoi agreessii），刊登在《军事历史杂志》第4期（1988年4月刊），第49页。

3. G. K. 朱可夫，《回忆与思考》第1卷（莫斯科：进步出版社，1985年），第267—268页。

4. 同上，第368页。

5. V. D. 丹尼洛夫，《即将迎来伟大卫国战争的苏联统帅部》（Sovetskoe glavnoe komando-vanie v preddverii Velikoi Otechestvennoi voiny），刊登在《新闻与当代史》第6期（1988年6月刊），第18页。该文中可见这些报告，以及情报局在向斯大林转呈它们时所附加的报告。

6. I. Z. 叶夫根耶夫，《军事侦察员报告过……》（Voennye razvedchiki dokladyvali...），刊登在《军事历史杂志》第2期（1992年2月刊），第41页。这份电报于6月1日17时45分由情报局第9处接收。

7. 见《1941年6月2日从基什尼奥夫发出的电报》（Telegramma iz Kishineva, 2 iiunia 1941 g.）、《1941年6月19日从摩尔曼斯克发出的电报》（Telegramma iz Murmanska, 19 iiunia 1941 g.）、《红军政治宣传总局关于德国飞机在俄罗斯拉瓦地区降落的消息》[Informatsiia Glavogo uprevleniia politicheskoi propagandy Kransnoi Armii Tsentral' nomu Komitetu VKP(b) o posadke germanskikh samoletov v raione goroda Rav-Russkaia]，刊登在《苏共中央委员会新闻》第5期（1990年5月刊），第206—211页。

8. 叶夫根耶夫，《军事侦察员报告过……》，第36页。引用的报告由情报局第9处于1940年12月29日19时整接收。

9. 同上，第37页。引用的报告由情报局第6处于1941年3月10日14时整接收。

10. 同上。两份报告的收件人都是斯大林、莫洛托夫、伏罗希洛夫和贝利亚。

11. 同上，第38页。

12. 同上。

13. 同上，第39—40页。引用报告的编号是第48582号，直接发给斯大林。

14. 同上，第40页。这封电报由情报局第9处于1941年5月29日3时整接收。

15. I. Z. 叶夫根耶夫，《军事侦察员报告过……》（Voennye razvedchiki dokladyvali...），刊登在《军事历史杂志》第3期（1992年3月刊），第41—42页。

16. 同上，第42页。这封电报由情报局第9处于1941年6月20日15时整接收。

17. 同上。这份报告由情报局第9处于1941年6月21日17时05分接收。松冈是日本外相，平沼是日本国会的一名议员。

18. 同上，第41—42页。

19. 朱可夫，《回忆与思考》第1卷，第274页。

20. A. G. 哈尔科夫，《在危险事件到来之前》（Naknune groznykh sobitii），刊登在《军事历史杂志》第5期（1988年5月刊），第42页。德国人在地面和空中采取的侦察措施，参见《伟大卫国战争初期》（Nachal' nyl period Velikoi Otechestvennoi voiny）（莫斯科：伏罗希洛夫总参军事学院，

1989年），第23—24页。

21. 哈尔科夫，《在危险事件到来之前》，第42—43页。

22. 同上。

23. 同上，第44页。

24. 同上。

25. 同上。

26. 同上，第45页。引自纽伦堡审判的整理稿。

27. 同上。

28. 同上，第46页。

29. 同上。

30. 朱可夫，《回忆与思考》第1卷，第273页。

31. 同上。

32. 叶夫根耶夫，《军事侦察员报告过……》，《军事历史杂志》1992年（第2期），第39页。

33. V. 卡尔波夫，《朱可夫》，刊登在《武装力量中的共产主义者》（*Kommunist vooruzhennykh sil*）第5期（1990年5月刊），第67页。

34. 按照朱可夫的建议，苏联第一批（初期）战略目标是摧毁集结在布列斯特（Brest）和登布林（Demblin）以南的德国军队，并在30天之内前进至奥斯特罗文卡（Ostrolenka）以北—纳雷夫河以南—沃维奇（Lowicz）①—罗兹（Lodz）—克罗伊茨堡（Kreuzberg）②—奥珀伦（Oppeln）③—奥洛穆茨（Olomouc）④沿线。然后，苏联军队将由卡托维茨（Katowice）向西和西北方向进攻，消灭战线中部和北部的德国军队，占领原属波兰的剩余领土和东普鲁士。苏联军队在战争第一阶段的直接任务，是粉碎维斯瓦河以东和克拉科夫周围的德国军队，并前出至纳雷夫河，夺取卡托维茨。为达成上述目标，各部的具体任务是：（1）西南方面军向克拉科夫和卡托维茨发起主要突击，把德国与其南方的盟军分割开来；（2）西方面军以其左翼发起向华沙和登布林方向发起辅助突击，牵制敌华沙集团并夺取华沙，同时与西南方面军一起消灭敌卢布林集团；（3）对芬兰、东普鲁士、匈牙利和罗马尼亚实施积极防御，一旦情况对我有利，则准备进攻罗马尼亚。

35. 哈尔科夫，《在危险事件到来之前》，第47页。

36. 朱可夫，《回忆与思考》第1卷，第275—276页。

37. 哈尔科夫，《在危险事件到来之前》，第47页。

38. 《波罗的海沿岸特别军区司令部1941年6月18日关于致军于1941年6月17日针对本军区集结情况的情报汇总》（*Razvedyvatel' naia sovdka shtaba Pribaltiiskogo voennogo okruga ot 18 iiunia 1941 g. o gruppirovke voisk protivnika protiv voisk okruga na 17 iiunia 1941 g.*），收录在《伟大卫国战争战斗文书选集：第34期》，第18—20页。西部特别军区6月21日所做的一份类似汇报，见《伟大

---

① 译注：在罗兹东北54公里，华沙以西78公里。
② 译注：德语同名城市很多，此处应指今波兰的克卢奇堡Kluczbork，在罗兹西南136公里。
③ 译注：波兰语作Opole，在克拉科夫西北170公里。
④ 译注：在捷克俄斯特拉发西南90公里。

316

卫国战争战斗文书选集：第35期》，第13—14页。

39. 《文献中的战争最初几天》（*Pervy dni voiny v dokumentakh*），刊登在《军事历史杂志》第5期（1989年5月刊），第47页。这份文书的标题是《步兵第125师师长1941年6月18日20时10分致波罗的海沿岸特别军区司令员的报告》（*Donesenie komandira 125-i strelkovoi divizii komanduiushchemu Pribaltiiskim osobym voennym okrugom, 18 iiunia 1941 g. 20 ch 10 min*），档案编号是TsAMO, f. 344,op. 5564, d. 10,II. 第3—4页。

40. 同上，第47—48页。文书标题是《波罗的海沿岸特别军区司令部1941年6月19日训令》（*Direktiva shtaba pribaltiiskogo osobogo voennogo okruga, 19 iiunia 1941 g.*），档案编号是TsAMO, f. 344,op. 5564, d. 1,II. 第34—35页。

41. 同上，第48页。文书标题是《波罗的海沿岸特别军区第8集团军司令员1941年6月20日致步兵第10军和第11军军长的号令》（*Rasporiazhenie komanduiushchego voiskami 8-i armii pribaltiiskogo osobogo voennnogo okruga komandiram 10-go i 11-ogo strelkovykh korpusov, 20 iiunia 1941 g.*），档案编号是TsAMO, f. 344,op. 5564, d. 10,II. 第36页。

42. 同上。文书标题是《红旗波罗的海舰队司令员1941年6月20日致列宁格勒军区和波罗的海沿岸特别军区司令员、边防军首长的报告》（*Donesenie komanduiushchego krasnoznamennym baltiiskim flotom komanduiushchim leningradskim i pribaltiiskim osobymi voennymi okrugami, nachal' niku pogranvoisk 20 iiunia 1941 g.*），档案编号是TsAMO, f. 221,op.1304, d. 2,l. 第59页。

43. 同上，第48页。文书标题是《波罗的海沿岸特别军区第11集团军参谋长1941年6月20日23时46分的报告》（*Donesenie shtaba 11-i armii nachal' niku shtaba pribaltiiskogo osobogo voennogo okruga ,20 iiunia 1941 g. 23 ch 46 min*），档案编号是TsAMO, f. 221,op.1394, d. 2,l. 第76页。上面的批注是："向莫斯科报告，科雷涅夫斯基同志，1941年6月21日。"

44. 同上，第49页。文书标题是《波罗的海沿岸特别军区司令部致第8、第11和第27集团军司令员的号令》（*Rasporiazhenie shtaba pribaltiiskogo osobogo voennnogo okruga komanduiushchim voiskami 8-i, 11-i i 27-i armii*），档案编号是TsAMO, f. 344, op.5564, d. 1, l. 第62页。

45. 哈尔科夫，《在危险事件到来之前》，第47—48页。

46. 《波罗的海沿岸特别军区司令部1941年6月22日关于敌军于1941年6月21日20时整集结情况的第02号情报汇总》（*Razvedyvatel' naia sovdka shtaba Pribaltiiskogo voennogo okruga no. 02 ot 22 iiunia 1941 g. o gruppirovke voisk protivnika k 20 chasam 21 iiunia 1941 g.*），收录在《伟大卫国战争战斗文书选集：第34期》，第28—30页。

47. 《波罗的海沿岸特别军区司令部1941年7月21日关于军区军队于1941年6月21日22时整集结情况的第01号作战汇报》（*Operativnaia svodka shtaba Pribaltiiskogo voennogo okruga no. 01 ot 21 iiulia 1941 g. o gruppirovke voisk okruga k 22 chasam 21 iiunia 1941 g.*），收录在《伟大卫国战争战斗文书选集：第34期》，第31—32页。

48. 《文献中的战争最初几天》，第51页。文书标题是《波罗的海沿岸特别军区政治宣传局1941年6月21日21时35分的训令》（*Direktiva upravleniia polit-propagandy pribaltiiskogo osobogo voennnogo okruga 21 iiunia 1941 g. 21 ch 35 min*），档案编号是TsAMO, f. 344, op.5564, d. 1, l. 第47页。

49. 同上。文书标题是《波罗的海沿岸特别军区第8集团军司令员致步兵第11军军长的命令》（*Prikaz komanduiushchego voiskami 8-i armii pribaltiiskogo osobogo voennnogo okruga komandiru 11-go strelkovogo korpusa*），档案编号是TsAMO, f. 344,op. 5564, d. 10,l. 第53页。

50. 同上。文书标题是《波罗的海沿岸特别军区第27集团军司令部1941年6月22日3时45分的命令》（*Prikaz shtaba 27-i armii pribaltiiskogo osobogo voennnogo okruga 22 iiunia 1941 g. 3 ch 45 min*），档案编号是TsAMO, f. 325,op. 4579, d. 1,l. 第43页。

51. 哈尔科夫，《在危险事件到来之前》，第47页。

52. 同上，第43页，有命令全文。

53. 朱可夫，《回忆与思考》，第1卷，第277—278页。

54. 《国防人民委员S. K. 铁木辛哥和总参谋长G. K. 朱可夫致各边境军区司令员，关于做好战斗准备迎接法西斯德国可能在1941年6月21日发动进攻的训令》（*Direktiva narodnogo komissara oborony S. K. Timoshenko i nachal' nika general' nogo shtaba G. K. Zhukova komanduiushchim prigranichnykh okrugov o privedeniii v boevuiu gotovnost' voisk v sviazi s vozdushnym napadeniem fashistskoi Germanii 21 iiunia 1941 g.*），收录在《伟大卫国战争中的内卫部队 1941—1945》（*Vnutrennie voiska v Velikoi Otechestvennoi voine 1941-1945 gg.*）（莫斯科：法律专题文学出版社，1975年），第32页。在朱可夫的《回忆与思考》第1卷第278页，有极其相似的文本。

55. 《文献中的战争最初几天》，第44页。

56. 《从西方面军1941年6月22日的战斗行动日志上》（*Iz zhurnala boevykh deistvii voisk zapadnogo fronta 22 iiunia 1941 g.*），收录在《文献中的战争最初几天》，第45—46页。全文见《伟大卫国战争战斗文书选集：第35期》，第7—10页。

57. 朱可夫，《回忆与思考》，第1卷，第271—272页。

58. 同上，第272页。

59. 华西列夫斯基，《毕生的事业》，第84页。

60. 同上，第84—85页。

61. 《接收记录》（*Akt o prieme*），《苏共中央委员会新闻》第1期（1990年1月刊），第203页。

62. 关于战争前夕侦察的更多细节，见A. A. 沃尔科夫，《关键性的序幕：伟大卫国战争中第一批战局中未完成的方面军进攻战役》（*Kriticheskii prolog: Nezavershennye frontovye nastupatel' nye operatsii pervykh kampanii Velikoi Otechestvennoi voiny*，莫斯科：航空出版社，1992年），第48—52页。这部罕见而精彩的著作在俄罗斯联邦自然科学院的地缘政治学与安全处主导下编写。

63. 同上，第50页。

64. D. 沃尔科戈诺夫，《胜利与悲剧》（*Triumf i tragediia*，莫斯科：新闻出版社，1989年），第401页。

结论

从20世纪30年代中期起，苏联已经非常清楚地认识到欧洲和亚洲的安全形势正在日益恶化，并且有可能爆发全面战争。经验表明，一旦战争爆发，作为全世界主要两支掠夺性势力，纳粹德国和军国主义的日本出于自己的最终政治目的，很可能会把苏维埃国家当作首选目标。苏联国内战争和协约国干涉的历史、西方国家在新型布尔什维克苏维埃国家初创阶段和法西斯国家20世纪30年代在意识形态方面表现出的敌意，只会加剧苏联的不安全感。总之，苏联表现得满怀疑虑是可以理解的。

苏联人不仅意识到外来威胁与日俱增，还坚信自己肩负的历史使命，于是他们扩充武装力量的规模，提高其战备水平。1935年以后，苏联军事力量的确在增强，他们大范围重整军备计划的目标也显而易见。苏联正试图成为欧洲，乃至全世界首屈一指的军事力量。尽管人们对苏联军事改革和重整军备计划的最终意图可以有多种解释，但很明显，一旦建立起军事力量，就要投入使用。似乎是为强调这一历史原则，苏联不顾是否合理合法，在1939年对波兰、日本和芬兰，1940年对罗马尼亚和稍后对波罗的海诸国使用了自己的军事力量。

苏联军队的扩充和改革计划受到多种因素的掣肘，与此同时，苏联的对外军事行动往往令人尴尬地虽胜犹败。但这些事件不仅不能改变苏联军队扩充的事实，更不会改变在某些外国人当中普遍存在的观点，他们认为苏联正在成为一个全球性的军事威胁。另外，苏联军队遭遇的挫折与同期德国军队的辉煌胜利有天壤之别，进一步加剧了苏联人的疑虑，于是他们进一步加快重整军备的步伐。

苏联武装力量的扩充在1939年和1940年加速进行，到1941年更是进入白热化。苏联当时的军事著作和档案文献可以清楚地显示这一点，然而到了这个时候，扩充军队的动力与其说是敌意，不如说是恐惧。登载在苏联各种公开或保密军队期刊上的军事评论，尤其是在《军事思想》（Voennaia mysl'）和《军事历史杂志》（Voenno-istoricheskii zhurnal）上的评论，表现得尤为坦率。[1]苏联人在这些文章中热烈赞赏德国军队的卓越表现，深感德国的军事威胁正在日益增长，同时也清醒认识到苏联军队的作战效果和效率，距离德国军队的标准相去甚远。有鉴于此，1940年和1941年发表在这些期刊上的许多文章明显在讨论关于防御的话题，这并非偶然。总之，苏联军事理论家们知道，一旦与纳粹德国开战，对苏联军队和苏维埃国家意味着什么。包括斯大林在内的政治家们肯定也知道这一点。这种认识是人们解读所有发生在1940和1941年外交和军事事件的必要背景。至少，它可以解释苏联当时军事改革计划的规模和实施的紧迫性。可是对苏联来说很不幸，这种对当前威胁的认识和随后的大规模军备重整计划，并不能使苏联军队充分做好战争准备。

1941年6月，不管从哪种角度衡量，苏联红军都是世界上最庞大、最复杂的武装力量：现役兵员已达500多万，并且还在进一步动员；它的集团军、军和师的个数，比所有潜在对手相加的总和还多；它的飞机、坦克和火炮数量众多；它还有世界上最强大的装甲坦克兵、骑兵和空降兵；它的动员潜力虽被其他国家低估，但实际上也同样可观。不仅如此，整支军队看上去还在进行力求提高自身战斗力的彻底改革。像德国人这样的国外观察家简直无法想象一旦红军改革成功，最终后果会是什么。

然而，苏联的政治和军事领导人，像许多外国（特别是德国）的军事领导人一样，都明白苏联这个军事巨人有严重缺陷。最主要缺陷来自苏联本身的天然属性：幅员辽阔，人口众多却成分复杂，经济和通信基础设施不发达，技术基础落后，这些都困扰着苏联的政治和军事规划者。总之，苏联庞大的"农民后方"在一定程度上降低了苏联坚决果断的政治效率，也在短期内削弱了这个国家抗击闪电战的能力。

经过20世纪30年代后期的几场战争，苏联及其潜在对手都非常清楚上述事实。苏联人自己都对苏芬战争第一年超过25万人的伤亡数字望而生畏；[2]他们不满意苏联军队1939年开进波兰东部时的惨淡表现；他们深知即便是成功击败日本的哈拉哈河战役也不完美；他们很清楚自己作战军队和战略预备队的状况，指挥干部队伍的不稳定，以及受训人员、武器、通信设备、车辆和后勤保障的短缺。他们之所以匆忙进行军事改革，是因为认识到红军还没有为下一场战争做好准备。他们还明白，当前正在进行的改革时间表不能在1942年夏季之前造就一支真正有战斗力的红军。最重要的是，他们了解并害怕德国军队的战斗力，以及无情驱使着德国人寻求下一次征服的政治势力。很明显，德国人迟早会挥师东进。上述认识是我们研究苏联1939年至1941年夏季看似不合理的外交和军事行为的明确背景。这也可以解释1941年春季，在对待明确显示战争迫在眉睫的情报时，苏联那些看似不合理的反应。

综上所述，苏联认为红军在1941年6月没有做好战争准备，并采取了相应措施。正如后来发生的事情所证明的一样，这种判断是正确的。截至1941年9月1日，红军在不到三个月的战争中共损失280余万人，相当于苏联在1941年6月和平状态下陆军总兵力的一半。截至当年年底，红军在战争中共损失近450万人，几乎是1941年6月22日的全部兵力。[3] 如此高昂的代价，足以证明红军在1941年尚未做好战争准备的残酷事实。到最后，是苏联的动员体制、红军在战争中的自我教育能力、苏联军人和国家在苦难面前看似无限的承受力，挽救了苏维埃国家，并给她带来最终胜利。

注释

1. 这些坦率的评论文章有：A. 科年年科，《德波战争1939》（*Germano-pol' skaia voina 1939g.*），见《军事历史杂志》第11期（1940年11月刊），第49—67页；A. 科年年科，《弗兰德斯战役（1940年5月）》［*Boi vo Flandrii (mai 1940g.)*］，见《军事历史杂志》第3期（1941年3月刊），第3—25页；L. 杰西亚托夫，《挪威战役（1940年4—6月）》［*Operatsiia v Norvegii(aprel' – iiun' 1940 g.)*］，见《军事历史杂志》第4期（1940年4月刊[①]），第3—12页；I. 拉特纳，《突破马斯河（1940年5月在迪万[②]—色当地段）》［*Proryv na Maase (Na uchastke Divan-Sedan,mai 1940 g.)*］，在《军事历史杂志》第5期（1940年5月刊），第3—22页；A. 科年年科，《西线军事行动简述》（*Kratkii obzor voennykh deistvii na Zapade*），在《军事思想》第7期（1940年7月刊），第3—12页；K. I. 霍尔谢耶夫，《德波战争中的空军》（*VVS v germano-pol' skoi voine*），在《军事思想》第7期（1940年7月刊），第28—44页；B. S. 别利亚诺夫斯基，《在波兰、比利时和法国的坦克和摩托化军队作战》（*Deistviia tankovykh i motorizovannykh voisk v Pol' she, Bel' gii i Frantsii*），在《军事思想》第8期，1940年8月刊，第39—58页，等等。

2. 根据G. F. 克里沃舍耶夫，《解密的保密文献》（*Grif sekretnosti sniat*，莫斯科：军事出版社，1993年），第93—100页。在苏芬战争期间，苏联武装力量的伤亡人数为333084人，其中84394人阵亡或失踪。苏联在战争初期投入的军队人数为550757人，但在战争结束时这个数字增加到760578人。因此，实际投入军队总兵力超过100万人。总计30%的伤亡率令人震惊。

3. G. F. 克里沃舍耶夫，《解密的保密文献》，第143页。

---

① 译注：原文如此，这期杂志的年度应为1941。
② 译注：此处Divan应为比利时的迪南（Dinant）。

苏联红军的作战序列，
1941 年 6 月 22 日至 8 月 1 日

	作战集团军	大本营预备队	军区
1941年6月	北方面军		莫斯科军区
	第7集团军		步兵第41军
	步兵第54师		步兵第118师
	步兵第71师		步兵第235师
	步兵第168师		
	步兵第237师		奥廖尔军区
	第14集团军		步兵第30军
	步兵第42军		步兵第19师
	步兵第104师		步兵第149师
	步兵第122师		步兵第217师
	步兵第14师		步兵第33军
	步兵第52师		步兵第89师
	坦克第1师		步兵第120师
	第23集团军		步兵第145师
	步兵第19军		步兵第222师
	步兵第115师		机械化第23军
	步兵第142师		坦克第48师
	步兵第50军		坦克第51师
	步兵第43师		摩托化第220师
	步兵第70师		
	步兵123师		哈尔科夫军区
	机械化第10军		空降兵第2军
	坦克第21师		空降兵第2旅
	坦克第24师		空降兵第3旅
	摩托化第198师		空降兵第4旅
	方面军直属		步兵第214师
	机械化第1军		第18集团军（司令部）
	坦克第3师		
	摩托化第163师		
	步兵第177师		北高加索军区
	步兵第191师		步兵第64军
	步兵第8旅		步兵第165师

作战集团军	大本营预备队	军区
西北方面军		步兵第175师
第8集团军		山地步兵第28师
步兵第10军		步兵第157师
步兵第10师		
步兵第48师		敖德萨军区
步兵第90师		步兵第7军
步兵第11军		步兵第116师
步兵第11师		步兵第196师
步兵第125师		步兵第206师
机械化第12军		步兵第9军
坦克第23师		步兵第106师
坦克第28师		步兵第156师
摩托化第202师		骑兵第32师
第11集团军		步兵第147师
步兵第16军		空降兵第3军
步兵第5师		空降兵第5旅
步兵第33师		空降兵第6旅
步兵第188师		空降兵第212旅
步兵第29军		
步兵第179师		外高加索军区
步兵第181师①		步兵第3军
步兵第23师		步兵第4军
步兵第126师		山地步兵第20师
步兵第128师		山地步兵第47师
机械化第3军		步兵第23军
坦克第2师		步兵第136师
坦克第5师		山地步兵第138师
摩托化第84师		步兵第40军
第27集团军		山地步兵第9师
步兵第22军		步兵第31师
步兵第180师		山地步兵第63师
步兵第183师②		山地步兵第76师
步兵第24军		山地步兵第77师
步兵第181师		山地骑兵第17师
步兵第183师		骑兵第24师
步兵第16师		机械化第28军
步兵第67师	第24集团军	坦克第6师
步兵第3旅	步兵第52军	坦克第54师

---

① 译注：应为第184师。
② 译注：应为第182师。

作战集团军	大本营预备队	军区
方面军直属	步兵第91师	摩托化第236师
步兵第65军（军部）	步兵第119师	
空降兵第5军	步兵第166师	中亚军区
空降兵第9旅	步兵第53军	步兵第58军
空降兵第10旅	步兵第107师	步兵第68师
空降兵第201旅	步兵第133师	步兵第83师
	步兵第178师	步兵第194师
西方面军		步兵第238师
第3集团军	第22集团军	机械化第27军
步兵第4军	步兵第51军	坦克第9师
步兵第27师	步兵第98师	坦克第53师
步兵第56师	步兵第112师	摩托化第221师
步兵第85师	步兵第153师	骑兵第4军
机械化第11军	步兵第62军	山地骑兵第18师
坦克第29师	步兵第170师	山地骑兵第20师
坦克第33师	步兵第174师	山地骑兵第21师
摩托化第204师	步兵第186师	
第4集团军	第21集团军	
步兵第28军	步兵第63军	阿尔汉格尔斯克军区
步兵第6师	步兵第53师	步兵第88师
步兵第49师	步兵第148师	步兵第111师
步兵第42师	步兵第167师	
步兵第75师	步兵第66军	外贝加尔军区
机械化第14军	步兵第61师	第17集团军
坦克第22师	步兵第117师	摩托化步兵第36师
坦克第30师	步兵第154师	摩托化步兵第57师
摩托化第205师	机械化第25军	坦克第57师
第10集团军	坦克第50师	坦克第61师
步兵第1军	坦克第55师	摩托化第82师
步兵第2师	摩托化第219师	步兵第12军
步兵第8师	第20集团军	步兵第65师
步兵第5军	步兵第61军	步兵第94师
步兵第13师	步兵第110师	步兵第93师
步兵第85师	步兵第144师	步兵第114师
步兵第113师	步兵第172师	
机械化第6军	步兵第69军	远东方面军
坦克第4师	步兵第73师	第1集团军
坦克第7师	步兵第229师	步兵第26军
摩托化第29师	步兵第233师	步兵第21师
机械化第13军	步兵第18师	步兵第22师
坦克第25师	机械化第7军	步兵第26师
坦克第31师	坦克第14师	步兵第59军
摩托化第208师	坦克第17师	步兵第39师
骑兵第6军	摩托化第1师	步兵第59师

作战集团军	大本营预备队	军区
骑兵第6师		步兵第1旅
骑兵第36师	步兵第20军	步兵第4旅
步兵第155师	步兵第137师	步兵第5旅
方面军直属	步兵第160师	骑兵第8师
步兵第2军	步兵第45军	机械化第30军
步兵第100师	步兵第187师	坦克第58师
步兵第161师	步兵第227师	坦克第60师
步兵第21军	步兵第232师	摩托化第239师
步兵第17师	步兵第67军	第2集团军
步兵第24师	步兵第102师	步兵第3师
步兵第37师	步兵第132师	步兵第12师
步兵第44军	步兵第151师	坦克第59师
步兵第64师	机械化第21军	摩托化第69师
步兵第108师	坦克第42师	第15集团军
步兵第47军	坦克第46师	步兵第18军
步兵第55师	摩托化第185师	步兵第34师
步兵第121师		空降兵第202旅
步兵第143师		第25集团军
步兵第50师		步兵第39军
空降兵第4军		步兵第32师
空降兵第7旅		步兵第40师
空降兵第8旅		步兵第92师
空降兵第214旅		步兵第105师
机械化第17军		方面军直属
坦克第27师		特别步兵军
坦克第36师		步兵第79师
摩托化第209师		山地步兵第101师
机械化第20军		步兵第35师
坦克第26师		步兵第66师
坦克第38师		步兵第78师
摩托化第210师		
第13集团军（司令部）		
西南方面军		
第5集团军	第16集团军	
步兵第15军	步兵第32军	
步兵第45师	步兵第46师	
步兵第62师	步兵第152师	
步兵第27军	机械化第5军	
步兵第87师	坦克第13师	
步兵第124师	坦克第17师	
步兵第135师	摩托化第109师	
机械化第9军	第19集团军	
坦克第20师	步兵第25军	

作战集团军	大本营预备队	军区
坦克第35师	步兵第127师	
摩托化第131师	步兵第134师	
机械化第22军	步兵第162师	
坦克第19师	步兵第34军	
坦克第41师	步兵第129师	
摩托化第215师	步兵第158师	
第6集团军	步兵第171师	
步兵第6军	步兵第38师	
步兵第41师	机械化第16军	
步兵第97师	坦克第52师	
步兵第159师	坦克第56师	
步兵第37军	摩托化第103师	
步兵第80师		
步兵第139师		
步兵第141师		
机械化第4军		
坦克第8师		
坦克第32师		
摩托化第81师		
机械化第15军		
坦克第10师		
坦克第37师		
摩托化第212师		
骑兵第5军		
骑兵第3师		
骑兵第14师		
第12集团军		
步兵第13军		
步兵第44师		
步兵第58师		
山地步兵第192师		
步兵第17军		
步兵第60师		
山地步兵第96师		
步兵第164师		
机械化第16军		
坦克第15师		
坦克第39师		
摩托化第240师		
第26集团军		
步兵第8军		
步兵第99师		
步兵第173师		
山地步兵第72师		

作战集团军	大本营预备队	军区
机械化第8军		
坦克第12师		
坦克第34师		
摩托化第7师		
方面军直属		
步兵第31军		
步兵第193师		
步兵第195师		
步兵第200师		
步兵第36军		
步兵第140师		
步兵第146师		
步兵第228师		
步兵第49军		
步兵第190师		
步兵第197师		
步兵第199师		
步兵第55军		
步兵第130师		
步兵第169师		
步兵第189师		
空降兵第1军		
空降兵第1旅		
空降兵第204旅		
空降兵第211旅		
机械化第19军		
坦克第40师		
坦克第43师		
摩托化第213师		
机械化第24军		
坦克第45师		
坦克第49师		
摩托化第216师		
独立第9集团军		
步兵第14军		
步兵第25师		
步兵第51师		
步兵第35军		
步兵第95师		
步兵第176师		
步兵第48军		
山地步兵第30师		
步兵第74师		
步兵第150师		

	作战集团军	大本营预备队	军区
	机械化第2军		
	坦克第11师		
	坦克第16师		
	摩托化第15师		
	机械化第18军		
	坦克第44师		
	坦克第47师		
	摩托化第218师		
	骑兵第2军		
	骑兵第5师		
	骑兵第9师		
1941年 7月（以下 集团军 番号缩 写为XX 集）	西北方面军	（NKVD）步兵第248师 （24集）	莫斯科
	民兵步兵第1师	（NKVD）步兵第244师 （31集）	（NKVD）步兵第242师（30集）
	民兵步兵第2师	（NKVD）步兵第246师 （31集）	（NKVD）步兵第243师（29集）
	民兵步兵第3师		（NKVD）步兵第245师（34集）
	民兵步兵第4师	（NKVD）步兵第247师 （31集）	（NKVD）步兵第250师（30集）
		（NKVD）步兵第249师 （31集）	（NKVD）步兵第251师（30集）
	西南方面军		（NKVD）步兵第252师（29集）
	步兵第227师（西南方向 总指挥部）		（NKVD）步兵第254师（11集）
		步兵第272师（北方面军）	（NKVD）步兵第256师（22集）
	南方面军		步兵第257师（34集）
	骑兵第30师（18集）		步兵第259师（34集）
			步兵第262师（34集）
			步兵第265师（北方面军）
			步兵第268师（8集）
			民兵步兵第1师（33集）
			民兵步兵第2师（32集）
			民兵步兵第5师（33集）
			民兵步兵第6师（24集）
			民兵步兵第7师（32集）
			民兵步兵第8师（32集）
			民兵步兵第9师（33集）
			民兵步兵第13师（32集）
			民兵步兵第17师（33集）
			民兵步兵第18师（32集）
			民兵步兵第21师（33集）
			骑兵第44师
			骑兵第55师
			奥廖尔
			骑兵第33师（7月底解散）
			乌拉尔
			步兵第311师

作战集团军	大本营预备队	军区
		步兵第313师
		西伯利亚 骑兵第49师
		哈尔科夫 （NKVD）步兵第253师（南方面军） 步兵第264师（西南方面军） 骑兵第48师（南方面军）
		敖德萨 骑兵第26师（6集） 骑兵第28师（6集）
		北高加索 骑兵第43师（中央方面军骑兵集群） 骑兵第47师（中央方面军骑兵集群） 骑兵第50师（29集） 骑兵第52师（13集） 骑兵第53师（29集）
		中亚 山地骑兵第18师 山地骑兵第20师 山地骑兵第21师（13集） 骑兵第44师
		列宁格勒 步兵第281师（北方面军） 骑兵第25师（34集）
1941年 8月	北方面军 步兵第268师（8集） 步兵第265师（北方面军） 步兵第272师（北方面军） 步兵第281师（北方面军） 　民兵步兵第2师（金吉谢普集群） 　民兵步兵第3师（7集） 　民兵步兵第4师（金吉谢普集群） 　近卫民兵步兵第1师（北方面军） 　近卫民兵步兵第2师（北方面军）	莫斯科 步兵第211师（43集） 步兵第260师（50集） 步兵第266师（21集） 步兵第269师（3集） 步兵第279师（50集） 步兵第280师（3集） 步兵第282师（3集） 步兵第285师（52集） 步兵第288师（52集） 步兵第290师（50集） 步兵第291师（23集） 步兵第292师（52集）

作战集团军	大本营预备队	军区
近卫民兵步兵第3师（北方面军）		步兵第298师（13集）
近卫民兵步兵第4师（北方面军）		步兵第305师（西北方面军）
		步兵第307师（13集）
		骑兵第27师
		骑兵第45师
西北方面军		骑兵第55师
步兵第254师（11集）		
民兵步兵第1师（诺夫哥罗德集群）		**伏尔加河沿岸**
骑兵第41师（西北方面军）		骑兵第46师
		奥廖尔
西方面军		步兵第258师（50集）
步兵第256师（22集）		步兵第267师（52集）
步兵第243师（29集）		步兵第271师（51集）
步兵第252师（29集）		步兵第276师（51集）
步兵第242师（30集）		步兵第277师（21集）
步兵第250师（30集）		步兵第278师（50集）
步兵第251师（30集）		步兵第283师（3集）
骑兵第50师（29集）		步兵第287师（布良斯克方面军）
骑兵第53师（29集）		步兵第294师（最高统帅部预备队）
坦克第101师（坦克第52师）（亚尔采沃集群）		步兵第299师（50集）
坦克第104师（坦克第9师）（28集）		步兵第303师（24集）
坦克第107师（坦克第51师）（亚尔采沃集群）		步兵第309师（24集）
步兵第256师（22集）		骑兵第4师
步兵第256师（22集）		骑兵第29师
步兵第256师（22集）		骑兵第31师
步兵第256师（22集）		
		乌拉尔
		步兵第311师（48集）
		步兵第313师（最高统帅部预备队）
预备方面军		**西伯利亚**
步兵第244师（31集）		骑兵第49师
步兵第245师（34集）		
步兵第246师（31集）		**哈尔科夫**
步兵第247师（34集）		步兵第284师（37集）
步兵第248师（24集）		步兵第293师（40集）
步兵第249师（31集）		步兵第295师（40集）
步兵第257师（34集）		步兵第297师（38集）
步兵第259师（34集）		步兵第300师（38集）
步兵第262师（34集）		骑兵第34师
民兵步兵第1师（33集）		骑兵第37师
民兵步兵第2师（32集）		**北高加索**
民兵步兵第4师（24集）		山地步兵第302师

作战集团军	大本营预备队	军区
民兵步兵第5师（33集）		骑兵第35师
民兵步兵第6师（24集）		骑兵第38师
民兵步兵第7师（32集）		骑兵第40师
民兵步兵第8师（32集）		骑兵第42师
民兵步兵第9师（33集）		骑兵第56师
民兵步兵第13师（32集）		
民兵步兵第17师（33集）		外高加索
民兵步兵第18师（32集）		步兵第236师（47集）
民兵步兵第21师（33集）		步兵第317师（外高加索方面军）
骑兵第25师（34集）		
骑兵第54师（34集）		中亚
坦克第102师（坦克第56师）（24集）		步兵第310师（西北方面军）
		步兵第312师（52集）
坦克第105师（坦克第53师）（43集）		步兵第314师（52集）
		步兵第316师（52集）
坦克第108师（预备队方面军）		骑兵第18师
		骑兵第20师
坦克第110师（31集）		山地骑兵第39师
摩托化第106师（24集）		山地骑兵第44师
中央方面军		阿尔汉格尔斯克
山地骑兵第21师（13集）		步兵第263师（卡累利阿方面军）
骑兵第32师（中央方面军骑兵集群）		步兵第286师（最高统帅部预备队）
骑兵第43师（中央方面军骑兵集群）		外贝加尔
		骑兵第51师
骑兵第47师（中央方面军骑兵集群）		
骑兵第52师（13集）		
坦克第109师（中央方面军）		
西南方面军		
步兵第227师（西南方面军）		
步兵第264师（西南方面军）		
步兵第289师（26集）		
步兵第301师（西南方面军）		
步兵第304师（38集）		
骑兵第19师（西南方面军）		
南方面军		
步兵第223师（南方面军）		
步兵第226师（6集）		
步兵第230师（6集）		

作战集团军	大本营预备队	军区
步兵第253师（南方面军）		
步兵第255师（6集）		
步兵第261师（南方面军）		
步兵第270师（12集）		
步兵第273师（6集）		
步兵第274师（12集）		
步兵第275师（6集）		
步兵第296师（9集）		
骑兵第1师（敖德萨军区）		
（滨海集团军）		
骑兵第26师（敖德萨军区）		
骑兵第28师（敖德萨军区）		
骑兵第30师（敖德萨军区）		
骑兵第48师（南方面军）		

红军作战序列综述

	师					步兵旅
	步兵	坦克	摩托化	骑兵	合计	
1941年6月	198	61	31	13	303	5
1941年7月新增师数	38*			18		
合计	236	61	31	31	359	2
1941年8月1日新增兵团数	99	8	1	36	144	
总实力	288	51	18	44	401	
损失、解散和改编兵团数					46**	

★ 原注：其中有15个民兵师。

★★ 原注：步兵师、坦克师和摩托化师合计41个（其中有6个摩托化师改编成步兵师）、骑兵师5个。

资料来源：总参谋部军事科学局编写，《苏联陆军的作战编成》（*Boevoi sostav Sovetskoi armii*），第一部（1941年6月至12月）（莫斯科：总参谋部军事科学局，1963年）。秘密级，后已解密。

※ 资料来源：《红军在1944年8月的军队列表和作战序列》（*Truppen-Ubersicht und Kriegsgliederungen Rote Armee, Stand August 1944*），FHO 1c（东线外军处），Unterlagen Ost, Merkblatt geh. 11/6 Prug-NR: 0157，收录在 NAM（国家微缩档案），T-78, Roll 459，仅供核实使用[1]。

① 译注：原文此处英语和德语均作1944。

苏联红军 1941 年国防计划

《国防人民委员部1941年5月14日关于制订国防计划的训令》

绝密：特别重要。第2号副本[1]

苏联国防人民委员，1941年5月14日。 编号：503920/ss/os

致波罗的海沿岸特别军区司令员（1： 1,000,000比例尺地图）

　　为掩护波罗的海沿岸军区军队的动员、集中和展开，你本人，应于1941年5月30日之前会同军区参谋长、军区参谋部作战处处长一起制订完成：（a）一份保卫由帕兰加（Palanga）至卡普恰梅斯蒂斯（Kapchiamiestis）（不含）立陶宛[①]苏维埃社会主义共和国国界的详细计划，以及一份保卫马察卢湾（Matsalu Gulf，即马特萨卢湾Gulf of Matsalulakht[②]）以南波罗的海海岸沿线和达格岛（Island of Dago，即希乌马岛Island of Hiuna）、厄塞尔岛（Island of Ezel'，即萨列马岛Island of Saarema）的抗登陆计划；（b）一份对空防御的详细计划。

---

①译注：原文是"拉脱维亚"，显然是笔误。
②译注：括号中的此类说明文字为译者所加。

一、防御任务

1. 不许敌人由空中或者陆地侵犯军区辖境。

2. 通过坚守边境沿线的防御工事，可靠地掩护军区军队的动员、集中和展开。

3. 会同波罗的海舰队，共同保卫海岸和达格岛、厄塞尔岛，不许敌人在海岸突击登陆。

4. 通过对空防御和空中交战，保证铁路不间断运行和军区军队的集中。

5. 利用军区各种情报手段，及时确定敌军集中和集结的基本特点。

6. 通过空中交战积极夺取制空权，有力打击主要铁路枢纽、桥梁、中转站、军队集结地域，破坏和干扰敌军的集中和展开。

7. 不许敌空降兵和破坏行动小组在军区辖境降落和登陆。

8. 从动员第一天开始，向列宁格勒军区［LMD］①司令员移交由纳尔瓦湾（Gulf of Narva）至马察卢湾的爱沙尼亚海岸线和沃尔姆西岛（Vormsi Island）的防御。同时向列宁格勒军区移交步兵第65军军部、步兵第16师、第11师和航空兵第4师。列宁格勒军区司令员负责制订上述防御地区的掩护计划。

二、按照以下主要指示，组织国界防御

1. 坚守现有筑垒地域和国界沿线的野战防御工事，在此基础上进一步使用所有军队全力加强防御。

必须在防御中采取积极行动。通过军和集团军预备队的反冲击，迅速粉碎敌人突破防御的任何企图。

2. 特别注意对坦克的防御。遇有敌人大型摩托机械化部队突破防御前沿，应坚决与之斗争，并按照军区司令员的直接指示采取措施粉碎突入之敌，首先应当为此目的投入反坦克炮兵旅、机械化军和航空兵。反坦克旅的任务是利用既设阵地以强大的炮兵火力同敌坦克交战，并在航空兵的配合下共同阻止其前进，直至我机械化军到达并发起反冲击。机械化军的任务是在反坦克旅的

---

① 译注：本附录［ ］中的内容是该计划以俄语刊登时的注释或补充。

掩护下完成展开，并与航空兵一起集中发起强大的翼侧突击，彻底击败敌机械化部队，粉碎突入之敌。

3. 应把下列方向看作至关重要的方向：（a）梅梅尔（Memetl'，即克莱佩达）—泰尔夏伊（Tel'shiai）；（b）蒂尔西特（Til'zit，今俄罗斯苏维埃茨克）—希奥利艾（Shiauliai）；（c）贡宾嫩（Gumbinen，今俄罗斯古谢夫）—考纳斯；（d）苏瓦乌基（Suvalki）—奥里塔（Olita，即阿利图斯Alytus）。

4. 如情况对我有利，军区和集团军的全部防御力量和预备队［必须］做好准备，按照统帅部的指示发动决定性攻击。

三、右侧是列宁格勒军区，主要任务是保卫列宁格勒。

步兵第65军在转隶后，将组织从纳尔瓦湾到马察卢湾的防御。军部设在蒂里（Tiuri）。

与列宁格勒军区的作战分界线是奥斯塔什科夫（Ostashkov）（不含）—沃鲁（Vyru）岛①（不含）—维尔扬迪（Vil'iandi）（不含）—厄塞尔岛和达格岛（含）。

在左侧的是西部特别军区。其司令部将在动员第三天后到达巴拉诺维奇。位于其右翼的第3集团军应沿卡普恰梅斯蒂斯（Kapchiamiestis）—休钦（Shchuchin）一线组织防御，集团军司令部设在格罗德诺（Grodno）。

与西部特别军区的作战分界线是波洛茨克（Polotsk）（不含）—奥什米亚内（Oshmiany）（不含）—德鲁斯基宁凯（Druskeniki）（不含）—马格拉博瓦（不含）（Marggrabova，今波兰奥莱茨科）—勒岑（不含）（Lettsen，今波兰吉日茨科）。

四、为完成［你］领受的任务，应设立三个掩护地区
第1号掩护地区——第27集团军

编成：第27集团军司令部、步兵第67师、步兵第183师、独立步兵第3

---

① 译注：这是一个县名，不是岛。

旅、海岸沿线和厄塞尔岛、达格岛的海岸防御，以及边防部队。

该地区的首长是第27集团军司令员。

集团军司令部设在里加。

左侧作战分界线是马热伊基艾（Mazheikiai）—帕兰加（不含）

任务：

a. 通过防御由马察卢湾至帕兰加（不含）的海岸线和厄塞尔岛、达格岛，防止敌人在海岸和岛屿的两栖突击登陆。在厄塞尔岛要特别注意塔加拉赫特湾（Gulf of Tagalakht，即塔加拉纳湾 Gulf of Tagaranna）的防御。

b. 通过厄塞尔岛和达格岛的防御，会同波罗的海舰队、航空兵、文达瓦（Vindava，即文茨皮尔斯Ventpils）沿岸和汉科半岛的海岸防御，一起阻止敌方舰队通过伊尔别海峡（Irben' Straits）、瑟拉海峡（Soela-viain Straits）和苏尔海峡（Sur-viain Straits）进入里加湾，并阻止其进入芬兰湾。

c. 保卫设在利耶帕亚（Liepaia）的基地。

d. 准备支援厄塞尔岛和达格岛的防御驻军。

第 2 号掩护地区——第 8 集团军

编成：第8集团军司令部、步兵第10、第11军部、步兵第10、第125、第48和第90师、机械化第12军军部、坦克第25和第28师、摩托化第202师、反坦克炮兵第9旅、泰尔夏伊和希奥利埃筑垒地域守军、混成航空兵第7师，以及边防部队。

机械化第12军和反坦克炮兵第9旅应配置在乌日文蒂斯（Uzhventis）、利杜韦奈（Lyduvinai）、凯尔梅（Kel'me）地区。

该地区的首长是第8集团军司令员。集团军司令部设在希奥利艾。

左侧作战分界线是陶格夫匹尔斯（Daugavpils）—帕内韦日斯（Panevezh）（不含）—谢列久斯（Seredzhius）（不含）—尤尔巴尔卡斯（Iurbarkas，即尤尔堡Iurburg）—因斯特堡（Insterburg，今俄罗斯切尔尼亚霍夫斯克）。

任务：通过坚守国界沿线的野战防御工事和位于泰尔夏伊、希奥利艾的现有筑垒地域，可靠掩护由梅梅尔经克雷廷加（Kretinga）至泰尔夏伊方向，以及由蒂尔西特经陶拉格（Taurage）至希奥利艾方向。

第3号掩护地区——第11集团军

编成：第11集团军司令部，步兵第16和第24军军部、步兵第5、第38、第188、第128、第23、第126、第179和第184师、机械化第3军军部、坦克第2和第5师、摩托化第84师、反坦克炮兵第10旅、（统帅部预备队）榴弹炮兵第110和429团、科夫诺（Kovno，即考纳斯）和奥里塔筑垒地域守军、混成航空兵第8师，以及边防部队。

步兵第126师动员后的第一梯队应不迟于动员第三天，运动到卡兹卢鲁达（Kazla Ruda）火车站地区，步兵第23师不迟于第四天运动到考纳斯地区。

机械化第3军应配置于卡兹卢鲁达、普列奈（Prenai）、考纳斯地区。

步兵第29军下辖步兵第179和第184师，应配置于维尔纽斯和奥兰尼（Orany，即瓦雷纳Varena）地区。

该地区的首长是第11集团军司令员，集团军司令部设在考纳斯。

任务：通过坚守科夫诺、奥里塔筑垒地域和由尤尔堡[1]至卡普恰梅斯蒂斯（不含）的前线野战防御工事，可靠地掩护考纳斯和奥里塔方向。

五、立即移交军区司令部指挥

由步兵第180、第182师组成的步兵第22军、步兵第181师，按照展开计划在原驻地完成后续移交工作。

位于陶格夫匹尔斯的空降兵第5军和混成航空兵第6、第57师。

六、航空兵的任务

1. 出动作战航空兵，连续攻击敌方已建成的基地和机场，同时进行空中交战，消灭敌航空兵，并在战争最初几天夺取制空权。

2. 使用歼击航空兵，并与军区全部防空（PVO）系统紧密协同，可靠掩护军区军队的动员和集中、铁路的正常运行，并杜绝敌航空兵飞越军区管辖领空进入国家纵深。

---

① 原注：尤尔巴尔卡斯。

3. 在陆军的配合下消灭前进之敌，阻止敌大型摩托机械化兵团突破军区的防御前线。

4. 与海军航空兵和波罗的海舰队一起，消灭位于波罗的海的敌海军舰队和运输船，防止敌人在厄塞尔岛、达格岛和军区范围内的海岸实施两栖登陆。

5. 通过攻击位于柯尼斯堡（Konigsberg，今俄罗斯加里宁格勒）、马林堡（Marienburg，今波兰马尔堡）、马林维尔德（Marienwerder，今波兰克维曾）、德意志艾劳（Deutsch Eylau）、阿伦施泰因（Allenstein，今波兰奥尔什丁）和因斯特堡的铁路中心、位于但泽（今波兰格但斯克）和比得哥什地区横跨维斯瓦河的铁路桥，以及敌人的集结地域，制止和干扰敌方军队的集中。

6. 摧毁梅梅尔的港口。

七、根据波罗的海沿岸特别军区司令员的指示

1. 准备后方防线：（a）沿达尔贝奈（Darbenai）—库里奈（Kulinai）—里加（Riga）[①]—锡拉莱（Shilazh）—乌利纳斯（Ulinas，即乌皮纳Upyna、乌皮诺斯Upynos）—斯考德韦莱（Skaudvile）—拉塞尼艾（Raseiniai）—谢列久斯—卡兹卢鲁达—皮尔维什基（Pil'vishkiai）—马里亚姆波列（Moripole）—锡姆纳斯（Simnas）—杜塞湖（Lake Dysise）—德鲁斯基宁凯（不含）；（b）巴尔塔河（Barta River）—泰尔夏伊县的卡尔瓦里亚（Kalvariia Tel'shiai，即瓦尔杜瓦，今萨莫吉希亚·卡尔瓦里亚）—卢森（Lussen，即卢奥凯Luokai、卢克尼基Luoniki）—杜比萨（Dubisa）[②]—埃特莱伊（Etlei）并继续沿涅曼河东岸。

2. 为机械化军和航空兵在步兵预备队和反坦克旅的协同下发起反冲击做准备。

3. 在波罗的海沿岸特别军区辖境内，苏联同拉脱维亚、立陶宛、波兰旧国界以西、西德维纳河左岸的全部纵深地带中，选定后方防线的具体位置。

---

① 译注：里加在后方距这条线甚远，似是列塔瓦斯Rietavas之误。
② 译注：应缺"河"字。

4. 在1941年5月30日以前，从西部特别军区手中接管谢别日（Sebezh）筑垒地域，并制订计划使之全面做好作战准备。

5. 在被迫撤退的情况下，制订一项在全部纵深地带布设防坦克障碍物的计划，并制订计划在桥梁、铁路中心和敌人可能集中的地点（军队驻地、指挥部和医院等）埋设地雷。

6. 对空防御计划应涵盖西北防空地区的军队防空和国土防空，尤其应制订下列细节：

a. VNOS［对空情报系统］勤务的组织：各连与前方VNOS观察站均应迅速通知航空兵的机场，首先应通知歼击机机场，同时通知防空要地与掩护目标、旅级防空地域和防空地区的指挥与控制部门。

b. 歼击航空兵的使用和作战：应事先为每支航空兵部队划定消灭敌航空兵时单独的作战空域。

c. 使用高射炮兵和歼击航空兵掩护永久性防空要地与掩护目标、转运站和军队集中地域。

d. 通信问题和防空系统的指挥与控制。

7. 制订向军队发出警报，以及派出支队援助边防军的具体流程，并制订一项保卫和防御重要工业企业、设施和掩护目标的计划。

8. 在被迫撤退的情况下，应制订一项计划，按照特别指示疏散原料工厂、制造厂、银行和其他经济企业、政府设施、军用仓库和国家财产储备库、备用零配件、运输工具等。

八、关于后勤的指示

在动员第十五天之前，共可使用以下消耗标准：

a. 地面掩护军队：弹药共3个基数，作战车辆的燃料共5个基数，运输车辆的燃料共8个基数。

b. 空军的歼击机：15个架次；近程轰炸机：10个架次；远程轰炸机：7个架次；侦察机：10个架次。

c. 为全体掩护军队提供15天的口粮。

保障掩护军队所有种类的物资供给，并由军区修理机构使用零配件，修理和修复车辆。

在军区范围内疏散伤病的人员和马匹，优先使用固定的诊所网络。

九、基本指示

1. 只有经过统帅部的特别批准，才可以首次飞越或者跨越国界。

2. 掩护计划必须包含下列文件：

a. 关于掩护军队行动预案的说明，需附带地图说明行动的决心和直至团、独立部队（含）一级的军队集结情况；

b. 一份作战序列表；

c. 一份掩护军队到达边境并集中的时间表；

d. 一份使用空军的计划，用附带地图标明基地和作战使用；

e. 一份防空计划，应带有对空情报系统和主动防空手段分布情况的地图；

f. 一份带有计算过程和地图的工程兵保障计划；

g. 一份带有计算过程和地图的通信系统计划；

h. 一份陆军和空军后勤与物资保障的组织计划，附带标明地面和航空兵后勤保障系统的地图；

i. 一份医疗和兽医的疏散计划；

j. 如何向部队发出警报，并向边防军的部队派遣援助支队的有关指示；

k. 一份应由作战军队和内卫部队保卫的目标和建筑物清单；

l. 执行过程的具体文件（训令、命令和指令）。

3. 掩护计划将在收到由我、一位总军事委员会成员和红军总参谋长共同签署的密码电报后生效，电报带有如下内容："开始执行1941年掩护计划。"

4. 下列人员获准参加制订掩护计划：

a. 在军区司令部：

整体内容——军区司令员、军事委员会委员、军区参谋长和军区参谋部作战处处长。

计划中的空军部分——波罗的海沿岸特别军区空军司令员。

后勤部分——军区负责后勤的参谋长助理。

军事报告部分——军区负责军事报告的首长

通信部分——军区的通信首长

只安排其他军兵种首长按具体专业完成各自的任务，无须向他们通报掩护计划。

b. 在集团军司令部：集团军司令员、集团军军事委员会委员、集团军参谋长和集团军参谋部作战处处长。

5. 掩护计划应一式两份，一份通过总参谋长转呈批准，另一份在军区军事委员会签署后，封存于军区参谋长的个人保险柜里。

6. 每个掩护地区负责保存自己的掩护计划，该计划由各集团军编写，并经过军区军事委员会批准，在军区军事委员会签署后，封存于该掩护地区首长的个人保险柜里。

7. 发给军队各兵团的执行文件，应与该兵团的动员计划一起，由集团军军事委员会签署后用档案袋密封，并妥善保管。

8. 各集团军应在收到军区军事委员会的书面或电报命令后，各兵团应在收到集团军军事委员会的同样命令后，打开掩护［计划］的档案袋或文件。

9. 掩护计划的所有文本均应由指挥员本人亲笔书写或用打字机打印，或者由其授权他人进行。

附件：一份波罗的海沿岸特别军区掩护军队的地图副本，比例尺为1∶1000000（只随本训令第1号副本）

苏联国防人民委员，苏联元帅S.铁木辛哥

红军总参谋长，大将G.朱可夫

校对：红军总参谋部作战组副组长，少将［A.］华西列夫斯基

《波罗的海沿岸特别军区掩护计划，1941年6月2日》

绝密：特别重要。第1号副本[2]

"'我批准'：国防人民委员，苏联元帅S.铁木辛哥。"1941年6月

在军区的军队动员、集中和展开期间，掩护波罗的海沿岸特别军区辖境的计划（地图比例尺1∶500000）

一、关于敌人能力的考虑

作为一个战区，东普鲁士地区可为防御和进攻战役提供充分准备。波罗的海的存在确保德国人可以在地面和海上实施合成作战和大规模两栖突击登陆。

东普鲁士的自然条件和领土面积为大规模投入各类军队创造了条件。铁路总运力可达每天300列，其中用于战役布势的最多可达200列。到动员第十二天，这个铁路网就可以确保集中40个加强步兵师。同时，当地发达的土路网和高速公路的出现，为摩托化和机械化兵团的运动创造了条件。其中现已查明多达六个坦克师和二至三个摩托化师，可用于同波罗的海沿岸特别军区作战。敌人也可以使用梅梅尔、柯尼斯堡和其他港口进行海上运输。

东普鲁士的机场网（多达15个机场和大量的简易机场）可供展开多达20—24个航空兵大队。

敌人最可能的作战方向是：（a）蒂尔西特—希奥利艾—里加（或希奥利艾—陶格夫匹尔斯），次要方向是梅梅尔—泰尔夏伊，可能以梅梅尔—希奥利艾为下一步行动方向，或者攻向列宁格勒军区后方的普斯科夫（Pskov），或者与敌考纳斯集团协同作战；（b）贡宾嫩—考纳斯—维尔纽斯，下一步攻向明斯克；（c）苏瓦乌基—阿利图斯—利达（Lida）或格罗德诺，以威胁西方面军的右翼和后方；（d）由苏瓦乌基出发的局部进攻，经卡尔瓦里亚（Kalvariia）①攻向考纳斯。

两栖突击的可能登陆地区是：（a）希乌马岛（达格岛）、萨列马岛（厄塞尔岛）；（b）由科尔卡角（Cape Kolkasrag）到帕兰加沿岸一带的文茨皮尔斯（Ventpils）、帕维洛斯塔（Pavilosta）、利耶帕亚等处。

必须考虑到敌方海军可能会强行通过伊尔别海峡突入里加湾，并通过瑟拉海峡和穆胡海峡（Mukhu–viain Straits，即蒙海峡）夺取达格岛和厄塞尔岛。

二、掩护的任务

1. 不许敌人从陆地或海上侵犯波罗的海沿岸特别军区管辖的国土。

2. 依托现有筑垒地域，在国界沿线开展顽强防御击退敌人的进攻，掩护

---

① 译注：在马里亚姆波列县，不是上文提到的泰尔夏伊县同名城镇。

军区军队的动员、集中和展开。

3. 会同波罗的海舰队，以达格岛、厄塞尔岛和各处海岸的防御，防止敌人两栖突击登陆；以快速集群和航空兵的行动消灭敌空降兵；不允许敌海军突入伊尔别海峡和芬兰湾入口。

4. 通过对空防御和空中交战确保铁路不间断运行，军队集中和仓库正常运作。

5. 夺取制空权，通过攻击铁路交汇点、桥梁、中转站和军队集结地域，破坏和阻止敌军集中和展开。

6. 配合边防军消灭不法之徒和破坏行动小组，防止敌空降兵在军区管辖范围内空投或着陆。

7. 组织防护重要目标，并修复敌航空兵可能造成的破坏。

8. 通过各种侦察手段及时确定敌军集中和集结的基本特点，首先也是最重要的是敌摩托机械化部队的基本特点及其进攻方向。

三、掩护的组织

需对下列地点提供掩护，防止来自地面、海上和空中的突击入侵：（a）达格岛、厄塞尔岛和穆胡岛（Mukhu Island，即蒙岛）；（b）由科尔卡角至帕兰加的波罗的海海岸；（c）与东普鲁士和苏瓦乌基州接壤，由帕兰加至卡普恰梅斯蒂斯的苏联陆地国界。

利用防空系统和空军的行动，掩护铁路网的最重要目标、大型居民点、军用仓库、最重要的河流渡口、机场、军队卸载和集中地域、指挥所和通信枢纽部。

四、掩护边境地区的序列［掩护用地图和作战序列见第1、第2和第3号附件（未附）］

组织下列集团军掩护地区（RP），掩护军区的边境（海岸）地区。

第1号掩护地区—第27集团军

该地区包括：达格岛和厄塞尔岛、由马察卢湾（Gulf of Matsalulakht）至里加湾的沿岸地带、瑟拉海峡、苏尔海峡和伊尔别海峡、由科尔卡角至帕兰加（不含）的波罗的海沿岸地带。作战分界线为：右侧沃鲁—维尔扬迪（不含）—马察卢湾—哈里·库克海峡（Khari–Kurk Straits），左侧为叶尔加瓦（Ielgava）（不含）—马热伊基艾（Mazheikiai）—帕兰加（不含），后方为沃尔茨湖（Lake Vyrts'iarv）—瓦尔加（Valga）—瓦尔米耶拉（Valmiera）（不含）—里加（不含）—叶尔加瓦[①]。

第1号掩护地区的首长是第27集团军司令员。集团军司令部设在里加。作战序列见第2号附件。

掩护任务：

a. 通过防御由马察卢湾至帕兰加（不含）的海岸线和厄塞尔岛、达格岛，防止敌人的两栖突击和空降兵登陆或着陆。

b. 会同波罗的海舰队和航空兵阻止敌舰队进入里加湾和芬兰湾。为此需以独立步兵第3旅和步兵第67师的火力加强保卫伊尔别海峡、瑟拉海峡、苏尔海峡和芬兰湾入口各处波罗的海舰队各海岸炮兵连的火力。

c. 保卫利鲍（Libau，即利耶帕亚）海军基地。

波罗的海舰队应按照第27集团军参谋人员制订的合同作战计划，参与保卫第1号防御地区的作战。波罗的海沿岸特别军区航空兵应根据第27集团军司令员的要求，按照军区空军司令员的计划参与击退敌人。

第1号掩护地区划分为三个掩护地带（UP）和一个观察地带（UN）。

第1号掩护地带。该地带的首长是独立步兵第3旅旅长，地带指挥机关设在库雷萨雷（Kuressare，即金吉赛普），负责掩护达格岛、厄塞尔岛、穆胡岛、哈里·库克海峡和伊尔别海峡。该地带编成为：独立步兵第3旅、"伯夫拉"（BOVRA）炮兵的人员和装备，以及第10边防总队。

该地带的任务：

a. 阻止敌人的两栖突击和空降兵登岛。

---

① 译注：里加后面的（不含）应在叶尔加瓦后面，因司令部设在里加，而叶尔加瓦在上文左侧分界线上文已明确（不含）。

b. 使用不少于三个炮兵连加强保卫伊尔别海峡的海军海岸炮兵连，并与波罗的海沿岸特别军区的海军和航空兵组织合同战役，粉碎敌人强行突入里加湾的企图。

c. 在波罗的海舰队和列宁格勒军区军队的配合下，利用海岸炮兵火力封锁芬兰湾入口。

第2号掩护地带。该地带的首长是步兵第114团团长，地带指挥机关设在文茨皮尔斯［文达瓦］。该地带负责波罗的海沿岸从科尔卡角至拉布拉格斯湾（Gulf of Labrags）。作战分界线是：左侧为库尔迪加（Kuldiga）—拉布拉格斯湾，后方为瓦尔代马尔皮尔斯（Val'demarpils）—伦达（Renda）。该地带编成为：步兵第114团、榴弹炮兵第242团第1营、第12边防总队第1和第2边防大队的海岸防御部队。

任务：

a. 防止敌人在海岸的两栖突击登陆，消灭登陆之敌；应特别注意各处适宜登陆的地点：马济尔贝（Mazirbe）、奥维希（Ovishi）和文茨皮尔斯。

b. 使用加强有野战炮兵的海岸炮兵火力，在第1号掩护地带、波罗的海舰队和航空兵的配合下，阻止敌人通过伊尔别海峡。

c. 不允许敌空降兵着陆，并特别注意库尔迪加地区。

第3号掩护地带。该地带的首长是步兵第67师师长，地带指挥机关设在艾兹普泰（Aizpute）。该地带负责由拉布拉格斯湾至帕兰加（不含）的波罗的海海岸。后方分界线是伦达—斯克伦达（Skrunda）—巴尔斯蒂奇亚伊（Barstichiai）。该地带编成为：步兵第67师（欠步兵第114团和榴弹炮兵第242团1营）、第12边防总队（欠第1和第2边防大队）、海岸防御、利鲍海军基地的全部军队和装备。

任务：

a. 保卫海岸时，要特别注意防止敌人在适宜登陆的地点：帕维洛斯塔和利耶帕亚发动突击。

b. 分派一个步兵营保卫利耶帕亚［利鲍］海军基地。

c. 准备机动铁道炮兵第18连和一个野战炮兵营，加强海岸炮兵连保卫伊尔别海峡的火力。

d. 在利巴瓦①方向保留不少于两个营的机动预备队，供第3号掩护地带首长使用。

e. 使用你的下属军队保持对海岸的监视和侦察，并按照利鲍基地首长的指示进行海上侦察。

第4号观察地带。里加湾海岸由马察卢湾至科尔卡角是第1号掩护地带的第二防线。该地带由航空兵、第8边防总队第5边防大队各哨所、波罗的海舰队设在德维纳河河口处基地的部队和舰艇负责监视。遇有敌独立破坏行动小组的渗透或空降兵着陆，依照第27集团军司令部的指示，以里加步兵学校人员和里加市驻军的部队组建快速机动集群消灭该敌。

第2号掩护地区——第8集团军

防御由帕兰加至涅曼河一线的国界。分界线：右侧为叶尔加瓦—马热伊基艾（不含）—帕兰加，左侧为多特努瓦（Dotnuva）—谢德尼基（Sredniki，即谢列久斯）—涅曼河—尤尔堡—因斯特堡，后方为叶尔加瓦—谢杜瓦（Sheduva）—多特努瓦。

该掩护地区的首长是第8集团军司令员，掩护地区指挥机关位于布比艾（Bubiai）②。作战编成见第2号附件。

任务：

a. 通过防御国界沿线的野战防御工事和位于泰尔夏伊、希奥利艾两处的现有筑垒地域，可靠掩护梅梅尔—泰尔夏伊、蒂尔西特—陶拉格—希奥利艾两个方向。

b. 准备以机械化第12军、反坦克炮兵第9旅和四个步兵师，沿希奥利艾—梅梅尔、希奥利艾—蒂尔西特、希奥利艾—谢德尼基—皮尔维什基方向发起反冲击。实施反冲击时应与方面军航空兵保持协同。

c. 从战争第一天开始，准备集团军后方防线，第一条是：达尔贝奈—米

---

① 译注：Libava是俄语名称，拉脱维亚语为利耶帕亚，德语为利鲍。
② 原注：在希奥利艾西南15公里。

尼亚河（Miniia River）—扎雷奈（Zharenai）—瓦尔尼艾（Varniai）—克拉日亚伊（Krazhiai）—利杜韦奈（Lidoviany）—杜比萨河，第二条是：巴尔塔河—巴尔斯蒂奇亚伊—泰尔夏伊—希奥利艾—舒什韦河（Shushve River）—内韦日斯河（Nevezhis River）。

首先应按照第4号附件中的地图，迅速沿上述两线布设战役防坦克地域；并在战争最初几天，使用从新完工筑垒地域撤出的建筑营修建上述防坦克地域和后方防线。

第2掩护地区划分为两个掩护地带。

第1号掩护地带。该地带的首长是步兵第10军军长，地带指挥机关设在瓦尔尼艾。地带的分界线：左侧为克拉日亚伊（不含）—乌皮纳（不含）—萨尔蒂尼基（Sartyniki，即萨尔蒂宁凯Sartininkai），后方为巴尔斯蒂奇亚伊—特韦赖（Tverai）—卡尔基普济奈（Kalgipchenai）。

该地带编成为：步兵第10军军部及其直属部队、步兵第10和第90师、军属炮兵第47和第73团、第115边防总队。

掩护任务：

a. 依托泰尔夏伊筑垒地域的永备防御工事组织该地带的防御，事先在地带内选定前沿防御阵地，并改造筑垒地域以利防御作战。

b. 在防御地带的前沿防线和纵深内布设障碍物，沿克雷廷加—恩德列伊瓦斯（Endreiavas）、瓦尔尼艾、瓦伊努塔斯（Vainutas）、帕尤里斯（Paiuris）等方向需要特别密集地布设障碍物。

c. 为保证帕尤里斯防坦克地域即便被完全包围也能坚守，应在该地域布设一个有力的障碍物体系；在帕尤里斯—瓦伊普拉斯（Vaipulas）—萨尔蒂尼基方向组建一个五至六个炮兵营组成的集群，大规模集中使用炮火；在通往克雷廷加、恩德列伊瓦斯和帕尤里斯的道路上组织侧射炮火；应从最大射程开火。

d. 在拜尔夏伊（Baisiai）地区保持不少于一个团作为预备队。及时有效地动员步兵第183师一个团，使其在动员第二天日终前到达泰尔夏伊一带。

第2掩护地带。该地带首长是步兵第11军军长。掩护地带的指挥机关设在斯考德韦莱。后方分界线是卡尔蒂内奈（Kaltinenai）—内马克西艾（Nemokchiai）—罗西艾尼（Rossieny，即拉塞尼艾）—巴拉格斯洛文斯托沃

（Blagoslovenstvo）。

该地带编成为：步兵第11军及军直属部队，步兵第125和第48师、军属炮兵第51团、榴弹炮兵第402团、第106边防总队的第1和第2边防大队。

任务：

a. 依托希奥利艾筑垒地域的永备防御工事和前方部队的前沿防御阵地，组织该地带的防御；阻止敌人在希奥利艾或沿涅曼河向东突破。

b. 沿边境地带完成布设和加固整条防御带，特别要沿蒂尔西特—希奥利艾公路牢固地建立并加固一个强大的反坦克防御体系。

c. 集中炮兵火力于陶拉格方向，并在集团军炮兵首长统一指挥与控制下，用于帕尤里斯—萨尔蒂尼基、陶拉格—蒂尔西特方向。

d. 在陶拉格方向保持两个步兵团作为军长手中的预备队。

应从第一天起占领整个集团军防御地带的所有阵地。为此，在步兵第48师到达之前，该师所应占领防御地带，应以摩托化第202师加强有坦克和炮兵的一个团加以占领。应根据第8集团军的安排把步兵第48师运动到边境地带，为此已将汽车运输第414和445营配属给该集团军。

通过铁路运送（统帅部预备队）榴弹炮兵第402团。卸载地是韦杜克莱（Vidukle）。该团完成集结后，预计再用火车从［其］驻地装载军属炮兵第47和第73团，军属炮兵第47团在泰尔夏伊卸载，第73团在韦杜克莱卸载。

第3号掩护地区——第11集团军

保卫由涅曼河至卡普恰梅斯蒂斯的国界。分界线：右侧为多特努瓦（不含）—谢德尼基—涅曼河—尤尔堡—因斯特堡（不含），左侧为奥什米亚内（不含）—德鲁斯基宁凯（不含）—特罗伊堡（Troiburg）—勒岑（不含），后方为约纳瓦（Iunava）—奥兰尼。

第3号掩护地区的首长是第11集团军司令员，指挥机关设在考纳斯。

任务：

a. 依托国界沿线的野战防御工事和科夫诺、奥里塔的现有筑垒地域组织防御，可靠掩护贡宾嫩—考纳斯、苏瓦乌基—考纳斯①、苏瓦乌基—阿利图斯方向。

b. 如遇敌军大规模入侵，准备以机械化第3军、反坦克炮兵第10旅、四至五个步兵师和航空兵在希奥利艾方向，或沿考纳斯—马里亚姆波列—锡姆诺（Simno，即锡姆纳斯）方向，或沿涅曼河右岸向南发起反突击，粉碎突入之敌，尤其是其摩托机械化兵团。

另准备以机械化第3军、4至5个步兵师和反坦克炮兵第10旅由卡兹卢鲁达森林地带，沿下列方向发起反突击……②

c. 从战争的最初几天开始，继续使用建筑营加固下列后方防线和防坦克地域：

1. 卡兹卢鲁达森林的北、西和南边缘。

2. 在祖文蒂湖（Lake Zhuvinty）和卡兹卢鲁达森林以南布设一条特别坚固的大纵深障碍带。

3. 准备坚守在涅曼河左岸沿谢德尼基—维利乌塞（Viliuse）—尤拉火车站（Iura Station）—达尔苏尼什克斯（Darsunishkis）一线的登陆场。为此，需在维瓦利（Veivery）和吉尔尼基（Girniki，即基尔宁凯Girininkai）地区迅速建设强大的永备防御工事，同时在这些地点以西布设防坦克障碍物。准备利用该登陆场在考纳斯的东西两侧渡过涅曼河。

4. 由谢德尼基至莫尔基宁（Merkine）的涅曼河东岸沿线（见第4号附件中的地图）。

步兵第29军军部到达前，第3号掩护地区由三个掩护地带组成。步兵第29军军部到达锡姆诺地区以后，第2和第3号掩护地带归其统一指挥。

第1号掩护地带。该地带的首长是步兵第16军军长。指挥机关设在尤拉（Iura）。分界线：右侧为巴尔别里什基斯（Bel'verzhishki）—马里亚姆波列—维扎伊内（Vizhainy），左侧为巴拉格斯洛文斯托沃—皮尔维什基—马里亚姆波列③。

---

① 译注：此处原文缺苏瓦乌基，根据下文第五节第四段增补。
② 译注：原文如此。
③ 译注：原文如此，前者应是左侧分界线，后者应是后方分界线。

该地带编成为：步兵第16军军部及军直属部队、步兵第5、第33和第188师、军属炮兵第270和第448团、（统帅部预备队）榴弹炮兵第40团、第107边防总队第3和第4边防大队。

任务：

a. 在现有科夫诺筑垒地域的地境沿线组织防御，集中主力于瑙梅斯蒂斯（Naumietis）—维什蒂涅茨（Vyshtynets）一线，同时坚守夏基艾（Shaki）地区。

b. 在谢尔文德（Shirvind）方向大规模使用炮兵，并准备集中不少于150门炮的火力于古德瓦伊岑（Gudvaitshen）—菲力乌本嫩（Pilliupenen）一线，并且在便于坦克通行的道路上广泛使用侧射火力。

c. 在瑙梅斯蒂斯—菲力乌本嫩沿线布设障碍物，同时广泛利用沼泽地形。

d. 在皮尔维什基—维尔卡维什基斯（Vil'kovishkis）—柳德维诺夫（Liudvinov）沿线建设后方阵地，并事先制订反坦克炮兵旅向该阵地机动的预案。

e. 每个师最多保留一个团作预备队：将步兵第188师的预备队配置在左翼的后方，以便与第2号防御地带协同作战。

第2号防御地带。该地带的首长是步兵第126师师长。地带指挥机关位于卡尔瓦里亚。分界线：左侧为比尔什托纳斯（Piateronis）火车站—锡姆诺（不含）—蓬斯克（Pun'sk），后方为马里亚姆波列—锡姆诺。

该地带编成为：步兵第126师、（统帅部预备队）榴弹炮兵第429团、第107边防总队第2边防大队。

在步兵第126师到达之前，从第一天起，以摩托化第84师用该师坦克和炮兵加强的一个团占领该地带。

任务：

a. 在现有奥里塔筑垒地域沿线组织防御，阻止敌人由苏瓦乌基向马里亚姆波列和考纳斯方向进犯。

b. 该地带应广泛利用沼泽地形布设防坦克障碍物，准备迎击敌人坦克的大规模进攻。

c. 集中炮兵主力于右翼和中部。

第3号防御地带。该地带的首长是步兵第128师师长。地带指挥机关位于波格丹内（Bogdany）。后方分界线为锡姆诺—德鲁斯基宁凯。

该地带编成为：步兵第128师、第107边防总队第3和第4边防大队[1]。

任务：

a. 在现有奥里塔筑垒地域沿线组织防御，并保卫奥里塔方向。

b. 充分利用湖泊遍布的地形，建立牢固的防坦克配系；特别注意卡勒提尼克（Kaletnik）—罗兹迪兹（Loz'dzee）—阿利图斯、塞伊内（Seiny）—罗兹迪兹—阿利图斯方向。

五、用于增援国界掩护地区的预备队[2]

为加强对梅梅尔—泰尔夏伊、蒂尔西特—希奥利艾方向的掩护，从第一天开始，集中［下列］兵团交给第8集团军司令员指挥：机械化第12军军部及其直属部队集中到凯尔梅地区，坦克第23师到乌皮纳和乌日文蒂斯地区，坦克第28师到希奥利艾地区，摩托化第202师到瓦伊古瓦（Vaiguva）、克拉日亚伊和凯尔梅地区，反坦克炮兵第9旅到乌日文蒂斯、瓦尔尼艾和克拉日亚伊地区，另外还有混成航空兵第7师。

在上述兵团乘火车到达，并集中归第8集团军司令员指挥后，预计后续进行［下列集中］：步兵第22军军部及直属部队在Bei［字迹模糊］地区，步兵第183师在泰尔夏伊地区，步兵第181师在利杜韦奈和蒂图韦奈（Tsitoviany）地区。

上述兵团和部队应在动员第八天至第十三天期间完成集中。独立高射炮兵第438师[3]应在第十三天集中到希奥利艾地区。

为加强对贡宾嫩—考纳斯、苏瓦乌基—考纳斯和苏瓦乌基—阿利图斯方向的掩护，从第一天开始，根据本计划已通过行军完成集中的［下列兵团］，

---

[1] 译注：原文如此，这两个边防大队在第1号防御地带已出现。
[2] 译注：原文序号自此出现混乱，共两个四和两个八，无七，译文按正常顺序重新编号，不再单独说明。
[3] 译注：表6.1中未出现该部番号。

将交给第11集团军司令员指挥：位于约纳瓦（Ionava）地区的机械化第3军军部及直属部队；位于凯伊达尼（Keidany）、拉布诺沃（Labunovo）、奥克门尼艾（Okmeniai）地区的［坦克］第2［师］；位于谢塔（Sheta）、卢克西塔（Lukshta）、梅什库西艾地区（Meshkuchiai）的［坦克］第5［师］；位于加伊日乌奈（Gaizhiunai）、普拉韦恩什基斯火车站（Pravienishkis）、斯米列蒂奈地区（Smil'chiai）的摩托化第84师；位于卡兹卢鲁达、多姆布拉瓦（Dombrava）和 波文蒙内（Povemon'）一地区的反坦克炮兵第10旅，另外还有混成航空兵第8师。

动员的第一梯队将乘坐火车在动员第二天至第四天完成集中，［包括］位于卡兹卢鲁达的步兵第126师和将由考纳斯地区前往卡兹卢鲁达地区的步兵第23师。

动员完成之后，将集中［下列兵团］（并根据第11集团军的计划行军），交给第11集团军司令员指挥：步兵第179师集中在杜塞湖（Lake Dus'）和帕舍尔尼基湖（Lake Paserniki）地区，步兵第184师在古德里斯（Gudels）、祖文尼夫（Zhuvinv）、马什奇基（Mashch'ki）、杜塞湖和帕利尼亚（Palynia）地区，步兵第29军军部及直属部队在锡姆诺地区；乘火车开进的有：前往普列尼（Preny，即普列奈）地区的步兵第24军军部及直属部队，前往布特里蒙尼斯（Butrimonis）、阿利图斯和索洛博迪基艾（Slobodkiai）地区的步兵第182师。

上述兵团的任务：

a. 消灭突破或渗透至集团军地带内的敌摩托机械化兵团。支援各防坦克地域中的反坦克炮兵旅，在航空兵的协同下以火力迎击坦克，攻击并迟滞坦克直至机械化军到达。机械化军在防坦克地域和这些炮兵旅的火力掩护下完成展开，在航空兵的协同下，以侧翼的向心攻击消灭敌机械化部队。

b. 迎击并消灭降落在后方的空降兵。

c. 准备并布设防坦克地域和后方防线。

集团军司令员得到方面军司令员批准后，才可动用机械化军。

遇有大批敌军入侵，机械化军、反坦克炮兵旅和作为集团军预备队的步兵师，都将按照方面军司令员的决心投入战斗。在任何方向上的反突击，都应按照该司令员的指示统一指挥与控制。

机械化第12军最有可能沿下列方向实施机动：从北面向谢德尼基和皮尔维什基，或沿希奥利艾—约纳瓦方向，［同时］机械化第3军沿凯伊达尼—罗塞伊尼（Rosseiny）—斯考德维莱或者凯伊达尼—谢德尼基方向。

为便于上述机动，第11集团军司令员应在维尔基（Vil'ki，即维尔基亚Vilkija）和卢姆士什基斯（Rumshishkis）地区架设几座舟桥，并在谢德尼基架设一座浮桥为支援。在斯凯莱（Skerei）、约纳瓦和卡兹里亚瓦（Kazliava）一带，应保证至少有三处渡口可供坦克渡过维利亚河（Viliia River，该河段也称涅里斯河Neris River）。

方面军预备队由步兵第180师和空降兵第5军组成，根据具体态势在方面军司令员组织下参加反突击。

六、指挥与控制

1. 只有在得到统帅部特别允许的情况下，我方军队方可在地面或者空中越过国界。

2. 关于报告敌人入侵的程序。如遇敌军大规模突然进犯或其航空兵编队飞越国界，应采用如下形式发出警报：

a. 位于边境地区的各师师长，在从边防军或内卫部队的指挥员、本师侦察部队（观察哨所）那里收到关于敌人跨越（飞越）国界的情报以后，应于第一时间亲自通知（报告）军区司令员或军区参谋长，然后通知集团军司令员和军长，并同时采取措施击退进攻。

b. 报告时应说明敌人在何处、何时、以何种规模越过（飞越）国界，并去向何处。

c. 该报告应以有线电报、民用线路[1]、无线电、对空情报系统（的电报、电话或无线电）等方式发送，或者委派通信员乘飞机或车辆递送。为保证任何常规渠道［有线线路］的正常接收，师长应通过发报机（电话）说出口令"slon"［大象］。一旦收到这条口令，该线路上的全部通话无论其内容如何

---

① 译注：原文NKS即通信人民委员部。

都必须停止，以保证与里加的联系［畅通］。此时应特别安排飞机将一名通信员送到里加，然后再用汽车送往（其所属师）上级的最高指挥部。为保证报告已可靠收到，接收结束后应以口令［回答］"snariad"［炮弹］。

军和师两级指挥机关均各有共11部AK型和RSB型无线电台，军长和师长收到该报告后，应迅速使用无线电明码以军区司令部的无线电频率再发送一遍该报告。发报人必须以口令"slon"开始，收报人在接收完成后应回答"snariad"。

3. 掩护期间的侦察。侦察的目的是从战争第一天起查明敌人的企图、军队编组，及其转入进攻前的准备周期。应特别注意其摩托机械化兵团的集中和航空兵集团的构成。

侦察的任务：

a. 了解铁路运输从维斯瓦河沿线出发的大致运输方向，并确定其中的主要方向和运输密集程度。

b. 查明并确定敌陆基航空兵和海军航空兵的基地分布和飞机数量的增速。

c. 核实敌军主力的集结情况、实力和编成，以及由拉比奥（Labiau，今俄罗斯波列斯克）—因斯特堡—达尔凯门（Darkemen）一线向东运动的方向。

d. 核实摩托机械化兵团的位置、编成、运动方向，及其到达边境的时间。

e. 核实敌军渡过涅曼河的渡河地点、时间、兵力和运动方向。

f. 查明并持续监视位于梅梅尔、因斯特堡—蒂尔西特、贡宾嫩、苏瓦乌基等方向的敌军集结情况。确定其实力、编成和到达边境的时间。

g. 查明敌大型指挥机关的分布和集结情况。

h. 查明我方配备筑垒地域、加固防线、沿边境布设障碍物等工作的执行情况。

i. 在东普鲁士各港口当中，确定敌海军舰只的母港和具体驻泊地点。

j. 及时发现敌人两栖作战的准备和运输船离开基地开始运动的时间。

4. 军区司令部与各掩护地区、波罗的海舰队、军队卸载地域、部队动员地、仓库、车间和其他设施的通信。按照第5号附件规定的通信计划，建立并保持与空军和防空系统（PVO）的有线、无线电和联络飞机通信。通信的组织依照第5号附件中的特别计划进行。

5. 司令部第一梯队的动员。军区司令部应按计划实施动员。在战争开始或宣布动员六小时内，司令部的作战梯队应展开到位于帕内韦日斯以北8公里处森林里的西北方面军司令部所在地。根据出发与集中的具体安排和实际公布的司令部指挥员序列，确定司令部第一梯队的编成，具体做法见第6、第7和第8号附件。

七、掩护军区全境防御敌人空袭的命令

敌人将从第一天开始就动用其空军力量干扰我方军队的动员和集中。其航空兵的目标可以是：

1. 铁路网（交汇点、桥梁、单线铁路和装卸地域）。

2. 军用仓库和各种物资储备仓库。

3. 在空中和地面的我方航空兵

4. 大型居民点

5. 我方军队的集结地域、沿土路的运动和集中地域，必须特别仔细考虑这些地点。

与此同时，预计敌人必然会用空军的行动来掩护［他的］地面和空中行动，也很可能会使用空降兵。

应使用［下列手段］与敌航空兵做斗争：军区的防空（PVO）系统、空军和各种欺骗伪装措施。所有部队都要组织快速支队，并使用后勤部队和设施、集团军司令员预备队中的各团与空降兵作斗争，并消灭降落之敌于地面。

A. 对空防御（见第9号附件）。军区防空部队（PVO）的任务是：

1. 使用防空系统保卫大型铁路中心、居民中心、桥梁和仓库；

2. 保护军队的卸载、集中、运动和通信枢纽等；

3. 及时通报敌机出现。

B. 伪装和消防措施：

1. 军队的全部运动都应在夜间完成，同时在运动和展开过程中采取隐蔽和欺敌措施；

2. 在所有居民点和铁路目标实施灯火管制；

3. 在军队和所有企业、火车站、居民点、机场等地建立消防队。

C. 加强和平时期原有的铁路、桥梁、土路和仓库安全保卫；各掩护地区、各处驻军和仓库应按照各自首长的命令具体执行；按照第10号附件中的名单，使用内卫部队、预备队各团和驻扎当地的步兵部队加强铁路和土路的安全保卫。

敌航空兵造成的破坏应由NKT①和UShOSDORA②的军队按照第11号附件的内容进行修复。位于各集团军和军队后方的土路应按照兵团首长的命令进行修复。

八、空军的使用

空军在掩护期间的任务：

1. 在战争最初几天中，配合统帅部和友邻军区的空军，通过作战航空兵的连续突击，攻击敌方已建成的基地，以作战行动消灭敌航空兵并夺取制空权。

2. 使用歼击航空兵，配合防空系统可靠掩护军队的动员、集中和铁路的正常运行，阻止敌航空兵深入到国家纵深。

3. 配合陆军消灭进攻之敌，阻止其大型摩托机械化部队突破防御。

4. 会同海军航空兵和波罗的海舰队③，消灭敌海军和运输船只，不准敌人在达格岛和厄塞尔岛、波罗的海沿岸实施的两栖突击登陆。

5. 通过攻击柯尼斯堡、马林堡、艾劳、阿伦施泰因、因斯特堡的铁路中心和但泽、比得哥什地区的维斯瓦河铁路桥，并攻击正在集结的军队，扰乱和迟滞敌军的集中。

6. 摧毁梅梅尔的港口。

7. 防止空降兵着陆。

---

① 译注：指交通人民委员部，但此缩写不规范，正式名称是Народный комиссариат путей сообщения，缩写为НКПС，即NKPS。因该人民委员部只管理铁路，有时也非正式地称铁道人民委员部。
② 译注：内务人民委员部所属的公路总局是GUShOSDOR，UShOSDORa是根据内务人民委员的命令，为具体公路建设项目组建的管理局。
③ 译注：原文为黑海舰队，显然是笔误。

8. 对敌陆军［实施］大规模攻击。

执行任务的次序、兵力分配、作战方法和空军的作战计划见第12号附件。

从第一天起，为加强防空能力，歼击航空兵第21团在作战时归防空第10旅旅长指挥。

在统筹军区整体完成主要任务的同时，空军司令员还负责为各掩护地区分派航空兵，完成各地区的任务。空军的作战计划见第13号附件。

九、工程兵保障

工程兵保障的任务：

1. 在边境沿线的野战防御工事地带，布设和构筑完成一个障碍物体系，并在力所能及的情况下，与各掩护地区（RP）的部队一起在筑垒地域组成的防线中占领防御阵地，阻止敌坦克前进。

2. 建设并改造完成泰尔夏伊、希奥利艾、科夫诺和奥里塔筑垒地域的现有永备工事带，并以之作为主要防御阵地。

3. 按照第4号附件中的地图，完成防坦克地域的布设、加固和修建。

4. 建立集团军和方面军的后方防线［阵地］。

5. 在被迫撤退的情况下，在由国界至文塔河（Venta River）—希奥利艾—内韦日斯河—涅曼河一线的区域内，摧毁道路、桥梁、铁路网和通信网，并破坏对敌人有重要作用的目标，给敌人制造连续不断的障碍。

6. 在军队和集团军的防御地带，修补和重建被敌航空兵毁坏的道路。

7. 在涅曼河沿岸，建立并维护各处渡口、位于谢德尼基的浮桥、位于维尔基和卢姆士什基斯的几座舟桥、位于考纳斯、普列奈、阿利图斯和莫尔基宁的永久［桥梁］，以及西德维纳河沿岸里加、克鲁斯特皮尔斯（Krustpils）和陶格夫匹尔斯等地的永久［桥梁］。

在战争开始后，使用工兵［战斗工程兵］和属于UNS［人民建设局］的建筑营进行下列工作：

1. 从战争第一天开始，隶属波罗的海沿岸特别军区各兵团的工兵营应当根据集团军司令部［参谋部］的安排，前往其所属兵团应当掩护的地带和地区，不得返回自己的冬季驻地。

2. 从战争第一天开始，非波罗的海沿岸特别军区所属的工兵营，应归掩护地区的首长指挥，他们将与步兵一起修筑障碍物和防御工事，并布设主要防御阵地。他们将根据红军总参谋部的命令调离波罗的海沿岸特别军区。

3. 从战争第一天开始，人民建设局的建筑营应按照集团军司令员的分配，前往集团军后方的第一道防线［阵地］，他们应着手完成防坦克地域的布设和后方防线的构筑。集团军的工程兵首长根据集团军司令员的计划，组织并规划该工作。

军区工程兵局根据中央［政府］发送的物资情况，适量发放材料、设备和工具，保障这项工作。第4号计划[①]。

十、掩护的物资—技术保障应按照第 14 号附件的计划完成

医疗［卫生］和兽医的疏散应按第14号附件中的计划进行。

从边境地区疏散指挥干部家属和作战部队资产，应按照第14号附件中的计划进行。

作战地图的发放见第15号附件。储备地图应在6月结束前分发到各兵团和部队。

［各附件从略］

波罗的海沿岸特别军区司令员，上将库兹涅佐夫

波罗的海沿岸特别军区军事委员，军级政委迪布罗瓦

波罗的海沿岸特别军区参谋长，中将克列诺夫

第0030号，1941年6月2日。特鲁欣少将编制，一式两份：第1号副本共25页，呈交总参谋部，第2号副本保存在军区司令部。

---

① 译注：原文如此，这是单独一句。

注释

1. 《世界性谎言的终结，以西部各边境军区1941年作战计划为证：苏联并未准备先手进攻德国》（Konets global'noi Izhi operativnye plany zapadnykh prigranichnykh voennykh okrugov 1941 goda svidetel'stvuiut: SSSR ne gotovilsia k napadeniiu na Germaniiu），刊登在《军事历史杂志》第2期（1996年3—4月刊），第5—8页。引自档案：TsAMO, f. 16A, op. 2951, d. 227, II. 第33—47页。地理上的地名直接按照俄语原文音译。

2. 《世界性谎言的终结，以西部各边境军区1941年作战计划为证：苏联并未准备先手进攻德国》（Konets global'noi Izhi operativnye plany zapadnykh prigranichnykh voennykh okrugov 1941 goda svidetel'stvuiut: SSSR ne gotovilsia k napadeniiu na Germaniiu），刊登在《军事历史杂志》第2期（1996年3—4月刊），第9—15页。引自档案：TsAMO, f. 16, op. 2951, d. 242, II. 第1—35页。西部和基辅特别军区的计划全文，同样以《世界性谎言的终结》为题，分别刊登在《军事历史杂志》第3期（1996年5—6月刊），第5—17页和第4期（1996年7—8月刊），第3—17页。

地理名称对照

本节是译者翻译时添加的。因历史变迁和民族语言原因，波罗的海沿岸地区的地名在不同时代、不同语言中常有差异，在原文中有时却会同时出现。同时也有很多城镇重名。正文的译文在地名首次出现时用括号列出原文，并简单列出其他名称。关于地名的其他说明均在下表中列出。中文译名主要以《苏联军事百科全书》的当时地名为准，该书有多种译法时也一并列出。

（部分特殊字母的转换关系：ž—zh、š—sh、č—s、ė—ai、i—j）

湖泊、河流、海湾、海角、岛屿、半岛和海峡名称

Barta River 巴尔塔河，在利耶帕亚入海

Dago island 达格岛，即希乌马岛（Hiuna）

Dubissa River 杜比萨河，也作Dubysa River，文中有一处单独出现Dubisa，但无此名城镇

Lake Dysise 杜塞湖，也作Lake Dus'

Ezel'island 厄塞尔岛，即Saarema萨列马岛

Irben' viain Straits 伊尔别海峡，一般作Irben' Straits，在库尔兰半岛与厄塞尔岛之间

Khari–Kurk Straits 哈里·库尔克海峡，又作Hari Kurk Strait，在沃尔姆西岛与达格岛之间

Gulf of Labrags 拉布拉格斯湾，同名城市在尤尔卡尔内和帕洛韦斯塔之间

Cape Kolkasrag 科尔卡角，一般作Cape Kolka

Matsalu Gulf 马察卢湾，又作马特萨卢湾（Gulf of Matsalulakht）

Miniia River 米尼亚河，流经梅梅尔附近，在库里施湾入海

Mukhu Islands 穆胡岛，又译作蒙岛

Mukhu–viain Straits 穆胡海峡，即蒙海峡，是苏尔海峡和哈里—库尔克海峡的统称，在蒙海峡群岛和爱沙尼亚本土之间。也有资料把北部的哈里—库尔克海峡单独称穆胡海峡

Nevezhis River 内韦日斯河，涅曼河支流

Shushve River 舒什韦河，内韦日斯河的支流

Soela–viain Straits 瑟拉海峡，即Soela Straits，在达格岛与厄塞尔岛之间

Sur–viain Straits 苏尔海峡，即Suur Straits，在穆胡岛与大陆之间

Gulf of Tagalakht 塔加拉赫特湾，即塔加拉纳湾（Gulf of Tagaranna），在厄塞尔岛北部

Venta River 文塔河，在文茨皮尔斯入海

Viliia River 维利亚河，本文中的河段又称涅里斯河（Neris River），这两条河在维尔纽斯汇合之后，在考纳斯汇入涅曼河之前的这一段在多数资料中称涅里斯河，但也有资料称维利亚河，《苏联军事百科全书》中则两者均有

Lake Vyrts'iarv 沃尔茨湖，在爱沙尼亚南部

Vyru Island 沃鲁（岛），Võru爱沙尼亚东南部县名及下属乡名，不是岛

Lake Zhuvinty 祖文蒂湖，即祖文塔斯湖Lake Žuvintas，在锡姆纳斯以北10公里，阿利图斯和马里亚姆波列中间

城镇名称

Aizpute 艾兹普泰

Allenstein 阿伦施泰因，今波兰奥尔什丁

Baisiai 拜尔夏伊，在加尔格日代以南6公里。另在阿利图斯县有一同名村庄

Baranovichi 巴拉诺维奇

Barstichiai 巴尔斯蒂奇亚伊

Bel'verzhishki 巴尔别里什基斯（Balbieriškis）

Blagoslovenstvo 巴拉格斯洛文斯托沃

Bogdany 波格丹内

Bubiai 布比艾，（原文注）在希奥利艾西南15公里

Butrimonis 布特里蒙尼斯

Bydgosh 比得哥什，在波兰

Danzig 但泽，今波兰格但斯克

Darbenai 达尔贝奈

Darkemen 达尔凯门，应为Darkehmen，该地1938年以前用此名，1938—

1946年名为安杰拉普Angerapp，今俄罗斯奥若尔斯克

Darsunishkis 达尔苏尼什克斯，Darsūniškis，在考纳斯东南约40公里，涅曼河东岸

Deutsch Eylau 德意志艾劳

Dombrava 多姆布拉瓦

Dotnuva 多特努瓦

Druskeniki 德鲁斯基宁凯

Endreiavas 恩德列伊瓦斯（Endriejavas），列塔瓦斯以西15公里

Etlei 埃特雷

Gaizhiunai 加伊日乌奈（Gaižiūnai），在约纳瓦东南6公里，在立陶宛还有两处同名城镇

Girniki 吉尔尼基，即基尔宁凯（Girininkai），考纳斯正南15公里

Gudels 古德里斯

Gudvaitshen 古德瓦伊岑

Gumbinen 贡宾嫩，今俄罗斯古谢夫

Ielgava 叶尔加瓦

Insterburg 因斯特堡，今俄罗斯切尔尼亚霍夫斯克

Iunava 约纳瓦，又作Ionava、Jonava，在考纳斯东北约30公里

Iura 尤拉，又作Jura或Jures，在卡兹卢鲁达以东8公里

Iurbarkas 尤尔巴尔卡斯，原注：即尤尔堡（Iurburg）

Kaletnik 卡勒提尼克，属波兰，在苏瓦乌基东北约13公里

Kalgipchenai 卡尔基普济奈

Kaltinenai 卡尔蒂内奈（Kaltinėnai），在锡拉莱东北20公里，2011年700余人小镇

Kalvariia 卡尔瓦里亚，在立陶宛西南部马里亚姆波列县，该地名若无特殊说明，一般指此处

Kalvariia Tel'shiai 泰尔夏伊县的卡尔瓦里亚，当时和现在均称萨莫吉希亚·卡尔瓦里亚Žemaičių Kalvarija，二十世纪中后期一度改名又称瓦尔杜瓦，苏联解体后改回萨莫吉希亚·卡尔瓦里亚

Kapchiamiestis 卡普恰梅斯蒂斯，立陶宛西南与波兰、白俄罗斯交界处

Kaunas 考纳斯，即Kovno科夫诺

Kazla Ruda 卡兹卢鲁达 Kazlų Rūda

Kazliava 卡兹里亚瓦

Keidany 凯伊达尼

Kel'me 凯尔梅

Konigsberg 柯尼斯堡，今俄罗斯加里宁格勒

Krazhiai 克拉日亚伊，Kražiai，凯尔梅以西20公里

Kretinga 克雷廷加

Krustpils 克鲁斯特皮尔斯

Kuldiga 库尔迪加

Kulinai 库里奈

Kuressare 库雷萨雷，即金吉赛普，在厄塞尔岛

Labiau 拉比奥，今俄罗斯波列斯克

Labunovo 拉布诺沃

Lettsen 勒岑，今波兰吉日茨科

Lussen 卢森，即卢奥凯（Luokė），卢克尼基

Lidoviany、Lyduvinai 利杜韦奈，应是Lyduvėnai，位于拉塞尼艾以北铁路横跨杜比萨河处的一个小村庄，属考纳斯县

Liepaia 利耶帕亚，即德语利鲍（Libau），俄语利巴瓦（Libava）

Liudvinov 柳德维诺夫，即柳德维纳瓦斯（Liudvinavas）

Loz'dzee 罗兹迪兹，即拉兹迪亚伊（Lazdijai）

Lukshta 卢克西塔（Lukštas），同名湖泊有很多，本文中应指位于约纳瓦东北78公里，乌克梅尔盖东北42公里处的一个湖

Marienburg 马林堡，今波兰马尔堡

Marienwerder 马林维尔德，今波兰克维曾

Marggrabova 马格拉博瓦，今波兰奥莱茨科

Mashch'ki 马什奇基

Naumietis 瑙梅斯蒂斯，现马里亚姆波列县的库迪尔科斯—瑙梅斯蒂斯

Kudirkos Naumiestis

    Mazheikiai 马热伊基艾，又译作马热伊基亚伊

    Mazirbe 马济尔贝

    Memetl' 梅梅尔，即克莱佩达

    Nemokchiai 内马克西艾（Nemakščiai），斯考德维莱东14公里

    Merkine 莫尔基宁Merkinė，在阿利图斯县，德鲁斯基宁凯东北26公里处涅曼河畔

    Meshkuchiai 梅什库西艾（Meškučiai），在约纳瓦东北32公里，另有两处同名地点在阿利图斯县和马里亚姆波列县

    Moripole 马里亚姆波列

    Okmeniai 奥克门尼艾

    Olita 奥里塔，即阿利图斯

    Orany 奥兰尼，波兰语，即立陶宛的瓦雷纳（Varena），在阿利图斯县

    Oshmiany 奥什米亚内

    Ostashkov 奥斯塔什科夫

    Ovishi 奥维希

    Paiuris 帕尤里斯（Pajūris），这一地名有两个城镇，较大一处在锡拉莱西南12公里，较小的在列塔瓦斯以南7公里。从城镇大小、地形特点和位置来看，应是前者

    Palanga 帕兰加

    Palynia 帕利尼亚

    Panevezh 帕内韦日斯

    Pavilosta 帕维洛斯塔

    Piateronis 比尔什托纳斯

    Pilliupenen 菲力乌本嫩

    Pil'vishkiai 皮尔维什基，又称皮尔维什基艾（Pilviškiai）

    Polotsk 波洛茨克

    Povemon' 波文蒙内

    Pravienishkis 普拉韦恩什基斯（Pravieniškis），考纳斯以东约25公里

Preny 普列尼，即Prenai 普列奈

Pun'sk 蓬斯克，又作Puńsk，今波兰境内苏瓦乌基东北25公里

Raseiniai 拉塞尼艾，即罗西艾尼（Rossieny）、罗塞伊尼（Rosseiny）

Renda 伦达

Rietavas 列塔瓦斯

Rumshishkis 卢姆士什基斯（Rumšiškės），考纳斯以东30公里。

Sartyniki 萨尔蒂尼基，即萨尔蒂宁凯（Sartininkai），在陶拉格以西20公里

Seiny 塞伊内，Sejny，今波兰苏瓦乌基正东30公里

Seredzhius 谢列久斯，即俄语的谢德尼基Sredniki，位于杜比萨河汇入涅曼河处

Shaki 夏基艾，Šakiai维尔卡维什基斯西南约25公里

Shchuchin 休钦

Sheduva 谢杜瓦

Sheta 谢塔，Šėta在约纳瓦以北26公里

Shilazh 锡拉莱

Shirvind 谢尔文德

Simnas 锡姆纳斯，即波兰语锡姆诺（Simno）

Slobodkiai 索洛博迪基艾

Skaudvile 斯考德韦莱，在陶拉格东北25公里

Skerei 斯凯莱，即斯凯比奈（Skrebinai），约纳瓦以西10公里，维利亚河边

Skrunda 斯克伦达

Smil'chiai 斯米列蒂奈（Smiltynai），在考纳斯东北11公里

Taurage 陶拉格

Tel'shiai 泰尔夏伊

Til'zit 蒂尔西特，今俄罗斯苏维埃茨克（Sovietsk）

Tiuri 蒂里

Troiburg 特罗伊堡

Tsitoviany 蒂图韦奈（Tytuvėnai）

Tverai 特韦赖

Ulinas 乌利纳斯，即乌皮诺斯（Upynos）、乌皮纳（Upyna），斯考德维莱西北10公里

Uzhventis 乌日文蒂斯

Vaiguva 瓦伊古瓦，在凯尔梅西北约15公里处

Vaipulas 瓦伊普拉斯，在文中"帕尤里斯—该地—萨尔蒂尼基"的附近区域，只有瓦伊努塔斯（Vainutas）地名类似

Vainutas 瓦伊努塔斯，锡拉莱西南29公里

Val'demarpils 瓦尔代马尔皮尔斯

Valga 瓦尔加

Valmiera 瓦尔米耶拉

Varniai 瓦尔尼艾

Veivery 维瓦利，即维瓦利埃（Veiveriai），在考纳斯西南20公里处，卡兹卢鲁达森林的东侧

Vidukle 韦杜克莱（Viduklė），在拉塞尼艾以西15公里

Vil'iandi 维尔扬迪

Vil'ki 维尔基，即维尔基亚（Vilkija）

Vil'kovishkis 维尔卡维什基斯（Vilkaviškis）

Viliuse 维柳塞，维柳夏伊Viliūšiai，在卡兹卢鲁达森林以北，埃热雷利斯以西18公里

Vindava 文达瓦，即文茨皮尔斯（Ventpils）

Vyshtynets 维什蒂涅茨，即维什蒂蒂斯（Vištytis）

Vizhainy 维扎伊内（波兰语Wiżajny，立陶宛语Vižainis），波兰苏瓦乌基的村庄，位于今波兰、立陶宛和俄罗斯加里宁格勒州交界处

Zharenai 扎雷奈

Zhuvinv 祖文尼夫，即祖文塔斯（Zuvintas），在锡姆纳斯和马里亚姆波列之间有大片森林，也有同名湖泊和城镇

对手的观点：
德国情报机关在战争前夕的评估

在策划"巴巴罗萨"行动的过程中，德国情报机关高估了苏联人配置在各边境军区的陆军兵力，却低估了全体红军的现役总人数。另外，它未能发现苏联新型机械化兵团在规模和编成方面的变化。[1]奇怪的是，1940年夏季刚开始策划入侵苏联的时候，德国人对苏联军队的观察还相当准确，但他们显然未能觉察到苏联总参谋部在接下来一整年（或者，按照苏联人的说法是"悄悄爬入战争"阶段）中采取的动员措施，于是他们的观点愈发不准确（见表C1）。

1940年8月，德国人估计苏联军队的总兵力有151个步兵师、32个骑兵师和38个机械化旅，而当时苏联陆军的实际兵力是152个步兵师、26个骑兵师和9个新组建的机械化军（各有2个坦克师和1个摩托化师）。[4]德国人估计自己将会在苏联西部面对96个步兵师、23个骑兵师和28个机械化旅。在德国人的这些估计数字当中，苏联正规步兵师和骑兵师的数量大致准确，而坦克实力偏低，并从此开始长期被低估。针对这样一支军队，德国人预计自己需要在进攻中投入147个师（24个装甲师、1个骑兵师、12个摩托化步兵师和110个步兵师），这些数字后来在规划过程中一直未变。

德国陆军总参谋部作战部同年10月估计，苏联在西线的总兵力已增至约170个各类师，其中约有70个师位于乌克兰、60个师位于白俄罗斯、30个师位于波罗的海沿岸地区，其余的师作为预备队。1941年2月3日召开的一次计划研讨会上，陆军总参谋长弗兰茨·哈尔德谈到苏联可以用来抗击德国入侵的兵力时，认为有100个步兵师、25个骑兵师和30个机械化旅。[5]

表 C1 德国情报机关估计数字的准确性，1940—1941 年

	德国估计数字	苏联实际兵力
1940年8月		
集团军		20
步兵师	151	174（3个摩托化）
骑兵师	32	26
机械化旅	38	8个军（26个师）
1941年1月15日		
集团军	20	20
步兵军	30	50
步兵师	150（15个摩托化）	179
骑兵军	9	6
骑兵师	32	25
摩托化—机械化军	6	9（20个师）
摩托化旅	36	0
1941年6月11日		
集团军	20	20
步兵军	40	62
步兵师	175（15个摩托化）	198（另有3个旅）
骑兵军	9	4
骑兵师	33又1/3	13
坦克或机械化军	3	29
坦克师	7	61
摩托化旅	43	31个师
空降兵旅	7	15（编为5个军）
动员师	200	518个师级单位（1941年12月31日前）
可动员总人数	男性人力储备1100万—1200万中的620万人[2]	初期动员合计785万人；总共动员2957.49万人[3]

1941年6月初，德国人对苏联人的兵力做开战前的最后估计，认为苏联军队共有170个步兵师、33又1/3个骑兵师和46个摩托化装甲旅（后者相当于15个快速师）。相比之下，当时红军的实际兵力是196个步兵师、13个骑兵师、61个坦克师（58个师隶属各机械化军，以及3个独立师）和31个摩托化师（29个隶属各机械化军，以及2个独立师）。其中，德国人估计苏联在各边境军区有118个步兵师、20个骑兵师和40个快速旅（共约150个师），而苏联的实际兵力是171个各类师。德国情报机关估计，苏联在欧洲部分的其他地区还有32又1/3个师，而实际上是约100个师。

德国人对苏联飞机总数的估计数字有很大差异，这意味着德国人对苏联空中力量的认识有某种程度的混乱。在不同资料当中，这个总数在8000架到14000架之间变化，其中大约有6000架位于苏联西部。[6] 在这6000架飞机当中，有1500架现代化飞机；按照飞机的类型，具体分为：800架旧式近程侦察机、2000架歼击机（其中现代化飞机有250至300架）、1800架轰炸机（其中现代化飞机有800架）、700架战斗轰炸机（主要是斯图莫维克Il-2和旧式飞机），以及700架海军飞机（主要是旧式飞机）。

这些数字表明，德国人估计苏联当时的军事实力时出现两个主要失误。首先，德国人未能及时了解苏联战前动员的规模。在几个边境军区尚且都没能做到这一点，何况在更容易隐蔽动员工作的内地军区。其次，德国人没有真正认识到苏联军队的重建工作，特别是有关机械化进程的重建工作。直到6月22日，德国情报机关还在继续统计着苏联的旧式坦克旅和骑兵师，完全没有意识到这种兵团大部分都已改编成新型机械化军下属的坦克师和摩托化师。6月22日以前，德国人只在波罗的海沿岸、西部和基辅等三个特别军区，各辨认出1个机械化军，而实际上在这些地区总共有16个这样的军。德国人同样没能在这些边境军区发现应协同各机械化军作战的新建大型反坦克旅。诚然，在战争初期，德国人娴熟的战役战术技巧足以弥补上述情报工作失误。然而，从长远来看，德国情报工作并未得到改善，失误仍然在以同样的方式继续，并将会给德国军队造成灾难性后果。

德国人虽然充分认识到苏联人在苏芬战争期间遇到问题并随后进行了军队改革，但是没有查清楚这些改革的整体范围。他们也倾向于贬低这项改革计划的预期效果，相信由于红军熟练指挥人员的不断流失，苏联军事领导人没有能力在运动战中使用大型部队。尽管如此，德国人还是接受这样的事实：苏联武装力量的实力源自他们的人数、庞大的装备储备、红军战士的勇气和坚韧，以及苏联作为军事行动战场的广袤和相对落后。

然而，比这些问题严重得多的是，德国人未能充分认识苏联动员体制的规模和效率，因而没有预料苏联军队的数量在动员后急剧增长，德国情报机关提供的估计数字往往局限于统计它所能看见的东西，即在和平时期维持不同编制水平的现役军队。但是，他们要么没有发现，要么忽视了苏联"架子师"的动员工作，这些师在和平时期的干部和装备数量几乎微不足道。不过这也是情有可原，毕竟德国人设想"巴巴罗萨"行动应当在不到4个月之内结束，认为苏联人来不及新组建大批有战斗力的军队。德国统帅部推断，苏联的少量新建兵团将会在战役过程中被逐次各个击破。历史证明，这样的设想及其推断存在致命缺陷。

注释

1. 详见戴维·M. 格兰茨，《战争中的苏联军事情报工作》（伦敦：弗兰克·卡斯出版社，1990年），第43—48页。

2. 德国陆军总参谋部，《苏维埃社会主义联盟（苏联）的武装力量，在1941年1月1日的状态》（第1部分：文本，H3/1692；第2部分：附件，H3/637。）〔OKH GenStdH, Die Kriegswehrmacht der Union der Sozialistischen Sowjetrepubliken (UdSSR), Stand: 1.1.1941, Teil I: text; H3/1692; Teil II: Anlagenband; H3/637.〕

3. 克里沃舍耶夫，《解密的秘密档案》，第139页。这一数字仅限红军。苏联全体武装力量的总动员人数是3447.67万人。

4. 德国人对苏联兵力的估计数字，见《德国人的俄国战局，策划和行动（1940—1941）》，收录于《陆军部手册》第20-26la号（华盛顿特区，陆军部，1955年3月版），第7页。

5. 同上，第30页。

6. 德国陆军总参谋部在《苏联的武装力量》中，认为飞机总数为1.2万—1.4万架，而《陆军部手册》第20-26la号第42页的估计数字为8000架。

苏德战场军队的实力对比，
1941 年 6 月 22 日

  关于"巴巴罗萨"行动和苏联人的作战表现，最有争议的问题之一是如何权衡双方军队的实力。许多人通过这个对比数字，进而综合其他因素，解释苏联人后来的作战表现和最终成果。得益于现有的文献记录，历史学家们现在可以相当准确地重建当时的对比关系，并能更好地总结这样的对比怎样引发了苏联人的失败。

  苏联的公开历史资料一直在过分强调德国人的实力，同时刻意贬低自己的实力。20世纪60年代中期以前，这种资料声称德国武装力量在1941年6月的总兵力为850万人，其中包括陆军的600万人、空军的170万人，其余属于海军和特种兵团（如党卫队）。根据这些资料，陆军由214个师（包括169个步兵师、21个装甲师、14个摩托化师和10个其他的师）和7个旅组成，由1.1万辆坦克和强击火炮、近7.8万门火炮和迫击炮、1.1万架飞机提供支援。[1]

  按照这种说法，在上述总兵力当中，德国人共调派152个师到东线作战，其中包括19个装甲师、14个摩托化师和2个独立旅，合计陆军共330万人。再加上空军的120万人和海军的10万人，共计占德国作战军队总人数的77%。苏联的同一资料称，德国的仆从国兵力有29个师（16个芬兰师和13个罗马尼亚师）和16个旅（3个芬兰旅、9个罗马尼亚旅和4个匈牙利旅），共计90万人。上述数字总计有550万人（其中460万德国人）和181个师又18个旅由2800辆坦克和强击火炮、4.8万门火炮和迫击炮、4950架飞机（其中属于芬兰和罗马尼亚的不多于1000架）提供支援。[2]

同一资料称苏联在6月22日的总兵力为"420.7万人",再加上1941年上半年动员的兵力(该资料修订版称有79.3万人),共计为500万人。[3] 其中,西部各边境军区共有290万人,组成170个师又2个旅,支援兵器有1800辆重型和中型坦克(其中1475辆新式坦克)、34695门火炮和迫击炮、1540架新式飞机(还有大量旧式飞机)。

按照这份资料,苏德前线双方的兵力对比如下:

	红军	轴心国军队	数量对比
师或师级单位（2个旅折合1个师）	171	190	1：1.1
人员	2900000	5500000	1：1.9
坦克和强击火炮	1800	2800	1：1.6
火炮和迫击炮	34695	48000	1：1.4
飞机	1540	4950	1：3.2

截至20世纪80年代末,苏联的公开资料显示,德国及其仆从国军队用于同苏联作战的兵力有550万人,组成190个师(包括19个坦克师和14个摩托化师),由4300辆坦克和强击火炮、4.72万门火炮和迫击炮、4980架飞机提供支援,占国防军各种兵器总数的83%。[4] 同一资料称,苏联武装力量的总兵力为537.3万人,其中陆军和国土防空部队有455.3万人,空军有47.6万人,海军有34.4万人,由1861辆新式坦克、6.7万门火炮和迫击炮、2700架新式飞机提供支援。位于西部各军区的苏联军队共有268万人、1475辆新式坦克、3.75万门火炮和迫击炮和1540架新式飞机,共组成170个师(103个步兵师、40个坦克师、20个摩托化师和7个骑兵师)又2个旅。[5] 双方兵力对比如下:

	红军	轴心国军队	数量对比
师	171	190	1：1.1
人员	2680000	5500000	1：2.1
坦克和强击火炮	1475	4300	1：2.9
火炮和迫击炮	37500	47200	1：1.3
飞机	1540	4980	1：3.2

　　1991年，苏联人总结的兵力对比又一次发生变化。M. I.梅列秋霍夫的一篇权威而详细的文章以档案资料为基础，确定苏联武装力量的总兵力为537.3万人、23140辆坦克、104114门火炮和迫击炮、18570架飞机，共303个陆军师、16个空降旅和3个步兵旅。[6] 在上述数字当中，由278万人（含空军、国土防空部队和内务人民委员部边防军）组成的174个师级单位，配置在西部各边境军区，由10394辆坦克（其中新式坦克1325辆）、43782门火炮和迫击炮、8154架飞机（其中新式飞机1540架）提供支援[①]。梅列秋霍夫援引德国档案资料称，德国在1941年6月15日的总兵力为822.9万，其中野战军有396万人、后备军124万人、空军154.5万人、党卫队16万人、海军40.4万人、各种专业保障机构92万人。这些军队组成208个师、1个战斗群、3个摩托化旅或坦克旅、2个步兵团，共有5694辆坦克和强击火炮、88251门火炮和迫击炮、6413架飞机。其中，德国人计划在东线的作战中，投入460万人（陆军和党卫队330万人、空军120万人、海军10万人）组成的155个师级单位、3998辆坦克和强击火炮、43407门火炮和迫击炮、3904架飞机。实际投入东线的有127个师，共计4029250人、3648辆坦克和强击火炮[②]、35791门火炮和迫击炮、3904架飞机。

　　根据外国的档案材料，梅列秋霍夫认为在德国各仆从国的武装力量当中，用于东线的有：芬兰的302600人（17.5个师）、86辆坦克、2047门火炮和迫击炮、307架飞机，罗马尼亚的358140人（17.5个师）、60辆坦克、3255门火炮和迫击炮、423架飞机，匈牙利的4.4万人（2个师），116辆坦克、200门火炮和迫击炮、100架飞机；合计704740人（37个师）、262辆坦克、5502门火炮和迫击炮、937架飞机[③]。

　　因此，按照梅列秋霍夫的说法，德国及其仆从国的军队投入东线的总兵力，总计有4733990人（164个师）、3899辆坦克和强击火炮、41293门火炮和迫击炮、4841架飞机。据此得出的兵力对比如下：

---

① 译注：本处飞机数量与下文的表不一致。
② 译注：此处数字可能有问题，总和不符，而其他数字均出现两次。
③ 译注：上文某国飞机数有误，相加后不符。

	红军	轴心国军队	数量对比
师	174	164	1.1 : 1
人员	2780000	4733990	1 : 1.7
坦克和强击火炮	10394	3899	2.6 : 1
火炮和迫击炮	43872	41293	1 : 1.1
飞机	9576	4841	2.0 : 1

苏联原来的保密资料显示，德国及其仆从国武装力量的总兵力为725400人、6677辆坦克和强击火炮、77800门火炮和迫击炮、10100架作战飞机。其中有550万人、3582辆坦克和强击火炮、41763门火炮和迫击炮、4275架飞机（组成191.5个师）用于进攻苏联。同一资料称苏联武装力量有537.3万人、18680辆坦克、91400门火炮和迫击炮、15599架飞机。其中有290.1万人、11000辆坦克、21556门火炮和迫击炮、9917架飞机配置在西部各边境军区。[7] 这份资料给出苏联旧式坦克和飞机的数量，原来的资料一般避而不谈，红军的全部身管火炮总数从6.7万门增加到9.14万门，西部各军区的总兵力从268万人增加到290.1万人。尽管其中的苏联兵力数字可能是正确的，但德国的数字还有待确认。根据这份资料得出的兵力对比如下：

	红军	轴心国军队	数量对比
师	171	191.5	1 : 1.1
人员	2901000	5500000	1 : 1.9
坦克和强击火炮	11000	3582	3 : 1
火炮和迫击炮	21556	41763	1 : 1.9
飞机	9917	4275	2.3 : 1

德国的资料显示，德国武装力量（国防军Wehrmacht）在1941年6月22日共有723.4万人。其中野战军（Feldheer）有380万人，后备军（Erzatsheer）120万人，空军168万人，海军40.4万人、武装党卫队15万人。[8] 战争开始时在东线作战的地面兵力，共有陆军和党卫队的305万人（其中6.7万人在芬兰）。空

军最初的兵力约为70万人。合计共375万人，由3350辆坦克、7000门火炮和近3000架飞机提供支援。[9]在德国全部的210个师当中，有145个用于东线。

梅列秋霍夫关于苏联军队和德国仆从军的数字看起来是最准确的。德国的兵力（含空军的70万人在内）合计有375万人，组成135个师（含战略预备队和9个保安师），由3350辆坦克和强击火炮、7184门火炮和迫击炮、2000架飞机支援。再加上参加作战的仆从军（芬兰军队的大部和罗马尼亚军队的半数），轴心国军队的总兵力总计为420万人、3612辆坦克和强击火炮、7686门火炮和迫击炮、2937架飞机。综合考虑梅列秋霍夫的说法、解密的苏联数据、新增的德国数据和当时的战略预备队[10]，修订后的兵力对比如下：

	红军	轴心国军队	数量对比
师	174	164	1.1∶1
人员	2780000	4733990	1∶1.7
含战略预备队的总人数	3700000	4733990	1∶1.3
坦克和强击火炮	11000	3612	3∶1
火炮和迫击炮	43872	12686	3.5∶1
飞机	9917	2937	3.4∶1

苏联战略预备队包括自6月22日起不久动员的近200万人当中的约100万，其中大多数人加入新组建的预备队集团军，在7月和8月投入战斗（这些集团军的番号从第21排到第43）。轴心国没有可以与之对应的预备队。

注释

1. P. N. 波斯佩洛夫主编，《苏联的伟大卫国战争，1941—1945》（*Velikaia Otechestvennaia voina Sovetskogo soiuza 1941-1945*，莫斯科：军事出版社，1967年），第33页。

2. 同上。

3. 同上，第52页。关于1941年6月数字的增长，见P. N. 波斯佩洛夫，《苏联的伟大卫国战争，1941—1945》（莫斯科：进步出版社，1970年），第44—45页。

4. M. M. 基里安主编，《伟大卫国战争 1941—1945》（*Velikaia Otechestvennaia voina 1941-1945*，莫斯科：政治文学出版社，1988年），第10页。

5. 同上，第11页。

6. M. I. 梅列秋霍夫，《1941年6月22日：数字为证》（*22 iiunia 1941 g.: Tsifry svidetel'stvuiut*），刊登在《苏联历史》第3期（1991年3月刊），第16—27页。梅列秋霍夫还给出了各类武器装备在各地区的具体数量。

7. 《伟大卫国战争初期》（*Nachal'nyl period Velikoi Otechestvennoi voiny*，莫斯科：伏罗希洛夫总参军事学院，1989年），第97页。西部各军区另外还有14962门50毫米迫击炮。

8. B. 缪勒·希勒布兰德，《德国陆军1933—1945》（*Das Heer 1933-1945*），第二卷（法兰克福，1956年），第102页。

9. 德国陆军总参谋部，《巴巴罗萨第二卷》，附件，第123页，第 125页；H22/353。（*OKH/GenStdH, Barbarossa Band II, Anl. 123, 125 ; H22/353*）。

10. "巴巴罗萨"行动期间的德军装备数量，见《德国人的俄国战局，策划和行动（1940—1942）》，收录于《陆军部手册》第 20-26la号（华盛顿特区，陆军部，1955年3月版），第10—41页。

参考文献点评与选定目录

次生资料

　　虽然关于苏德战争的原始资料和次生资料浩如烟海，但是由于西方很难获得苏联的军事报告，直到不久前也根本见不到苏联档案材料，这项研究工作整体上的彻底性和准确性备受影响。因此，自从战争结束以来，大多数军事报告都是用德国人的眼光审视德国的细节。作为对手的苏联红军和红军战士，始终是一群平庸、刻板的乌合之众，无论作为集体还是个人，都看不出有什么个性和特点。这确实是苏联历史学家们在战后一直彻底回避的话题，他们对战争前夕的红军更没有只言片语。由于对手的弃权，德国资料就默认成为了解1941年红军状况的唯一可信的资源。另外，许多人都出于同样的原因接受了德国人的战争观点和解释。除少数人外，西方学者和广大读者不信任，甚至怀疑当前直接或者间接来自苏联的报告，这也情有可原。实际上可以说，德国军队虽然输掉了战争，但是相对轻松地赢得了历史学斗争的初期阶段。

德国流派

　　在战后若干年当中，德国流派占据着西方历史学的主导地位。这个流派的产生和发展是件顺理成章的事情，因为西方人能见到的大部分有关战争的资料都来自德国，也带着德国人的观点。第一批来自德国的材料是由美国政府机关发行的，他们作为胜利者，在战争结束后缴获了德国档案。这些机关接到的实际任务是分析这场战争以及参战各国军队的特点，尤其是红军的特点，以便美国军队能更好地认识和对待苏联将来的军事威胁。在战后的几十年里，上述第一批官方报告，首先得到一代原德军高级指挥官创作的大批德语回忆录材料做为补充，这些人当时赋闲无事，迫切地想把自己独具一格的战争观点，分享给自己最激烈战争对手（苏联）的新敌人。后来，越来越多的历史学家在创作学术报告时，都立足于美国政府的官方材料和德语回忆录文学，以及当时新近解密的德国档案记录。随着普通士兵回忆录的加入和德军部队战史源源不断地出版，这一大批德国资料的数量也水涨船高。虽然大部分资料使用的是德语，但是西方历史学家一般都能较好掌握这门语言，并且在心理上倾向于采用这些资料，接受其中的观点，而不是来自俄罗斯的同类资料。

从一开始，有三大障碍在影响苏联（俄罗斯）资料发挥作用。前两个障碍是：西方历史学家对苏联历史作品感到陌生，他们也普遍不懂俄语。这些实际上只是基本的技术问题，随着越来越多的西方历史学家学习俄语，这些障碍会随着时间推移而逐渐消失。第三个障碍是他们对苏联历史学信誉抱有根深蒂固而且理直气壮的不信任，这个障碍是根本性的，也更难以克服。只有在西方历史学家能够更广泛接触到苏联作品背后更可信的基础资料，并对照德国档案报告检验这些资料的真实性以后，西方历史学中更令人信服的苏联流派才会出现。在战争结束后最初十年里，有价值的苏联作品寥寥无几，这也使苏联人在20世纪50年代末和60年代提高历史记录质量和准确性的积极努力付之东流。实际上，虽然曾经有几位杰出的西方历史学家试图用确凿的事实来代替苏联的说法，但是直到20世纪80年代大批苏联档案材料开始公布之后，苏联流派的可信度才有所改善。

根据资料的类型，归入西方历史学德国流派的次生资料，主要有国家（主要是美国和德国的）军事历史机构编写和出版的若干系列"官方"研究和历史作品、个人回忆录，以及其他一些标准的战役史和战争史。

研究苏德战争的第一批美国官方作品，在20世纪40年代末和50年代初编写完成并出版，收录在美国《陆军部手册》系列当中，是美国政府广泛问询原德军指挥官，并分析德国东线作战的基本特点之后的作品。这个系列只收录了美军欧洲司令部在战后分析和问询程序中收集到的一小部分材料。这些手册广为流传，至今仍被美国陆军军事历史研究中心再版，以飨现代读者。虽然这些手册为帮助西方人更好了解苏德战争做出过宝贵的初步贡献，但是它们的准确程度却值得怀疑，因为它们的作者都曾是德国的战时指挥官和参谋军官，写作的时候主要根据自己的记忆，而不是使用德国档案材料，所以手册里除了天然带有德国人的偏见以外，还有许多事实错误。

20世纪60年代，美国陆军军事历史主管办公室（CMH），开始编写一套研究苏德战争的实质性作品，作为当时正陆续出版的第二次世界大战美国陆军战史系列的姊妹篇。CMH原计划按照整场战争的时间顺序把这套作品分成三卷，但讲述1941年的第一卷却从未问世。后来到20世纪80年代，设在弗赖堡的军事历史研究所①开始编写一系列全面研究第二次世界大战的官方作品。这个新系列当中的一卷涵盖了1941年的情况。

德国次生资料的第二个主要类型，是德国著名战时高级军官的战后回忆录或个人传记，其中最著名的一批在20世纪40年代末和50年代出版。这些作品奠定了德国流派的基调，其出版适逢其时，作者们正有必要把自己与希特勒及其政策明智地划清界限。在这些回忆录当中，最著名的有瓦尔特·瓦利蒙特（OKW德国国防军统帅部）、埃里希·冯·曼施泰因（第五十六装甲军、第十一集团军、顿河集团军群、南方集团军群）、海因茨·古德里安（第二装甲集群、第二装甲集团军）、F. W. 冯·梅伦廷（第十一装甲师、第四十八装甲军）等人的作品，其中包含着作者对苏联红军和红军战士的看法。

上述所有作者在创作回忆录时，都只根据自己的记忆、个人笔记或记录。撇开其中的个人观点不谈，由于写作时未能使用档案资料，这些作品的准确性存在严重缺陷。这些回忆录和传记固然很受欢迎，读起来也引人入胜，可是它们描述的敌人却是由一群无名氏组成的武装群体，既没有具体外表，也没有鲜明个性。总之，这些作者除了知道对手的规模和实力、战斗的猛烈和残忍以外，并不知道自己到底在同谁作战。然而，这些作者所塑造红军和红军战士的刻板形象却被长期定格下来。虽然后来曾有一代天才的西方职业军事历史学家为世人留下许多杰出作品，但是他们受到资料来源的限制，作品依旧牢牢地扎根于德国流派。他们试图重建苏联人战争面貌的努力失败了，因为他们的大部分原始材料仍然来自德国，也必然来自德国。

从20世纪60年代初开始，越来越多训练有素并且声名卓著的历史学家，开始创作一些关于德国东线战争和战役的作品。这些作品虽然相比之下更加详尽，但主要基础仍是德国资料，于是仍然不能在德国和苏联的观点之间找到恰当平衡。在最早一批这类作品当中，确实有些德国战时情报机关收集和保存的

---

①　译注：即Militärgeschichtlichen Forschungsamt，缩写为MGFA，此机构已于2013年与德国军队的社会科学研究中心合并，重组为德国联邦国防军的军事历史和社会科学中心。

苏联材料，后来一批作品则能使用在苏联作品中出现的一些材料。还有一部分研究作品是某些曾在战争期间相当长时间停留在苏联的西方人所做。这一大类作品当中，含有1941年素材的最真实的佳作有：阿兰·克拉克的战争概述《巴巴罗萨》（1965年出版）、厄尔·齐姆克的《从斯大林格勒到柏林》（1968年出版，是CMH系列作品的一部分）、保罗·卡雷尔带有新闻色彩的报告文学《东进》（1965年出版）、哈里森·索尔兹伯里的《900天》（1969年出版）、艾伯特·西顿的《苏德战争》（1971年出版）。

苏联流派

　　虽然大量已出版的俄语作品只有相对少数被翻译成英语，但是大量的苏联次生资料必须得到足够重视，这些资料可以激发西方学者对相关主题的兴趣。自1958年以来，苏联历史学界创作了大量的历史概述、战役研究、回忆录和部队战史。其中有两部主要的官方战争正史和几套百科全书。1960—1965年间出版的六卷本《伟大卫国战争史》，是1958年以来公开性政策的典型代表。它向读者介绍了此前一直未曾涉及的话题，例如1941年战事的更多细节，以及少量曾被粉饰成"波将金村庄"[①]的战役失败，例如1942年5月哈尔科夫战役的惨败。在1973年至1982年间，苏联出版过一套十二卷本的《第二次世界大战史》，该书虽然继续强调苏联国家和红军在战争中起到主导作用，但是终于开始向俄语读者介绍盟军的各次战役，不过这套书不像原来的六卷本那样坦率。

　　苏联人在1976年至1980年间，做出了编写一套全面军事历史百科全书的最实质性努力，当时在I. V. 奥加尔科夫元帅[②]的主持下，苏联国防部编写了一套八卷本的《苏联军事百科全书》，并在1985年出版与该书配套的单卷本伟大卫国战争百科全书。这两套书虽然对研究人员有很大帮助，但是出版时用的俄语，并且具有与同时代出版的其他书籍一样的特征。国防部1990年开始重新编

---

　　① 译注：1787年俄国在俄土战争获胜而得到克里米亚，叶卡捷琳娜二世前往巡视，格里戈里·波将金沿途在第聂伯河两岸布置了大量可移动的村庄，来欺骗女皇和随行的大使们。后来"波将金村庄"一词就用以指代给人虚假印象的建设和举措。

　　② 译注：1977年起任苏联国防部第一副部长兼总参谋长，晋升苏联元帅。

写一套更为坦率的多卷本百科全书，但在1991年以后停止出版。

出现在20世纪60年代"解冻"高潮期的这种次生资料质量最好，后来的作品价值参差不齐。一般来说，为苏联军官教育编写战史教材的作者可以更坦率地写作。但一些话题仍然少有涉及，比如：1941年的红军、包括巴巴罗萨在内的多次战败、双方准确的兵力对比。另一方面，战争期间发生的一些争论，也在战后被彻底曝光。（例如朱可夫和科涅夫之间的辩论。）

已被翻译成英语的这类作品数量有限。有些是高级指挥员，例如G. K. 朱可夫、A. M. 华西列夫斯基、I. S. 科涅夫、K. K. 罗科索夫斯基、A. I. 叶廖缅科、K. A. 梅列茨科夫、V. I. 崔可夫等人的回忆录；还有S. M. 什捷缅科对总参谋部战时工作所做的宝贵研究。虽然这些回忆录中的许多事实都是正确的，但是文字没有提及的内容，与实际准确讲述的都同样值得注意。西方读者至今仍然无法看到最精彩和最精确的战役战术研究，因为它们是用俄语编写的。这两类作品的作者通常会回避最有争议的问题，有时也会掩饰重大战略战役失败的具体状况，推卸责任。例如：朱可夫轻描淡写1942年11月"火星"战役的失败，科涅夫则闭口不谈自己在1943年1月以前的军事生涯。大致在1960到1963年期间，这一规则出现了明显的例外，具体表现为许多空前坦率的回忆录和研究作品的出版。

综合流派的兴起

少数西方历史学家凭借自己的战时服役经历、高超的语言天赋，或是个人接触苏联资料的独家渠道，能够综合运用苏联资料，为读者描绘一幅战时红军的独特画面。这些人通过自己的这种做法，开创了西方战争历史学的苏联流派。在这些人当中，最重要的是马尔科姆·麦金托什和约翰·埃里克森，他们在20世纪60年代的工作当中开始刻画红军的具体形象，可以与雕刻人物时的"开脸"媲美，他们也提供了以前同样模糊不清的红军各场战役的细节。在苏联历史学家开始以更坦率的态度描写这场战争之后不久，他们马上着手这项工作。麦金托什对红军的兴趣和知识，来自他在战时与红军打交道的经历。埃里克森的部分作品得益于他在20世纪60年代初同一些红军高级指挥员的独特接触，当时正值苏联历史学创作的高潮期。多年来，麦金托什的单卷本红军史

《洪流》（Juggernaut）①是关于这一主题最令人信服的单卷作品。埃里克森的
开创性著作《苏联统帅部》在1962年出版，前所未有地展示出红军在1918年到
1941年期间发展过程中的细节，"占领"了讲述1941年红军的"制高点"。他
后来的经典巨著《通往斯大林格勒之路》和《通往柏林之路》，提供了苏联参
与战争的丰富细节。然而，即便埃里克森自己也承认，尽管他的大部分作品经
得起与档案的核对，但他更愿意当初创作这些作品的时候，能更多地接触到苏
联档案。

　　到了20世纪80年代，获得俄语资料的机会增加，苏联历史学更加坦率，
西方学者对苏联事务的兴趣也在增强，于是战争历史学日渐成熟，并且变得更
加平衡。学者们已经能够使用德国和日本的档案资料来核对俄罗斯的资料，
并把三者结合在一起，从更均衡的角度讲述战争。其中最突出的是克里斯托
弗·贝拉米、艾伦·富盖特、杰弗里·朱克斯、迈克尔·帕里什、沃尔特·邓
恩和越来越多的年轻历史学家。同时，我对苏联情报和欺骗的研究，为解各次
战役的特点和后果开辟了新的前景。我的战争史概述《巨人的碰撞》，利用德
国和苏联双方的记录，挖掘出一些以前被人遗忘的重大战役，并围绕那些广为
人知的战役展开新的叙述。朱克斯和富盖特为"巴巴罗萨"行动和规模宏大的
库尔斯克会战提供了更详细的描述；贝拉米出色地编写了苏联的战时炮兵史概
述；帕里什为苏联战争史料编写了大量开创性的文献目录研究，为其他历史学
家的工作铺平道路；邓恩发表了自己关于红军军队结构的鸿篇巨制。目前针对
苏联海军所做的研究还很少，不过，范·哈德斯蒂出版了第一本关于战争中红
色空军的详尽记述。在苏联军事传记这一新兴领域做出重要贡献的有：理查
德·阿姆斯特朗笔下的苏联红军坦克指挥员小传、哈罗德·舒克曼主编的战时
苏联军事领导人传记选集、奥托·钱尼的朱可夫元帅传记修订版。红军社会构
成和战士个人状况的重建工作，始于罗格·里斯对战争前夕红军战士的研究。
虽然N.拉马尼切夫的手稿尚未出版，但是其中挖掘了大量档案材料，可以补
充和证实里斯的结论。

---

　　① 译注：这个词是印度教宇宙主宰之神的名号之一，每年宗教节日期间有部分地区用巨车载此神像举行巡游仪式，
据称若能被神像车辗死，即可直升天国，故常有人不惜舍身投身车轮之下。因此juggernaut一词引申为一种滚滚向前的庞
然大物，现代则用这个词称呼"超级重型大卡车"或者比喻"无情的、不可抗拒的破坏力"。有些资料称这本书为《世
界的主宰》，是使用其神号的原意。

资料目录

VIZh：Voenno-istoricheskii zhurnal（《军事历史杂志》）

Voennaia mysl'（《军事思想》）

Izvestiia TsK KPSS（《苏共中央委员会新闻》）

Novaia i noveishaia istoriia（《新闻与当代史》）

S. 阿尔费罗夫，*Strategicheskoe razvertyvanie sovetskikh voisk na zapadnom TVD v 1941 godu*（《1941年苏联武装力量在西部各边境军区的战略展开》）[J].VIZh，1981，6（6）：第26—33页。

N. K. 安德鲁伊先科，*Na zemle Belorussi letom 1941 goda*（《1941年夏季在白俄罗斯的土地上》）[M].明斯克：科学与技术出版社，1985。

V. A. 安菲洛夫，*Nachalo Velikoi Otechevstvennoi voiny*（《伟大卫国战争的开始》）[M].莫斯科：军事出版社，1962。

V. A. 安菲洛夫，*Proval Blitskriga*（《闪电战的失败》）[M].莫斯科：科学出版社，1974。

V. A. 安菲洛夫，*Nezabyvaemyi sorok pervym*（《难忘的1941年》）[M].莫斯科：苏维埃俄国出版社，1989。

P. A. 阿普捷卡里，*Opravdanny li zhertvy? O poterialkh v sovetsko-finliandskoi voine*（《伤亡数字合理吗？关于苏芬战争的损失》）[J].VIZh，1992，3（3）：第43—45页。

理查德·阿姆斯特朗，《红军坦克指挥员：装甲近卫军》[M].宾夕法尼亚州阿特格伦：希弗军事与航空史出版社，1994。

Iu. P. 巴比奇，A. G. 巴耶尔，*Razvitie Vooruzheniia i organizetsii sovetskikh sukhoputnykh voisk v gody Velikoi Otechestvennoi voiny*（《伟大卫国战争中苏联陆军武器和组织结构的发展》）[M].莫斯科：军事出版社，1990。

I. Kh. 巴格拉米扬，*Istoriia voin i voennogo iskusstva*（《战争史和军事艺术史》[1]）[M].莫斯科：军事出版社，1970。

I. Kh. 巴格拉米扬，*Kharakter i osobennosti nachal' nogo perioda voiny*（《战争初期的性质与特点》）[J].VIZh，1981，10（10）：第20—27页。

I. Kh. 巴格拉米扬，*Tak nachinalas' voina*（《战争是这样开始的》）[M].基辅：第聂伯河出版社，1975。

V. 巴斯卡科夫，*Ob osobennostiakh nachal' nogo perioda voiny*（《关于战争初期的特点》）[J].VIZh，1966，2（2）：第29—34页。

V. I. 别利亚耶夫，*Usilenie okhrany zapadnoi granitsy SSSR nakanune Velikoi Otechestvennoi*

---

① 译注：该书1988年中译本作：洛托茨基主编，《战争史和军事学术史》。

voiny（《伟大卫国战争前夕苏联西部国境安全的巩固措施》）[J].VIZh，1988，5（5）：第50—55页。

克里斯·贝拉米，《红色战争之神：苏联炮兵和火箭炮兵》[M].伦敦：布拉西防务出版公司，1986。

L. 别济缅斯基，Sobiralsia li Stalin kapitulirovat' v 1941 godu?（《斯大林在1941年考虑过投降吗？》）[J].Novoe vremia（《新时代》），1992，3（13）：第46—48页。

休厄林·比亚勒，等。《斯大林的将军们》[M].纽约：飞马座出版社，1969。

S. 比留佐夫，Pervye dni voiny（《战争中的最初几天》）[J].VIZh，1960，10（10）：第14—28页。

S. 比留佐夫，Uroki nachal' nogo perioda Velikoi Otechestvennoi voiny（《伟大卫国战争初期的教训》）[J].军事思想，1964，8（8）：第3—63页。

乔治·布劳，《德国人的俄国战局：策划和行动，1940—1942年》[M].//陆军部手册 第20-261a号。华盛顿特区：政府出版办公室，1955。

P. N. 博贝列夫，Repetitsiia katastrofy（《惨败的预演》）[J].VIZh，1993，6（6）：第10—16页。

G. A. 博尔迪乌戈娃，V. A. 涅韦任，Gotovil li Stalin nastupatel' nuiu voinu protiv Gitlera?（《斯大林准备过向希特勒首先发动进攻吗？》）[M].莫斯科：AIRO-XX出版社，1995。

A. I. 博罗兹尼亚克，22 iiunia 1941 goda: Vzgliad s 'toi' storony（《1941年6月22日："那边"的观点》）[J].Otechestvennaia istoriia（《爱国者历史》），1994，1（1）：第148—156页。

A. D. 博尔晓夫，Otrazhenie fashistskoi agressii: Uroki i vyvody（《法西斯主义侵略的挫败：教训与结论》）[J].军事思想，1990，3（3）：第15—22页。

保罗·卡雷尔，《希特勒在俄国的战争1941—1943》[M].伦敦：哈拉普出版社，1964。

奥托·P. 钱尼，《朱可夫》[M].诺曼：俄克拉荷马大学出版社，1971。（1996年第二版有修订）

M. 切列德尼琴科，O nachal' nom periode Velikoi Otechestvennoi voiny（《关于伟大卫国战争的初期》）[J].VIZh，1961，4（4）：第28—35页。

K. 切列穆欣，Boevye deistviia sovetskikh voisk v pervye dni voiny na zapadnom napravlenii（《战争最初几天西部方向苏军的作战行动》）[J].军事思想，1956，7（7）：第49—64页。

斯蒂芬·J. 辛巴拉，《情报、C3与战争初期》[J].斯拉夫军事研究杂志，1991，9（4，3）：第397—447页。

艾伦·克拉克，《巴巴罗萨：苏德战争1941—1945》[M].纽约：威廉·莫罗出版社，1966。

V. D. 丹尼洛夫，Sovetskoe glavnoe komandovanie v preddverii Velikoi Otechest-vennoi voiny（《即将迎来伟大卫国战争的苏联统帅部》）[J].新闻与当代史，1988，6（6）：第3—20页。

沃尔特·S. Jr邓恩，《希特勒的克星：红军，1930—1945》[M].纽约：普雷格出版社，1994。

A. I. 叶廖缅科，《艰难的开始》[M].莫斯科：进步出版社，1966。

约翰·埃里克森，《通往斯大林格勒之路》[M].伦敦：韦登费尔德与尼科尔森出版社，1975。

约翰·埃里克森，《苏联统帅部1918—1941》[M].伦敦：麦克米伦出版社，1962。

N. E. 叶利谢耶娃，《战争前夕工农红军的发展计划》[J].斯拉夫军事研究杂志，1995，6（8，2）：第356—365页。

A. I. 叶夫谢耶夫，《关于战争初期形式和状况的某些变化趋势》[J].VIZh，1985，11（11）：第

11—20页。

布莱恩·I. 富盖特，《"巴巴罗萨"行动：东线的战略战术》[M].加利福尼亚州诺瓦托：要塞出版社，1984。

M. A. 加列耶夫，*Eshche raz k voprosu: Gotovil li Stalin preventivnyi udar v 1941 g.*（《重温这个问题：斯大林曾在1941年准备向希特勒发动预防性进攻吗》）[J].新闻与当代史，1994，1（1）：第202页。

贝斯·M. 杰拉德《伟大卫国战争前夕军队结构和战略上的错误》[J].斯拉夫军事研究杂志，1991，9（4，3）：第471—486页。

戴维·M. 格兰茨，《苏联空降兵史》[M].伦敦：弗兰克·卡斯出版社，1994。

戴维·M. 格兰茨，《苏联的军事战略》[M].伦敦：弗兰克·卡斯出版社，1992。

戴维·M. 格兰茨，《对苏联的观察：30年代美国驻东欧陆军武官的报告》[J].VIZh，1991，4（55，2）：第153—184页。

戴维·M. 格兰茨，《第二次世界大战中情报在苏联军事战略中的作用》[M].加利福尼亚州诺瓦托：要塞出版社，1990。

戴维·M. 格兰茨，《第二次世界大战中苏联的军事欺骗》[M].伦敦：弗兰克·卡斯出版社，1989。

戴维·M. 格兰茨，《战争中的苏联军事情报工作》[M].伦敦：弗兰克·卡斯出版社，1990。

戴维·M. 格兰茨，《苏联和平时期和战时的动员1924—1942年：概况》[J].斯拉夫军事研究杂志，1992，9（5，3）：第323—362页。

戴维·M. 格兰茨，等，《东线战争的初期：1941年6月22日到8月》[M].伦敦：弗兰克·卡斯出版社，1993。

戴维·M. 格兰茨，等，《1984年战争艺术研讨会（从顿河到第聂伯河：1942年12月—1943年8月的苏军进攻战役）会议记录》[C].宾夕法尼亚州卡莱尔：美国陆军军事学院地面作战中心，1984。

戴维·M. 格兰茨和乔纳森·M.豪斯，《巨人的碰撞：红军怎样阻止希特勒》[M] 劳伦斯：堪萨斯大学出版社，1995。

Iu. A. 戈里科夫，*Gotovil li Stalin uprezhdaiushchii udar protiv Gitlera v 1941 g.*（《斯大林在1941年准备过先发制人进攻希特勒吗》）[J].新闻与当代史，1993，3（3）：第29—39页。

《苏联的伟大卫国战争 1941—1945》[M].莫斯科：进步出版社，1974。

A. 格列奇科，25 let tomy nazad（《25年前》）[J].VIZh，1966，6（6）：第3—15页。

彼得罗·格里戈连科，《回忆录》[M].托马斯·P. 惠特尼，译。纽约：诺顿出版社，1982。

海因茨·古德里安，《闪击英雄》[M].纽约：巴兰坦出版社，1965。

F. F. 古萨罗夫和L. A. 布塔科夫，*Tekhnicheskoe prikrytie zheleznykh dorog (po opytu pervogo perioda Velikoi Otechestvennoi voiny*（《对铁路的技术掩护（基于伟大卫国战争第一阶段的经验）》）[J].VIZh，1988，4（4）：第51—58页。

范·哈德斯蒂，《红色凤凰：苏联空中力量的崛起1941—1945》[M].华盛顿特区：（国立博物馆）史密森学会出版社，1982。

G. 海因里希，《在俄国的战局》[M].伦敦：弗兰克·卡斯出版社。

I. I. 亚科夫连科，*O prikrytii gosudarstvennoi granitsy nakanune Velikoi Oteche-stvennoi voiny* （*po opytu Kievskogo Osobogo voennogo okruga*）［《关于伟大卫国战争前夕的国境掩护（基于基辅特别军区的经验）》］[J].VIZh，1987，5（5）：第84—87页。

A. S. 亚库舍夫斯基，*Faktor vnezapnosti v napadenii Germanii na SSSR*（《德国进攻苏联时的奇袭因素》）[J].*Voprosy istorii*（《历史问题》），1990，1（1）：第3—15页。

A. S. 亚库舍夫斯基，*Osobennosti podgotovki vermakhta k napadeniiu na SSSR*（《德国国防军在对苏进攻准备中的独到之处》）[J].VIZh，1989，5（5）：第63—75页。

D. T. 亚佐夫，*Vperedi byla voina*（《战争迫在眉睫》）[J].VIZh，1991，5（5）：第4—14页。

Istoriia Vtoroi voiny 1939-1945（《第二次世界大战史1939—1945》）[M].莫斯科：军事出版社，1973—1982。共12卷

S. P. 伊万诺夫，*Nachal' nyi period voiny*（《战争初期》）[M].莫斯科：军事出版社，1974。

A. 斯库拉托夫-伊万诺夫，*Napadenie Izhe-Suvorova na Rossiiu*（《假冒的苏沃洛夫对俄罗斯的攻击》）[J].*Na boevom postu*（《在战斗岗位上》），1992，8/9（8/9）：第30—32页。

L. G. 伊瓦绍夫，*Oborona stany i zakon: Pravovye osnovy podgotovki Vooruzhe -nnykh Sil SSSR k otrazheniiu agressii*（《国防与法律：苏联武装力量准备击败侵略的法律基础》）[J].VIZh，1992，8（8）：第10—18页。

P. I. 伊瓦舒京，*Dokladyvala tochno (vospominaniia o minuvshei voine)*（《这是已被准确报告过的（对战争往事的回忆）》）[J].VIZh，1990，5（5）：第55—59页。

P. I. 伊瓦舒京，*Strategiia i taktika verolomstva*（《叛变的战略和战术》）[J].VIZh，1991，6（6）：第4—11页。

弗里德里克·卡根，《“巴巴罗萨”开始后苏联工业的搬迁》[J].斯拉夫军事研究杂志，1995，6（8，2）：第387—414页。

A. G. 哈尔科夫，*Iz opyta otmobilizovaniia sukhoputnykh voisk*（《由经验看陆军的动员》）[J].VIZh，1982，4（4）：第53—60页。

A. G. 哈尔科夫，*K voprosu o nachal' nom periode voiny*（《关于战争初期的问题》）[J].军事思想，1984，8（8）：第25—34页。

A. G. 哈尔科夫，*Naknune groznykh sobitii*（《在危险事件到来之前》）[J].VIZh，1988，5（5）：第42—49页。

A. G. 哈尔科夫，*Nekotorye voprosy strategicheskogo razvertyvaniia Sovetskikh Vooruzhennykh Sil v nachale Velikoi Otechestvennoi voiny*（《伟大卫国战争开始时苏联武装力量战略展开的一些问题》）[J].VIZh，1986，1（1）：第9—15页。

A. G. 哈尔科夫，*Preventivnyi udar: Mify i real' nost*（《预防性进攻：神话与现实》）[J].*Tyl vooruzhennykh sil*（《武装力量的后勤》），1991，6（6）：第3—9页。

雅克布·W. 基普，《“巴巴罗萨”、苏联的掩护军和战争初期：军事历史和空降战役》[J].斯拉夫军事研究杂志，1988，6（1，2）：第188—212页。

M. M. 基里安，*Nachal' nyi period Velikoi Otechestvennoi voiny*（《伟大卫国战争的初期》）[J].VIZh，1988，6（6）：第11—17页。

M. M. 基里安，*Surovye uroki nachala period Velikoi Otechestvennoi voiny*（《伟大卫国战争初

期的惨痛教训》）[J].军事思想，1981，5（5）：第67—72页。

Iu. Ia. 基尔欣和N. M. 拉马尼切夫，*Nakanune 22 iiunia 1941 g. (po materialam voennykh arkhivov*）（《在1941年6月22日前夕（根据军事档案材料）》）[J].新闻与当代史，1991，3（3）：第3—19页。

B. 科尔奇金，*Mysl' ob ispol' zovanii armii prikrytiia v nachal' nom periode Velikoi Otechestvennoi voiny*（《伟大卫国战争初期使用掩护军的设想》）[J].VIZh，1961，4（4）：第35—37页。

F. B. 科玛尔，*Voennye kadry nakanune voiny*（《战争前夕的军事干部》）[J].VIZh，1990，2（2）：第21—28页。

P. 科尔科迪诺夫，*Fakty i mysli o nachal' nom periode Velikoi Otechestvennoi voiny*（《关于伟大卫国战争初期的事实和观念》）[J].VIZh，1965，10（10）：第26—34页。

L. 科尔尊，*Rol' voennoi strategii v podgotovke strany k voine*（《军事战略在国家进行战争准备时的作用》）[J].VIZh，1982，7（7）：第46—53页。

M. M. 科兹洛夫，*Velikaia Otechestvennaia voina 1941-1945: Entsiklopediia*（《伟大卫国战争1941—1945：百科全书》）[M].莫斯科：苏联百科全书出版社，1985。

V. P. 克里库诺夫，*Frontoviki otvetili tak! : Piat' voprosov General' nogo shtaba*（《前线的战士如此回答！：总参谋部的五个问题》）[J].VIZh，1989，3（3）：第62—69页；1990，5（5）：第23—32页。

G. F. 克里沃舍耶夫，*Nakanune*（《前夕》）[J].VIZh，1991，6（6）：第41—44页。

G. F. 克里沃舍耶夫，*Grif sekretnosti sniat: Poteri vooruzhennykh sil SSSR v voin-akh, boevykh deistviiakh, i voennykh konfliktakh*（《解密的保密文献：苏联武装力量在战争、作战行动和军事冲突中的损失》）[M].莫斯科：军事出版社，1993。

A. N. 库奇欣，*Sovetskie nemtsy: Otkuda,kuda,i pochemu?*（《在苏联的德国人：来源、去处和原因》）[J].VIZh，1990，8（8）：第32—38页；1990，9（9）：第28—38页。

S. 库尔科特金，*Perevod ekonomiki strany s mirnogo na voennoe polozhenie v gody Velikoi Otechestvennoi voiny*（《伟大卫国战争期间国民经济从和平到战时状态的转变》）[J].VIZh，1984，9（9）：第3—11页。

I. I. 库兹涅佐夫，*Generaly 1940 goda*（《1940年的将军们》）[J].VIZh，1988，10（10）：第29—37页。

G. A. 利文和I. I. 沃尔科达耶夫，*Planiroval li Stalin voinu protiv Germanii?*（《斯大林曾计划过对德国发动战争吗？》）[J].VIZh，1991，6（6）：第26—33页。

O. A. 洛西克，*Stroitel'stvo i boevoe primenenie Sovetskikh tankovykh voisk v gody Velikoi Otechestvennoi voiny*（《伟大卫国战争中苏联坦克兵的组建和作战使用》）[M].莫斯科：军事出版社，1979。

马尔科姆·麦金托什，《洪流：苏联武装力量史》[M].伦敦：塞克和沃伯格出版社，1967。

斯科特·R. 麦克迈克尔，《红军的民族构成，1918—1938》[J].斯拉夫军事研究杂志，1990，12（3，4）：第613—644页。

V. B. 马科夫斯基，*Prikrytie gosgranitsy nakanune voiny*（《战争前夕的国境掩护》）[J].VIZh，1993，5（5）：第51—58页。

A. M. 马拉费耶夫，*Uroki Nachal' nogo perioda Velikoi Otechestvennoi voiny*（《伟大卫国战争初期的教训》）[J].军事思想，1991，9（9）：第8—17页。

埃里希·冯·曼施泰因，《失去的胜利》[M].芝加哥：亨利·莱格尼里出版社，1958。

V. 马楚连科，*Nekotorye vyvody iz opyta Nachal' nogo perioda Velikoi Otechest-vennoi voiny*（《从伟大卫国战争初期的经验得出的结论》）[J].VIZh，1984，3（3）：第35—42页。

F. W. 冯·梅伦廷，《装甲战役》[1][M].诺曼：俄克拉荷马大学出版社，1956。

M. I. 梅列秋霍夫，*Spory vokrug 1941 goda: Opyt kriticheskogo osmysleniia odnoi diskusii*（《围绕1941年的争论：对一场讨论关键理解的测试》）[J].爱国者历史，1994，3（3）：第4—21页。

M. I. 梅列秋霍夫，*22 iiunia 1941 g.: Tsifry svidetel' stvuiut*（《1941年6月22日：数字为证》）[J].苏联历史，1991，3（3）：第16—28页。

Iu. G. 穆林，*Nakanune: 22 iiunia 1941 g. neopublikovennoe interv' iu marshala Sovetskogo Soiuza A. M. Vasilevskogo*（《前夕：1941年6月22日，苏联元帅A. M. 华西列夫斯基未曾出版过的采访记录》）[J].新闻与当代史，1992，6（6）：第3—11页。

Narodnoe khoziaistvo SSSR v Velikoi Otechestvennoi voine, 1941-1945（《伟大卫国战争期间的苏联经济，1941—1945》）[M].莫斯科：苏联国家统计委员会，1993。

A. M. 涅克里奇，*1941, 22 iiunia*（《1941年6月22日》）[M]// 弗拉基米尔·彼得罗夫.《苏联历史学家与德国的侵略》.哥伦比亚：南卡罗来纳大学出版社，1968。

V. A. 涅伟任，《与德国的条约和进攻性战争的设想》（1939—1941）[J].斯拉夫军事研究杂志，1995，12（8，4）：第809—843页。

A. 尼基京，*Perestroika raboty voennoi promyshlennosti SSSR v pervom periode Velikoi Otechestvennoi voiny*（《苏联军事工业在伟大卫国战争第一阶段的重建工作》）[J].VIZh，1963，2（2）：第11—19页。

I. V. 奥加尔科夫，等，*Sovetskata voennaia entsiklopediia*（《苏联军事百科全书》）[M].莫斯科：军事出版社，1976—1980。（共八卷）

A. 奥西波夫，*Agressiia ili 'preventivnaia' voina?*（《侵略还是"预防性"战争？》）[J]. *Zarubezhnoe voennoe obozrennie*（《外国军事观察》），1991，4（4）：第3—6页。

迈克尔·帕里什，《第二次世界大战中的苏联：苏联出版的图书目录注解版1945—1975》，增补1975—1980年间的内容[M].纽约：加兰德出版社，1981（共两卷）。

G. P. 帕斯图霍夫斯基，*Razvertyvanie operativnogo tyla v nachal' nom periode voiny*（《战争初期战役后方的展开》）[J].VIZh，1988，6（6）：第18—27页。

Iu. 帕特琴科和P. 克尼舍夫斯基，*Mestnaia ekonomicheskaia baza nakanune voiny*（《战争前夕

---

[1] 译注：中译本即《坦克战》。

的地方经济 》)[J].武装力量的后勤，1990，11/12（11/12）：第25—28页。

　　I. G. 巴甫洛夫斯基，*Sukhoputnye voiska SSSR*（《苏联陆军》）[M].莫斯科：军事出版社，1985。

Iu. G. 佩列奇涅夫，*O nekotorykh problemakh podgotovki strany i Vooruzhennykh Sil k otrazheniiu fashistskoi agressii*（《国家和武装力量在准备迎击法西斯侵略工作中的一些问题》）[J].VIZh，1988，4（4）：第42—50页。

V. L. 彼得罗夫，*Strana gotovilas' k otrazheniiu agressii*（《国家已准备好迎击侵略》）[J].VIZh，1995，11—12（6）：第4—9页。

　　理查德·H. 菲利普，《战争初期苏联的军事争论：特征和意义》[J].斯拉夫军事研究杂志，1991，3（4，1）：第30—61页。

　　S. P. 普拉托诺夫，等，*Vtoraia mirovaia voina 1939-1945 gg.*（《第二次世界大战1939—1945》）[M].莫斯科：军事出版社，1958。

　　D. M. 普罗埃克托尔，*22 iiunia 1941 goda: piat' desiat let spustia*（《1941年6月22日：五十年后》）[J].军事思想，1991，6（6）：第15—25页。

　　N. 拉马尼切夫，《红军 1940—1941：神话与事实》[M].哈里森 R，英译者。未出版的手稿，1996。（资料来自档案材料）

　　罗格·R. 里斯，《斯大林的顽强战士：红军的社会史，1925—1941》[M].劳伦斯：堪萨斯大学出版社，1996。

　　O. 勒热舍夫斯基，*Kak nachinalas' voina*（《战争是怎样开始的》）[J].Partinaia zhizn'（《党内生活》），1989（13）：第69—73页。

　　伦纳特·塞缪尔森，《米哈伊尔·图哈切夫斯基和战争经济计划：战前苏联军事发展的档案启示和历史再思考》[J].斯拉夫军事研究杂志，1996，12（9，4）。

　　L. M. 桑达洛夫，*Na moskovskom napravlenii*（《在莫斯科方向》）[M].莫斯科：科学出版社，1970。

　　L. M. 桑达洛夫，*Perezhitoe*（《一个人的往事》）[M].莫斯科：军事出版社，1961。

　　罗伯特·萨武什金，《沿着悲剧的轨迹：纪念伟大卫国战争开始50周年》[J].斯拉夫军事研究杂志，1991，6（4，2）：第213—251页。

　　阿尔伯特·西顿，《苏德战争1941—1945》[M].纽约：普雷格出版社，1971。

　　I. 什卡多夫，*Bespristrastno pisat' istoriiu*（《公正地编写历史》）[J].外国军事观察，1991，5（5）：第3—6页。

　　S. M. 什捷缅科，《战争年代的总参谋部，1941—1945》[M].莫斯科：进步出版社，1970。（共二卷）

　　哈罗德·舒克曼，等，《斯大林的将军们》[M].伦敦：韦登费尔德与尼科尔森出版社，1993。

　　索尔内什科夫，*Iu S. Po povodu stat' i generala-polkovnika Iu. A. Gor' kova*（《关于Iu. A. 戈里科夫上将发表的文章》）[J].新闻和最近的历史，1994，1（1）：第239—240页。

　　K. L. 索罗金，*Trudnye dni sorok pervogo*（《1941年的艰苦岁月》）[M].莫斯科：军事出版社，1991。

维克托·苏沃洛夫，《破冰船：谁发动了第二次世界大战？》[M].托马斯·B. 比蒂，译。伦敦：哈米什·汉密尔顿出版社，1990。

A. A. 斯韦钦，《战略》[M].明尼阿波利斯：东方见解出版社，1982①。

罗伯特·E. 塔尔顿，《在斯大林防线上实际发生过什么》第一部和第二部 [J].斯拉夫军事研究杂志，1992，6（5，2）：第187—219页；1993，3（6，1）：第21—61页。

S. 捷米尔比耶夫，*Tak kto zhe nachal voiny?*（《当年是谁发动了战争？》）[J].*armiia*（《陆军》），1993，8（8）：第16—20页。

I. 楚克尔托尔特，*Germanskii militarizm i legenda o 'preventivnoi voine' gitlerovski Germanii protiv SSSR*（《德国军国主义和希特勒德国进攻苏联是"预防性战争"的传闻》）[J].VIZh，1991，5（5）：第16—21页。

A. T. 乌科洛夫和V. I. 伊夫金，*O masshtabakh repressii v Krasnoi Armii v predvoennye gody*（《关于战前年代红军内部镇压的规模》）[J].VIZh，1993，1（1）：第56—63页。

卡尔·范·戴克，《铁木辛哥改革，1940年3—7月》[J].斯拉夫军事研究杂志，1996，3（9，1）：第69—96页。

A. M. 华西列夫斯基，《毕生的事业》[M].莫斯科：进步出版社，1976。

Velikaia Otechestvennaia voina Sovetskogo Soiuza（《苏联的伟大卫国战争》）[M].莫斯科：军事出版社，1960—1965（《共六卷》）。

A. V. 弗拉基米尔，*Na kievskom napravlenii*（《在基辅方向》）[M].莫斯科：军事出版社，1989。

Vnutrennie voiska v gody mirnogo sotsialisticheskogo stroitel' stva, 1922-1941 gg.（《社会主义和平建设时期的内卫部队，1922—1941》）[M].莫斯科：军事出版社，国家统计委员会，1977。

弗拉基米尔·沃伊诺维奇，《大兵伊万·琼金的生活与非凡冒险》[M].理查德·劳里，英译者，纽约：法勒、施特劳斯和吉鲁出版社，1977。

D. 沃尔科戈诺夫，*Triumf i tragediia: I. V.Stalin: Politicheskii portret*（《胜利与悲剧：I. V.斯大林的政治肖像》）[M].莫斯科：新闻出版社，1989（共四卷）。

A. A. 沃尔科夫，*Kriticheskii prolog: Nezavershennye frontovye nastupatel' nye operatsii pervykh kampanii Velikoi Otechestvennoi voiny*（《关键性的序幕：伟大卫国战争中第一批战局中未完成的方面军进攻战役》）[M].莫斯科：航空出版社，1992。

唐纳德·卡梅·隆沃特，《谁针对谁的密谋？重温斯大林对苏联统帅部的清洗》[J].斯拉夫军事研究杂志，1990，3（3，1）：第46—65页。

亚历山大·沃思，《战争中的俄国，1941—1945》[M].纽约：达顿出版社，1964。

M.扎哈尔楚克和V. 戈洛丘克，*Nakanune voiny*（《在战争前夕》）[J].*Protivo-vozdushnaia oborona*（《防空》），1992，6（6）：第46—52页。

M. V. 扎哈罗夫，*General' nyi shtab v predvoennye gody*（《战前年代的总参谋部》）[M].莫斯

---

① 译注：第四章注中为1992年。

科：军事出版社，1989。

M. V. 扎哈罗夫，*Nachal'nyi period Velikoi Otechestvennoi voiny i ego uroki*（《伟大卫国战争初期及其教训》）[J].VIZh，1971，7（7）：第3—14页。

史蒂文·J. 扎洛加，《技术上的奇袭和战争的初期：1941年T-34坦克的战例》[J].斯拉夫军事研究杂志，1993，12（6，4）：第634—646页。

史蒂文·J. 扎洛加和詹姆斯·格朗塞，《"巴巴罗萨"行动》[M].伦敦：武装和铠甲出版社，1985。

史蒂文·J. 扎洛加，吉姆·金尼尔，彼得·萨森，《KV-1和KV-2重型坦克，1941—1945》[M].伦敦：鱼鹰出版社，1995。

G. K. 朱可夫，《回忆与思考》[M].莫斯科：进步出版社，1985（共二卷）。

O. A. 济马林，*Mif'Ledokola*（《"破冰船"的神话》）[J].VIZh，1995，7/8（4）：第32—36页。

V. A. 佐洛塔廖夫，等，*Velikaia Otechestvennaia voina 1941-1945 gg. : voenno-istoricheskie ocherki v chetyrekh knigakh, Kniga pervaia: surovye ispytaniia*（《伟大卫国战争1941—1945：军事历史论文集，共四卷，第一卷：严峻的考验》）[C].莫斯科：图书馆与档案馆出版社，1995。

原始资料：档案、准档案和文献资料

20世纪80年代中期以前，关于苏德战争的主要原始资料都来自德国。西方人只通过战时和战后的情报渠道获得过少量苏联档案材料。在这些材料当中，有几卷是德国人在战争期间缴获苏联的战争经验分析。例如，有三卷早期作品的内容是与斯大林格勒战役同期的各次战役，后来它们落入德军手中，进而辗转进入美国的情报渠道。这些作品被翻译成英语，并在几所美国陆军的高级军事学校里发行。因为这些作品的内容断断续续，而且来历不明，所以在20世纪80年代之前一直无人问津。它们就这样被埋没在图书馆里长达40年，直到20世纪80年代才被重新发现并公开出版。

此外，许多苏联在战争期间的军事期刊也落入德国人和西方人的手中，其中包括一些零散的总参谋部期刊《军事思想》和《装甲和机械化》杂志。这些期刊的辗转遭遇同那几卷战争经验分析几乎一样。最后，苏联军事教育机关在战后举行的战役战例讲座和苏联战时条令的副本，偶尔会通过类似的情报渠道传到西方。虽然这些文献很引人入胜，但是它们深藏图书馆里，内容又支离破碎，降低了它们的重要性和影响力。这些文献不可能撼动众多的德国原始资料在西方历史学界的统治地位。

德国的原始资料

现存的大量德国档案材料可以为历史学家重建德国东线战争史提供素材。这种材料大部分在战争结束时被盟军缴获，美国、英国，还有现在的德国档案库，已经向历史学家开放了大多数这种材料。然而，苏联人据为己有的大量德国档案资料，仍然没有向西方学者开放。最有价值的德国原始资料，是战后出版的德国档案材料汇编和西方档案馆里保存的大量德军部队记录，这些档案馆有华盛顿特区的美国国家档案馆和位于弗赖堡与柏林的德国军事历史研究所。其中有些材料是对战争前夕红军的评估。

现存的OKH（德国陆军总司令部）记录并不完整，是因为大批德国部队的作战日志落到了苏联人手里，尤其是在战争的后期；有些德国部队会毁掉自己的记录，以免被苏联人缴获。还有些部队记录在纳粹政府垮台以后由柏林转移的途中毁于盟军炮火。幸存下来的大量档案材料包括数千份陆军各级部队的记录、大量各级指挥官的私人日记，其中一些记录着关于1941年的信息。最令人感兴趣的高级将领日记来自原德国总参谋长弗兰茨·哈尔德，他在1942年9月被希特勒撤职之前，一直用日记记录着自己对东线战争的看法。

最重要的OKH和德国陆军的部队记录中，学者可以使用的是以缩微胶片形式存放在美国国家档案馆的微缩胶片（NAM）T–78系列，这是德国东线外军处（Fremde Heere Ost）的记录。该系列包括德国战时情报资料，以及对苏联武装力量和苏联军事工业活动的各个方面评估。最令人感兴趣的评估是苏联军事实力（及其与德国的对比）、苏联战略和战役企图、军事工业产能、红军的作战序列、军队组成与士气，以及战前和战争最初几个月里苏联主要军政领导人的传记材料。另外，T–311系列NAM是德国各集团军群的记录、T–312和T–313系列NAM是各集团军和装甲集团军的记录，也包含关于1941年红军的零星情报数据。

时至今日，新的原始资料还在不断出现，将会进一步充实现有的德国档案库存。由于比较著名、并且更受欢迎的德军指挥官回忆录占据了历史学的舞台，其他数百本战后回忆录的研究工作都陷于停顿。这些新发现的回忆录和研究作品当中，有大量手稿是在美国军事历史研究机关，尤其是驻欧美军司令部历史部的主持下，由一些不太著名的德军指挥官们在战后几年里撰写的。在这一大批德语手稿当中，最杰出的是德国防御专家G. 海因里希的长篇回忆录，该书刚刚被重新发现，现正准备出版。

许多德军指挥官和普通士兵的个人回忆录[1]可以作为上述作品的补充。这些个人回忆录自从战争期间就一直保存在私人家庭里，在出版或者被学者研究利用以后，它们可以提供那些战争的亲历者和受难者更有个性化的看法。另外，大量芬兰、匈牙利、意大利和罗马尼亚的档案库存也在补充这些德国的记录。

苏联的原始资料

定义和分类俄语原始资料比较复杂，1987年以前，只有少数几位历史学家得以查阅档案。即便能得到批准，访问也受到严格控制。苏联对档案材料的官方解密仅限关于特定主题的特定文献，这些档案材料会被发表在历史学研究、许多战役的考证，或是苏联著名战时军事首长的回忆录当中。军事历史学家只能使用有限数据资源，谈论有限的话题。虽然这些军事史、研究作品和回忆录中引用的许多事实都很准确，但是某些主题，例如伤亡数字、令人尴尬的失败和战争双方的实际兵力对比不太准确。

由于不能使用档案材料，西方人认为这些作品是介于原始资料和次生资料之间的一个过渡类型。即便要与西方的原始资料相提并论，这些军事研究和回忆录也只能被当作真正原始资料的替代品，并且必须严格小心地使用。

红军总参谋部历史处根据档案材料在战争期间和战后编写了各种研究作品。苏联军队把这些作品列为绝密和秘密文件，用于军队的教育和训练。总的来说，这些研究作品直接而准确地引用档案材料，一般能够忠实于事实，从本质上应该属于原始资料。在战争期间，有些战时的研究作品落入德国情报机关的手中，在战争结束后又来到西方。更多的作品在20世纪80—90年代解密。苏军总参谋部在20世纪60年代中期停止编写和出版这种研究作品，把分析军事历史的职能移交给苏联国防部新成立的军事历史研究所。这个研究所编写的研究

---

① 译注：从作者所列书目可以看出，本段和上段提到的非档案作品仍是次生资料，此处仅做论述。

作品再也没有原来总参谋部作品的深度、准确性和坦率。

另一类原始资料是许多苏联军事教育机关，如伏罗希洛夫总参军事学院和伏龙芝军事学院，用于教学的大量保密军事出版物。虽然这些研究作品是在档案材料的基础上写成的，但是它们的作者也像总参谋部的作家一样受到限制，这些研究作品的准确程度也不尽相同。20世纪50年代和60年代，这些研究作品相当准确，并且与档案材料保持一致。然而最后到20世纪70年代中期，这些作品的准确性、坦率和价值就都降到了标准次生资料的水平。

迄今已经解密的军事档案材料可分为几大类：第一类是最准确，也最有用的，是总参谋部各局在1942年到1968年之间编写并出版的系列作品。编写这些作品时，红军（和苏军）总参谋部是在真正探求战争中各次战役过程和后果的真相，并利用这些真相帮助苏军提高未来的作战能力。在大多数情况下，这些研究作品经过与德国和日本档案记录的核对，通常都能证明自己大致是准确而坦率的。当然，总参谋部没有探讨一些话题，包括一些战役失败（例如1942年年初与弗拉索夫有关的柳班战役、本可与斯大林格勒战役交相辉映的火星战役、1943年秋季半途而废的白俄罗斯战役）。同样没有讨论的还有在整个战争期间，最高统帅部成员之间、总参谋部与野战司令部之间的无数次讨论和争议。对本书来说，最重要的是，关于"巴巴罗萨"具体情况的讨论也受到了严格限制。不过，这种糟糕的情况已经大为改善，在20世纪80年代末及90年代初，"巴巴罗萨"的具体特点和相关责任，已经成了一个引起人们极大兴趣的话题。

总参谋部的主要作品是苏军（红军）总参谋部编写的材料《选集》（Sborniki），由总参谋部战争经验研究局和军事历史局负责编写，分成四个内容不同的集，其中前三集包含一些战时战术问题和战役研究的原始材料。第四集题为《伟大卫国战争战斗文书选集，第1—43期》（Sbornik boeuykh dokumentov Velikoi Otechestvennoi voiny, Vypusk 1–43），缩写为SBDVOV，是秘密级文件，直接与1941年的情形有关。这一系列选集在1947年至1960年期间出版，是对其他战争经验书籍的补充，其中收录着大本营下达的训令和命令，也有苏联各军兵种开展各种行动的战斗文书。前30卷（期）重点讨论作战方式的议题，其中有3卷是大本营的关键命令和第一批近卫师的历史。

　　后来发行的选集第33—43期，也许是内容最丰富、最令人感兴趣的文书系列，也与1941年红军的联系最密切。这些选集以作战日志的形式，编辑整理各方面军、集团军和军，在1941年6月22日到11月5日之间的作战命令和报告。虽然选集的组成文件是挑选出来的，但是内容涵盖得非常全面，堪称是红军在1941年6月的状况和战争初期艰难局势的最生动、最坦率，也可能最准确的描述。不幸的是，总参谋部在20世纪60年代中期停止了文书整理工作，这个系列只按时间顺序写到1941年深秋。

　　在战时或战后的最初几年，总参谋部还编写并出版了许多战役研究报告。这些材料全部都是保密文件，其中表现出的高水平、坦率和准确性展现了总参谋部优秀的工作传统。从本质上讲，这些材料都是为特定目的而编写的，主要是为教育红军怎样更好地实施战役。总参谋部或国防部制作的其他出版物，还包括战时和战后发行的《军事思想》（Voennaia mysl'）期刊、伏罗希洛夫总参军事学院和伏龙芝学院在战时和战后进行的各项学术研究，都具有同样的高水平。虽然这些作品大致是准确的，但是其中省略了统计数据，尤其是双方兵力和装备的数量对比。最重要的是，绝大多数作品都在谈论那些战争中最重要的战役，而关于1941年战争爆发的内容则少之又少。这种情况在80年代后期同样发生变化，这时内部发行的多种研究1941年的出版物，集中体现出苏联人对于战争初期这个话题的严重关注。这种类型作品当中首屈一指的是伏罗希洛夫学院在1989年出版的研究作品：《伟大卫国战争初期：结论与教训》（Nachal'nyi period Velikoi Otechestvennoi voiny：Vyvody i uroki）。

　　原始资料的另一种载体是各种军事和政治期刊。最重要的还是上文提到的总参谋部期刊《军事思想》，这种刊物在1937年至1989年间是内部刊物，从1989年起改为公开发行。其他期刊有：公开发行的《军事历史杂志》（Voenno-istoricheskii zhurnal，缩写为VIZh），这是一种在1939年创刊并发行至今的武装力量历史杂志；《苏共中央委员会新闻》（Izvestiia TsK KPSS），20世纪80年代后期由苏共第一书记戈尔巴乔夫创办。这两种期刊在20世纪80年代中期和末期都是解密档案文献材料的主要渠道。

　　《军事历史杂志》上刊登的一系列引人注目的解密档案文献有：第5—9期（1989年5—9月刊）的《文献中的战争第一天》（Pervye dni voiny v dokumentakh）、第2—3期（1989年2—3月刊）的《军事侦察员报告如下……》（Voennye razvedchiki dokladyvali...）、第2—5期（《1992年2—5月刊》）的《国防委员会决议……》（GKO postanavliaet...）①。在现已停刊的《苏共中央委员会新闻》当中，最重要的解密文献在出版时被整理到一个内容广泛的专栏里，刊登在1—12期（《1990年1—12月刊》）和第1—8期（1991年1—8月刊）上，题为《根据伟大卫国战争史》（Iz istoriia Velikoi Otechestvennoi voiny）。不幸的是，该杂志1991年以后停刊，这个文献系列也到此为止。

最后一类是苏联20世纪20和30年代曾经短期出版过的许多书籍，因为在出版之后不久即绝版，所以过去西方人没有见过它们。这些书籍也基本上可以归类为原始资料。其中一些有争议的作品，是由A. M. 扎伊翁奇科夫斯基、A. A. 斯韦钦、M. N. 图哈切夫斯基、E. A. 希洛夫斯基和G. 伊塞尔松等苏联和平建设时期的主要理论家写的。这些书籍现在都已出版发行，可为了解战争爆发之前的红军提供一个极好的窗口。

值得注意的是，上述大多数材料、总参谋部研究作品和书籍、其他机关的研究作品、类似的期刊等，虽然在技术上引用的是档案文献，但是用某种方式处理过②。此外，这些解密后的材料只是最近才通过商业渠道传到西方。我们固然欢迎这些材料的解密，但更希望能在西方的意义上直接阅读档案，这个问题仍没有得到答案。俄罗斯当局经常宣布档案对外国学者开放，可是想要真正见到它们，依然困难重重，与查阅西方档案的便捷根本不能同日而语③。

一般来说，苏联人在20世纪60年代中期到80年代末期间编写的保密和内部发行的研究作品，虽然名义上援引档案材料，但是像那些次生资料中的研究和回忆录作品一样，内容空洞且不够准确，既比不上战时和战后的前作，也不如公开性政策时期的续作。这些作品尽管大致上能准确记录许多战役战术细节，叙述事件的具体经过，但还是在夸大敌人的力量，掩饰苏联作战能力的最

---

① 译注：原文英语是国防人民委员部NKO，俄语和下文书目中的两种语言均为GKO。
② 译注：着重号是原作者加的，下文同。
③ 译注：这是就当时而言，俄罗斯的档案馆开放程度至今已有很大改变。

薄弱环节，尤其要回避苏联人惨败的具体细节，更有甚者，要回避1941年的情况。特别令学者感到厌烦的是，20世纪80年代末以前，伏罗希洛夫和伏龙芝军事学院使用的教材也出现同样情况。

伏罗希洛夫军事学院自1942年起，以VAGSh的版权号发行过多种类型的出版物，包括教科书、研究作品、分析成果和在学院里发表演讲的文稿。其中有些是关于战争史和军事艺术史的多卷本概述，比如由著名军事历史学家I.E.沙夫罗夫编纂的两卷本，每隔若干年就会出一个修订版本。最令人感兴趣，也是最有价值的，是战时发行的几本书和一些收录着战时材料的选集（sborniki）。总的来说，伏罗希洛夫军事学院的材料更有学术性，因而内容比较准确。然而，1968年之后的研究作品和演讲稿就变得像其他出版物一样不准确。已解密伏龙芝军事学院出版物的数量比伏罗希洛夫军事学院少，特点与后者大致相同。这些军事教育机关在1989年以后发表的研究作品，已经纠正了许多早期作品当中的错误。

苏军中央档案馆最近解密了几种专题刊物，尤其能引起人们研究1941年红军的兴趣。第一种是红军的动员杂志和在战争之前几年当中发布的动员条令（ustavy）。虽然这些记录本身可以在相当程度上说明苏联的动员能力和流程，但是体现动员和国防计划之间联系的关键性附录却被删去。第二种引人注目的文件是众说纷纭的1941年1月[①]统帅部会议的发言记录。这个长篇记录的解密结束了人们多年来的众多猜测，告诉人们在德国1941年6月的进攻之前，苏联最后一次首长司令部演习结束之后，这样一个关键性场合下，哪些人曾说过哪些话。

最后，发表在最近一些期刊上的文献选集看来是可信的，也代表着加速公布档案材料的真正努力。然而，从本质上讲，这些文献仍然是经过挑选的，1991年以来，解密档案材料的数量和速度已经明显减少。这一趋势是否将出现扭转，人们拭目以待。

围绕1941年的红军这个话题，相对于苏联历史学界过去的状态而言，在

[①] 译注：原文为1941年12月，这里的"会议"是指演习后在克里姆林宫举行的总讲评。

最近几年里因解密档案材料而引发的事件堪称一场革命。然而，迄今公开的档案材料，相对于过去的少数（通过缴获的德国记录获得的）档案材料堪称蔚为壮观，但比起那些依旧封存着的还只是九牛一毛。因此，得陇固然可喜，望蜀也值得期待。

资料目录

VIZh: Voenno-istoricheskii zhurnal（《军事历史杂志》）

Voennaia mysl'（《军事思想》）

Izvestiia TsK KPSS（《苏共中央委员会新闻》）

Novaia i noveishaia istoriia（《新闻与当代史》）

Kommunist vooruzhennykh sil（《武装力量中的共产主义者》）

19-30 iiulia 1941 g.（1941年7月19—30日）[J].*Izvestiia TsK KPSS: Iz arkhivov partii*（《党内档案》），1990，8（8）：第208—233页。

3-29 avgusta 1941 g.（1941年8月3—29日）[J].*Izvestiia TsK KPSS: Iz arkhivov partii*（《党内档案》），1990，9（9）：第215页。

1-13 sentiabria 1941 g.（1941年9月1—13日）[J].*Izvestiia TsK KPSS: Iz arkhivov partii*（《党内档案》），1990，10（10）：第207—223页。

1-15 oktiabria 1941 g.（1941年10月1—15日）[J].*Izvestiia TsK KPSS: Iz arkhivov partii*（《党内档案》），1990，12（12）：第203—218页。

V. A. 安菲洛夫，*Krasnaia armiia za god do fashistskoi agressii*（《法西斯侵略之前几年里的红军》）[J].*VIZh*，1996，5/6（3）：28，1996，7/8（4）：第18—23页。

Boevoi sostav Sovetskoi armii（《苏联军队的作战编成》）[M].莫斯科：总参谋部军事科学局，1963—1972（共三卷，原秘密文件，1964年解密）。

Boevye dokumenty po oboronitel' noi operatsii v Litve i Latvii provodivsheisia s 22 iiunia po 9 iiulia 1941 G. voiskami Severo-Zapadnogo fronta（西北方面军1941年6月22日到7月9日期间在立陶宛和拉脱维亚防御作战的战斗文书）[G]//总参谋部军事科学局。*Sbornik boevykh dokumentov Velikoi Otechevstvennoi voiny: vypusk 34*（《伟大卫国战争战斗文书选集：第34期》），莫斯科：军事出版社，1958（原秘密文件，1964年解密）。

V. I. 达希切夫，*Sovershenno sekretno! Tol' kodlia komandovaniia*（《绝密！仅供指挥员阅读》）[M].莫斯科：科学出版社，1967。

V. I. 达希切夫，*Strategichestkoe planirovanie agressii protiv SSSR*（《入侵苏联的战略计划》）[J].*VIZh*，1991，3（3）：第10—30页。

Dokumenty i materialy: Staroe, no groznoe oruzhie（《文献与材料：旧式却可怕的武器》）[J].

VIZh，1988，9（9）：第23—32页。

Dokumenty po boevym deistviiam voisk brianskogo fronta na orlovskom i kurskom napravleniiakh s 16 avgusta po 29 oktiabria 1941 g.（布良斯克方面军1941年8月16日至10月29日期间在奥廖尔和库尔斯克方向上的战斗文书）[G]//总参谋部军事科学局。*Sbornik boevykh dokumentov Velikoi Otechevstvennoi voiny： vypusk 43*（《伟大卫国战争战斗文书选集：第43期》）。莫斯科：军事出版社，1960（原秘密文件，1964年解密）。

Dokumenty po boevym deistviiam voisk iugo-zapadnogo i iuzhnogo frontov v zapadnoi Ukraine i Moldavii s 22 iiunia po 11 iiulia 1941 g.（西南方面军和南方面军1941年6月22日至7月11日期间在西乌克兰和摩尔达维亚的战斗文书）[G]//总参谋部军事科学局。*Sbornik boevykh dokumentov Velikoi Otechevstvennoi voiny： vypusk 36*（《伟大卫国战争战斗文书选集：第36期》）。莫斯科：军事出版社，1958（原秘密文件，1964年解密）。

Dokumenty po boevym deistviiam voisk iugo-zapadnogo napravleniia s 11 iiulia po 25 iiulia 1941 g.（西南方向总指挥部的军队1941年7月11日至7月25日期间的战斗文书）[G]//总参谋部军事科学局。*Sbornik boevykh dokumentov Velikoi Otechevstvennoi voiny： vypusk 38*（《伟大卫国战争战斗文书选集：第38期》），莫斯科：军事出版社，1959（原秘密文件，1964年解密）。

Dokumenty po boevym deistviiam voisk iugo-zapadnogo napravleniia s 26 iiulia po 6 avgusta 1941 g.（西南方向总指挥部的军队1941年7月26日至8月6日期间的战斗文书）[G]//总参谋部军事科学局。*Sbornik boevykh dokumentov Velikoi Otechevstvennoi voiny： vypusk 39*（《伟大卫国战争战斗文书选集：第39期》），莫斯科：军事出版社，1959（原秘密文件，1964年解密）。

Dokumenty po boevym deistviiam voisk iugo-zapadnogo napravleniia na pravoberezhnoi i levoberezhnoi Ukraine s 6 avgusta po 25 sentiabria 1941 g.（西南方向总指挥部的军队1941年8月6日至9月25日期间在右岸和左岸乌克兰的战斗文书）[G]//总参谋部军事科学局。*Sbornik boevykh dokumentov Velikoi Otechevstvennoi voiny： vypusk 40*（《伟大卫国战争战斗文书选集：第40期》），莫斯科：军事出版社，1960（原秘密文件，1964年解密）。

Dokumenty po boevym deistviiam voisk iuzhnogo fronta v Donbasse s 26 sentiabria po 5 noiabria 1941 g.（南方面军1941年9月26日至11月5日期间在顿巴斯的战斗文书[1]）[G]//总参谋部军事科学局。*Sbornik boevykh dokumentov Velikoi Otechevstvennoi voiny： vypusk 42*（《伟大卫国战争战斗文书选集：第42期》），莫斯科：军事出版社，1960（原秘密文件，1964年解密）。

Dokumenty po boevym deistviiam voisk zapadnogo fronta na smolenskom napravlenii s 12 avgusta po 13 sentiabria 1941 g.（西方面军1941年8月12日至9月13日期间在斯摩棱斯克方向的战斗文书）[G]//总参谋部军事科学局。*Sbornik boevykh dokumentov Velikoi Otechevstvennoi voiny： vypusk 41*（《伟大卫国战争战斗文书选集：第41期》），莫斯科：军事出版社，1960（原秘密文件，1964年解密）。

---

① 译注：原文英语标题中缺少了"在顿巴斯"，根据俄语增补。

Dokumenty po boevym deistviiam voisk zapadnogo fronta s 22 iiunia po 5 iiulia 1941 g.（西方面军1941年6月22日至7月5日期间的战斗文书）[G]//总参谋部军事科学局。*Sbornik boevykh dokumentov Velikoi Otechevstvennoi voiny: vypusk 35*（《伟大卫国战争战斗文书选集：第35期》），莫斯科：军事出版社，1958（原秘密文件，1964年解密）。

Dokumenty po boevym deistviiam voisk zapadnogo fronta i fronta reservnykh armii（rezervnogo fronta）s 3 iiulia po 7 avgusta 1941 g.［西方面军和后备方面军（预备队方面军）1941年7月3日至8月7日的战斗文书］[G]//总参谋部军事科学局。*Sbornik boevykh dokumentov Velikoi Otechevstvennoi voiny: vypusk 37*（《伟大卫国战争战斗文书选集：第37期》），莫斯科：军事出版社，1959（原秘密文件，1964年解密）。

Dokumenty po ispol' zovaniiu brontankovyku i mekhanizirovannykh voisk Sovetskoi Armii v period s 22 iiunia po sentiabr' 1941 G. vkliuchitel' no［苏联陆军装甲坦克和机械化兵在1941年6月22日至9月（含）期间的战斗文书］[G]//总参谋部军事科学局。*Sbornik boevykh dokumentov Velikoi Otechevstvennoi voiny: vypusk 33*（《伟大卫国战争战斗文书选集：第33期》），莫斯科：军事出版社，1957（原秘密文件，1964年解密）。

N. E. 叶利谢耶娃和I. M. 纳加耶夫，*Germanskii militarizm i legenda o "preventivnoi voine" gitlerovski Germanii protiv SSSR*（《德国军国主义和希特勒德国进攻苏联是"预防性战争"的传闻》）[J].VIZh，1991，3（3）：第4—8页。

I. Z. 叶夫根涅夫，*Iz arkhivov GRU RKKA: Voennye razvedchiki dokladyvali...*（《工农红军总参谋部情报总局档案：军事侦察员报告如下……》）[J].VIZh，1992，2（2）：36—41；1992，3（3）：第40—42页。

N. S. 吉什科，*GKO postanavliaet...*（《国防委员会决议……》）[J].VIZh，1992，2（2）：31—35；1992，3（3）：17—21；1992，4/5（4/5）：第19—23页。

Iu. A. 戈里科夫，Iu. N. 肖明，*Konets global' noi Izhi, operativnye plany zapadnykh prigranichnykh voennykh okrugov 1941 goda svidetel' stvuiut: SSSR ne gotovilsia k napadeniiu na Germaniiu*（《世界性谎言的终结，以西部各边境军区1941年作战计划为证：苏联并未准备先手进攻德国》）[J].VIZh，1996，2/3（2）：2—15；1996，5/6（3）：5—17；1996，7/8（4）：第2—17页[①]。

Iu. A. 戈里科夫，Iu. N. 肖明，*Strategicheskie proshchety verkhovnogo? ...*（《是统帅部的战略失误吗? ……》）[J].VIZh，1992，8（8）：第19—32页。

Istoriia voin, voennogo iskusstva i voennoi nauki,T.2: Uchebnik dlia Voennoi akademii General' nogo shtaba Vooruzhennykh Sil SSSR（《战争史、军事艺术史和军事科学史，第二卷：苏联武装力量总参谋部军事学院教材》）[M].莫斯科：伏罗希洛夫总参军事学院，1977。

L. G. 伊瓦绍夫，*Ne predstavliali sebe...vsekh trudnostei, sviazannukh s etoi voini*（《没人预

---

① 译注：第2期应为3/4月刊，第3期起始页码按附录二原注补充。

料到这场战争会这样艰难 》)[J].VIZh，1993，4（4）：7—12；1993，5（5）：45—50；1993，7（7）：第35—40页。

Iz arkhivov Ministerstva oborony SSSR："My gotovy.VsepogruzhenO.Zavtra vystupaem"（《苏联国防部档案："人员已到位。物资已装车。明天我们前进"》)[J].VIZh，1990，1（1）：第19—26页。

Iz tainykh arkhivov spetssluzhb reikha：Plany fashistskoi imperii（《从帝国特殊兵种的秘密档案看：法西斯帝国的计划 》)[J].VIZh，1990，5（5）：第39—45页。

A. G. 哈尔科夫，*Analiz boevoi gotovnosti voisk zapdnykh prigranichnykh voenn-ykh okrugov nakanune Velikoi Otechevstvennoi voiny*（《伟大卫国战争前夕西部各边境军区军队的作战准备分析 》)[M].莫斯科：伏罗希洛夫总参军事学院，1985（仅供官方批准后阅读 ）。

A. G. 哈尔科夫，*Boevaia i mobilizatsion gotovnost' prigranichnykh voennykh okrugov nakanune Velikoi Otechevstvennoi voiny*（《伟大卫国战争前夕各边境军区的战备和动员准备 》)[M].莫斯科：伏罗希洛夫总参军事学院，1985（原秘密文件，现已解密 ）。

I. 基尼亚金，*Boevaia podgotovka VMF nakanune voiny*（《战争前夕海军舰队的作战准备 》)[J].海军文集，1991，6（6）：第6—26页。

L. A. 基施纳，*Kanun i nachalo voiny：Dokumenty i materialy*（《战争前夕和开始：文献和材料 》)[M].莫斯科：军事出版社，1991。

Kommandovanie korpusnovo i divizionnogo zvena Sovetskoi Vooruzhennykh Sil perioda Velikoi Otechestvennoi voiny, 1941-1945（《伟大卫国战争期间苏联武装力量的军、师级指挥员，1941—1945 》)[M].莫斯科：伏龙芝军事学院，1964（原秘密文件，1964年解密 ）。

V. 科斯捷茨基，*Proshu raz "iasnit"："la besedoval s germanskim poslom Ott..."*（《我要求你解释："我会晤了德国大使奥特……"》)[J].Armiia（《陆军 》)，1992，1（1）：第25—28页。

Nachal' nyl period Velikoi Otechestvennoi voiny：Vyvody i uroki（《伟大卫国战争初期：结论和教训 》)[M].莫斯科：伏罗希洛夫总参军事学院，1989。

Nachalo voiny (22-30 iiunia 1941 g.)（战争的开始，1941年6月22—30日）[J].Izvestiia TsK KPSS：Iz arkhivov partii（《党内档案 》)，1990，6（6）：第196—222页。

Nachalo voiny (1-18 iiulia 1941 g.)（战争的开始，1941年7月1—18日）[J].Izvestiia TsK KPSS：Iz arkhivov partii（《党内档案 》)，1990，7（7）：第193—218页。

Nakanune voiny (documenty 1935-1940 gg.)（战争前夕，1935—1940年文献）[J].*Izvestiia TsK KPSS：Iz arkhivov partii*（《党内档案 》)，1990，1（1）：第160—215页。

Nastavlenie po mobilizatsionnoi rabote mestnykh organov voennogo upravleniia NKO SSSR（《苏联国防人民委员部关于地方军事管理机关动员工作的教令 》)[M].莫斯科：军事出版社，1941。秘密级，现已解密。

O podgotovke Germanii k voine（《德国的战争准备》）[J].*Izvestiia TsK KPSS: Iz arkhivov partii*（《党内档案》），1990，5（5）：第206—214页。

V. P. 巴甫洛夫，*Moskve krichali o voine*（《他们向莫斯科扬言战争》）[J].VIZh，1994，6（6）：第21—26页。

B. N. 彼得罗夫，*Oborona Leningrada, 1941 god*（《列宁格勒在1941年的防御》）[J].VIZh，1992，4/5（4/5）：第14—17页。

V. A. 普龙科，*Pod lozungom "Parazity u vlasti!"*（《在"权力的寄生虫"标语下》）[J].VIZh，1993，9（9）：第93—96页。

V. A. 普龙科，*Proshu raz "iasnit": Plany agressii protiv SSSR*（《我要求你解释：针对苏联的侵略计划》）[J].*Kommunist vooruzhennykh sil*（《武装力量中的共产主义者》）1991，8（8）：第26—34页。

N. 拉马尼切夫，*Pochemu Stalin ne veril razvedke?*（《为什么斯大林不相信情报？》）[J].*Kommunist vooruzhennykh sil*（《武装力量中的共产主义者》）1991，8（8）：第12—17页。

A. S. 斯捷潘诺夫，*O masshtabakh repressii v Krasnoi Armii v predvoennye gody*（《关于在战前年代里红军内部镇压的规模》）[J].VIZh，1993，2（2）：第71—80页；1993，3（3）：第25—32页；1993，5（5）：第59—65页。

O. F. 苏韦尼罗夫，*Pogibli v gody bezzakoniia*（《他们在那些没有法律的年代丧生》）[J].VIZh，1993，2（2）：第81—83页；1993，3（3）：第33—34页；1993，5（5）：第66—68页；1993，6（6）：第81—83页；1993，7（7）：第45—46页；1993，8（8）：第69—72页；1993，9（9）：第47—50页；1993，10（10）：第87—91页；1993，11（11）：第90—93页；1993，12（12）：第84—86页。

O. F. 苏韦尼罗夫，*Vsearmeiskaia tragediia*（《一场全军的悲剧》）[J].VIZh，1989，3（3）：39—47。

S. V. 维连科，A. V. 科斯捷涅茨基，*Plan "Barbarossa"*（《"巴巴罗萨"计划》）[J].VIZh，1991，3（3）：第3—47页。

O. V. 维什列夫，*Pochemu zhe medlil Stalin v 1941 G.? (Iz germanskikh achivov)*（《为什么斯大林在1941年徘徊不前？（根据德国档案）》）[J].Novaia i noveishaia istoriia，1992，2（2）：第70—96页。

Vnutrennie voiska v Velikoi Otechestvennoi voine 1941–1945 gg.（《伟大卫国战争中的内卫部队 1941—1945》）[M].莫斯科：法律专题文学出版社，1975。

V. A. 沃尤申和S. A. 戈尔洛夫，*Fashistskaia agressiia: O chem soobshchali diplomanty*（《法西斯主义的侵略：外交官们这样报告过》）[J].VIZh，1991，6（6）：第13—23页。

V pervye dni voiny: Iazykom dokumentov（《战争的最初日子：在文书的语句里》）[J].*Pogranichnik*（《国境警卫》），1991，6（6）：第13—46页。

V. P. 茹拉夫廖夫，A. S. 阿努夫里耶夫，N. M. 叶梅利亚诺娃，*Iz arkhivov Minister-stva oborony SSSR: Pervye dni voiny v dokumentakh*（《苏联国防部档案：文书中的战争最初几天》）[J].VIZh，1989，5（5）：第42—56页；1989，6（6）：第22—35页；1989，7（7）：第22—34页；1989，8

（8）：第30—31页；1989，9（9）：第15—21页。

E. I. 久津，*Iz arkhivov Ministerstva oborony SSSR: Gotovil li SSSR preventivnyi udar?*（《从苏联国防部档案看：苏联是否准备过发动预防性战争？》）[J].VIZh，1992，1（1）：第7—29页。

E. I. 久津，*Iz fondov voennykh arkhivov: Gotovil li SSSR preventivnyi udar?*（《从军事档案为背景看：苏联是否准备过发动预防性战争？》）[J].VIZh，1992，4/5（4/5）：第10—12页。

E. I. 久津，*Upriamye fakty nachala voiny*（《战争开始时不可动摇的事实》）[J].VIZh，1992，2（2）：第14—22页。

V. A. 佐洛塔耶夫，等，*Nakanune voiny: Materialy soveshchaniia vysshego rukovodiashchego sostava RKKA 23-31 dekabria 1940 g*（《战争前夕：红军高级首长会议资料，1940年12月23—31日》）[M]// *Russkii arkhiv: Velikaia Otechestvennaia, T.1*（《俄罗斯档案：伟大卫国，第一卷》），莫斯科：特拉出版社，1993。

N. P. 佐洛托夫和S. I. 伊萨耶夫，*Boegotovy byli...*（《他们做好了战斗准备》）[J].VIZh，1993，11（11）：第75—77页。

译者后记

　　德国进攻苏联是"预防性战争"的说法，最早起源于德国宣传机器为挑起苏德战争在1941年制造的借口。但即便作为前纳粹要员的保罗·卡雷尔也对这种说法不予置信，他在《东进》一书中还记录了曼施泰因和霍特的同样看法（见《东进》中译本第55页）。

　　但是如本书作者所言，这种说法突然在1990年死灰复燃，"苏联曾试图先发制人进攻德国"的说法在德国和俄罗斯的历史学界引发了激烈论战。在本书末尾的参考文献目录中，作者列举当时发表的大量争论文章，依稀可见论战的激烈程度。直到1996年，俄罗斯《军事历史杂志》分三期连载刊登出苏联西部三个特别军区的《1941年国防计划》，论战才告一段落。

　　这次论战实际上对第二次世界大战史学界利大于弊。首先，论战过程引发俄罗斯一大批档案材料的解密，比如《1941年国防计划》的文本、1940年12月底的莫斯科高级指挥员会议记录、随后作战模拟（苏联称"战役战略规模的首长司令部图上演习"）记录等保密了五十多年的资料，都得以陆续公开。时至今日，俄罗斯国防部中央档案馆已经公开绝大多数伟大卫国战争期间的档案，这些档案的公布引发了苏德战争史的重大变化，按照作者的话说"无异于第二次世界大战史学界的一场革命"。20多年前的这次论战可以看作一个起点。

　　其次，论战激发出作者的创作灵感和兴趣，他通过收集整理当时所见的各类资料，细致入微地告诉我们，苏联红军在苏德战争爆发时的真实状态是什么，"先发制人"的设想已脱离实际，无异于以卵击石。同时，本书从宏观角度回顾了苏联制订战略计划的过程，指出主动发动进攻的设想并非苏联的一贯政策。

最后，论战也激发了普通读者对于这段历史真相的广泛兴趣。虽然发生在德国和俄罗斯的这次论战和这本书在美国的出版，都已是20多年前的事情，但是我国至今仍有相关内容的讨论，有时还争辩得相当激烈，因此本书中译本的出版仍然有很强的现实意义。

得益于俄罗斯档案的开放程度，我们如今可以看到引发这次论战的导火索之一：收藏在俄罗斯联邦国防部中央档案馆的《关于苏联军事力量在东西两线的战略展开》，档案号是：Ц А М О Р Ф. Ф. 16. О п.2951. Д.237. Л л. 第1—15页。在作者写作本书时，这份文件尚未公开，本书第9章中引述的"朱可夫5月15日报告"，来自1990年苏联《军事历史杂志》上的一篇朱可夫传记，经核对，其具体内容（含第9章原注34）与这份文件的第4页完全一致。从本书描述维克多·列尊作品的内容来看，其论据很可能也是这份文件。

这份文件的详情对于了解那场论战和本书论述会有帮助，但因篇幅有限，这里无法附上原图和译文，只简单说明与本书有关的以下几点：

1. 关于"5月15日"的时间。文件首页左上角仅有1941年5月字样，日期栏空缺。首页倒数第三行提到德国在5月15日已集结的军队数量，第13页提到应在6月1日以前完成某项工作。故此文件的实际编写日期应在5月15日至6月1日之间。按照本书附录B，这时关于国防计划的国防人民委员训令在5月14日刚刚发布，各军区正在制订各自的国境掩护计划。

2. 这份文件不是一份正规计划，也不是正式上报的报告，只是一份手写的草稿。在钢笔手写的原文上面，有多处用铅笔涂涂画画，有些地方还不止改动过一次，这样的文件是不可能呈报给斯大林的。

3. 这份文件没有出现编制者的姓名。在最后一页的末尾，虽出现铁木辛哥和朱可夫的职务、军衔与姓名，但书写笔迹与正文相同，并非其本人署名。这只是以铁木辛哥和朱可夫的名义起草的文件草稿。

4. 从本书附录当中，我们可以看到一份正式国防计划的式样：计划的内容应以国防人民委员部训令的方式下达给具体军区；有明确文字说明副本共几份，该副本发给谁；军区各自制订《国境掩护计划》，并上报国防人民委员，由其签署"我批准"并署名生效后，作为国防计划的一部分，与训令一起存放等。与这份正式的计划相比，草稿中的内容显然只是并未成型的初步设想。

5. 这份草稿首页上部有两个带有编号和日期的盖章，记录苏联红军总参谋部作战总局接收这份资料并归档的时间，分别是1948年3月29日和3月31日。这不是正常现象——正式报告或计划一经完成，其副本归档保存不会拖延如此之久，而草稿会因保密要求而销毁。反过来说，这份草稿保存下来并归档，就意味着在1941年并未有后续的正式文件问世。格兰茨在写作本书时，虽没有见到这份档案，但他准确判断出"没有任何迹象表明斯大林曾见过它"，这是正确的。